Moment mal!

Evangelische Religion

Oberstufe (Qualifikationsphase)

Erarbeitet von
Imke Heidemann, Tim Hofmann, Matthias Hülsmann,
Bärbel Husmann, Rainer Merkel, Kirsten Rabe
und Rebekka Tannen

Ernst Klett Verlag
Stuttgart · Leipzig

So lernen Sie mit „Moment mal!“

Anhand des **Inhaltsverzeichnisses** können Sie sich schnell einen Überblick über die Themenfelder in „Moment mal!“ verschaffen.
Die Kapitel können weitgehend in beliebiger Reihenfolge bearbeitet werden.
Das Buch baut auf dem Doppelseitenprinzip auf: Die linke und die rechte Seite sind jeweils als Einheit zu betrachten.

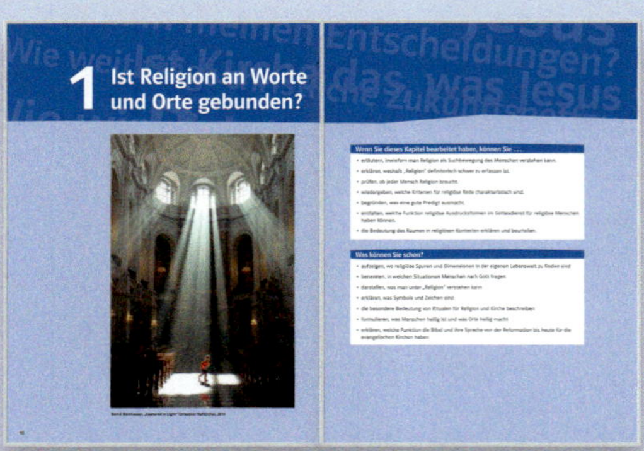

Einstiegsseite
Die erste Doppelseite gibt neben einem Bildimpuls einen Überblick, welche Kompetenzen Sie im Kapitel mitbringen müssen und welche Sie erwerben können. Nutzen Sie am Ende der Bearbeitung des Kapitels diese Seite, um Ihren Kompetenzaufbau zu überprüfen.

Einstiegsaufgabe und Kapitelseiten
Jedes Kapitel beginnt mit einer Situationsbeschreibung (situierte Lernaufgabe), die eine inhaltliche Herausforderung darstellt. Die dazugehörige Aufgabe werden Sie erst am Ende des Kapitels abschließend beantworten können – das ist das Ziel der Arbeit an den folgenden Doppelseiten.

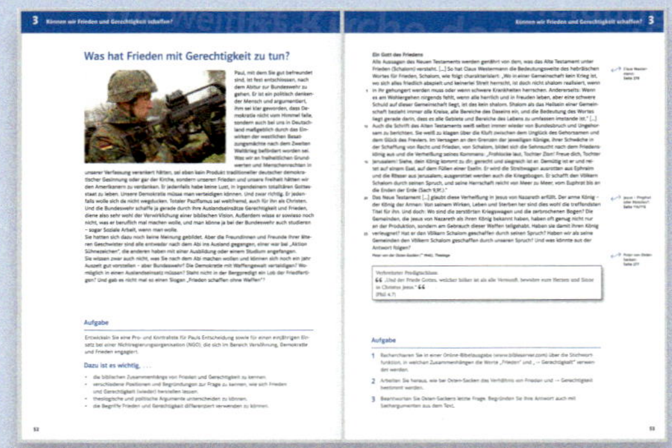

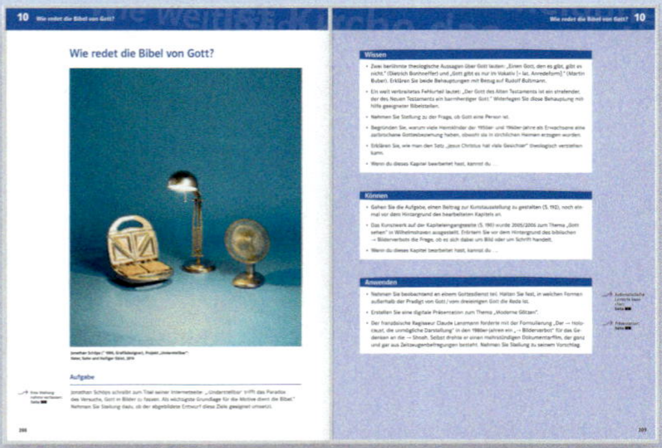

Wissen, Können, Anwenden
Die jeweils letzte Doppelseite blickt auf das ganze Kapitel zurück. Überprüfen Sie mithilfe der Aufgaben zum Wissen und Können, ob Sie die erforderlichen Kompetenzen und Inhalte beherrschen.
Im Bereich „Anwenden“ finden Sie Vorschläge, die der Erweiterung und Anwendung des erworbenen Wissens dienen.

Moment mal!

Das rote „Moment mal!“ soll Ihnen Impulse zum Nachdenken und Diskutieren geben. Es soll Sie davor schützen, sich schnell mit einfachen Lösungen zufriedenzugeben, denn die Dinge sind nicht immer so einfach, wie sie scheinen.

Das hängt zusammen

Fit in Religion ist man, wenn man zwischen unterschiedlichen Themen Zusammenhänge erkennt und Vernetzungen herstellt. Um Sie dabei zu unterstützen, finden Sie häufig am Rand einen Doppelpfeil. Das Buch bietet Ihnen die Möglichkeit, diese Verweise kurz zur Kenntnis zu nehmen oder ihnen ausführlicher nachzugehen.

Viele Aufgabenstellungen sind mithilfe einer bestimmten Arbeitstechnik oder Methode zu lösen. Falls Sie hierbei Hilfestellungen zur Vorgehensweisen benötigen, finden Sie eine Beschreibung im Anhang.

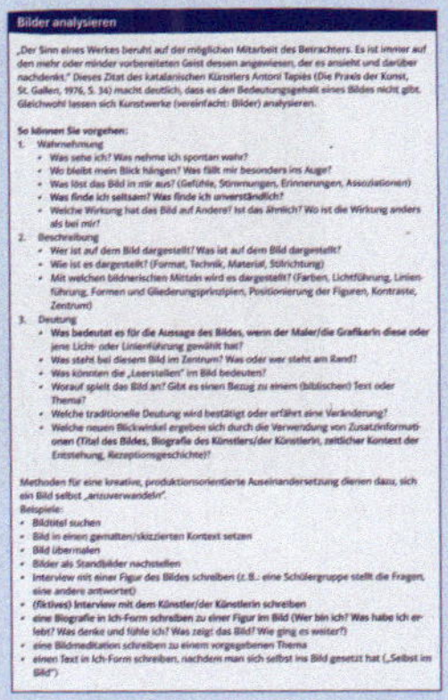

Fachbegriffe

Wenn Sie einen → Pfeil vor einem Begriff sehen, finden Sie hierzu eine Erklärung in den Fachbegriffen im Glossar des Buches. So können Sie Ihr Fachwissen und Ihre Fachsprache erweitern.

Personen

Hinter diesem → Pfeil verbergen sich auch Hinweise auf Informationen zu einer Vielzahl der zitierten Autorinnen und Autoren im Buch: Im Glossar finden Sie ein Personenverzeichnis.

Inhalt

11 Gibt es die *wahre* Religion? 210

12 Wie wirklich ist die Wirklichkeit? 230

Methoden und Arbeitstechniken 250

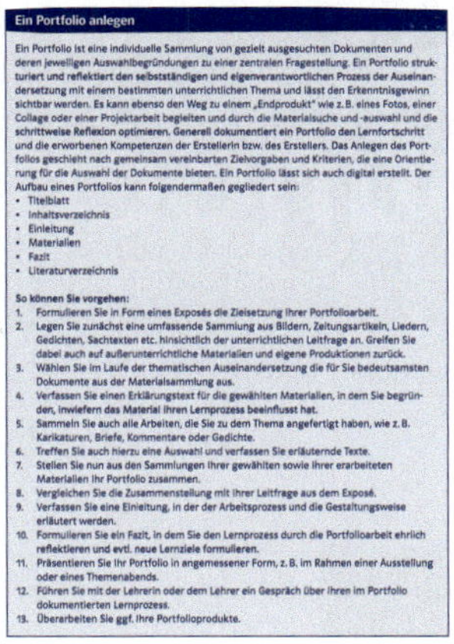

Ein Portfolio anlegen

Ein Portfolio ist eine individuelle Sammlung von gezielt ausgesuchten Dokumenten und deren jeweiligen Auswahlbegründungen zu einer zentralen Fragestellung. Ein Portfolio strukturiert und reflektiert den selbstständigen und eigenverantwortlichen Prozess der Auseinandersetzung mit einem bestimmten unterrichtlichen Thema und lässt den Erkenntnisgewinn sichtbar werden. Es kann ebenso den Weg zu einem „Endprodukt" wie z. B. eines Fotos, einer Collage oder einer Projektarbeit begleiten und durch die Materialsuche und -auswahl und die schrittweise Reflexion optimieren. Generell dokumentiert ein Portfolio den Lernfortschritt und die erworbenen Kompetenzen der Erstellerin bzw. des Erstellers. Das Anlegen des Portfolios geschieht nach gemeinsam vereinbarten Zielvorgaben und Kriterien, die eine Orientierung für die Auswahl der Dokumente bieten. Ein Portfolio lässt sich auch digital erstellt. Der Aufbau eines Portfolios kann folgendermaßen gegliedert sein:
- Titelblatt
- Inhaltsverzeichnis
- Einleitung
- Materialien
- Fazit
- Literaturverzeichnis

So können Sie vorgehen:
1. Formulieren Sie in Form eines Exposés die Zielsetzung Ihrer Portfolioarbeit.
2. Legen Sie zunächst eine umfassende Sammlung aus Bildern, Zeitungsartikeln, Liedern, Gedichten, Sachtexten etc. hinsichtlich der unterrichtlichen Leitfrage an. Greifen Sie dabei auch auf außerunterrichtliche Materialien und eigene Produktionen zurück.
3. Wählen Sie im Laufe der thematischen Auseinandersetzung die für Sie bedeutsamsten Dokumente aus der Materialsammlung aus.
4. Verfassen Sie einen Erklärungstext für die gewählten Materialien, in dem Sie begründen, inwiefern das Material Ihren Lernprozess beeinflusst hat.
5. Sammeln Sie auch alle Arbeiten, die Sie zu dem Thema angefertigt haben, wie z. B. Karikaturen, Briefe, Kommentare oder Gedichte.
6. Treffen Sie auch hierzu eine Auswahl und verfassen Sie erläuternde Texte.
7. Stellen Sie nun aus den Sammlungen Ihrer gewählten sowie Ihrer erarbeiteten Materialien Ihr Portfolio zusammen.
8. Vergleichen Sie die Zusammenstellung mit Ihrer Leitfrage aus dem Exposé.
9. Verfassen Sie eine Einleitung, in der der Arbeitsprozess und die Gestaltungsweise erläutert werden.
10. Formulieren Sie ein Fazit, in dem Sie den Lernprozess durch die Portfolioarbeit ehrlich reflektieren und evtl. neue Lernziele formulieren.
11. Präsentieren Sie Ihr Portfolio in angemessener Form, z. B. im Rahmen einer Ausstellung oder eines Themenabends.
12. Führen Sie mit der Lehrerin oder dem Lehrer ein Gespräch über Ihren im Portfolio dokumentierten Lernprozess.
13. Überarbeiten Sie ggf. Ihre Portfolioprodukte.

1 Ist Religion an Worte und Orte gebunden?

Bernd Bornhauser, „Captured in Light“ (Dresdner Hofkirche), 2014

Wenn Sie dieses Kapitel bearbeitet haben, können Sie ...

- erläutern, inwiefern man Religion als Suchbewegung des Menschen verstehen kann.
- erklären, weshalb „Religion" definitorisch schwer zu erfassen ist.
- prüfen, ob jeder Mensch Religion braucht.
- wiedergeben, welche Kriterien für religiöse Rede charakteristisch sind.
- anhand von Beispielen aufzeigen, was religiöse Rede kennzeichnet.
- entfalten, welche Funktion religiöse Ausdrucksformen im Gottesdienst für religiöse Menschen haben können.
- die Bedeutung des Raumes in religiösen Kontexten erklären und beurteilen.

Was können Sie schon?

- aufzeigen, wo religiöse Spuren und Dimensionen in der eigenen Lebenswelt zu finden sind
- benennen, in welchen Situationen Menschen nach Gott fragen
- darstellen, was man unter „Religion" verstehen kann
- erklären, was Symbole und Zeichen sind
- die besondere Bedeutung von Ritualen für Religion und Kirche beschreiben
- formulieren, was Menschen heilig ist und was Orte heilig macht
- erklären, welche Funktion die Bibel und ihre Sprache von der Reformation bis heute für die evangelischen Kirchen haben

Wo findet man Religion?

Die örtliche Kirchengemeinde wirbt für einen Fotowettbewerb. Der diesjährige Ausschreibungstext lautet:

Fotowettbewerb:
Wo, wenn nicht hier?
Wo findest du Religion?

Welche Orte deiner Umgebung haben für dich persönlich eine religiöse Wirkung?
Oder sind es keine bestimmten Orte, sondern Worte, Begegnungen oder besondere Situationen, die du mit religiösen Erfahrungen verknüpfst?
Vielleicht machst du dich auch lieber auf die Suche nach Orten, an denen andere Menschen religiöse Erfahrungen machen.

Begib dich auf die Suche und mache das Unsichtbare auf einem Foto sichtbar!

Aufgabe

Stellen Sie sich vor, dass Sie an dem Fotowettbewerb teilnehmen. Gestalten Sie einen Beitrag und verfassen Sie eine schriftliche Erläuterung zu Ihrem Foto.

Dazu ist es wichtig, ...

- zu wissen, was man unter Religion versteht.
- nach Ihren eigenen religiösen Erfahrungen zu fragen.
- sich zu informieren, wie andere Menschen über Religiosität oder ihren Glauben denken.
- die Wirkung von Worten in religiösen Zusammenhängen zu verstehen.
- zu klären, ob und warum bestimmte Orte eine besondere Wirkung haben.

Über die Anfänge des Suchens nach Gott in der Menschheitsgeschichte

So ist für den Menschen der zurückliegenden ca. 50 000 Jahre rituelle Praxis, die religiöse Bedeutung hat, ein charakteristisches Merkmal geworden. Dadurch unterscheidet sich dieser sogenannte „moderne Mensch“ von früheren menschlichen Entwicklungsstufen und von anderen Entwicklungslinien in der Evolution des Lebendigen, da religiöse → Rituale – soweit wir wissen – im Tierreich nirgends vorkommen. Religion zeigt sich in der Evolution als etwas charakteristisch Menschliches.

Auch wenn die Frage, *was* über den Tod hinaus erwartet oder erhofft wurde, nicht eindeutig beantwortet werden kann, ist es doch von Bedeutung, dass der Mensch in seiner Entwicklungsgeschichte den Zugang zur Religion anscheinend dadurch fand, dass er über das Lebensende hinaus dachte und fragte. Diese Sorge um das Schicksal der Toten verdient Beachtung. Die Körper der Verstorbenen verwesten doch sichtbar, lösten sich also allmählich in ihre organischen Bestandteile auf. Warum gab man ihnen bei ihrer Bestattung trotzdem Nahrungsmittel, Schminke und Amulette mit? Glaubte man an ein Weiterleben nach dem Tod? Die in solchen Grabbeigaben zum Ausdruck kommende Vorsorge für die Existenz nach dem Tod blieb von da an ein fester Bestandteil menschlicher Kultur und Religion. Das religiöse Fragen und Suchen verdankt sich also von Anfang an einem menschlichen Wissensdurst und dem Gefühl einer besonderen menschlichen Bestimmung. Neben dem technischen Wissensdrang, der die Welt immer besser zu erfassen, zu erklären und zu beherrschen versucht, gibt es im Menschen wohl ein Fragen, Suchen und Verstehen-Wollen, das sich auf sein eigenes Dasein als Ganzes bezieht. Der Mensch gibt sich nicht mit dem zufrieden, was vor Augen liegt, sondern will verstehen, wohin das menschliche Leben ausgerichtet ist und worauf es letztlich hinausläuft.

→ Wilfried Härle (1941), Theologe*

Religion – biologisch erfolgreich: Seite 96

Grabbeigaben für ein Mädchen aus El Kubania (Ägypten), 20.–18. Jh. v. Chr.; hölzernes Kästchen mit Schmuck (Halsketten, Armband, Skarabäus, Halsring und Schminkgefäße)

Aufgaben

1. Legen Sie ein Portfolio an, das Ihre Suche nach Religion – angeregt durch die Inhalte des Kapitels – dokumentiert. Sammeln Sie darin alle Ergebnisse, Erkenntnisse, aber auch offene Fragen, neue und alte Fotos sowie Bilder, Texte und Denkanstöße. Diese Dokumentation ist hilfreich für den von Ihnen zu verfassenden Erläuterungstext Ihres Fotos.

Ein Portfolio anlegen: Seite 258

2. Stellen Sie dar, wie Härle den Beginn des religiösen Fragens und Suchens des Menschen begründet.

Texte analysieren: Seite 250

3. Diskutieren Sie im Placemat-Verfahren, ob die religiöse Suche ein allgemeingültiges Merkmal/Charakteristikum des Menschen ist.

Religion als Suche?

Hundertwasser, 224 DER GROSSE WEG, 1955

Info – Friedensreich Hundertwasser

Der Österreicher Friedensreich Hundertwasser (mit eigentlichem Namen Friedrich Stowasser, 1928–2000) war einer der fantasiereichsten Künstler, ein Freigeist und Querdenker, der die Menschen u. a. durch seine Bilder angeregt hat, sich selbst zu entdecken. Charakteristisch für seine Bilder sind seine kräftigen, leuchtenden Farben und seine Formensprache. Die Spirale – eines der ältesten religiösen → Symbole des Lebens und der Natur – stellt er in vielen seiner Bilder dar.

Die Dimension der Tiefe

Das entscheidende Element in der gegenwärtigen Situation des westlichen Menschen ist der Verlust der Dimension der Tiefe. „Dimension der Tiefe" ist eine Metapher – was bedeutet sie, wenn man sie auf das geistige Leben des Menschen anwendet und sagt, dass sie ihm verlorengegangen sei? Es bedeutet, dass der Mensch die Antwort auf die Frage nach dem Sinn seines Lebens verloren hat, die Frage danach, woher er kommt, wohin er geht, was er tun und was er aus sich machen soll in der kurzen Spanne zwischen Geburt und Tod. Ich beabsichtige, die Dimension der Tiefe im Menschen als seine religiöse Dimension zu bezeichnen. Religiös sein bedeutet, leidenschaftlich nach dem Sinn unseres Lebens zu fragen und für Antworten offen zu sein, auch wenn sie uns tief erschüttern. Eine solche Auffassung macht die Religion zu etwas universal Menschlichem, wenn sie auch von dem abweicht, was man gewöhnlich unter Religion versteht. Religion als Tiefendimension ist nicht der Glaube an die Existenz von Göttern, auch nicht an die Existenz eines einzigen Gottes. Sie besteht nicht in Handlungen und Einrichtungen, in denen sich die Verbindung des Menschen mit seinem Gott darstellt. Niemand kann bestreiten, dass die geschichtlichen Religionen „Religion" in diesem Sinne sind. Aber Religion in ihrem wahren Wesen ist mehr als Religion in diesem Sinne: Sie ist das Sein des Menschen, sofern es ihm um den Sinn seines Lebens und des Daseins überhaupt geht. Wenn wir Religion als das Ergriffensein von einem letzten, unbedingten Anliegen verstehen, müssen wir eingestehen, dass der typische moderne Mensch sich keines solchen Anliegens bewusst ist.

→ *Paul Tillich (1886–1965), Theologe und Religionsphilosoph*

↔ Religion in der Psychoanalyse: Seite 95

↔ Religiöse Sprache: Seite 23

↔ Gottesglaube: Seite 102

Aufgaben

1 Betrachten Sie im Rahmen einer Bildmeditation das Bild „Der große Weg" von Hundertwasser. Notieren Sie anschließend auf drei Karten jeweils drei Assoziationen.

2 Tauschen Sie sich im Plenum über Ihre Assoziationen aus und ordnen Sie die Begriffe in einem gemeinsamen Schaubild an.

3 Erklären Sie, welche Bedeutung Religion für Tillich hat. Notieren Sie die Kernbegriffe Tillichs auf andersfarbigen Karten.

→ Texte analysieren: Seite 250

4 Setzen Sie die Kernbegriffe Tillichs mit Ihren Assoziationen der Bildmeditation zueinander in Beziehung. Erstellen Sie dazu mittels der Karten ein gemeinsames Schaubild.

5 Setzen Sie sich kritisch mit Tillichs Vorwurf des Verlustes der religiösen Dimension beim modernen Menschen auseinander. Greifen Sie dabei auch auf Härles Aussagen (Seite 13) zurück.

Was ist Religion?

Ist Gott eine Erfindung des Menschen?: Seite 94

Himmel, Hölle und Gericht?: Seite 180/181

Eine Frage der Definition: Was ist Religion?

Diese Frage ist gar nicht so leicht zu beantworten. Zwar haben wir instinktiv alle eine bestimmte Vorstellung von Religion. Doch werden wir gebeten, eine eindeutige Definition abzugeben, geraten wir leicht ins Schwimmen. Hängt Religion etwa an der Vorstellung eines allmächtigen Gottes? Offenbar nicht, wie die „gottlose" Religion des Buddhismus beweist. Besteht das Wesen einer Religion vielleicht darin, dass sie vor allem Trost vermittelt? Auch nicht wirklich, denn häufig schüren religiöse Vorstellungen (wie etwa jene vom Fegefeuer) erst die Angst, die sie zu heilen vorgeben. Nicht einmal die Etymologie des Wortes Religion ist eindeutig. Abgeleitet wird der Begriff *religio* üblicherweise vom lateinischen Verb *religare*, das soviel wie „an- oder zurückbinden" bedeutet. Demzufolge wäre Religion die Rückbindung des Menschen an eine höhere Wirklichkeit. Es gibt allerdings auch eine alternative Deutung. Schon Cicero führte die religio auf das Verb relegere zurück, was soviel heißt wie „wieder auflesen, wieder aufsammeln". Diese Deutung weist vor allem auf den Aspekt der rituellen Wiederholung hin.

Rituale: Seite 269

So ist es kein Wunder, dass es bis heute keine allgemein akzeptierte Definition des Begriffs Religion gibt. Je nachdem aus welcher Perspektive man ihn betrachtet, kann er zur Bezeichnung höchst unterschiedlicher Dinge dienen. Für Philosophen war Religion nach → Kant entweder eine „Denknotwendigkeit" oder eine „Denkmöglichkeit". Für den Soziologen Emile Durkheim war Religion „ein einheitliches System von Glaubensvorstellungen und Praktiken in Bezug auf das Heilige", für → Sigmund Freud eine Massenneurose, für Erich Fromm eine „Institution, mit der ihr eigenen Hierarchie und ihren Dogmen, verbunden mit einem gewissen Autoritarismus", während Ethnologen wie Clifford Geertz Religionen eher als kulturelle Zeichen- und Symbolsysteme interpretieren. Solche *funktionalistischen Religionsdefinitionen* werden allerdings von vielen Theologen zurückgewiesen, weil sie ihrer Meinung nach das Wesentliche von Religion gar nicht erfassen. Sie bevorzugen eher *substanzielle Deutungen*, die Religion in Bezug auf etwas „Transzendentes", auf das „Absolute" oder „Heilige" definieren. Von dem evangelischen Theologen Schleiermacher stammt die Definition, Religion sei der „Sinn und Geschmack für das Unendliche" oder auch das „Gefühl schlechthinniger Abhängigkeit". Der Religionswissenschaftler Gustav Mensching bezeichnete Religion als „erlebnishafte Begegnung mit dem Heiligen und antwortendes Handeln des vom Heiligen bestimmten Menschen", während der katholische Theologe Johann Baptist Metz vom „Einbruch des göttlichen Heils" sprach, der die Unendlichkeit des Immer-weiter-so durchbreche. Von Metz stammt auch die kürzeste Formel der Religion, die einfach lautet: *Unterbrechung*.

Symbole/ Zeichen: Seite 270

Ulrich Schnabel (1962), Wissenschaftsredakteur*

Der funktionale Religionsbegriff

Eine rein funktionale Definition von Religion beschreibt, was Religion leistet. Welche Aufgaben löst Religion, auf welche Fragen antwortet sie? In einer strengen funktionalen Betrachtung steht Religion dann neben anderen gesellschaftlichen Bereichen, wie der Wissenschaft, Erziehung, Politik oder der Wirtschaft, und übernimmt für eine Gesellschaft und für das Individuum bestimmte Funktionen. Eine der gesellschaftlichen Funktionen von Religion, die trotz der Strittigkeit eines allgemein akzeptierten Religionsbegriffs Konsens findet, ist beispielsweise ihre Fähigkeit zur Integration von Gesellschaften: „Religion stellt in ihren symbolischen Sprachen Mittel dazu bereit, die innere Einheit sozialer Gruppen zu befördern". Ein solch funktionaler Religionsbegriff beschreibt die Außenseite der Religion. [...] Ein solcher Religionsbegriff müht sich um Objektivität und Vergleichbarkeit, bleibt aber gleichwohl defizitär, weil er sich dem Phänomen Religion als einem rational voll erfassbaren, gleichsam objektiven Gegenstand nähert.

Der substanzielle Religionsbegriff

Der substanzielle Religionsbegriff beschreibt die Substanz von Religion. Eine solche Definition geht davon aus, dass alle Nützlichkeitserwägungen über Religion, die Untersuchung ihrer Geschichte und ihrer Wirkungen noch nichts über die Bedeutung der Religion für den Gläubigen selbst aussagt. Religion hat eine Binnenperspektive religiösen Bewusstseins, die mit der Funktion von Religion nicht erfasst wird.
Niemand wird Anhänger einer Religion und beginnt zu glauben, weil man ihm die Nützlichkeit des Glaubens demonstriert hat. Der substanzielle Religionsbegriff fragt damit nicht nach der Nützlichkeit von Religion, sondern nach der Erfahrung des Glaubens. Diese Erfahrung in den Fokus zu nehmen heißt, religiöse Praxis lesen zu lernen. Formen des Ergriffenseins und des Gebets ebenso wie die Erfahrung heiliger Handlungen. Der Sinn von religiösen Vorstellungen, von → Ritualen und → Symbolen sowie irrationalen Praktiken lässt sich nicht nur ansatzweise von „außen" erschließen. Wollte ein Religionsforscher den Glauben verstehen lernen, müsste er die Versöhnungshoffnungen und Erlösungssehnsüchte der Gläubigen ernst nehmen. Und er muss erkennen, wie den Frommen ihr Gott dazu verhilft, die Welt sinnhaft zu deuten und das fragmentarische Leben in einen schlüssigen Zusammenhang zu überführen.

Evangelische Kirche in Deutschland (EKD-Texte 93)

! **Moment mal!**
Was nützt eine Definition, in der irgendwie alles Religion ist?

Aufgaben

1. Stellen Sie die unterschiedlichen Begriffsbestimmungen von Religion in einer Tabelle dar.
2. Prüfen Sie die These, dass die Verbindung des funktionalen und substanziellen Religionsbegriffes zur Erfassung von Religion sinnvoll ist.
3. Erörtern Sie die Chancen und Grenzen der definitorischen Erfassung des Religionsbegriffes.

→ Texte analysieren: Seite 250

Was sind religiöse Erfahrungen?

Ich schlage also vor, auf eine Art von Erfahrungen zu reflektieren, die nicht selber schon Gotteserfahrungen darstellen, ohne die wir aber nicht verstehen können, was Glaube, was Religion eigentlich ist. Ich nenne diese Erfahrungen Erfahrungen der Selbsttranszendenz. Dies bedeutet: Erfahrungen, in denen eine Person sich selbst übersteigt, nicht aber, zumindest zunächst nicht, im Sinne einer moralischen Überwindung ihrer selbst, sondern im Sinne eines Hinausgerissenwerdens über die Grenzen des eigenen Selbst, eines Ergriffenwerdens von etwas, das jenseits meiner selbst liegt, einer Lockerung oder Befreiung von der Fixierung auf mich selbst.

Wie überzeugend sind religiöse Überzeugungen?: Seite 99

Religion artikuliert solche Erfahrungen der Selbsttranszendenz, aber sie artikuliert sie in bestimmter Weise. Für den Gläubigen stellen Erfahrungen des Ergriffenseins ein Ergriffensein von einem Unbedingten, einem Unverfügbaren dar. Aber nicht für den Ungläubigen! Und nicht für alle Gläubigen in der gleichen Weise. Braucht der Mensch eine religiöse Deutung dieser Erfahrungen?

Nichtreligiöse Menschen werden dazu neigen, alle von mir genannten Erfahrungen als rein psychologische Phänomene zu betrachten. Während der Gläubige im Naturerlebnis Dankbarkeit über die Schöpfung, in der Liebe unter den Menschen einen Abglanz der göttlichen Liebe, in Schicksalsschlägen vielleicht eine Strafe oder doch eine Fügung aus Gottes unerforschlichem Ratschluss sehen wird, wird der Nichtgläubige seine Erfahrungen als die psychische Verarbeitung glücklicher oder schrecklicher Zufälle oder des unvermeidlichen Schicksals aller Lebewesen klassifizieren.

Ändert religiöse Erfahrung Wirklichkeit?: Seite 242/243

Hier eröffnet sich ein Raum zwischen Erfahren und Deuten. Drei Beobachtungen führen uns weiter.

Erstens ist es im subjektiven Erleben durchaus wiederum so, dass uns bestimmte Deutungen unserer Erfahrung selbst als die einzig möglichen, die einzig plausiblen erscheinen. Auch wenn für den Beobachter eine Differenz zwischen Erfahrung und Deutung besteht, gilt dies nicht notwendig für den Erlebenden selbst. Bei allen anderen Deutungen unserer Erfahrung, ja selbst bei unseren eigenen bisherigen Beschreibungen des Erlebten, mögen wir ein nagendes Gefühl der Unzugänglichkeit gehabt haben; jetzt aber ist uns plötzlich alles klar, die Erfahrung geht restlos im Ausdruck auf.

Zweitens handelt es sich beim Prozess der Artikulation von Erfahrungen um einen Prozess, der an beiden Enden beginnen kann. Manchmal begegnen wir dem richtigen Wort, das es uns erlaubt, eine einst gemachte Erfahrung erstmals richtig zuzulassen. In diesem Sinne können wir Sprachen, Kulturen und Religionen als reichhaltiges Repertoire für die Artikulation von Erfahrungen ansehen.

Drittens – und dies ist am wichtigsten – erlauben uns bestimmte Deutungen überhaupt erst, bestimmte Erfahrungen zu machen. Dies ist für das Gebiet der religiösen Erfahrungen ein wesentlicher Sachverhalt. Hier gilt nämlich, dass wir uns von vornherein von bestimmten Erfahrungen abschneiden, wenn wir der Skepsis den Vorrang geben.

Religiöse Traditionen und Institutionen stellen nicht nur reiche Repertoires zur Deutung unserer Erfahrungen der Selbsttranszendenz dar; sie machen solche auch erst möglich. Sie enthalten ein Wissen gewissermaßen körperlicher Art, wie wir uns bereit machen können zu solchen Erfahrungen – durch Askesetechniken etwa, durch den Einsatz körperlicher Haltungen wie des Kniens zum Beispiel, durch gemeinsames Singen und Musik. Wichtiger aber ist, dass das Glaubenswissen selbst uns anleitet, die Zentrierung unserer Erfahrung auf uns selbst tatsächlich zu überwinden. Erfahrungen der Selbsttranszendenz müssen ja wirklich Erfahrungen der Überschreitung des Selbst sein und nicht bloße Versuche eines Selbst, das bei sich selbst bleiben will, auch noch den Kitzel außeralltäglicher Erfahrungen zu genießen.

→ *Hans Joas (* 1948), Religionssoziologe*

Im Roman „Mysterien“ von Knut Hamsun macht ein Mann namens Nagel in der Natur folgende Erfahrungen:

Wie wirkt Gott in uns?: Seite 200/201

Eine bebende Freude durchzog ihn, er fühlte sich hingerissen verzaubert, und versteckte sich förmlich in dem grellen Sonnenschein, der ihn umgab. Die Stille machte ihn ganz benommen vor Zufriedenheit, nichts störte ihn, nur in der Luft oben rauschte der weiche Ton, der Ton des ungeheuren Stampfwerkes. Gott, der in sein Rad trat. Im Walde ringsum rührte sich nicht ein Blatt und nicht eine Nadel. Nagel kroch zusammen, schüttelte sich und zog vor Behagen die Knie unter sich an, weil alles so gut war. Etwas rief nach ihm, und er antwortete Ja. Dann stemmte er sich auf die Ellbogen und sah um sich. Niemand war da. Noch einmal sagte er Ja und lauschte, aber niemand zeigte sich. Das war doch sonderbar, er hatte so deutlich rufen hören. Aber er dachte nicht mehr darüber nach, vielleicht war es nur eine Einbildung gewesen, auf jeden Fall wollte er sich nicht mehr stören lassen. Er war in einem rätselhaften Zustand, erfüllt von seelischem Wohlbehagen. Jeder Nerv in ihm war wach, Musik zog durch sein Blut, er fühlte sich mit der ganzen Natur, mit der Sonne und den Bergen und allem anderen verwandt, spürte aus Bäumen und Erdhaufen und Halmen sich von seinem eigenen Ichgefühl umrauscht. Seine Seele wurde groß und volltönend wie eine Orgel, und niemals konnte er vergessen, wie die milde Musik in seinem Blut gleichsam auf und nieder schwebte.

→ Knut Hamsun (1859–1952), Schriftsteller

Moment mal!
Wie komme ich zu (m)einer religiösen Heimat?

Aufgaben

1 Skizzieren Sie den von Joas dargelegten Deutungsprozess religiöser Erfahrungen.

2 Erklären Sie, wie Joas die Rolle religiöser Traditionen und Institutionen in Erfahrungen der Selbsttranszendenz versteht.

Texte analysieren: Seite 250

3 Erörtern Sie, ob Nagel religiöse Erfahrungen in der Natur gemacht hat.

4 Hören Sie sich im Internet das Lied „Ein Hoch auf uns“ von Andreas Bourani an, das mittlerweile hymnenhaft zu vielen Anlässen wie Fußballsiegen, Hochzeiten etc. zu hören ist. Beurteilen Sie, ob das Lied religiöse Erfahrungen artikuliert oder/und solche Erfahrungen im gemeinsamen Singen stiftet.

5 Vergleichen Sie das abgebildete Foto mit dem Foto Bornhausers auf Seite 10.

Bilder analysieren: Seite 251

Klingt in allen Menschen eine religiöse Saite?

Max Weber (1864–1920)

Er sei „religiös absolut unmusikalisch", schrieb Max Weber, einer der Väter der Soziologie, einmal an einen Kollegen: „Ich habe weder das Bedürfnis noch „Fähigkeit", irgendwelche seelischen „Bauwerke" religiösen Charakters in mir zu errichten."

Welche seelischen Bauwerke Weber da wohl im Sinn hatte? Vielleicht so etwas wie die christliche Vorstellung vom Jüngsten Gericht: Am Ende aller Zeiten muss sich jeder Mensch vor seinem göttlichen Richter verantworten. Der beurteilt, was man Gutes im Leben tat – und wo man einen Hilfsbedürftigen am Straßenrand liegen ließ. Zu welchem Opfer man aus Kleinmut nicht bereit war, wie vielen Feinden man niemals vergab. Vielleicht fällt die Lebensbilanz verheerend aus. Der Richter muss hart urteilen. Doch plötzlich tritt ein anderer nach vorn, Jesus Christus. Er sagt: Lass diesen Menschen frei, ich nehme seine Strafe auf mich.

Einen durch und durch rationalen Menschen wie Max Weber beeindruckt eine biblisch inspirierte Szene kaum. Sie bringt keine religiöse Saite in ihm zum Schwingen. Religiöse Erzählungen folgen ja schließlich auch keiner wissenschaftlichen Logik.

„Ich bin nach genauer Prüfung weder antireligiös noch irreligiös", fuhr Weber in seinem Brief fort. Er selbst empfinde sich in dieser Hinsicht „als einen verkrüppelten Menschen" – gerade also ob ihm, dem Nichtreligiösen, etwas fehle. Möglicherweise kokettierte Weber in seinem Brief an den Kollegen auch nur mit seinem vermeintlichen Mangel. Natürlich sind nicht alle Menschen im Innersten religiös – schon gar nicht von Natur aus. Anders als Max Weber sind sich viele Nichtreligiöse absolut sicher: Ihnen fehlt nichts.

↔ Wie überzeugend sind religiöse Überzeugungen?: Seite 99

Aus ihrer Sicht kann ihnen auch nichts fehlen. Man muss eine Religion schon erlernen, muss mit ihren Bräuchen und Lehren aufwachsen oder sich in ihre Erzählweise hineinhören, sich an ihre gottesdienstlichen Dramaturgien gewöhnen. Erst dann kann sie bereichernd wirken. Es fehlt ja auch niemandem die naturwissenschaftliche Beobachtungsfähigkeit, wenn er sich nicht in ihr geschult hat. Niemand vermisst mathematische Logik oder poetische Ausdrucksformen, der nichts davon weiß.

↔ Lässt sich ein Atheist von Gott überzeugen?: Seite 108

Auch Religion ist eine Art Poesie. Und sie ist mehr als das. Religiöse Botschaften spiegeln alte Glaubenserfahrungen wider. In ihnen summieren sich das Erfahrungswissen von Generationen, mühsam erarbeitete Techniken der Selbstkultivierung, vielschichtig komponierte → Rituale und Übungen. Religionen beanspruchen, für jedermann wichtig zu sein – selbst für Unkundige, die sie noch gar nicht missen. Manche Theologen erklären die Bedeutung von „Re-ligio" als „Rückbindung an Gott". Ohne Religion, sagen sie, fehle Menschen etwas Wichtiges in ihrem Leben.

↔ Wie wirken sich Gottesbilder aus?: Seite 206/207

Tatsächlich deuten gläubige Christen ihr Leben anders als nicht religiöse Menschen. Sie bedienen sich der Gedanken früherer Generationen, leihen sich ihre Sprache, verwenden ihre Metaphern. Mit dem Begriff → „Sünde" benennen sie zum Beispiel ihr Leiden an der eigenen Unzulänglichkeit. Jeder Mensch auf der Welt scheitert selbst mit noch so guten Absichten. Gläubige thematisieren dieses Scheitern, im günstigsten Fall lernen sie daraus.

Und das Wort → „Gnade" fasst für gläubige Christen das Gute zusammen, das ihnen zufällt: Liebe, Gesundheit, tiefe Freundschaft. Nicht religiöse Menschen würden sagen: „Glück gehabt." Der Gläubige versteht sein Glück als Geschenk und verbindet seine Freude darüber mit Dankbarkeit gegen Gott.

Religiös ist, wer ein Sensorium für solche Metaphern kultiviert. Allen anderen zu unterstellen, auch sie seien im Grunde religiös, ohne es zu merken, ist anmaßend. Dennoch fehlt den nicht religiösen Menschen aus der Perspektive der religiösen etwas – passende Worte für die wirklich wichtigen Dinge im Leben.

Burkhard Weitz (1965), Pfarrer und Journalist*

! Moment mal!
Sind religiöse Menschen glücklichere Menschen?

Ein persönliches Zeugnis

Kann man auf Religion verzichten? Das hängt natürlich davon ab, von wem oder wovon die Rede ist: Was heißt „man"?

Handelt es sich um Individuen? Da kann ich nur mein persönliches Zeugnis beisteuern: *Ich* kann sehr gut auf Religion verzichten!

Ich weiß, wovon ich spreche, weil ich vergleichen kann. Ich bin nicht nur christlich erzogen, ich habe an Gott geglaubt, mit einem sehr lebendigen, wenn auch von Zweifeln durchzogenen Glauben, bis ich ungefähr achtzehn war. Dann verlor ich den Glauben, und es war wie eine Befreiung: Alles wurde einfacher, leichter, offener, stärker! Es war, als ob ich aus der Kindheit mit all ihren Ängsten und Schrecken, ihrer Schwüle und ihren Sehnsüchten heraus- und endlich in die reale Welt eintrete, in die Welt der Erwachsenen, in die Welt des Handelns, in die Welt der Wahrheit ohne → Gnade und Vorsehung. Welche → Freiheit! Welche Verantwortung! Welcher Jubel! Ja, ich habe das Gefühl, besser zu leben, seit ich Atheist bin, klarer, freier, intensiver. Das kann aber keinesfalls als allgemeines Gesetz gelten. Zahlreiche Konvertiten könnten das Gegenteil bezeugen: dass sie besser leben, seit sie glauben, ebenso wie viele Gläubige, die von jeher der Religion ihrer Eltern anhängen, bestätigen werden, dass sie das Beste in ihrem Leben dem Glauben verdanken. Was kann man daraus schließen, außer dass wir verschieden sind? Mir genügt diese Welt: Ich bin Atheist und zufrieden damit. Andere, wahrscheinlich ein größerer Teil der Bevölkerung, sind mit ihrem Glauben nicht weniger zufrieden. Vielleicht brauchen sie einen Gott zum Trost, zu ihrer Sicherheit oder als Zuflucht vor Sinnlosigkeit und Hoffnungslosigkeit (das ist die Bedeutung von → Kants „Postulaten der praktischen Vernunft") oder auch nur, um ihr Leben in Zusammenhang zu stellen – weil die Religion ihren tiefsten Gefühlen oder ihren spirituellen Erfahrungen entspricht, ihrem Empfinden, ihrer Erziehung, ihrer Geschichte, ihrem Denken, ihrer Freude, ihrer Liebe … lauter achtbare Gründe. „Unser Bedürfnis nach Trost ist unstillbar", sagt Stig Dagerman. Auch unser Bedürfnis nach Liebe und Schutz ist unstillbar, und jeder versucht, mit seinen Bedürfnissen halbwegs zurechtzukommen. Barmherzigkeit für alle!

André Comte-Sponville (1952), Philosoph*

Religionskritik: Seite 269

Gottesglaube: Seite 102

Religion in der Psychoanalyse: Seite 95

Atheismus: Seite 264

Ist Gott eine Erfindung des Menschen?: Seite 94

Gottes-hypothese: Seite 97

Aufgaben

1. Führen Sie ein Line-Up zu der Frage durch, ob in jedem Menschen eine religiöse Saite klingt.
2. Zeigen Sie auf, worin sich laut Weitz religiöse von nicht religiösen Menschen unterscheiden.
3. Vergleichen Sie Weitz Ausführungen mit denen von Joas (Seite 18).
4. Fassen Sie zunächst die Position Comte-Sponvilles in eigenen Worten zusammen und formulieren Sie anschließend einen Leserbrief als Erwiderung auf Weitz' Artikel aus der Sicht Comte-Sponvilles.
5. Interpretieren Sie die Karikatur auf der Grundlage der beiden erarbeiteten Positionen.

Texte analysieren: Seite 250

Adressaten-bezogene Texte verfassen: Seite 253

Bilder analysieren: Seite 251

Was ist religiöse Rede?

Christian Modehn: Worin sehen Sie heute die wichtigste Forderung an einen Prediger, eine Pastorin oder einen Pfarrer, etwa in einer europäischen Großstadt, z. B. in Berlin?

Wilhelm Gräb: Von der kirchlichen Predigt, sonntags oder bei alltäglichen Gelegenheiten, im Gottesdienst oder in der urbanen Welt der Medien wird immer noch viel erwartet. Die Erwartung ist die, religiös angesprochen zu werden, bewegend, tröstlich, ermutigend. Das ist es deshalb auch, was von Predigern und Predigerinnen zu fordern ist: Existenziell sollte ihre Predigt sein, den Glauben und die Botschaft ins Leben ziehen, um das Sinnvertrauen der Menschen zu stärken.

Von Gott reden: Seite 197

Christian Modehn: Aus welcher Position heraus sollte ein Prediger heute sprechen: als Wissender, als Spezialist oder als Fragender, als Suchender wie die Gemeinde der Zuhörenden?

Wie stehen Gott und Mensch in Beziehung?: Seite 204/205

Wilhelm Gräb: Wer predigt, sollte sich auf die Religion verstehen. Wer sich auf die Religion, also auf des Menschen Verhältnis zum Göttlichen versteht, der aber bleibt ein Suchender und Fragender, da der Glaube kein Wissen ist und nie zu einem solchen werden kann. Das Wissen ist immer Wissen von dem, was es gibt. Der Glaube ist auf das gerichtet, was uns in all unserem Wissen von dem, was es gibt, stärkt, uns überhaupt im tätigen Vollzug unseres Lebens trägt. Der religiöse Glaube gibt uns das Gefühl, dass das Leben seinen Sinn in sich selbst trägt. Doch darin, wie das Leben so geht und es um unser immer fragmentarisches Wissen bestellt ist, zeigt sich unser aller Angewiesenheit auf die zum Glauben ermutigende und das religiöse Gefühl stärkende Rede. Wer religiös spricht, und das ist es, was die Predigt tun sollte, redet nicht über die Religion oder die Religionen, nicht über die religiösen Institutionen, nicht über die Kirche. Wer religiös spricht, redet aus Religion, aus religiöser Überzeugung, weil sie ihm selbst wichtig ist – was aber gerade nicht heißt, dass er keine Fragen an den eigenen Glauben mehr hätte, schon gar nicht, dass er nicht ein Suchender bliebe, um die rechten Worte ringend, immer wieder zweifelnd, ob der Glaube nicht doch ins Leere geht. Dennoch, nur der, dem die religiöse Sinngrundierung des Lebens selbst immer wieder aufleuchtet, will von ihr zu anderen sprechen.

Religiöse Sprache: Seite 197

Wie überzeugend sind religiöse Überzeugungen?: Seite 99

Christian Modehn: Ist die Rede heute das wichtigste „Instrument", um in der Gesellschaft von Religion zu sprechen? Welche anderen Möglichkeiten würden Sie vielleicht noch stärken oder bevorzugen?

Wilhelm Gräb: Zunächst und vor allem möchte ich sagen, dass ich die Predigt, wenn es ihr gelingt, zur religiös erbaulichen Rede zu werden, tatsächlich immer noch für das wichtigste Instrument halte, um auf eine der Religion gemäße Weise von Religion zu sprechen.

Christian Modehn: Wie kann an öffentlichen Orten, etwa Kneipen, Cafés, Galerien, Kinos, Museen, von Gott heute gesprochen werden?

Wilhelm Gräb: Eine Predigt, die die religiösen, aufs Ganze gehenden Sinnfragen des Lebens anspricht, die Dinge, die uns Angst machen, die Erfahrungen, in denen das Vertrauen uns weitergeholfen hat, die Ziele, für die einzusetzen sich lohnt, stellt einen jeweils konkret ins Leben greifenden Akt der Lebensdeutung dar. Sie ist immer noch eine hervorragende Gelegenheit, redend zur Ausführung zu bringen, was uns zutiefst angeht, im Leben erhält und unseren Blick nach vorne hin öffnet. In ihrer Form ist sie an die Kirche gebunden. Der Sache nach freilich ist sie viel zu wichtig, um nicht überall dort auch zu geschehen, wo Menschen die Begegnung mit sich selbst und untereinander erleben können.

→ *Wilhelm Gräb (* 1948), Theologe*

Religiöse Sprache

Religiöse Sprache ist, wo sie den Namen verdient, eine poetische Sprache, das heißt, dass sie nicht zu hören ist abgelöst von den Sprechenden, von ihren Tränen und von ihrem Jubel. Sie ist gerade keine Einheitssprache, die zu allen Zeiten zwischen Tokio und Lima gilt. Sie ist Auslegung, nicht nur Wiederholung eines immer schon Gesagten. Das heißt nicht, dass sie die willkürliche Expression der Gemütslagen von unverbundenen Individuen ist. Wir haben Texte und Traditionen, die unsere Auslegung Christi richten, sie aber nicht beherrschen. In jede Auslegung gehen das Charisma und die Blindheit der Auslegenden ein.

→ *Fulbert Steffensky (* 1933), Theologe*

Heil machen – eine Morgenandacht

Mama, wo gehst du hin?, fragt mein Sohn, als ich den Mantel anziehe. Ich muss zum Friedhof, eine Frau beerdigen, erkläre ich. Ist die gestorben?, fragt er. Ja, sage ich. Machst du die jetzt wieder heil?, will er wissen. Nein, sage ich. Das kann ich nicht. Leider nicht. Und dann nach einer Pause erkläre ich ihm: Gott macht sie wieder heil.

Noch oft geht mir dieses Gespräch am Frühstückstisch durch den Kopf. Und dann die Bilder der letzten Wochen: die Türme des World Trade Centers, die in sich zusammenfallen, die weinenden, schreienden, panischen Menschen. Auch die Bilder aus Afghanistan, die Gesichter der Kinder, gezeichnet von Hunger und Angst, die Lichter der Bomben in der Nacht. Gott macht sie, macht uns wieder heil. Wie leicht ist das gesagt, denke ich. Wie wenig sind diese Worte. Reichen sie denn, um solchen Bildern zu trotzen? Tragen sie durch den schweren Weg der Trauer hindurch, durch das Chaos von Verzweiflung, Hoffnung, Mut und Wut?

Gott macht sie, macht uns wieder heil. Mein Sohn war zufrieden mit dieser Antwort. Seit Monaten schon merkt er sie sich und erzählt sie manchmal auch anderen. Ich selbst ahne dann wieder, welche Kraft in dieser Antwort steckt, die nicht ich mir ausgedacht habe. Sie ist als Vision des Sehers Johannes in der Bibel beschrieben. Von einem neuen Himmel und einer neuen Erde wird da erzählt, wo Gott unter den Menschen wohnt. Wo er selbst den Menschen die Tränen abwischt und wo es weder Leid noch Geschrei, noch Schmerz, ja selbst den Tod nicht mehr geben wird. Unser Schmerz hier auf der Erde, der Terror, der Hunger, die Angst: Sie verschwinden nicht durch diese Worte. Aber ich spüre, wie die Vision des Johannes mich hoffen lässt, dass nicht Leid, Gewalt und Tod das letzte Wort über uns Menschen haben. Gott selbst steht dafür gerade, dass am Ende Frieden sein wird. Und so wecken diese biblischen Bilder in mir eine Sehnsucht nach Heil, die zum Motor wird: die antreibt, selbst etwas zu verändern: Tränen abzuwischen und Hunger zu stillen, Wunden zu verbinden und Frieden zu stiften.

Tina Willms (1963), Pastorin*

↔ Du bist ein Kind Gottes: Seite 207

↔ Was bringen Visionen?: Seite 54

Aufgaben

1 Stellen Sie in einem Schaubild dar, welche Facetten religiöse Sprache nach Steffensky ausmachen.

2 Geben Sie wieder, welche Anforderungen/Erwartungen Gräb an einen Prediger und eine Predigt hat, wenn sie „religiös erbauliche Rede" sein soll.

3 Erläutern Sie die These Gräbs, dass Religion in Kommunikation entstehe.

4 Überprüfen Sie, ob die Morgenandacht von Willms die Erwartungen Gräbs erfüllt.

5 Schreiben Sie einen Andachtstext zu einem biblischen Text Ihrer Wahl. Tragen Sie ihn an einem besonderen Ort vor und beschreiben Sie die Beziehung/Wirkung von Ort und Wort.

→ Texte analysieren: Seite 250

→ Meditations- und Andachtstexte schreiben: Seite 259

Wie und wo vollzieht sich Religion?

Der Gottesdienst

„Ich finde es schon wichtig, dass es was anderes ist, dass es so 'ne Auszeit ist, in der ich mal abschalte, also dass ich wirklich mal ganz woanders bin, dass ich wirklich das andere draußen lasse." So bringt eine 38-jährige Mutter von drei Kindern zum Ausdruck, was sie erlebt, wenn sie am Sonntag einen Gottesdienst besucht. Und damit ist sie nicht allein. Menschen brauchen Auszeiten, heilsame Unterbrechungen. Und Menschen brauchen Orte, an denen sie ihren Sorgen und ihrer Trauer, aber auch ihrer Freude und ihrer Dankbarkeit Ausdruck geben können. Sie suchen Orientierung – fragen nach dem, was wirklich trägt. Der Gottesdienst ist ein solcher Ort der Unterbrechung. Gottesbegegnung, Lebenserneuerung und Gemeinschaft werden hier erfahrbar.

↔ Der Geist Gottes: Seite 200

In dem deutschen Wort Gottesdienst steckt ein doppelter Vorgang: Gott dient uns und wir dienen ihm. Wir können uns an ihn wenden, wie wir sind, mit allem, was uns bewegt und umtreibt. Und Gott wendet sich uns zu, redet uns an und zeigt uns seine Liebe. → Martin Luther hat dies 1544 bei der Einweihung der Torgauer Schlosskirche so ausgedrückt: In diesem Gotteshaus soll „nichts anders geschehen, als dass unser lieber Herr mit uns rede durch sein heiliges Wort und wir wiederum mit ihm reden durch Gebet und Lobgesang".

↔ Wie können wir mit Gott reden?: Seite 198/199

Man darf das zweifache Reden, das hier beschrieben wird, allerdings nicht zu eng fassen. Menschen werden im Gottesdienst nicht nur mit ihrem Verstand, sondern mit allen Sinnen angesprochen. Die Lesungen, die Gebete und die Predigt gehören ebenso dazu wie die Lieder und die Feier von Taufe und Abendmahl. Auch der gottesdienstliche Raum, die Musik und die Stille können zu uns sprechen. Wer das erste Mal einen Gottesdienst besucht, macht allerdings auch die Erfahrung der Fremdheit. Die Sprache ist anders als im Alltag, die Musik und die Lieder kommen oft von weit her. Und auch das Rede- und Antwortspiel zwischen Einzelnen und der Gemeinde ist ungewohnt. Die Spielregeln sind nicht sofort verständlich. Manche sind beeindruckt von der besonderen Atmosphäre, andere fragen: „Passt der altertümlich wirkende Gottesdienst noch in unsere Zeit?" Gottesdienste einladend zu gestalten und dabei immer wieder die „Zaungäste" im Blick zu haben, ist deshalb eine wichtige Aufgabe. Dieses Anliegen nehmen auch neuere Gottesdienstformen auf. Durch andersartige Gestaltungen, durch Pop-Musik oder Elemente aus Theater und Film eröffnen sie verschiedene Zugänge zum Feiern des Gottesdienstes. Solche neuen Gottesdienstformen wenden sich oft an bestimmte Gruppen wie Kinder oder Jugendliche oder sie nehmen die Atmosphäre besonderer Orte auf.

↔ Religiöse Sprache: Seite 196

↔ Muss die Kirche moderner werden?: Seite 104/105

Besonders dort, wo wir in Situationen geraten, in denen es uns die Sprache verschlägt, entfalten die gottesdienstlichen Formen auch für konfessionslose Menschen ihre Kraft. Gottesdienste helfen, Worte zu finden, wo wir verstummen, sie ermöglichen Gemeinschaft in schwerer Zeit und rufen den zur Hilfe, der das Leben schenkt und erhält.

Hanna Kasparick (1954) und Siegfried Kasparick (* 1955), Theologen*

↔ Was kann Kirche alles sein?: Seite 140/141

Gebet

Ein Rabbiner durchquerte ein Dorf, ging in den Wald und dort, am Fuße eines Baumes, betete er. Und Gott hörte ihn. Auch sein Sohn durchquerte dieses Dorf. Er wusste nicht mehr, wo der Baum war, und betete also an irgendeinem Baum. Und Gott hörte ihn. Der Enkel des Rabbiners wusste weder, wo der Baum war noch wo der ganze Wald war. Er ging zum Beten in das Dorf. Und Gott hörte ihn. Der Urenkel wusste weder, wo der Baum war noch der Wald noch das Dorf. Aber er kannte noch das alte Gebet. So betete er zuhause. Und Gott hörte ihn. Der Ururenkel schließlich kannte weder den Baum noch den Wald noch das Dorf noch das alte Gebet. Er kannte aber noch die alte Geschichte und erzählte sie seinen Kindern. Und Gott hörte ihn.

Jüdische Legende

Was bringen Visionen?: Seite 54/55

Moment mal!
Spielt es wirklich keine Rolle, wo ich bete?

Beten

Ich würde gern beten können. Ich weiß, dass es unzählige Varianten des Betens gibt: beten mit festem Text und ohne, den Rosenkranz, die Bildmeditation. Menschen singen Gebete, sie schweigen, sie tanzen. Weiß ich denn wirklich, was Beten bedeutet? Es heißt wohl, mit Gott zu sprechen. Aber wie spricht man mit Gott, wenn man sich seiner nicht einmal sicher sein kann? Was sind meine Erwartungen, warum möchte ich überhaupt wieder mit dem Beten anfangen? Ich habe die Hoffnung, dadurch wieder ein bisschen mehr zum Wesentlichen vorzudringen. Innehalten, still werden, mich auf mich besinnen, den alltäglichen Irrsinn hinter mir lassen. Eine kleine Ecke im Schlafzimmer, hinter mir das Fenster – das könnte der richtige Ort sein. Ich versuche jetzt ab und zu, genauer hinzuhören. Da sein und horchen. Da sein und genau hinschauen. Im Grunde ist das schon ein Gebet: die Dinge ein bisschen mehr auf mich wirken zu lassen.

Silke Stuck (1973), Journalistin*

Aufgaben

1 Beschreiben Sie die Funktion von Gottesdienst und seine gottesdienstlichen Formen, wie Lesung, Gebet und Gesang, für den religiösen Menschen.

2 Arbeiten Sie das Verhältnis von Ort und Wort im Gottesdienst heraus.

3 Wählen Sie aus dem Evangelischen Gesangsbuch (EG) Lieder und Psalmen aus, die Sie ansprechen und/oder befremden. Begründen Sie Ihre Wahl.

4 Schreiben Sie den Text „Gebet" weiter und bewerten Sie untereinander, zum Beispiel im Rahmen eines Galerie-Rundgangs, kriteriengeleitet Ihre Ergebnisse.

Adressatenbezogene Texte verfassen: Seite 253

5 Setzen Sie sich mit Stucks Verständnis von „Beten" auseinander und suchen Sie nach „richtigen" Orten zum Beten in Ihrer Umgebung.

Texte analysieren: Seite 250

Brauchen Menschen religiöse Orte?

Moment mal!
Wozu brauche ich eine Kirche?

Der Seele Raum geben

Wozu brauche ich den heiligen Raum? Im heiligen Raum muss ich nicht eloquent sein. Der heilige Raum ist der Raum, in dem die Toten meine Zeugen sind. Hier wurde ihr Lebensanfang unter die große Geste der Taufe gestellt, hier haben sie geschworen, hier haben sie den Bruch ihrer Schwüre bereut, hier haben sie ihr Glück gefeiert und ihre Niederlagen beweint, hier wurden die letzten Gebete über sie gesprochen. Jeder Kirchenraum ist dunkel von der Patina der Seufzer, der Gebete, der Zweifel, der Hoffnung der Toten. Eine Tradition haben heißt, an die Stelle der Toten treten, nicht nur um ihre Aufgaben zu übernehmen, sondern um Anteil zu gewinnen am Glauben und an der Hoffnung dieser Toten. Wir bauen uns von außen nach innen, und wir müssen nicht einmal die vollkommenen Meister unseres Glaubens sein. Eine Kirche ist nicht schon dann eine Kirche, wenn sie fertiggestellt und eingeweiht ist. Eine Kirche wird eine Kirche mit jedem Kind, das darin getauft ist; mit jedem Gebet, das darin gesprochen wird, und mit jedem Toten, der darin beweint wird. Sie ist kein Kraftort, aber sie wird ein Kraftort, indem sie Menschen heiligen mit ihren Tränen und mit ihrem Jubel. Ich muss im heiligen Raum nicht eloquent sein. Ich muss mir nicht in Dauerreflexion und Dauerberedung sagen, wer ich bin; was der Sinn und das Ziel des Lebens und des Sterbens ist. Der Raum redet zu mir und erzählt mir die Geschichte und die Hoffnung meiner toten und lebenden Geschwister. Und so baut er an meinen Wünschen und an meinen Lebensvisionen. Es ist kein ästhetisches Urteil, wenn ich sage, dass alte Kirchen mir lieber sind als die neuen. Alte Kirchen haben mehr Vergangenheit, sie erzählen mehr.

Was ist Kirche?: Seite 141

Wozu brauche ich eine Kirche? Der heilige Raum arrangiert meine Gebete. Ich will ein einfaches Beispiel erzählen. Wir hatten die Angewohnheit, unseren Enkeln Märchen auf der dritten Treppenstufe in unserem Haus zu erzählen. Es war kein besonderer Kraftort, aber das Aufsuchen dieser Stelle arrangierte uns für die Erzählung fantastischer Geschichten. Der Ort brachte uns in eine Rolle: dort sind wir die Geschichtenerzähler oder die Geschichtenhörer. Der Kirchenraum arrangiert uns und bringt uns in eine Rolle: dort sind wir die Beter, die Hörer; wir sind die Singenden und die Nachdenklichen. Wir sind es anders als zuhause im Wohnzimmer oder im Arbeitszimmer. Räume bauen an unserer Innerlichkeit. Darum sprechen wir dort anders, verhalten uns anders, werden ruhiger oder auch unruhiger durch die Ruhe der Räume. Räume erbauen uns, wenn wir uns erbauen lassen. Ich habe es immer als Problem empfunden, dass die Stimme des Kirchenraumes unhörbar gemacht wird durch lautes Gerede vor dem Gottesdienst. Damit lässt man nicht zu, dass der Raum einen erbaut. Das Gelärme zerstört die Fremdheit des Raumes, die ein köstliches Gut ist.

Wozu brauche ich eine Kirche? Der heilige Raum ist der fremde Raum, nur in der Fremde kann ich mich erkennen. Der Raum erbaut mich, insofern er anders ist als die Räume, in denen ich wohne, arbeite und esse. Ich kann mich nicht erkennen; ich kann mir selbst nicht gegenübertreten, wenn ich nur in Räumen und Atmosphären lebe, die durch mich selbst geprägt sind, die mir allzu sehr gleichen und die mich wiederholen. Die Räume, die mich spiegeln – das Wohnzimmer, das Arbeitszimmer – gleichen mir zu sehr. Der fremde Raum ruft mir zu: Halt! Unterbrich dich! Befreie dich von deinen Wiederholungen. Er bietet mir eine Andersheit, die mich heilt, gerade weil sie mich nicht wiederholt, sondern mich von mir wegführt. Kirchen heilen, insofern sie nicht sind wie wir selber.

→ *Fulbert Steffensky (* 1933), Theologe*

FreiRaum

Die Magni-Gemeinde in Braunschweig hat 2012 das FreiRaum-Projekt als „Experimentieren im Dialog" durchgeführt. Dazu wurden vier Wochen alle Bänke aus der Kirche verbannt und zahlreiche Veranstaltungen mit viel Bewegung im bankleeren bzw. teilmöblierten Kirchenraum durchgeführt.

Der Kirchenraum ist in der Welt ein Zeichen für eine andere Welt. Die Begegnung mit ihm beginnt bereits vor den Kirchtüren. Denn die Kirchen sind in der Regel weit sichtbar und für viele heute noch immer Orientierungspunkte im Dorf- und Stadtraum: der Kirchturm, der optisch mit dem Finger zum Himmel zeigt, die Glocken, die akustisch der Betriebsamkeit der Welt den Hinweis auf Gottes Zeit und Raum entgegenstellen. Die Kirche ist so als Gebäude ein „Dialogangebot in Stein".

Bettina Naumann (* 1964), Pfarrerin

Symbole/ Zeichen: Seite 270

Aufgaben

1 Setzen Sie sich mit der Frage auseinander, welche Wirkung Kirchenräume auf Sie haben.

2 Arbeiten Sie die Bedeutung des Kirchenraumes für den Theologen Steffensky heraus.

Texte analysieren: Seite 250

3 Erläutern Sie auch auf der Grundlage des Textes von Steffensky folgendes Zitat der Pfarrerin und „Kirchenraumtheologin" Bettina Naumann: „Die Kirche ist so als Gebäude ein Dialogangebot aus Stein."

4 Besuchen Sie eine Kirche und finden Sie dort einen besonders ansprechenden Ort. Verfassen Sie einen Dialog zwischen sich und dem Ort.

Eine Exkursion planen: Seite 261

5 Hätte Sie das FreiRaum-Projekt in die Kirche gelockt? Begründen Sie Ihre Entscheidung.

Eine Stellungnahme verfassen: Seite 256

Ist Religion an Worte und Orte gebunden?

Die ehemalige Martini-Kirche in Bielefeld beherbergt seit 2005 das Restaurant „Glück und Seligkeit". Sie ist ein Beispiel für die zunehmende Umwidmung kirchlicher Bauten.

Aufgaben

Eine Internetrecherche durchführen: Seite 252

1 Recherchieren Sie unterschiedliche Beispiele einer Umnutzung von Kirchengebäuden in Deutschland.

2 Nennen Sie Pro- und Kontra-Argumente für eine neue, profane Nutzung kirchlicher Räume.

Adressatenbezogene Texte verfassen: Seite 253

3 Sie waren Gast im „Glück und Seligkeit". Verfassen Sie einen Eintrag für das Gästebuch, in dem Sie Ihre Eindrücke sowie Ihre Meinung äußern.

Eine Stellungnahme verfassen: Seite 256

4 Nehmen Sie Stellung zum Namen „Glück und Seligkeit".

Wissen

- Entwerfen Sie einen Kurzvortrag zu den im Text von Schnabel (Seite 16) angedeuteten Ansätzen der Vertreter der unterschiedlichen Religionsbegriffe.
- Das Motiv der Unterbrechung findet sich in den Texten Schnabels, Kasparicks sowie → Steffenskys wieder. Entfalten Sie das Motiv in den unterschiedlichen Kontexten.
- Setzen Sie sich mit → Luthers Auffassungen, dass „Gott wohne, wo sein Wort ist“ sowie dass „Gott“ das bezeichne, „woran Menschen ihr Herz hängen“, auseinander. Beziehen Sie dabei den zeitgeschichtlichen und theologischen Kontext ein.

→ Adressaten-bezogene Texte verfassen: Seite 253

→ Texte analysieren: Seite 250

Können

- Verfassen Sie einen Abschlusstext für Ihr Portfolio (Seite 13), in dem Sie den Prozess der Auseinandersetzung mithilfe der Materialien reflektieren.
- Setzen Sie Hundertwassers „Der große Weg“ (Seite 14) und den Textauszug „Dimension der Tiefe“ von → Tillich (Seite 15) mit Psalm 130 zueinander in Beziehung.
- Informieren Sie sich über die Bedeutung von Ort und Wort in anderen Religionen und vergleichen Sie diese mit christlichen Standpunkten.
- Analysieren Sie Predigten, indem Sie gemeinsam einen Gottesdienst besuchen oder Beispiele aus dem Internet (zum Beispiel unter www.predigtpreis.de) wählen.
- Erstellen Sie eine gemeinsame Sammlung von unterschiedlichen Textarten und Liedern, deren Worte Sie besonders ansprechen. Wählen Sie einige für Ihr Portfolio (Seite 13) aus.
- Führen Sie eine Podiumsdiskussion zu der Fragestellung „Passt der altertümlich wirkende Gottesdienst noch in unsere Zeit?“ durch.

→ Eine Exkursion planen: Seite 261

Anwenden

- Informieren Sie sich ausführlich über den Künstler Friedensreich Hundertwasser und sein Werk „Der große Weg“ und verfassen Sie eine strukturierte Bildinterpretation.
- Recherchieren Sie Informationen zu besonderen biblischen Orten und stellen Sie diese in Zusammenhang mit den dazugehörigen biblischen Texten vor.
- Organisieren Sie gemeinsam eine Fotoausstellung und Vernissage mit den eigenen Fotos und Texten, zu der Sie Mitschüler/innen, Lehrer/innen und Familienmitglieder einladen.
- Gestalten Sie eine Kirchenraumerkundung für andere Religionskurse.
- Bereiten Sie einen Poetry Slam zur Frage „Braucht der Mensch Religion?“ vor. Laden Sie nicht christliche Mitschülerinnen und Mitschüler zum Zuhören und zu einer anschließenden Diskussion ein.

→ Bilder analysieren: Seite 251

→ Eine Internetrecherche durchführen: Seite 252

→ Eine Exkursion planen: Seite 261

2 Wie frei bin ich in meinen Entscheidungen?

Kalenderblatt, Von guten Mächten wunderbar geborgen, 30.12.2013

Wenn Sie dieses Kapitel bearbeitet haben, können Sie …

- darstellen, worin sich das christliche von einem nicht christlichen Freiheitsverständnis unterscheidet.
- die Spannung von Freiheit und Verantwortung an ausgewählten Bibelstellen beschreiben.
- christliche und nicht christliche Menschenbilder zueinander in Beziehung setzen.
- zu der Frage Stellung nehmen, inwieweit der Mensch einen freien Willen hat.
- erklären, welche Bestimmung die Gebote Gottes für Gläubige haben.
- entfalten, dass der Rechtfertigungsglaube eine innere Freiheit schenkt.
- konkrete Handlungssituationen erörtern, in denen sich die Verantwortlichkeit des Menschen bewähren muss.

Was können Sie schon?

- erläutern, welche Bedeutung die Gottesebenbildlichkeit für den Menschen hat
- erklären, warum der Mensch als Ebenbild Gottes für sich selbst, für seine Mitmenschen und für seine (Um-)Welt Verantwortung trägt
- beschreiben, wie frei oder unfrei Menschen in bestimmten Situationen sind
- darstellen, warum der Mensch frei und zugleich verantwortlich für sich und andere ist
- in Grundzügen erklären, was Martin Luther mit dem Begriff Rechtfertigung aussagen wollte
- exemplarisch herausstellen, welche Antworten sich aus christlicher Sicht auf weltweite ethische Probleme geben lassen
- lebenspraktische Konsequenzen benennen, die der Glaube für evangelische Christinnen und Christen hat

Wie frei bin ich eigentlich?

Das Abiturkomitee tagt, um die Aufgaben für die Abiturfeier zu verteilen. Für das musikalische Programm ist der Musikkurs zuständig, die Dekoration übernimmt der Kunstkurs, durch das Programm führen die Schülerratsvertreter usw. Die meisten Aufgaben sind schnell verteilt. Offen bleibt am Ende, wer die Abiturrede zum Thema „Wie frei bin ich eigentlich?" halten soll. Da die Abiturrede der Schülerschaft das Herzstück der Abiturfeier ist, sollen alle Mitschülerinnen und Mitschüler des Jahrgangs darüber entscheiden.
Beim nächsten Treffen zeigt das Meinungsbild deutlich, dass der Religionskurs die Rede vorbereiten und halten soll. Schließlich soll es um Werte, Emotionales und einen positiven Blick in die Zukunft gehen. Einige formale und inhaltliche Kriterien werden als Leitfaden vom Abiturkomitee festgehalten:

- gut strukturierter Aufbau
- angemessene Wortwahl und Länge
- mit aussagekräftigen Zitaten
- alle Anwesenden sollen angesprochen werden
- mit nachdenklichen und zugleich humorvollen Passagen
- mit Blick in die Vergangenheit und vor allem in die Zukunft
- die ersehnte Freiheit, Ziele, Wünsche und zu erwartende Entscheidungssituationen als inhaltliche Schwerpunkte

Aufgabe

Entwerfen Sie die Abiturrede zur Frage „Wie frei bin ich eigentlich?", in der Sie die obigen Kriterien berücksichtigen.

Dazu ist es wichtig, ...

- zu benennen, welche Entscheidungssituationen in der (näheren) Zukunft auf Sie zukommen können bzw. werden.
- über gesellschaftliche Werte und Handlungsmaßstäbe nachzudenken, die sowohl für die Abiturientinnen und Abiturienten als auch für deren Familienmitglieder und Lehrerinnen und Lehrer relevant sind.
- ein Verständnis von Freiheit aus christlicher und philosophischer Sicht zu entfalten.
- Freiheit als Chance zur Selbstbestimmung zu begreifen, aber auch deren Grenzen in den Blick zu nehmen.

Was ist Freiheit?

Eine Definition muss schon deshalb schwerfallen, weil es sich bei der → Freiheit um ein Gefühl handelt. Frei ist ein Mensch, wenn er sich als frei empfindet. Die schwere Bestimmbarkeit des Begriffs der Freiheit zeigt sich darin, dass Lexika häufig zu einer negativen Definition Zuflucht nehmen und Freiheit als Abwesenheit von Zwang verstehen – in Analogie dazu, dass sie auch oft Frieden als die Abwesenheit von Gewalt beschreiben.
Doch im einen wie im anderen Fall reicht eine solche rein negative Bestimmung nicht aus. Besonders deutlich ist es im Fall der Freiheit, dass sie nicht nur als „Freiheit von", sondern auch als „Freiheit zu" verstanden werden muss. Doch dafür ist grundlegend, dass diese beiden Seiten – die man üblicherweise als negative und positive Freiheit bezeichnet – durch etwas Gemeinsames miteinander verbunden sind, eben durch die Freiheit als solche.
Um diesem Gemeinsamen auf den Grund zu kommen, ist es hilfreich, dabei anzusetzen, dass Freiheit ein Gefühl oder eine Empfindung ist. Besonders gut beschreibt nach meiner Auffassung der Philosoph Peter Bieri diese Empfindung, wenn er sagt, Freiheit sei „das Gefühl, Urheber unseres Willens und Subjekt unseres Lebens zu sein". Freiheit ist ein bestimmter Zug im Selbstverhältnis des Menschen, nämlich das Zutrauen dazu, dem eigenen Leben eine bestimmte Richtung zu geben und im Blick auf diese Richtung unter mehreren Möglichkeiten wählen zu können.
Am präzisesten lässt sich diese Freiheit, so scheint es mir, als „Selbstursächlichkeit" bezeichnen. In diesem Konzept der Selbstursächlichkeit liegt der gemeinsame Zug in den verschiedenen Konkretisierungen dessen, was mit Freiheit gemeint sein soll. Wer die unantastbare Bastion der Gedankenfreiheit ins Zentrum rückt, meint damit, dass niemand dem Menschen die Möglichkeit rauben kann, selbst zu denken. Wird dagegen das Entscheidende der Freiheit in der Handlungsfreiheit gesehen, so wird die Freiheit von der Fähigkeit betrachtet, dass ich Handlungen von mir aus anfange. Wer bei einer genaueren Analyse der Handlungsfreiheit darauf stößt, dass sie ihrerseits ihren Kern in der Willensfreiheit hat, weil doch die Bestimmung durch meinen eigenen Willen darüber entscheidet, ob ich es bin, der eine Handlung anfängt, so wird das Wesen der Freiheit darin gesehen, dass ich selbst den Inhalt meines Willens bestimme; anders gesagt, wird Selbstbestimmung zu einem vorrangigen Wechselbegriff von Freiheit. Wird die Willensfreiheit schließlich als Entscheidungsfreiheit konkretisiert, so wird darauf abgehoben, dass ich meine Entscheidungen selbst treffe und mir deshalb auch zurechnen lasse. Unabhängig davon, ob man sich an Gedanken- oder Handlungsfreiheit, an Willens- oder Entscheidungsfreiheit orientiert, lässt sich Freiheit also als Selbstursächlichkeit verstehen.

→ *Wolfgang Huber (* 1942), Theologe*

Aufgaben

1 Erstellen Sie eine Mindmap zum Begriff → „Freiheit".

2 Arbeiten Sie die unterschiedlichen Konkretisierungen von Freiheit nach Huber heraus und überarbeiten Sie Ihre Mindmap.

→ **Texte analysieren:** Seite 250

3 Recherchieren Sie im Internet das philosophische Kopfkino von 3sat zum Thema „Was ist eigentlich Freiheit?". Ergänzen Sie neue Aspekte in Ihrer Mindmap.

→ **Eine Internetrecherche durchführen:** Seite 252

Was verstehen Christen unter Freiheit?

Erasmus von Rotterdam und → Martin Luther streiten, ob es einen freien Willen gibt, der für das Heil des Menschen relevant ist. Der Blick auf die biblische Überlieferung hilft, diese Diskussion zu entschärfen.

Weisung/Tora: Seite 271

Wie kann man sich das Reich Gottes vorstellen?: Seite 176/177

Wie nah ist Gottes Reich?: Seite 136/137

Die Traditionen des Alten Testamentes kennen und loben Gott als den Befreier Israels. Gott ist derjenige, der Israel aus Ägypten befreit hat (Ex 20,2) und ihm mit der Tora das Gesetz der → Freiheit gegeben hat. Diese Tradition halten die verschiedenen Texte des NT fest, wenn sie darauf verweisen, dass das Reich Gottes einen Raum der Freiheit eröffnet. Im Reich Gottes ist der Tod vernichtet, der laut 1. Kor 15,26 der letzte Feind des Menschen ist. In dieses Reich kommen die Menschen durch Taufe.

Die christliche Gemeinde ist unter irdischen Bedingungen eine Vorwegnahme dessen, was erst nach dem Tod seine ganze Wirklichkeit entfaltet. Irdisch betrachtet ereignet sich Freiheit immer wieder in der Begegnung mit Gott, ist aber kein beständig andauernder Zustand. Die Freiheit, die der Mensch durch die Befreiung Gottes erfährt, ist sowohl eine Freiheit von der Welt wie eine Freiheit zu der Welt. Zunächst wird der Mensch von der Sorge um sich selbst befreit. Er muss sich nicht selbst entwerfen, nicht selbst verwirklichen, weil er schon von Gott als der, der er ist, angenommen wird. Er ist nicht von einem blinden Schicksal in die Welt geworfen, sondern von Gott gewollt. Er ist das Kind Gottes und Kinder müssen die Liebe ihrer Eltern nicht verdienen.

Wie wirkt Gott in uns?: Seite 200

Paulus: Röm 3,23-26: Seite 205

Für mich gestorben?: Seite 120/121

Nicht der freie Wille macht den Menschen also frei, sondern der Mensch ist schon frei, weil Gott ihn liebt. Freiheit ist demnach inhaltlich einerseits durch die Liebe bestimmt (Röm 5,8; 1.Joh 4,7f.), andererseits durch die Wahrheit. Nur dort ist der Mensch wahrhaftig frei, wo er Gottes Befreiung erlebt (1.Joh 17,17). Liebe und Wahrheit bestimmen also inhaltlich den christlichen Begriff der Freiheit. Freiheit ist demnach eine Freiheit von der Sorge, von der Angst und letztlich auch vor dem Tod. Paulus drückt dies in Kategorien von → Sünde und Schuld aus und meint, dass sich der Mensch in der Welt gefangen fühlt und sich zu sehr in die Belange dieser Welt verstrickt, die ihm dann wie eine feindliche Macht vorkommt. Weil Gott ihn aus diesen Zusammenhängen befreit, ist er unabhängig von der Welt (1.Kor 7,31): „Zur Freiheit hat uns Christus befreit!" (Gal 5,1)

Allerdings mündet diese Unabhängigkeit nicht wie bei den Kynikern in das Streben nach absoluter Autarkie, sondern ist ihrerseits mit der „Freiheit zu" verknüpft. Gerade weil der Mensch frei von der Welt ist, kann er sich umso mehr der Welt zuwenden. Er ist von der Sorge um sich selbst befreit, um sich der Sorge anderer anzunehmen. Paulus drückt dies in einem Satz aus, den später → Martin Luther in der Schrift „Von der Freiheit eines Christenmenschen" (1520) aufnehmen wird: „Denn obwohl ich frei bin von jedermann, habe ich doch mich selbst jedermann zum Knecht gemacht, damit ich möglichst viele gewinne" (1.Kor 9,19). Luther formuliert: „Ein Christenmensch ist ein freier Herr über alle Dinge und niemandem untertan. Ein Christenmensch ist ein dienstbarer Knecht aller Dinge und jedermann untertan" (WA 7,20). Der Mensch ist frei, um zu dienen. Weil Freiheit als Selbst- und Nächstenliebe bestimmt wird, führt die Liebe den freien Menschen zum Dienst an seinen Mitmenschen. Freiheit ist demnach gerade nicht der Zustand, in dem man aus freien Stücken für die anderen handelt.

Christliches Engagement: Seite 67

In diesem Sinn kann der bekannte Ausspruch Rosa Luxemburgs („Freiheit ist immer Freiheit der Andersdenkenden") in christlichem Sinn als die Realisierung christlicher Freiheit verstanden werden. Christlich gesehen heißt es nicht, handeln, wie man gerade will (Aristoteles), sondern so, dass immer die Schwachen im Blick behalten werden und auf diese Rücksicht genommen wird. Christliche Freiheit ist demnach keine ängstliche und keine totale Freiheit, sondern eine Freiheit von der Sorge um sich selbst zur Sorge um den Nächsten. Sie ist eine glückliche Freiheit.

→ Paul Metzger (1973), Theologe*

„Freiheit, die ich meine“

Schon Jugendliche können das erleben, die Freiheit *von* etwas. Pubertät und Eintritt ins Erwachsenenalter zeigen ihnen den Reiz dieser Freiheit. Wenn man erwachsen wird, wandelt sich das Freiheitsverständnis. In der Liebe zu einem Menschen, zumal einem Kind, zu einem Wert, zu Gott, der Kunst, der Natur, einer Arbeit, einem großen Ziel entsteht eine fundamentale Geneigtheit zu etwas außer mir selbst. Wer das erlebt hat, will alles tun, dies zu bewahren. Die Übernahme von Verantwortung ist dann keine Zumutung und erst recht keine Überforderung. Zwar wird der Mensch auch von außen durch Normen, Eltern, Staat oder Religion in die Pflicht genommen. Aber ganz unabhängig davon existieren mit Sympathie und Liebesfähigkeit freundlichere Einladungen zur Verantwortung. Wer Freiheit als Verantwortung lebt, kommt letztlich bei den besten und tiefsten Potenzen an, die in uns Menschen angelegt sind. Und unsere Seelen belohnen uns dafür, wenn wir uns als Herausgeforderte und auf andere Wesen Bezogene verstehen. Wir erleben Gemeinschaft und Glück.

Aber → Freiheit und Verantwortung verlangen eben ständige Wandlung, sind eine permanente Herausforderung. Die einen fühlen sich in ihrem Element. Sie werden Bürgermeister, gründen Firmen, erforschen unbekannte Kontinente, eine der Befreiten wird Regierungschefin. Andere aber sehen sich überfordert, werden kleinmütig, fühlen sich bestätigt in ihrer Auffassung, dass es wirkliche Freiheit nicht gebe, der Sozialstaat nicht sozial sei und die Chancengleichheit ein Traum bleibe.

Was bedeutet soziale Gerechtigkeit?: Seite 58/59

Ganz offensichtlich gibt es keine ungestörte Beziehung zur Freiheit. Schon ihre zwei Gesichter mögen uns verwirren. Eines erweckt Vertrauen – es verspricht Selbstverwirklichung, Gestaltungsmöglichkeiten, Zukunft. Es lässt in der Begegnung und der Nähe zum Mitmenschen Empathie und Verantwortung wachsen, das Grundelement moralischen Verhaltens. Das andere Gesicht der Freiheit hingegen lässt uns erschrecken – wenn es als Raubtierkapitalismus, nacktes Kalkül, Gruppenegoismus, als unethischer Forschungseifer letztlich den Egoismus fördert und die Solidarität und das Mitleid mit dem Anderen neutralisiert. Das Erschrecken über diese Seite der Freiheit ist letztlich ein Erschrecken über uns, über das destruktive Potenzial in uns.

Ethik und Moral: Seite 265

Freiheit verpflichtet uns daher immer wieder, uns der Moral in den zwischenmenschlichen Beziehungen wie auch der Werte in unserem Gemeinwesen zu vergewissern.

→ *Joachim Gauck (* 1940), Bundespräsident und (vormals) Pastor*

! **Moment mal!**
Ist Freiheit ohne Verantwortung möglich?

Aufgaben

1 Recherchieren Sie Informationen zu den genannten Persönlichkeiten Aristoteles, → Luther, Erasmus von Rotterdam und Rosa Luxemburg sowie zu der Gruppe der Kyniker.

Eine Internetrecherche durchführen: Seite 252

2 Lesen Sie die von Metzger angesprochenen zentralen biblischen Texte und vergleichen Sie Ihre Wahrnehmung mit den Erklärungen Metzgers.

Biblische Belegstellen reflektiert verwenden: Seite 260

3 Geben Sie das ambivalente Freiheitsverständnis eines Erwachsenen nach Gauck wieder.

4 Informieren Sie sich über den biografischen und historischen Hintergrund Joachim Gaucks und erörtern Sie, weshalb seine zentralen Themen → Freiheit und Verantwortung sind.

Was ist der Mensch?

Wie ist die Welt entstanden?: Seite 102/103

Psalm

Niemand knetet uns wieder aus Erde und Lehm,
niemand bespricht unseren Staub.
Niemand.

Gelobt seist du, Niemand.
Dir zulieb wollen
wir blühn.
Dir
entgegen.

Der überflüssige Mensch: Seite 58

Ein Nichts
waren wir, sind wir, werden
wir bleiben, blühend:
die Nichts-, die
Niemandsrose.

Mit
dem Griffel seelenhell,
dem Staubfaden himmelswüst,
der Krone rot
vom Purpurwort, das wir sangen
über, o über
dem Dorn.

Paul Celan (1920–1970), Lyriker

Ebenbild Gottes: Seite 264 f.

Ebenbilder

Schönere Menschen lass uns erfinden
nach unserem Bild
das keiner Postkarte gleicht
Menschen mit flatterndem Haar
Husarenröcken, Pfauenfedern
Magnetnadeln zwischen den Zehen
und dünner brauner Haut
in die ritz ich Herzen
du legst ihnen die Hände auf
ich bett sie in Löschpapier
Mischwälder grüßen die erleuchteten Fenster
wir tragen Strümpfe mit Löchern
in der Tasche ein Meer

Honigbrot und Pferdchen
sitzen auf Wolkenbänken
Klippschüler sind uns die liebsten
wir lehren sie fliegen
über den Lehranstalten
immer kühner ins übernommene Blau
und abends warmgefroren
tragen wir alte Hüte zum Spaß
brühen frischen Tee
du sprichst in Versen
auf die mach ich mir keinen Reim
den Ofen lecken die säuberlichsten
Flammen auch Nachrichten erfinden wir:
wir lügen wie gedruckt
schlüpfen durch die Maschen
unserer blauwollenen Strümpfe
aus der Erfindung heraus.

→ Ursula Krechel (1947), Schriftstellerin*

→ Michelangelo Buonarroti, Erwachender Sklave, Marmor, 1519–36, Höhe: 267 cm, unvollendet

Das Maß des Menschlichen

Woran kann der Sinn des Daseins oder eines menschlichen Lebens bemessen werden, und wer hat eigentlich das Recht, uns zur Verantwortung zu rufen?

Mit beidem fragen wir nach der Instanz, von der wir das Maß des Menschlichen gewinnen oder wiedergewinnen können, das uns nicht einfach zuhanden ist und oft genug verloren geht. Wer gibt uns das Maß vor, an dem wir uns orientieren können? In einem ersten, begrenzten Sinn sind es fraglos die Menschen, denen wir Leben und Bildung vor allem verdanken: Eltern und Großeltern, Erzieherinnen und Lehrer.

Aber diese begrenzte Orientierung ist doch ihrerseits abgeleitet aus der Tatsache, dass wir als Menschen unser Dasein einer Wirklichkeit verdanken, die uns alle umgreift und übersteigt und die man schwerlich angemessen benennen kann, wenn man dabei notorisch das Wort „Gott" zu vermeiden versucht. Letzte, verlässliche Sinnorientierung und Verantwortung gibt es wohl tatsächlich nur aus und in der Gottesbeziehung, der wir unser Dasein verdanken und an der sich darum auch in letztgültiger Hinsicht entscheidet, was das Maß-Gebende für unser Leben ist.

Ich habe mit dem zuletzt Gesagten zu umschreiben oder anzudeuten versucht, was die Bibel meint, wenn sie sagt, der Mensch sei zum Bilde Gottes geschaffen. Einem kaum ausrottbaren Missverständnis entgegen muss man immer wieder betonen: Gemeint ist nicht eine Ähnlichkeit der Gestalt oder der Eigenschaften, sondern eine Beziehung, eine Beziehung zu Gott, die durch Anrede und Antwort, durch Gemeinschaft, Beauftragung und Verantwortung bestimmt ist.

Die christliche Botschaft hält konsequent daran fest, dass niemand seine ihm von Gott zugesprochene Würde verlieren kann. Denn im Zentrum dieser Botschaft steht die Einsicht, dass Gott in Jesus Christus auch dem Menschen, der seine Bestimmung verfehlt, die Treue hält und ihn wieder zurechtbringen will. Das erscheint im Blick auf Extremformen menschlicher Brutalität und Gemeinheit als eine ungeheure Zumutung. Im Blick auf die Abgründe und Dunkelheiten des einzelnen Herzens und Lebens ist es möglicherweise ein großer Trost. Wirksam wird dieser Trost freilich nur dort, wo es einem Menschen möglich wird, darauf zu vertrauen, also daran zu glauben. Diesen Gedanken hat → Martin Luther in seiner Disputation über den Menschen aufgenommen und ins Zentrum gerückt, indem er den Menschen denkbar kurz definiert als den, „der durch Glauben gerechtfertigt wird", das heißt, der einer solchen → Rechtfertigung und Zurechtbringung durch Gott bedarf, ihrer aber auch im Glauben teilhaftig ist. Das ist die Bestimmung jedes Menschen.

Dass Gott auch dem verlorenen, dem widerspenstigen, hochmütigen oder verzagten Menschen in Jesus Christus so nachgeht, dass er gegen die Macht des Bösen die noch größere Macht seiner Liebe zur Geltung bringt, das ist aus christlicher Sicht Grund zur Hoffnung für die Menschen, und das ist das, was wir als christliche Verkündigung und Botschaft auch unserer Zeit nicht schuldig bleiben dürfen.

→ *Wilfried Härle (* 1941), Theologe*

↔ **Wie frei bin ich ich eigentlich?:** Seite 32/33

↔ **Wie stehen Gott und Mensch in Beziehung?:** Seite 204/205

↔ **Wie ist die Menschenwürde begründet?:** Seite 62/63

↔ **Ebenbild Gottes:** Seite 264 f.

↔ **Menschenwürde:** Seite 267

↔ **Für mich gestorben?:** Seite 120/121

↔ **Zukunft als radikal Neues:** Seite 184/185

Aufgaben

1 Beschreiben Sie Michelangelos Skulptur. Vergleichen Sie die Arbeit eines Bildhauers mit der Erschaffung des Menschen in den biblischen Schöpfungsgeschichten (Gen 1–2).

2 Arbeiten Sie heraus, in welcher Form die beiden Gedichte die erste Schöpfungsgeschichte (Gen 1–2,4a) aufgreifen. Skizzieren Sie die zugrunde liegenden Menschenbilder.

3 Erläutern Sie, wie Härle auf die Fragen des achten Psalms – „Was ist der Mensch, dass du an ihn denkst? Wie wertvoll ist das Menschenkind, dass du dich um es kümmerst?" (Ps 8,5) – antworten würde.

4 Gestalten Sie angelehnt an die Materialien der linken Seite einen künstlerischen Beitrag (Collage, Zeichnung, Gedicht) zur Frage „Was ist der Mensch?".

→ **Bilder analysieren:** Seite 251

→ **Texte analysieren:** Seite 250

↔ **Psalm 8:** Seite 157

Wie frei ist mein Wille?

Wichtig ist die Unterscheidung zwischen Handlungsfreiheit und Willensfreiheit, auf die der Philosoph David Hume bereits hingewiesen hat. Handlungsfreiheit liegt vor, wenn wir tun können, was wir wollen, d. h. wenn wir (1) keinem äußeren und inneren Zwang unterliegen, (2) Handlungsalternativen besitzen, (3) Handlungsmotive haben, die wir mit unserer Persönlichkeit verbinden. Willensfreiheit im klassischen, von → Immanuel Kant definierten Sinne unterstellt hingegen, dass wir uns per „reinem Willensentschluss" bzw. aus rein moralischen Gründen über diese Motive hinwegsetzen können, die uns etwa dazu antreiben, etwas Gesetzeswidriges zu tun. Psychologie und Hirnforschung halten dies für unmöglich, denn all unser Handeln ist von bewussten oder unbewussten Motiven angetrieben, die unserer Persönlichkeit entstammen. Diese wiederum entsteht zum größten Teil aus einem Zusammenwirken genetischer Tendenzen, frühkindlicher Bindungserfahrung und jugendlicher Sozialisation. Sie bildet den Rahmen, in dem wir spätere Erfahrungen sammeln. Wir handeln moralisch, weil wir entsprechend sozialisiert wurden, und handeln unmoralisch, wenn eine solche Sozialisation fehlte oder ungenügend war.
Der Prozess der Handlungssteuerung über unsere Persönlichkeit garantiert, dass wir alles, was wir tun, im Lichte vergangener Erfahrung tun – gleichgültig ob bewusst oder unbewusst. Wir sind von unseren eigenen Erfahrungen determiniert, die sich in Gehirnstrukturen und -prozessen niederschlagen, und dies ist höchst zweckmäßig. Willensfreiheit im Kant'schen Sinne ist damit unvereinbar, denn sie fordert, dass wir uns über unsere eigene Persönlichkeit und Erfahrungen hinwegsetzen. Obwohl unser Wille nicht „frei" im Kant'schen Sinne ist, fühlen wir uns frei, weil wir die vorbewusste und unbewusste Willensbildung entweder nicht erleben, aber auch, weil wir den Willen als unseren Willen erfahren, d. h. ihn uns selbst zuschreiben.

→ Gerhard Roth (1942), Hirnforscher und Biologe*

Wohnt Gott im Gehirn?: Seite 98

Ethik und Moral: Seite 265

Moment mal!
Bin ich für meine Taten verantwortlich, wenn alles determiniert ist?

Info – Das Haynes-Experiment

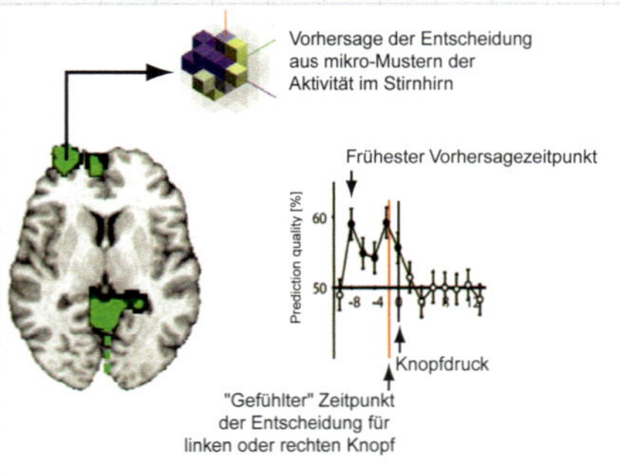

Der Hirnforscher John-Dylan Haynes führt seit 2008 Experimente durch, bei denen Testpersonen in einem Kernspintomografen liegen und in der linken und der rechten Hand jeweils einen Knopf haben. Sie werden gebeten, sich zu einem selbst bestimmten Zeitpunkt für die linke oder rechte Seite zu entscheiden und dann einen Knopf in der jeweiligen Hand zu drücken. Parallel dazu laufen auf einem Bildschirm Buchstaben mit, die sich jede halbe Sekunde ändern. Die Personen merken sich, welcher Buchstabe zu dem Zeitpunkt auf dem Bildschirm zu sehen ist, wenn sie ihre Entscheidung fällen. Damit können die Forscher zurückrechnen und die Hirnaktivität anschauen, die einer bewussten Entscheidung vorausgeht. Aus den grün markierten Regionen der Grafik lässt sich die freie Entscheidung eines Probanden für einen linken oder rechten Knopfdruck vorhersagen. Dazu wird eine Mustererkennungs-Software darauf trainiert, aus den mikro-Mustern der Hirnaktivität vorherzusagen, wie sich der Proband entscheiden wird. Der früheste Vorhersagezeitpunkt liegt sieben Sekunden (oder sogar zehn Sekunden, weil der Kernspintomograf 3–4 Sekunden für die Übertragung der Daten braucht) vor dem „gefühlten" Zeitpunkt, zu dem sich der Proband zu entscheiden glaubt. Hirnforscher wie Gerhard Roth folgern daraus, dass Entscheidungen erst bewusst werden, nachdem das Gehirn sie getroffen hat, und postulieren, dass der freie Wille bloß eine Illusion sei.

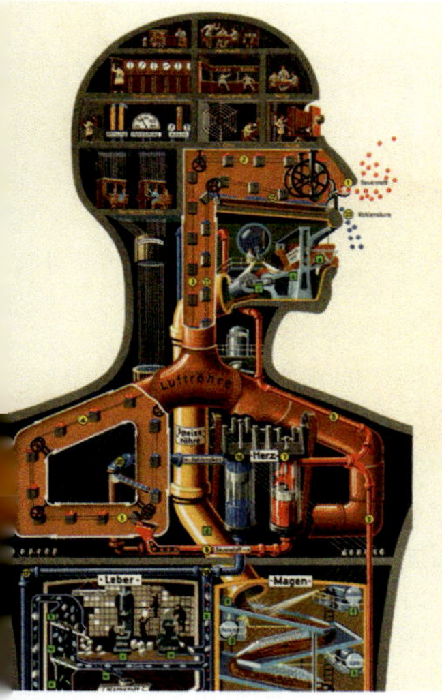

Fritz Kahn, Detail der Lehrtafel „Der Mensch als Industriepalast“, 1926

Freiheit aus Pflicht

Wenn philosophisch ambitionierte Hirnforscher den freien Willen in Laboratorien experimentell widerlegen, dann haben solche Beweise den gleichen wissenschaftlichen Wert (und das gleiche Niveau) wie der angebliche Spruch von Juri Gagarin, er habe beim Blick aus dem Fenster seiner Raumkapsel keinen Gott gesehen. Die Kommunisten sammelten noch Beweise gegen Gott, der globale Kapitalismus finanziert systematisch über willfährige Wissenschaftsräte solche Forschungen, welche die Menschen als tierische und gewissenlose Maschinen darstellen. Die führenden Kulturwissenschaftler heute sind deshalb Ameisen- und Insektenforscher (E. O. Wilson).

Der freie Wille ist ein sprachliches Phänomen. Wer über Drähte mit Gehirnen zu kommunizieren meint oder die Röhre eines CT für einen Ego-Tunnel hält, der verwechselt Laboratorien mit der Lebenswelt oder die Speisekarte mit dem Essen. Die Erklärung für den Erfolg solcher wissenschaftlich unhaltbaren Behauptungen liegt in der gegenwärtigen Akzeptanz, die Würde des Menschen in Forschung und Wissenschaft antasten zu dürfen, um den maßlosen Egoismus und die Korruption in Wirtschaft und Politik legitimieren zu können.

↔ Menschenwürde: Seite 267

→ Freiheit und Würde sind nämlich politische Errungenschaften. Seit der Reformation und Aufklärung wurden mit dem Ideal der Freiheit nicht nur bestehende Verhältnisse kritisch reflektiert, sondern auch die Mündigkeit des Individuums erkämpft. Mündigkeit steht aber in einem engen Verhältnis zu Schuld und Verantwortung. Beides ist in den westlichen Gesellschaften zum Tabu geworden. Schuld wird heute selbst von angesehenen konservativen Denkern für eine schlimme Erfindung von Theologen gehalten. Verantwortung wird von der Hirnforschung mittlerweile bestritten. Juristisch wäre dann nicht mehr der Mensch verantwortlich zu machen, sondern sein Gehirn.

Der freie Wille kann nur dort wissenschaftlich festgestellt werden, wo das Handlungsfeld des Einzelnen zur Gesellschaft und zur Geschichte hin geöffnet wird. Die Freiheit entwickelt sich zunächst im Umfeld der Familie und des näheren sozialen Umfelds auf der Basis sprachlicher, also gesprochener Kommunikation zu Mitmenschen, Lebewesen und zur gesamten Natur. Dabei leistet die Sprache „Brückenbau“, wie Humboldt gesagt hat. Sie verbindet das einzelne, leiblich beschränkte und zeitlich begrenzte menschliche Wesen mit der Welt und der Geschichte. Sprachlich befreit es sich so von seinen biologischen Abhängigkeiten und geschichtlichen Verbindungen. Durch Entschuldigung, Verzeihung und Gelöbnis schafft es eine neue, eigene Welt. Der Wille wird aber erst dann frei, wenn er auf diesem Wege die Verbindlichkeiten zur Mitwelt und Umwelt für sich erkennt und umsetzt. → Kant nannte das die Freiheit „aus Pflicht“.

Obwohl die besagten Hirnforscher schon lange nicht mehr verstehen, was Kant damit eigentlich meinte, können sie das jetzt widerlegen. Das ist Weltweisheit heute.

Stephan Grätzel (1953), Professor für Philosophie*

Aufgaben

1 Geben Sie wieder, mit welchen Argumenten Roth und Grätzel ihre Standpunkte begründen.

2 Setzen Sie sich damit auseinander, ob und inwiefern sich aus Experimenten wie dem oben angeführten Aussagen über den freien Willen ableiten lassen.

3 Beurteilen Sie, ob man den Menschen – wie in der dargestellten Lehrtafel – als Maschine auffassen sollte.

4 Führen Sie in Ihrem Religionskurs eine Podiumsdiskussion zu der Frage „Habe ich einen eigenen Willen?“ durch. Lassen Sie Kritiker (wie Roth) und Verteidiger (wie Grätzel) sowie einen der Theologen von Seite 34–37 an der Podiumsdiskussion teilnehmen.

Muss ich alles selbst verantworten?

Die Gottes-hypothese: Seite 97

Menschenwürde: Seite 267

Freiheit und Verantwortung: Seite 265 f.

Dekalog: Seite 264

Was bedeutet, dass die Existenz der Essenz vorausgeht? Es bedeutet, dass der Mensch zuerst existiert, sich begegnet, in der Welt auftaucht und sich danach definiert. Wenn der Mensch, so wie ihn der Existenzialist begreift, nicht definierbar ist, so darum, weil er anfangs überhaupt nichts ist. Er wird erst in der weiteren Folge sein, und er wird so sein, wie er sich geschaffen haben wird. Also gibt es keine menschliche Natur, da es keinen Gott gibt, um sie zu entwerfen. Der Mensch ist nichts anderes, als wozu er sich macht. Aber was wollen wir denn damit anderes sagen, als dass der Mensch eine größere Würde hat als der Stein oder der Tisch?
Wenn wirklich die Existenz der Essenz vorausgeht, so ist der Mensch verantwortlich für das, was er ist. Somit ist der erste Schritt des Existenzialismus, jeden Menschen in den Besitz dessen, was er ist, zu bringen und auf ihm die gänzliche Verantwortung für seine Existenz ruhen zu lassen. Und wenn wir sagen, dass der Mensch für sich selbst verantwortlich ist, so wollen wir nicht sagen, dass der Mensch gerade eben nur für seine Individualität verantwortlich ist, sondern dass er verantwortlich ist für alle Menschen. Dostojewskij hatte geschrieben: „Wenn Gott nicht existiert, so wäre alles erlaubt." Das ist der Ausgangspunkt des Existenzialismus. In der Tat, alles ist erlaubt, wenn Gott nicht existiert, und demzufolge ist der Mensch verlassen, da er weder in sich noch außerhalb seiner eine Möglichkeit findet, sich anzuklammern. Vor allem findet er keine Entschuldigungen. Geht tatsächlich die Existenz der Essenz voraus, so kann man nie durch Bezugnahme auf eine gegebene und feststehende menschliche Natur Erklärungen geben; anders gesagt, es gibt keine Vorausbestimmung mehr, der Mensch ist frei, der Mensch ist → Freiheit. Wenn wiederum Gott nicht existiert, so finden wir uns keinen Werten, keinen Geboten gegenüber, die unser Betragen rechtfertigen. So haben wir weder hinter uns noch vor uns, im Lichtreich der Werte, → Rechtfertigungen oder Entschuldigungen. Wir sind allein, ohne Entschuldigungen. Das ist es, was ich durch die Worte ausdrücken will: Der Mensch ist verurteilt, frei zu sein. Verurteilt, weil er sich nicht selbst erschaffen hat, anderweit aber dennoch frei, da er, einmal in die Welt geworfen, für alles verantwortlich ist, was er tut.

→ *Jean-Paul Sartre (1905–1980), Schriftsteller, Essayist und Philosoph*

→ **Heinz Plank, Lasst uns das Menschenbild vollenden, 1977, Radierung, 24,5 x 34 cm**

Rechtfertigung und Freiheit

Der reformatorische Gedanke, dass wir allein aus → Gnade gerechtfertigt werden, ist für uns leistungsorientierte Menschen schwer erträglich. Wir wollen zwar, dass unsere Schwächen übergangen und ignoriert werden. Aber wir wollen auch wegen des Guten in uns anerkannt werden. Gott soll uns zwar nicht wegen unserer Schwächen ablehnen, aber er soll uns wegen unserer Stärken schätzen. Die Reformatoren hingegen waren davon überzeugt, dass der Mensch in so grundsätzlicher Weise „Sünder" ist, dass solche Differenzierungen gegenüber Gott unangemessen sind. [...] Der reformatorische Sündenbegriff und das sola gratia haben ihre Pointe aber darin, dass alle Menschen in der gleichen Weise Sünder sind und alle in der gleichen Weise der Gnade bedürftig. Wie kann in der kirchlichen Verkündigung so von → „Sünde" gesprochen werden, dass damit eine Grundstruktur des Menschseins beleuchtet wird, die lautet: Wenn der Mensch sich nicht lieben lässt, dreht er sich in einem fort um sich selbst. Er ist in sich selbst verkrümmt (incurvatus in se ipsum). [...]

Rechtfertigung: Seite 268 f.

Gesellschaftliche Herkunft und Erfolg sind zweifellos Kategorien, nach denen wir andere beurteilen. Das reformatorische sola gratia macht diese Unterschiede, die sonst unsere Wahrnehmung und Bewertung anderer Menschen und unserer selbst bestimmen, nachrangig. Es fordert uns heraus, diese Unterscheidungen zu hinterfragen. Sie spielen an manchen Punkten unseres Lebens eine Rolle. Sie sollten aber nicht unseren menschlichen Umgang miteinander bestimmen. Menschen sollten miteinander letztlich unabhängig von diesen Differenzierungen umgehen. Der andere ist nicht durch seinen Erfolg oder seine Leistung definiert, sondern dadurch, dass Gott ihn aus Liebe gewollt hat und nach wie vor will.

Freiheit: Seite 265 f.

In den letzten Jahren ist in unserer durch Medien und wirtschaftliche Logiken geprägten Gesellschaft das Be- und Verurteilen anderer schärfer geworden. Insbesondere Menschen, die in der Öffentlichkeit stehen, identifizieren wir mit ihrem Tun oder Nicht-Tun. Wir kritisieren nicht mehr nur einzelnes Fehlverhalten, sondern begegnen den Betreffenden mit manchmal fast genüsslicher Verachtung. Das sola gratia lehrt uns, zu unterscheiden. Ein Mensch ist mit dem, was er geleistet oder nicht geleistet hat, nicht identisch. Gottes Gnade unterscheidet zwischen Person und Werk. Sie lehrt uns, ebenso zu unterscheiden und auf diese Weise gnädig zu sein.

Wie wirkt Gott in uns?: Seite 200

Vergebung: Seite 271

Dass Gott gnädig ist, heißt nicht, dass die Verfehlungen oder Schandtaten eines Menschen irrelevant sind. Die christliche Vorstellung von einem Jüngsten Gericht bringt dies nachdrücklich zur Geltung. Jeder Mensch muss sich für sein Tun und Lassen verantworten. Der Mensch wird dann dessen ansichtig, was er anderen und manchmal auch sich selbst angetan hat. Doch sind glücklicherweise nicht wir selbst Richter, sondern Jesus Christus. Dies schließt die Hoffnung ein, auch in diesem Gericht letztlich der Gnade Gottes zu begegnen.

Himmel, Hölle und Gericht?: Seite 180/181

Grundlagentext des Rates der Evangelischen Kirche in Deutschland

! **Moment mal!**
Leben Christen eigentlich leichter?

Aufgaben

1 Erarbeiten Sie das Menschenbild, das dem Existenzialismus nach Sartre zugrunde liegt. Vergleichen Sie es mit einem christlichen Menschenbild (etwa nach Härle auf Seite 37).

2 Interpretieren Sie die Radierung von Heinz Plank. Setzen Sie den Titel „Lasst uns das Menschenbild vollenden" zu der Radierung in Beziehung.

Bilder analysieren: Seite 251

3 Nehmen Sie ausgehend vom Textauszug „→ Rechtfertigung und → Freiheit" Stellung zu der Frage, ob jeder alles selbst verantworten muss.

Eine Stellungnahme verfassen: Seite 256

Was kann ich verändern?

→ Hannah Arendt

Sprechend und handelnd schalten wir uns in die Welt der Menschen ein, die existierte, bevor wir in sie geboren wurden, und diese Einschaltung ist wie eine zweite Geburt, in der wir die nackte Tatsache des Geborenseins bestätigen, gleichsam die Verantwortung dafür auf uns nehmen. Aber wiewohl niemand sich diesem Minimum an Initiative ganz und gar entziehen kann, so wird sie doch nicht von irgendeiner Notwendigkeit erzwungen wie das Arbeiten, und sie wird auch nicht aus uns gleichsam hervorgelockt durch den Antrieb der Leistung und die Aussicht auf Nutzen. Die Anwesenheit von anderen, denen wir uns zugesellen wollen, mag in jedem Einzelfall als ein Stimulans wirken, aber die Initiative selbst ist davon nicht bedingt; der Antrieb scheint vielmehr in dem Anfang selbst zu liegen, der mit unserer Geburt in die Welt kam und dem wir dadurch entsprechen, dass wir selbst aus eigener Initiative etwas Neues anfangen. In diesem ursprünglichsten und allgemeinsten Sinne ist Handeln und etwas Neues anfangen dasselbe. Handelnd und sprechend offenbaren die Menschen jeweils, wer sie sind, zeigen aktiv die personale Einzigartigkeit ihres Wesens, treten gleichsam auf die Bühne der Welt, auf der sie vorher so nicht sichtbar waren, solange nämlich als ohne ihr eigenes Zutun nur die einmalige Gestalt ihres Körpers und der nicht weniger einmalige Klang der Stimme in Erscheinung traten. Im Unterschied zu dem, was einer ist, im Unterschied zu den Eigenschaften, Gaben, Talenten, Defekten, die wir besitzen und daher so weit zum Mindesten in der Hand und unter Kontrolle haben, dass es uns freisteht, sie zu zeigen oder zu verbergen, ist das eigentlich personale Wer jemand jeweilig ist, unserer Kontrolle darum entzogen, weil es sich unwillkürlich in allem mit offenbart, das wir sagen oder tun. Nur vollkommenes Schweigen und vollständige Passivität können dieses Wer vielleicht zudecken, den Ohren und Augen der Mitwelt entziehen, aber keine Absicht der Welt kann über es frei verfügen, ist es erstmal in Erscheinung getreten.

Hannah Arendt (1906–1975), Philosophin

→ Dorothee Sölle

Ähnlich wie → Hannah Arendt hat die Theologin und Schriftstellerin Dorothee Sölle immer wieder die Veränderbarkeit des Menschen betont. Nur sprach sie nicht von „Geburtlichkeit" und „Natalität". Auch die alte religiöse Rede von Erlösung und Geborenwerden hielt sie für ungeeignet, den heutigen Menschen zu erreichen. Stattdessen sprach sie von Umkehr und Befreiung.

Umkehr ist für sie das Ereignis, das jede Frau, jeder Mann, jedes Kind erleben kann. Und das ist für Sölle schon dann der Fall, wenn die *Abgeschlossenheit des Selbst* durchbrochen wird, wenn also jemand erkennt, dass er viel mehr ist, als er zu sein glaubte, oder wenn er seine Forderungen an das Leben nicht aufgibt. In solchen Momenten zeigt sich für Sölle eine Kraft, die jeden Menschen befähigt, nicht nur sich selbst zu ändern, sondern sich auch von sozialer Ungerechtigkeit zu befreien. Christsein bedeutet für Sölle *das Recht, ein anderer zu werden.*

Gerechtigkeit: Seite 266

Dorothee Sölle hat in ihrem eigenen Leben dieses Recht oft in Anspruch genommen. Das führte nicht zu spektakulären Kehrtwendungen, wohl aber zu einem Richtungswechsel und zum

„Verrat" an jener bürgerlichen Lebensform, in der sie erzogen wurde und die sie lange verteidigt hat.
Dabei ging es Dorothee Sölle darum, Abgrenzungen zu überwinden und scheinbar gegensätzliche Dinge wie Spiritualität und Politik wieder zusammenzubringen. Sie selber suchte diese Widersprüche und lebte sie auch, so wenn sie einerseits Gedichte veröffentlichte oder mit Musikgruppen auftrat und andererseits wissenschaftliche Aufsätze schrieb, Meditationen abhielt und sich an Demonstrationen beteiligte. Sie nahm dabei eine Tugend in Anspruch, die → Luther mit dem Wort „Freidigkeit" bezeichnet hatte und das übersetzt eine Verbindung von → „Freiheit" und „Frechheit" bedeutet. Zu dieser Freidigkeit gehörte vielleicht auch die Ehe mit dem Benediktiner-Mönch → Fulbert Steffensky. Die beiden hatten sich im Rahmen der „Nachtgebete" kennengelernt und heirateten 1969. Für diese Ehe trat Steffensky aus seinem Orden und der katholischen Kirche aus. Seine katholische Prägung verlor er dadurch natürlich nicht, was eine fruchtbare Spannung zu Sölles aufgeklärtem Protestantismus ergab.
Mit ihrer Forderung nach einem widerständigen Christentum, das gegen Konsumterror, Wohlstandszufriedenheit und jede Form von Militarismus protestiert und sich auf die Seite der Armen in der Dritten Welt stellen soll, stieß sie auf massive Kritik. Man warf ihr vor, den Glauben und die Bibel für politische Zwecke zu missbrauchen. Gerade aber bei den politischen Konsequenzen ihres Verständnisses von Christentum wollte sie keine Abstriche machen. Sie mischte sich auch weiterhin in die politischen Diskussionen ein. In der Friedensbewegung der Achtzigerjahre war sie eine führende Figur und entwarf Parolen wie *Wer sich nicht wehrt, lebt verkehrt*. Sie rief sogar zu illegalen Aktionen auf und nahm teil an Sitzblockaden gegen die US-Raketenbasen in Mutlangen und gegen Giftgaslager im pfälzischen Waldfischbach.
Solche Aktionen waren für Dorothee Sölle wichtig, weil sie damit zeigen konnte, dass man geschaffene Fakten nicht einfach hinnehmen muss, sondern etwas dagegen tun kann. Nichts anderes bedeutet für sie *Umkehr*, eine Kategorie, an der sie unbedingt festhalten wollte. In einem Interview anlässlich ihres siebzigsten Geburtstags meinte sie:
Die Entscheidung fällt dort, wo man sich auf die Kategorie der Umkehr einlässt. Ich habe die Freiheit umzukehren. Ich bin nicht zwangsweise neurotisch und ewig gebunden, stets dasselbe zu machen. Das ist eine reale Erfahrung, die Menschen machen können. Es ist möglich, aus den Zwängen herauszukommen, aus den Ängsten, Neurosen und so fort. Ich finde diesen Gedanken außerordentlich stark und wichtig: Wir sind zur Umkehr fähig.

→ *Alois Prinz (* 1958), Schriftsteller*

↔ Wie sieht christliches Engagement aus?: Seite 66/67

Aufgaben

1 Arbeiten Sie den Zusammenhang zwischen → Freiheit, Verantwortung und Handeln im Selbstverwirklichungsprozess des Menschen bei Arendt heraus.

→ Texte analysieren: Seite 250

2 Vergleichen Sie Arendts Verständnis von → Freiheit mit dem christlichen Verständnis von Freiheit (Seite 41).

3 Erklären Sie, worin die → Freiheit des Christseins laut Sölle besteht.

4 Im Lukasevangelium ist der Gedanke der Umkehr zentral. Analysieren Sie die lukanischen Bekehrungs- bzw. Umkehrerzählungen Lk 7,36–50, Lk 15,11–32, Lk 19,1–10 und Apg 2,14–41 in Hinblick auf die Merkmale einer Bekehrung.

→ Texte analysieren: Seite 250

5 Beschreiben Sie Situationen und Anlässe in Ihrem Leben, wo Sie umgekehrt sind oder gerne umgekehrt wären. Verfassen Sie ein Gedicht zum Thema Neuanfang / Umkehr.

Wie passen Gottes Gebote zu menschlicher Freiheit?

→ Lucas Cranach d. Ä., Zehn-Gebote-Tafel, 1516

„Gottes Gebote" – das klingt nach Unfreiheit und Enge, gar nach → Fundamentalismus oder Fanatismus. Das klingt so, als müsste der Mensch sein Denken ausschalten und blind Gott Folge leisten. So verstanden wären Gottes Gebote das Gegenteil von Selbstbestimmung und mündigem Vernunftgebrauch. In einer modernen Gesellschaft hätten sie nichts zu suchen. In der Geschichte des Christentums und auch der anderer Religionen sind Gebote Gottes oft als Begründung für ein Handeln herangezogen worden, das wir heute zu Recht ablehnen. „Gott will, dass wir die Ketzer töten", „Gott hat geboten, in diesen Krieg zu ziehen", hieß es dann. So herangezogen, negierten Gottes Gebote das Wohlergehen von Menschen. In einer auf das Wohl aller ihrer Mitglieder bedachten Gesellschaft hätten sie nichts zu suchen.
Doch aus christlicher Sicht sind Gebote Gottes nicht so zu verstehen. Sie orientieren sich am Wohl des Menschen. Und sie nehmen den Menschen als freies, vernünftiges Wesen ernst.

Dekalog: Seite 195, 264

Das christliche Verständnis von → Freiheit geht von den beiden alttestamentlichen Grundgeboten aus: „Du sollst den Herrn, deinen Gott, lieb haben von ganzem Herzen, von ganzer Seele und mit all deiner Kraft" (5. Mose 6,5) und „Du sollst deinen Nächsten lieben wie dich selbst" (3. Mose 19,18; beide von Jesus aufgenommen, Matthäus 22,37–40). Die Zehn Gebote entfalten diese beiden Grundgebote. Sie bündeln die Erfahrungen von Menschen dazu, wie menschliches Zusammenleben gelingt.
Die meisten der Zehn Gebote beschreiben negativ, was der Mensch nicht tun soll. Wie aber gewinnt man positive Vorstellungen davon, was man tun soll? Kann man das aus der Bibel ablesen? Die Bibel ist kein Nachschlagewerk für direkte Handlungsanweisungen. Aber in der Bibel begegnen uns Beispiele dafür, was Menschen als Gebot Gottes verstanden haben. Die biblischen Beispiele für Gottes Gebote haben es mit je spezifischen Situationen und Zeiten zu tun, nicht mit ewigen, unveränderlichen Normen. Es geht im christlichen Handeln nicht darum, ein bestimmtes moralisches Prinzip, komme, was wolle, durchzusetzen. Christliches Handeln orientiert sich vielmehr an dem, was dem Nächsten nützt. Dafür ist es notwendig, in der jeweiligen Situation genau hinzusehen: Worum geht es in der speziellen Lage? Worin liegt das Problem?

Was kann man tun, um die Lage zu verbessern? Die Gebote der Gottes- und der Nächstenliebe kommen zum christlichen Glauben nicht wie etwas ihm Fremdes hinzu, sondern ergeben sich aus dem Glauben. Wer an Gott glaubt als den, der sich in Jesus Christus dem Menschen liebevoll zugewandt hat, der wird Gott wiederlieben. Und er wird anderen Menschen so begegnen wollen, dass sie in seinem Verhalten etwas von der liebevollen Zuwendung Gottes zum Menschen erkennen. → Martin Luther war deshalb der Ansicht, dass der Mensch durch seinen Glauben an Gott „Lust zu Gottes Geboten" bekommt. Gottes Willen zu entsprechen, ist dann nicht etwas, was dem Menschen aufgezwungen wird oder ihn einengt, sondern etwas, was er gern tut.

Für mich gestorben?: Seite 120

→ *Christiane Tietz (* 1967), Theologin*

Islam ist Barmherzigkeit

Chrismon: Sie fordern, Muslime sollten sich von Vorschriften und Tabus frei machen, die nicht religiös begründet sind, sondern auf gesellschaftlichen Traditionen beruhen. Welche Vorschriften machen Ihren Studierenden am meisten zu schaffen?

Khorchide: Was vielen jungen Menschen zu schaffen macht, sind viele offene theologische Fragen. Sie berichten, dass in ihrem früheren Koranunterricht der strafende Gott stark im Zentrum stand. Sie lernten, dass bei vielen ihrer Verhaltensweisen Gott teils drastische Konsequenzen ergreift. Bei manchen wirkt es nun als Befreiung, von der Barmherzigkeit Gottes zu hören. Sie lernen, dass religiöse Gebote eine Art göttliches Geschenk sind, um uns Menschen zu bereichern, sie sind für uns und nicht für Gott selbst gedacht. Gott geht es um uns Menschen, um unsere Glückseligkeit. Sie gewinnen dadurch ein ausgewogeneres Bild von Gott. Ich höre immer wieder von jungen Menschen, die sagen, dass sie nun eine viel innigere Beziehung zu Gott aufbauen können, basierend auf Liebe und Vertrauen.

Mouhanad Khorchide

Chrismon: Warum ist dieser Schritt zur → Freiheit im Denken und Glauben für manche Muslime so schwierig?

Khorchide: Die Angst ist groß, in eine Situation zu geraten, in der es heißt: anything goes. Wenn wir heute frei denken, fürchten manche, schaffen wir morgen das Gebet ab, übermorgen das Fasten, danach Gott. Oder wir stellen ihm einen zweiten Gott zur Seite. Meine Antwort darauf ist: Im Islam gibt es klare Grenzen, die nicht verhandelbar sind, dazu gehören die Glaubenssätze und die gottesdienstlichen Praktiken. Im offenen und respektvollen Austausch werden immer Grenzen ausgehandelt, und dieser Austausch ist die Garantie dafür, die Grenzen des Unverhandelbaren zu bewahren.

Gebet/Beten: Seite 25

→ *Mouhanad Khorchide (* 1971), Soziologe, Islamwissenschaftler und Religionspädagoge*

Aufgaben

1 Beschreiben Sie ein Einzelbild der Zehn-Gebote-Tafel von Lucas Cranach d. Ä. Vergleichen Sie die bildnerische Darstellung des jeweiligen Gebots mit dem alttestamentlichen Text (Ex 20,1–17).

Bilder analysieren: Seite 251

2 Stellen Sie sich die Bilder gegenseitig vor. Setzen Sie anschließend die einzelnen Bilder miteinander in Beziehung.

3 Stellen Sie Situationen in Standbildern dar, in denen es angemessen wäre, eines der Gebote nicht zu erfüllen.

4 Geben Sie die Position der Theologin Tietz wieder und überarbeiten Sie ggf. Ihre Standbilder.

5 Vergleichen Sie Khorchides und Tietz' Verständnis vom Umgang mit den Geboten.

Texte analysieren: Seite 250

Kann man Freiheit feiern?

„Die Bedeutung des Sabbat ist, die Zeit zu feiern und nicht den Raum. Sechs Tage der Woche leben wir unter Tyrannei der Dinge des Raumes; am Sabbat versuchen wir, uns einzustimmen auf die Heiligung der Zeit. An diesem Tag sind wir aufgerufen, Anteil zu nehmen an dem, was ewig ist in der Zeit, uns vom Geschaffenen dem Geheimnis der Schöpfung selbst zuzuwenden, von der Welt der Schöpfung zur Schöpfung der Welt."

Abraham J. Heschel (1907–1972), Rabbiner

Weisung / Tora: Seite 271

Ist Gottes Wort schön?: Seite 244/245

Wie ist die Welt entstanden?: Seite 102/103

Am Schabbat ist die Sorge machtlos

Bestünde der Schabbat nur aus einer Anreihung von unerlaubten Tätigkeiten, dann wäre er ein schwerer, leerer und langweiliger Tag. Läge die Heiligung des Schabbats nur im Verbot, dann wäre dieser Ruhetag eine Strafe und keine Erholung. Zweimal wird das vierte Gebot in der Tora erwähnt. Einmal heißt es „Gedenke des Schabbattages", und das andere Mal: „Hüte den Schabbattag".

Das Unterlassen von Arbeit macht den Schabbat nicht allein aus; ebenso wichtig ist das Gedenken und Erinnern und die geistige Auseinandersetzung mit Gottes Wort. Der Schabbat ist der Tag der inneren Einkehr, der Abwendung vom Alltag; der Tag, an dem die Ruhe in die Seele Einlass findet und sie sich der Hektik, den Sorgen und dem Druck der Woche entzieht.

Zu jedem Schöpfungsprozess gehört der Moment, in dem der Schöpfer entscheidet, dass das Werk vollendet ist. Der Abschluss eines Werkes ist ein Teil des Schöpfungsprozesses; danach wird das Geschaffene in Ruhe gelassen und der Öffentlichkeit übergeben. Die Betrachter drücken ihre Bewunderung durch Beschauen und Worte aus, aber keiner käme auf die Idee, ein ausgestelltes Gemälde oder die Skulptur eines Künstlers anzufassen, an ihnen herumzubasteln und sie nach ihrem Gutdünken zu verändern. Ähnlich verhält es sich mit dem Schabbat. Das göttliche Schöpfungswerk wurde durch sechs Tage der Arbeit geschaffen und am siebten Tag durch Ruhe vollendet. Am siebten Tag drückt das Judentum seine Bewunderung und seinen Respekt vor der Schöpfung aus, indem es den Gläubigen untersagt, das göttliche Kunstwerk, die Natur, anzutasten.

Im Schabbat manifestiert sich das Andenken an den Auszug der Kinder Israels aus Ägypten, der Schritt aus der Sklaverei in die Freiheit. Die Seele soll am siebten Tag nicht durch Alltagsprobleme und -sorgen gefangen und versklavt, durch Arbeitsverpflichtungen gebunden oder durch Termine gehetzt werden. Seit Jahrtausenden üben sich die religiösen Juden darin, alles Beschwerende und Düstere am Schabbat von sich zu schieben. Jeder von uns kennt Zeiten, in denen die Sorge schwer auf dem Gemüt, wie die Peitsche des Antreibers auf dem Rücken der Sklaven, lastet. Mit dem Entzünden der Kerzen wird am Schabbat das Licht der inneren → Freiheit angesteckt, die Probleme bleiben jenseits des heiligen Tages. Wir können Schwierigkeiten, die uns bekümmern, nicht immer beseitigen, und sorgenvolle Gedanken verdunkeln häufig die Seele. Manches löst die Zeit, an anderen Problemen müssen wir arbeiten. Am Schabbat werden sie doch einfach beiseite geschoben. Es ist eine wöchentliche Übung, um die Seele zu beruhigen. Zwischen dem Licht der Schabbatkerzen am Freitagabend bis zum Licht des Hawdalasegens am Samstagabend wird die Wochentagsseele ausgewechselt. Alles, was mit Arbeit und bedrückenden Problemen zusammenhängt, wird geistig zur Seite geschoben. Der Schabbat ist ein sorgenfreier Raum. Es ist nicht zuletzt die psychische Fähigkeit der Juden, spirituell in eine andere Dimension einzutauchen, die die nie nachlassende Kraft des Schabbats ausmacht. Die Riten und Bräuche helfen dem Gläubigen, diese seelische Veränderung herbeizuführen. Die Sorgen kehren nach Schabbatausgang wieder, aber am siebten Tag haben sie keine Macht über die Seele. Einen ganzen Tag bewegt sie sich im sorgenfreien Raum, sie beschäftigt sich mit heilen und heiligen Gedanken und befindet sich nicht in der Sklaverei der Arbeit und des Trübsinns.

→ Lea Fleischmann (1947), deutsch-israelische Autorin*

Proklamation

Wir, Bürgerinnen und Bürger, Gläubige und Zweifler, erklären heute feierlich vor Gott und der Welt: Der Sonntag wird freigesetzt. Er hat sich redlich bemüht, über lange Zeit uns ein stets wohlwollender Begleiter zu sein. Nach Jahrhunderten intensiver Zusammenarbeit und vielfältiger Reanimationsversuche müssen wir aber feststellen, dass der Sonntag die in ihn gesetzten Erwartungen nicht erfüllen konnte. Erstarrt in leeren Rhythmen, ewigen Traditionen, verzweifelt neu gestalteten → Ritualen, hatte er längst sein Leben ausgehaucht.

Der Sonntag war uns lange ein → Symbol, ein Denkmal der → Freiheit. Raus aus den Vorgaben der Terminkalender, der Telefonanrufe und E-Mails, der Meetings und Get-Together, aus den Konventionen der Woche, den Regularien des Alltags.

Der Sonntag war die Sehnsucht nach Freiheit. Aber er hat uns nicht geholfen.

Wir zelebrierten den Brunch bis mittags. Wir spazierten an den Ufern der Seen und Flüsse, kletterten auf Berge und mähten den Rasen. Wir besuchten Oma und Opa. Wir tranken Tee oder Kaffee. Wir hätten Freiheit gebraucht – wir hatten nur die Freizeit. Das war zu wenig.

Wir nehmen mit dem heutigen Tag die Freiheit in unsere eigenen Hände. Wir werden die Freiheit neu definieren. Als Freiheit der Herzen, unserer Herzen.

Am siebenten Tag feierte Gott, schuf eine neue Zeit, ganz anders als zuvor. Nicht das Ruhen ist wichtig. „Feiern" übersetzen Buber/Rosenzweig den Urtext. Davon lassen wir uns inspirieren.

Wir wollen diese Zeit heiligen, nicht die Dinge, nicht den Raum, nicht die Orte. Wir suchen den neuen Tag für das Leben. Die Freiheit nehmen wir uns.

gez. Ulf Grüner

Bitte unterzeichnen Sie hier:

____

Vorname, Nachname, Ort, Datum

Ulf Grüner (1964), Theologe und Journalist*

!

Moment mal!
Können Christen eigentlich den Schabbat feiern?

Aufgaben

1 Informieren Sie sich über den Verlauf und die Gestaltung des Schabbats und erstellen Sie eine Präsentation.

2 Erörtern Sie, inwiefern nach Fleischmann am Schabbat die → Freiheit gefeiert wird.

3 Skizzieren Sie den Ablauf eines für Sie typischen Sonntags.

4 Arbeiten Sie heraus, weshalb und inwiefern der Sonntag laut Proklamation Grüners freigesetzt werden soll.

5 Nehmen Sie Stellung zu der Proklamation Grüners. Beurteilen Sie, ob der jüdische Schabbat eine Inspirationsquelle für den christlichen Sonntag sein kann.

→ **Eine Präsentation vorbereiten und durchführen:** Seite 257
→ **Texte analysieren:** Seite 250
→ **Eine Stellungnahme verfassen:** Seite 256

Wie frei bin ich in meinen Entscheidungen?

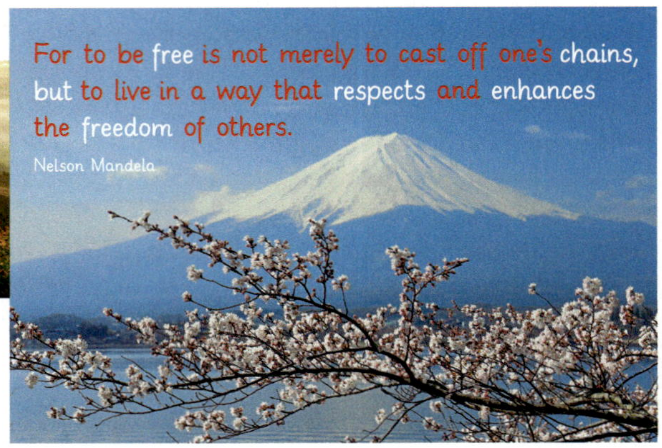

Aufgaben

1 Wählen Sie eine Karte aus, die Sie als Gratulationskarte zum Abitur für geeignet halten. Begründen Sie Ihre Wahl.

2 Recherchieren Sie Hintergrundinformationen zu den Urhebern der Zitate.

3 Verfassen Sie eine Gratulation an eine Mitschülerin oder einen Mitschüler, in der Sie sich auf den jeweiligen Spruch beziehen.

4 Gestalten Sie selbst eine Karte auf der Grundlage der Materialien des Kapitels.

→ Eine Internetrecherche durchführen: Seite 252

→ Adressatenbezogene Texte verfassen: Seite 253

Wissen

- Erstellen Sie ein Schaubild, in dem Sie die Kategorien → Freiheit, Wille, Handeln, Normen, Gebote, Verantwortung, Gott, Individuum und Gemeinschaft aus christlicher Perspektive miteinander in Beziehung setzen.
- Erläutern Sie, was unter „Freiheit von" und „Freiheit für" gemeint ist. Sammeln Sie auf Plakaten Beispiele in Text- oder Bildform.
- → Luther schreibt: „Ein Christenmensch ist ein freier Herr über alle Dinge und niemandem untertan. Ein Christenmensch ist ein dienstbarer Knecht aller Dinge und jedermann untertan." Erläutern Sie die beiden elementaren Sätze Luthers auf der Grundlage des Textes von Metzger auf Seite 34.
- Erarbeiten Sie das Freiheitsverständnis der biblischen Schöpfungsgeschichten (Gen 1–3).
- Erörtern Sie den Ausspruch Dostojewskis: „Wenn Gott nicht existierte, so wäre alles erlaubt."
- Entfalten Sie → Sartres Satz: „Der Mensch ist zur → Freiheit verurteilt."

→ Texte analysieren: Seite 250

Können

- Analysieren Sie das Fotoarrangement der Kapiteleinstiegsseite (Seite 30) auf der Grundlage des Erarbeiteten. Setzen Sie die Aufbruchssituation der jungen Frau mit den Worten Bonhoeffers auf dem blauen Plakat in der Bushaltestelle in Bezug. Formulieren Sie einen inneren Monolog aus der Perspektive der jungen Frau.
- Überarbeiten Sie Ihre Rede zur Abiturfeier (Seite 32) und integrieren Sie in die Überarbeitung das in diesem Kapitel Gelernte.
- Erörtern Sie die Frage „Was bedroht die Freiheit heute am meisten?" im Rahmen eines Zeitungskommentars oder Essays.
- Fotografieren Sie Ihre Standbilder (Seite 45) und erstellen Sie eine aktuelle Zehn-Gebote-Tafel aus einem Ihrer Fotos.
- Recherchieren Sie im Internet unterschiedliche Freiheitsreden der Reihe „Berliner Reden zur Freiheit am Brandenburger Tor". Halten Sie die Kernthesen der Redner auf Plakaten fest.

→ Bilder analysieren: Seite 251

→ Adressatenbezogene Texte verfassen: Seite 253

↔ Dekalog: Seite 264

→ Eine Internetrecherche durchführen: Seite 252

Anwenden

- Präsentieren Sie Ihrem Religionskurs den Roadmovie-Roman „Buster, König der Sunshine Coast" von Thorsten Nesch, der von Bastian und seinem (unfreiwilligen) Kanadaaufenthalt nach dem Abitur handelt.
- Erstellen Sie ein Plakat mit aktuellen Ereignissen, in denen Menschen unfrei sind. Arbeiten Sie die unterschiedlichen Ebenen des Freiheitsverständnisses heraus.
- Planen Sie einen Sonntag der → Freiheit, den Sie gemeinsam mit dem Freundeskreis oder mit der Familie begehen. Halten Sie Ihre Gedanken dazu in einem Brief an Ulf Grüner (Seite 47) fest.
- Projektidee: Gestalten Sie einen Videoclip zu der Frage „Was ist eigentlich → Freiheit?" im Rahmen eines theologischen Kopfkinos in Anlehnung an das philosophische Kopfkino (Seite 33).

→ Eine Präsentation vorbereiten und durchführen: Seite 257

→ Adressatenbezogene Texte verfassen: Seite 253

3 Können wir Frieden und Gerechtigkeit schaffen?

The Tank Man, 5. Juni 1989, Peking

Wenn Sie dieses Kapitel bearbeitet haben, können Sie ...

- verschiedene Situationen skizzieren, in denen sich die Frage nach Gerechtigkeit und Frieden stellt.
- erklären, wie Frieden und Gerechtigkeit zusammenhängen.
- darstellen, wie sich das Eintreten für Gerechtigkeit und Frieden in einer christlichen Ethik begründen lässt.
- erläutern, inwieweit die Vorstellungen von Menschenwürde und Menschenrechten auf die jüdisch-christliche Tradition zurückgehen.
- an Beispielen aufzeigen, worin die Schwierigkeiten eines gerechten Friedens liegen.
- analysieren, wie christliches Engagement in einem bestimmten historischen Kontext zu bewerten ist.
- aufzeigen, wie die Evangelische Kirche in Deutschland ihren Auftrag zur gesellschaftlichen Mitverantwortung und Weltgestaltung wahrnimmt.

Was können Sie schon?

- ein globales Problem beschreiben, in dem es um Gerechtigkeit geht
- exemplarische Aussagen der Bergpredigt wiedergeben
- an einem historischen Beispiel erläutern, wie die Kirche politisch Einfluss genommen hat
- den Begriff der Menschenwürde biblisch begründen
- einen Zusammenhang zwischen Menschenwürde und Menschenrechten aufzeigen
- prophetische Texte benennen, in denen Frieden oder Gerechtigkeit eine Rolle spielen
- eine begründete Position zu der Frage formulieren, ob sich die Kirche in die Politik einmischen darf oder sogar muss

Was hat Frieden mit Gerechtigkeit zu tun?

Paul, mit dem Sie gut befreundet sind, ist fest entschlossen, nach dem Abitur zur Bundeswehr zu gehen. Er ist ein politisch denkender Mensch und argumentiert, ihm sei klar geworden, dass Demokratie nicht vom Himmel falle, sondern auch bei uns in Deutschland maßgeblich durch das Einwirken der westlichen Besatzungsmächte nach dem Zweiten Weltkrieg befördert worden sei. Was wir an freiheitlichen Grundwerten und Menschenrechten in unserer Verfassung verankert hätten, sei eben kein Produkt traditioneller deutscher demokratischer Gesinnung oder gar der Kirche, sondern unseren Frieden und unsere Freiheit hätten wir den Amerikanern zu verdanken. Er jedenfalls habe keine Lust, in irgendeinem totalitären Gottesstaat zu leben. Unsere Demokratie müsse man verteidigen können. Und zwar richtig. Er jedenfalls wolle sich da nicht wegducken. Totaler Pazifismus sei weltfremd, auch für ihn als Christen. Und die Bundeswehr schaffe ja gerade durch ihre Auslandseinsätze Gerechtigkeit und Frieden, diene also sehr wohl der Verwirklichung einer biblischen Vision. Außerdem wisse er sowieso noch nicht, was er beruflich mal machen wolle, und man könne ja bei der Bundeswehr auch studieren – sogar Soziale Arbeit, wenn man wolle.

Sie hatten sich dazu noch keine Meinung gebildet. Aber die Freundinnen und Freunde Ihrer älteren Geschwister sind alle entweder nach dem Abitur ins Ausland gegangen, einer war bei „Aktion Sühnezeichen", die anderen haben mit einer Ausbildung oder einem Studium angefangen.

Sie wissen zwar auch nicht, was Sie nach dem Abi machen wollen und können sich noch ein Jahr Auszeit gut vorstellen – aber Bundeswehr? Die Demokratie mit Waffengewalt verteidigen? Womöglich in einen Auslandseinsatz müssen? Steht nicht in der Bergpredigt ein Lob der Friedfertigen? Und gab es nicht mal so einen Slogan „Frieden schaffen ohne Waffen"?

Aufgabe

Entwickeln Sie eine Pro- und Kontraliste für Pauls Entscheidung sowie für einen einjährigen Einsatz bei einer Nichtregierungsorganisation (NGO), die sich im Bereich Versöhnung, Demokratie und Frieden engagiert.

Dazu ist es wichtig, ...

- die biblischen Zusammenhänge von Frieden und Gerechtigkeit zu kennen.
- verschiedene Positionen und Begründungen zur Frage zu kennen, wie sich Frieden und Gerechtigkeit (wieder) herstellen lassen.
- theologische und politische Argumente unterscheiden zu können.
- die Begriffe Frieden und Gerechtigkeit differenziert verwenden zu können.

Ein Gott des Friedens

Alle Aussagen des Neuen Testaments werden genährt von dem, was das Alte Testament unter Frieden (Schalom) versteht. So hat → Claus Westermann die Bedeutungsweite des hebräischen Wortes für Frieden, Schalom, wie folgt charakterisiert: „Wo in einer Gemeinschaft kein Krieg ist, wo sich alles friedlich abspielt und keinerlei Streit herrscht, ist doch nicht shalom realisiert, wenn in ihr gehungert werden muss oder wenn schwere Krankheiten herrschen. Andererseits: Wenn es am Wohlergehen nirgends fehlt, wenn alle herrlich und in Freuden leben, aber eine schwere Schuld auf dieser Gemeinschaft liegt, ist das kein shalom. Shalom als das Heilsein einer Gemeinschaft bezieht immer *alle* Kreise, alle Bereiche des Daseins ein, und die Bedeutung des Wortes liegt gerade darin, dass es alle Gebiete und Bereiche des Lebens zu umfassen imstande ist."

Reich Gottes: Seite 176

Den Anfang seiner Schritte auf dem hier bezeichneten Weg des Friedens hat Israel in jenem Urdatum gesehen, das am Beginn seiner Geschichte als Gottesvolk steht: „Ich bin der Herr, euer Gott, der euch aus dem Lande Ägypten herausgeführt hat, damit ihr dort nicht Sklaven wäret. Und ich zerbrach die Hölzer eures Jochs und ließ euch aufrecht einhergehen" (Lev 26,13). Das Joch, das anstelle des alten übernommen wird, wird freiwillig angenommen und ist deshalb mit jenem nicht vergleichbar. Es ist das Joch der Gebote Gottes, seiner Satzungen, die gewähren sollen, dass der Gang aufrecht bleibe. „Wenn ihr in meinen Satzungen wandelt …, so will ich Schalom schaffen im Lande" (vgl. Lev 26,3ff.). Zu den Satzungen und Geboten, die den Bund wahren helfen sollen und im Zeichen des Schalom stehen, gehören zunächst solche, die das Verhalten zum Angehörigen desselben Volkes betreffen. Sie umschließen gerechtes Gericht, Verzicht auf Hass und Verleumdung, Zurechtweisung und Erweis von Liebe (Lev 19,15–19).

Auch die Schrift des Alten Testaments weiß selbst immer wieder von Bundesbruch und Ungehorsam zu berichten. Sie weiß zu klagen über die Kluft zwischen dem Unglück des Gehorsamen und dem Glück des Frevlers. Im Versagen an den Grenzen der jeweiligen Könige, ihrer Schwäche in der Schaffung von Recht und Frieden, von Schalom, bildet sich die Sehnsucht nach dem Friedenskönig aus und die Verheißung seines Kommens: „Frohlocke laut, Tochter Zion! Freue dich, Tochter Jerusalem! Siehe, dein König kommt zu dir; gerecht und siegreich ist er. Demütig ist er und reitet auf einem Esel, auf dem Füllen einer Eselin. Er wird die Streitwagen ausrotten aus Ephraim und die Rösser aus Jerusalem; ausgerottet werden auch die Kriegsbogen. Er schafft den Völkern Schalom durch seinen Spruch, und seine Herrschaft reicht von Meer zu Meer, vom Euphrat bis an die Enden der Erde" (Sach 9,9f.).

Das Neue Testament glaubt diese Verheißung in Jesus von Nazareth erfüllt. Der arme König – der König der Armen: Von seinem Wirken, Leben und Sterben her sind dies wohl die treffendsten Titel für ihn. Und doch: Wo sind die zerstörten Kriegswagen und die zerbrochenen Bogen? Die Gemeinden, die Jesus von Nazareth als ihren König bekannt haben, haben oft genug nicht nur an der Produktion, sondern am Gebrauch dieser Waffen teilgehabt. Haben sie damit ihren König verleugnet? Hat er den Völkern Schalom geschaffen durch seinen Spruch? Haben wir als seine Gemeinden den Völkern Schalom geschaffen durch unseren Spruch? Und was könnte aus der Antwort folgen?

Jesus – Prophet oder Messias?: Seite 114/115

→ Peter von der Osten-Sacken (1940), Theologe*

Aufgaben

1 Recherchieren Sie in einer Online-Bibelausgabe (www.bibleserver.com) über die Stichwortfunktion, in welchen Zusammenhängen die Worte „Frieden" und → „Gerechtigkeit" verwendet werden.

2 Arbeiten Sie heraus, wie bei Osten-Sacken das Verhältnis von Frieden und → Gerechtigkeit bestimmt wird.

Texte analysieren: Seite 250

3 Beantworten Sie Osten-Sackens letzte Frage. Begründen Sie Ihre Antwort auch mit Sachargumenten aus dem Text.

Was bringen Visionen?

Wie stehen Gott und Mensch in Beziehung?: Seite 204/205

» 5 Gott, du bist unsere Hilfe, stelle uns wieder her!
Sei nicht länger so aufgebracht gegen uns!
6 Willst du denn für immer auf uns zornig sein?
Soll sich dein Zorn auch noch ausdehnen von der einen auf die nächste Generation?
7 Willst du uns nicht ein neues Leben schenken?
Dann wird sich das Volk über dich freuen.
8 HERR, lass uns doch deine Güte erfahren! Wir brauchen deine Hilfe, gib sie uns!
9 Ich will hören, was Gott dazu zu sagen hat.
Der HERR redet vom kommenden Frieden zu seinem Volk und seinen Frommen.
Nur sollen sie nicht mehr zurückkehren zu den Dummheiten der Vergangenheit!
10 Ja, seine Hilfe ist denen nahe, die ihn verehren.
Und so wird seine Herrlichkeit wieder in unserem Lande wohnen:
11 Güte und Wahrheit finden zueinander.
→ Gerechtigkeit und Frieden küssen sich.
12 Wahrheit wächst aus der Erde empor.
Gerechtigkeit scheint vom Himmel herab.
13 Auch schenkt uns der HERR viel Gutes,
und unser Land gibt seinen Ertrag dazu.
14 Gerechtigkeit geht vor seinem Angesicht her
und bestimmt die Richtung seiner Schritte. «
(Ps 85)

Heil machen: Seite 23

Info – Psalm 85

Wegen Vers 11b wurde der Psalm zu einem wichtigen Text der ökumenischen Bewegung, weil er die Leitworte „→ Gerechtigkeit, Frieden und Bewahrung der Schöpfung" zusammenbringt. Allerdings kann das hebräische Wort für „küssen" auch *aufeinandertreffen* oder *kämpfen* meinen. Die bleibende Bedeutung liegt in dem utopischen Entwurf, dass die Welt zu einer Welt Gottes und der Menschen (nur) dort wird, wo die vier Größen Güte, Treue, Gerechtigkeit und Frieden sich begegnen. Diese vier müssen zusammenkommen, wenn das Gottes-Heil, wenn Gott selbst kommen soll, wenn also etwa für die Gerechtigkeit gekämpft wird, ohne dass die Barmherzigkeit auf der Strecke bleibt. In diesem Sinn ist der Psalm eine Absage an alle allzu einfachen Lösungen sowie an ein einseitiges, „fundamentalistisches" Gottesbild – und zugleich ein Werben für ein komplexes Gottesdenken, das Gott noch die → Freiheit belässt, für eine Überraschung gut zu sein.

→ Erich Zenger (1939–2010), Theologe

Warum brauchen Menschen Utopien?: Seite 174/175

Fundamentalismus: Seite 266

Was ist ein gerechter Frieden?

Die Schwierigkeiten, vor die die biblische Redeweise von → Gerechtigkeit und Frieden das moderne ethisch-moralische Bewusstsein stellt, sind nicht gering: Zu ihnen zählt zum einen die religiöse Symbolik, die sich nicht jedem erschließen mag; zum andern aber auch der weite Bedeutungsumfang der Begrifflichkeit, in dem Gesichtspunkte sozialer Verbindlichkeit noch eine relativ ungeschiedene Einheit bilden, die heute in einer → Ethik des gerechten Friedens ausdifferenziert werden müssen. Die eigentümliche Stärke der biblischen Redeweise könnte aber gerade darin bestehen, dass sie vorethischer und vormoralischer Natur ist: Sie appelliert an eine Tiefendimension der Erfahrung und des Selbstverständnisses, die allem Handeln und aller Handlungsrationalität vorausliegt, sie aber eben deshalb neu ausrichten und orientieren kann.

→ Hans-Richard Reuter (1947), Theologe*

Symbole: Seite 270

Großes Kino

Ganz großes Kino, dieser Psalm 85. Wirklich filmreif. Schon im 16. Jahrhundert hat das Psalmwort von der sich küssenden → Gerechtigkeit mit dem Frieden einen unbekannten Maler bildnerisch motiviert. Dieser Psalm gäbe genug Stoff für einen Film. Menschen versagen, es wird gestraft und sich wieder versöhnt. Zwischen Zorn und Freude sind alle Gefühlszustände dabei. Der Psalm erzählt die Geschichte eines Volkes, das Schuld auf sich lädt. Es ist die Geschichte eines in Zorn entbrannten Gottes. Die Liebesgeschichte zwischen ihm und seinem Volk scheint vor dem Aus zu stehen.

Doch es kommt anders: Die Schuld ist vergeben, die Rückkehr in die Heimat, das vertraute Leben erscheinen wieder möglich. Aber die Verwirklichung ist noch nicht erreicht. Das Volk ist noch im Modus der Bitte, der bangen Frage, ob das Happy End wirklich kommen wird.

Unbekannter Künstler, Der Kuss von Gerechtigkeit und Friede, ca. 1580

Denn: Es gibt auch scheinbaren und faulen Frieden. Es gibt eine Gerechtigkeit, die nicht zum Frieden führt. Spätestens seit dem 11. September 2001 sind die Koordinaten für Gerechtigkeit und Frieden neu gesteckt. Das Ende des Ost-West-Konfliktes hat gerade nicht zu einem weltweit gerechten Frieden geführt. Neue Formen des Krieges brechen auf, ein weltweit vernetzter Terrorismus und seine Bekämpfung stehen auf der Tagesordnung. Auch in der Mitte von vermeintlich gerechten und demokratischen Gesellschaften kann ein abgrundtiefer Unfriede herrschen. Gerechtigkeit und Frieden sollen sich küssen. Bleibt das auf dieser Welt ein schöner Traum? Ein frommer Wunsch? Nein, da ist noch mehr. Wir sind im Modus des Psalms: ein Gebet, ein Lied an den großen Gott, dessen Möglichkeiten so viel größer sind als unsere. Der Kuss von Gerechtigkeit und Friede ist ein visionäres Bild, das eine große Anziehungskraft besitzt. Der Beter dieses Psalms und damit auch wir sind getragen von einer Sehnsucht auf diese Verheißung hin. Im Kino und im wahren Leben muss der Weg von Enttäuschungen und Missverständnissen erst noch durchschritten werden. Die Sehnsucht lässt uns mitgehen und tatkräftig auf Gottes großes Versprechen zugehen. Und uns als Christen auch singen und beten.

Michael Pues (1970), Pfarrer*

Aufgaben

1 Sprechen Sie den ganzen Psalm gemeinsam im Wechsel (Jungen/Mädchen oder Fensterseite/Wandseite). Reflektieren Sie anschließend Ihre Erfahrungen.

2 Der Psalm wird in der Forschung auf die Zeit kurz nach Ende des Babylonischen Exils datiert, in dem große Teile des israelitischen Volkes nach Babylon verschleppt worden waren. Zeigen Sie am Psalmtext auf, dass es für den altorientalischen Menschen keine profane Geschichte gab, sondern alles Geschehen unter Gottes Einfluss gedacht und verstanden wurde.

→ Biblische Belegstellen reflektiert verwenden: Seite 260

3 Überprüfen Sie am Text, inwiefern Ps 85 als „utopischer Entwurf" (Zenger) oder „visionäres Bild" (Pues) gelten kann.

4 Erläutern Sie, wie Pues die Beziehung zwischen Sehnsucht und Tatkraft bestimmt. Vergleichen Sie seine Ansicht damit, wie Reuter die Vision vom gerechten Frieden bewertet.

→ Texte analysieren: Seite 250

Frieden schaffen ohne Waffen?

Margot Käßmann

Vom Frieden her denken

Spiegel: Frau Käßmann, war es ein gerechter Krieg, als die Alliierten Deutschland von der Herrschaft der Nazis befreiten?

Käßmann: Es war sicherlich ein Krieg mit einer guten Intention und am Ende die Befreiung vom Naziterror. Aber mir fällt es schwer, Kriege zu rechtfertigen. Es gibt nur einen gerechten Frieden. Wenn es zu einem Krieg kommt, ist das immer ein Versagen, weil es nicht schon viel früher Versuche gegeben hat, Waffengewalt zu verhindern. Können Sie mir nur einen Krieg in den letzten 60 Jahren nennen, den man mit vernünftigen Gründen rechtfertigen kann?

Spiegel: Uns fallen vor allem Beispiele dafür ein, dass die Völkergemeinschaft durch ihr Wegsehen Massenmord zugelassen hat.

Käßmann: Es ist interessant, dass Sie immer vom Ende her denken, wenn es keine gewaltfreie Lösung mehr zu geben scheint. Heute existieren viele Friedensforschungsinstitute, die Strategien entwickelt haben, um Konflikte zu vermeiden oder zu schlichten.

Spiegel: Friedensforschungsinstitute nutzen einem Tutsi wenig, wenn Hutus mit Macheten in der Hand auf sein Dorf vorrücken.

Käßmann: Ihre Argumentation erinnert mich an die Gewissensprüfung, die früher Kriegsdienstverweigerern abgenommen wurde: „Stellen Sie sich vor, Sie laufen mit Ihrer Freundin durch den Wald und tragen ein Gewehr über der Schulter. Dann kommen fünf Männer und wollen Ihre Freundin vergewaltigen. Benutzen Sie Ihre Waffe, ja oder nein?" Das ist doch eine absurde Logik. Wir müssen in der primären Ratio des Friedens denken und nicht vom Ende her, vom Krieg, der so gern Ultima Ratio genannt wird.

Spiegel: Bundespräsident → Joachim Gauck musste deutliche Kritik einstecken, als er kürzlich eine Debatte über ein stärkeres internationales Engagement Deutschlands lostrat. Wie sehen Sie die Interventionen Gaucks?

Käßmann: Ich finde es gut, dass er eine Debatte angestoßen hat. Nach meinem Verständnis ist die Bundeswehr eine Verteidigungsarmee. Deswegen ist die Diskussion über unsere Einsätze in Afghanistan, im Kosovo oder in Mali in meinen Augen auch absolut berechtigt.

Spiegel: Gauck hat sich aber nicht für weniger, sondern für mehr internationales Engagement ausgesprochen.

Käßmann: Der Bundespräsident redet vom Krieg als letztem Mittel, ich rede über den Weg zum Frieden. Das ist Demokratie. Das ist aber auch sehr protestantisch. Wir Protestanten können wunderbar streiten über unterschiedliche Positionen.

Spiegel: Ist für die evangelische Kirche eine militärische Intervention überhaupt zu rechtfertigen?

Käßmann: Ich bin Pazifistin, aber keine Radikalpazifistin. Für mich ist Gewaltfreiheit immer die vorrangige Option. Ich kann mir vorstellen, und so steht es auch in einer Denkschrift der EKD aus dem Jahr 2007, dass unter strengen Kriterien „eine Art internationaler Polizeiaktion" möglich ist.

↔ EKD-Denkschrift: Seite 265

Spiegel: Was heißt das genau?

Käßmann: Die evangelische Kirche hat insgesamt sieben Kriterien aufgestellt, die erfüllt sein müssen, damit ein Einsatz gerechtfertigt ist. So muss zum Beispiel unter allen Umständen dafür gesorgt werden, dass Zivilisten geschont werden. Außerdem muss es ein UNO-Mandat geben.

Spiegel: Warum sagen Sie nicht gleich: Schafft die Bundeswehr ab?

Käßmann: Ich fände es gut, wenn die Bundesrepublik auf eine Armee verzichten könnte wie etwa Costa Rica. Natürlich weiß ich, dass das eine Utopie ist, allein wegen der Einbindung Deutschlands in die NATO. Aber es wäre schon ein erster Schritt, wenn wir ganz darauf verzichteten, Waffen in alle Welt zu exportieren.

↔ Warum brauchen Menschen Utopien?: Seite 174/175

→ Margot Käßmann (1958), Theologin*

Ein Sommer im Moshav Herut. Die Erdbeerfelder sind längst abgeerntet, und Adi hat nach zwei Jahren ihren Militärdienst abgeschlossen. Adi ist die mittlere Tochter meines Bruders Mondo, die, wie alle in der Familie außer mir, in Israel lebt. Als ich das Foto mit ihrem Gewehr im blühenden Garten mache, sind weder die Militäroperation „Gegossenes Blei“ noch die Ereignisse des Arabischen Frühlings für irgendjemanden von uns ahnbar. Ich nenne das Bild *FLEUROP*. Heute, sechs Jahre später, fühlt es sich immer noch so an, als sei es eben gerade entstanden, und ich frage mich, was eine Waffenruhe eigentlich wert ist, wenn nur eine Seite mitmacht.

→ *Daniel Josefsohn (* 1961), Fotograf*

Die Ökumenische FriedensDekade besteht seit 1980 und findet in den zehn Tagen vor dem Buß- und Bettag statt. In der ehemaligen DDR war sie mit dem → Symbol „Schwerter zu Pflugscharen“ verknüpft, das viele Jugendliche – gegen den Willen des Staates – als Aufnäher trugen. Friedensgebete führten 1989 zu Demonstrationen und zur friedlichen Revolution. Seit der Wiedervereinigung organisiert ein gemeinsames Gesprächsforum die FriedensDekade.
Drei Dinge zeichnen sie aus: Das gemeinsame Datum, ein gemeinsames biblisch orientiertes Thema mitsamt Plakat sowie die individuelle Gestaltung des Programms vor Ort.

Aufgaben

1. Recherchieren Sie die Positionen der EKD und der Deutschen Bischofskonferenz zu aktuellen Militärinterventionen oder Waffenlieferungen. Beschreiben Sie das Dilemma, das in diesen Verlautbarungen benannt wird und vergleichen Sie es mit den Dilemmata, die in dem abgedruckten Interview mit Margot Käßmann deutlich werden.

→ Eine Internetrecherche durchführen: Seite 252

2. Interpretieren Sie das Foto von Josefsohn. Fotografieren Sie ein eigenes Motiv, das ebenfalls die Differenz zwischen Töten und Am-Leben-Sein thematisiert.

→ Bilder analysieren: Seite 251

3. Analysieren Sie das Bildprogramm des Plakates der FriedensDekade von 2014. Vergleichen Sie es mit den Visionen der vorangegangenen Doppelseite.

4. Entwerfen Sie ein Plakat für die FriedensDekade im kommenden Jahr.

Was bedeutet soziale Gerechtigkeit?

Die Würde des Menschen: Seite 157

Der überflüssige Mensch

Sind Sie überflüssig? Natürlich nicht. Ihre Kinder? Nein, keineswegs. Ihre Verwandten, ihre Freunde? Geradezu eine unverschämte Frage, ich weiß. Ehrlich gesagt empfinde ich mich selbst auch nicht als überflüssig. Wer tut das schon? Höchstens an ganz schlechten Tagen. Und doch gelten viele Menschen auf Erden als überflüssig aus Sicht von Ökonomen, internationalen Organisationen, global agierenden Eliten. Wer nichts produziert und – schlimmer noch – nichts konsumiert, existiert gemäß den herrschenden volkswirtschaftlichen Bilanzen nicht. Wer keinen Besitz sein eigen nennt, ist kein vollwertiger Bürger. „Hier bin ich Mensch, hier kauf ich ein", lautet die allgegenwärtige Werbung des Drogerieprimus *dm*. Das Sein ist ersetzt worden durch das Konsumieren. Mit anderen Worten auf den spätkapitalistischen Punkt gebracht: Die Gesetze des Marktes markieren die Grenzen der Freiheit.

Es ist dem System gelungen, ein Reservoir an kostengünstigen verfügbaren Arbeitsplätzen zu füllen, ohne massive Proteste hervorzurufen. Die schrumpfende Mittelschicht solidarisiert sich mit den Reichen, obwohl sie erkennen müsste, wie wenig Chancen sie besitzt, am Reichtum zu partizipieren (außer natürlich durch die Lotterie). Die Friedfertigkeit der Bevölkerung erklärt sich vielleicht mit dem eklatanten Unterschied zwischen Reservisten und Überflüssigen. Erstere warten mit der grimmigen Hoffnung darauf, wieder einberufen zu werden in die Armee der Werktätigen, die Überflüssigen hingegen sind Flaschen ohne Pfand, sie werden weggeworfen, und da der Mensch – abgesehen von den Organen, die er verkaufen kann – als Material kaum wertvoller ist als eine leere Weinflasche, gibt es für seine Verschrottung nicht einmal eine Abwrackprämie.

Die Nutzlosen und Entbehrlichen auf Freigang werden weder gesehen noch gehört. Die Überflüssigen sind nicht nur arm, sondern auch stimmlos und unsichtbar. Sie dienen zudem verlässlich als Feindbild; die Ressentiments [unbewusste Abneigung] gegen Langzeitarbeitslose haben Hochkonjunktur. Eine wachsende Mehrheit findet, dass sich diese Menschen auf Kosten der Gesellschaft ein bequemes Leben machen. 33 Prozent der Deutschen glauben gar, dass wir uns in Zeiten der Wirtschaftskrise nicht mehr leisten können, allen Menschen gleiche Rechte zu garantieren, und offenbaren damit, dass sie ein zentrales Prinzip demokratischen Denkens nicht begriffen haben: Rechte sind grundsätzlich Versicherungen gegen Krisenzeiten. Wenn die Sonne scheint, braucht kein Bürger einen Schirm (außer jene mit Pigmentstörungen, aber man sollte Metaphern nicht zu sehr unter die Hautarztlupe nehmen). Derweil echauffieren [regen sich auf] sich die Massenmedien über die Sozialschmarotzer, die sich angeblich ihre komfortable Sozialhilfe vom Staat erschleichen.

Warum brauchen Menschen Utopien?: Seite 174/175

Wir müssen uns unverzagt vorstellen, wie eine bessere Gesellschaft und ein tatsächlich gerechtes und nachhaltiges Wirtschaften aussehen können. Wir benötigen utopische Entwürfe, wir brauchen Träume, wir müssen Verwegenes atmen. Wer keine Visionen hat, sollte zum TÜV gehen. Zu den notwendigen Visionen gehört auch die Vorstellung, was es bedeuten würde zu obsiegen. Die Vorstellung des Gelingens wirkt enorm motivierend.

Visionäres Denken und konkretes Handeln schließen einander nicht aus. Man kann einer Überwindung des Systems das Wort reden und sich trotzdem dafür einsetzen, dass vorab bescheidene alternative Ansätze in die Wege geleitet werden. Die Revolution von morgen beginnt schon heute im Kleinen, in Strukturen, Netzwerken, Nischen, die freies und kollektives Gesellschaftsleben praktizieren und vorleben. Wir können nicht darauf warten, dass uns das Paradies nach einem Zusammenbruch des Systems wundersam in den Schoß fällt.

⟶ *Ilija Trojanow (* 1965), Schriftsteller*

Armut ist eine globale Herausforderung

Petra Zwickert (Zentrum für Migration und Soziales der Diakonie Deutschland) und Klaus Seitz (Abteilung Politik bei Brot für die Welt) sprechen im Interview über soziale Ungerechtigkeit in Zeiten der Globalisierung. Beide Stellen gehören zum Evangelischen Werk für Diakonie und Entwicklung.

Was wollte Jesus?: Seite 134/135

Diakonie magazin: Sie beide vertreten unterschiedliche Arbeitsbereiche im Evangelischen Werk für Diakonie und Entwicklung. Warum arbeiten Sie miteinander?

Seitz: Wir gehen von einer Globalisierung der sozialen Probleme aus. Überwindung von Armut in unserem Land darf nicht gegen Überwindung im Weltmaßstab ausgespielt werden. Soll ich für die Obdachlosenhilfe spenden oder eher für die arme Frau in Kenia? Das ist die falsche Frage. Wir entwickeln gemeinsame Strategien, weil auch die Probleme Grenzen überschreiten und wir weltweit eine armutsorientierte, inklusive und klimafreundliche Entwicklung brauchen.

Zwickert: Uns verbindet noch ein anderes wichtiges Thema: die Migration. Deutschland gilt zu Recht als Land, das Sicherheit und Arbeit verspricht. Menschen fliehen aus anderen Ländern vor Ausgrenzung, Bürgerkrieg oder auch vor Armut. Sie kommen nach Deutschland, um Arbeit und Sicherheit zu finden – ein berechtigtes Interesse. Diese Menschen müssen hier Hilfe finden.

Diakonie magazin: Wo können Diakonie und Entwicklungsdienst Einfluss nehmen?

Seitz: Wir haben mindestens zwei Zugänge: Wir arbeiten sowohl direkt mit den betroffenen Zielgruppen als auch auf der politischen Ebene. Wir möchten die Rechte von Menschen, die in Armut leben, stärken sowie den Zugang zu Bildung verbessern.

Zwickert: Auch in der Diakonie Deutschland arbeiten wir auf diesen beiden Ebenen. Auf Bundesebene betreiben wir Lobbyarbeit für die Armen, vor Ort arbeiten wir praktisch.

Seitz: National wie international wenden wir uns den benachteiligten Menschen zu. Wir versuchen, ihre Situation zu verbessern. Nicht nur, indem wir Hilfe zuteilwerden lassen, sondern vor allem, indem wir ihnen beistehen, ihre Rechte selbst einzuklagen und ihre Rechtsposition zu stärken. Das hat auch eine theologische Basis, denn so wird „Gottes vorrangige Option für die Armen" konkret.

Aufgaben

1 Stellen Sie das von Trojanow beschriebene Gerechtigkeitsproblem grafisch dar.

Grafisieren: Seite 254

2 Gestalten Sie eine Collage zum zweiten Teil des Essays. Setzen Sie sich dazu mit der Frage auseinander, ob der Text eine religiöse Dimension hat.

3 Benennen Sie die gemeinsamen Ziele von Petra Zwickert und Klaus Seitz.

4 Belegen Sie die „vorrangige Option für die Armen" mit der Bibel (zum Beispiel Ex 16,6–21; Ex 20,1f.; Dtn 24,10–24; Jes 3,12–15; Am 5,11–13; Mk 7,31–37; Mt 7,12; Mt 9,9–12; Mt 25,31–46; Lk 4,18–21; Lk 18,18–27; 1 Kor 1,26–29).

Biblische Belegstellen reflektiert verwenden: Seite 260

5 Recherchieren Sie, was Diakonie und Brot für die Welt konkret gegen soziale Ungerechtigkeit tun. Beziehen Sie die beiden Plakate mit ein.

Eine Internetrecherche durchführen: Seite 252

Was ist mit den Menschenrechten vereinbar?

FIFA. For the game. For the world.
UNSERE MISSION: **„Das Spiel entwickeln, die Welt berühren und eine bessere Zukunft gestalten."** Mit seinen Abermillionen Anhängern ist der Fußball das Herz der FIFA, der als Hüterin dieses weltweit beliebtesten Sports folglich eine große Verantwortung zukommt. Diese geht weit über die Organisation der FIFA Fußball-Weltmeisterschaft™ und der anderen FIFA-Wettbewerbe hinaus, indem sie auch den Schutz der Spielregeln, die weltweite Fußballförderung sowie die Unterstützung der Ärmsten der Welt einschließt und so für echte Fairness und Solidarität steht. Mit dem Fußball und all seiner Kraft wollen wir für unsere Welt eine bessere Zukunft gestalten. Das ist unsere Mission, die die ganze Arbeit der FIFA antreibt und den Fußball als festen Bestandteil unserer Gesellschaft optimal zur Geltung bringt.
UNSER ANSATZ: **Das Spiel entwickeln.** Den Fußball fortlaufend zu verbessern und weltweit zu verbreiten, wobei der völkerverbindende, erzieherische, kulturelle und humanitäre Stellenwert des Fußballs berücksichtigt werden soll, und zwar insbesondere durch die Förderung des Fußballs mithilfe von Jugend- und Entwicklungsprogrammen. Fußballförderung heißt, in Menschen und die ganze Gesellschaft zu investieren. Fußball ist eine Lebensschule.
Die Welt berühren. Den Fußball in seiner ganzen Faszination und Leidenschaft über unsere 208 Mitgliedsverbände in alle Winkel der Welt zu tragen. Die große Bandbreite an Wettbewerben, angeführt von der FIFA Fußball-Weltmeisterschaft™, zeigt den Fußball in all seinen Facetten.
Eine bessere Zukunft gestalten. Der Fußball ist nicht mehr nur ein globaler Sport, sondern auch ein Brückenbauer, der mit seinen Werten einen wertvollen sozialen Beitrag leisten kann. Über den Fußball fördern wir die soziale und menschliche Entwicklung, indem wir weltweit zahlreiche lokale Initiativen im Bereich Friedensbildung, Gesundheitsförderung, soziale Integration, Bildung usw. unterstützen.

Auszug aus einer FIFA-Broschüre

Wie kann Zukunft aussehen?: Seite 172/173

Das geplante Doha Port Stadium in Katar (als Austragungsort für die Fußball-Weltmeisterschaft 2022 vorgesehen)

AMNESTY INTERNATIONAL

Die verantwortungsethische Betrachtung: Seite 161

Albtraum Stadionbau (Amnesty Journal, Februar 2014)
Katar wird 2022 die Fußballweltmeisterschaft ausrichten und will sich bei dieser Gelegenheit als moderner und weltoffener Staat präsentieren. Der jüngste Amnesty-Bericht zur Lage auf katarischen Baustellen enthüllt jedoch, dass asiatische Migranten unter menschenrechtswidrigen Bedingungen arbeiten müssen. Regina Spöttl, Amnesty-Expertin für die Golf-Region, findet deutliche Worte: „Wenn Arbeitgeber die Pässe einbehalten, den Lohn nicht auszahlen und ihre Arbeiter dazu zwingen, sieben Tage die Woche bis zu 14 Stunden täglich unter Missachtung jeglicher menschenrechtlicher und arbeitsrechtlicher Standards zu arbeiten, dann ist das nichts anderes als moderne Zwangsarbeit." Die britische Zeitung „The Guardian" wies nach, dass zwischen dem 4. Juni und dem 8. August 2013 fast täglich ein nepalesischer Arbeiter auf katarischen Baustellen ums Leben kam. Auf die Zustände in Katar angesprochen, flüchtet sich der Weltfußballverband FIFA in Floskeln. Er teilte Amnesty mit, dass man die Berichte über Menschenrechtsverletzungen im Zusammenhang mit Stadionbauten ernst nehme und die Befürchtungen in Gesprächen mit der katarischen Seite aufgreifen werde.

→ Ali Al-Nasani (1965), Journalist*

„Das Wort zum Sonntag" (12.10.2013): → Menschenwürde ist unteilbar

Fußball ist eine schöne Nebensache der Welt. Früher habe ich selber als Torwart gespielt, heute schaue ich immer noch gerne zu. Zum Beispiel der Nationalmannschaft. Gegen Irland gestern und am Dienstag gegen Schweden – auf dem Weg zur Weltmeisterschaft. Brasilien 2014. Doch längst regiert im Fußball das Geld. Immer mehr. Selbst im sonst fußballverrückten Brasilien gären Protest und Wut. Die große Mehrheit ist bitterarm. Sie will keine gigantischen Glitzerbauten für die WM und Olympia. Brasilien braucht Krankenhäuser, Bildungseinrichtungen, intakte Verkehrsmittel. „FIFA go home!" schallt es dem Weltfußballverband nun entgegen.
Und dann kommt Katar. In dem reichen Wüstenstaat will die FIFA die Weltmeisterschaft ausrichten – acht Jahre nach Brasilien. Noch ist unklar, ob das überhaupt geht – Fußball im Sommer bei 50°C. In der Gluthitze schuften unzählige Menschen aus Asien und bauen dafür unter menschenunwürdigen Bedingungen. 44 Nepalesen sollen dabei schon umgekommen sein. Die einen sind reich. Die anderen haben nichts. Auch keine Rechte. Nicht einmal das Recht auf Leben.
Ganz vorne in der Bibel steht: Jeder Mensch ist Gottes Ebenbild. Jeder hat das Anrecht auf Leben und Achtung. Jeder hat → Menschenwürde. Weil er ein Mensch ist. Keiner hat mehr Würde und keiner weniger. Nicht Frau oder Mann. Nicht Gesunder oder Kranker. Nicht Einheimischer oder Fremder. Nicht Reicher oder Armer. Menschenwürde ist unteilbar. Sie eignet allen. Ohne Ausnahme. „Die Würde des Menschen ist unantastbar." So steht es in unserem Grundgesetz. Gott sei Dank. Es ist Zeit, daran zu erinnern. Ein Schiff mit chinesischen Bohnen darf nicht besser geschützt sein als ein Boot voller Flüchtlinge. Und Schutzsuchende, die bis zu uns durchkamen, dürfen nicht zum Nichtstun gezwungen sein. Stattdessen brauchen sie Arbeit und Bildung. Das wäre nachhaltige Entwicklungshilfe. Für uns und für die Herkunftsländer dieser Menschen.
Zuwanderung belebt. Das zeigt nicht zuletzt unsere Nationalmannschaft. Zuwandererkinder haben sie stark gemacht. Schon immer, ob durch Posipal, Tilkowski, Asamoah, Miroslav Klose, Khedira oder Özil. Alle gehören dazu. Ohne Ausnahme. Doch Fairness und Menschenwürde gelten nicht nur auf dem Spielplatz. Im Alltag müssen sie Realität werden. „Weiter so" geht gar nicht. Weder in der Flüchtlingspolitik noch beim Fußball in Katar. Es sind schon zu viele gestorben!
Aber wenn Flüchtlingskinder unterschiedlichster Sprache sich problemlos auf dem Rasen verstehen – wie bei mir ganz in der Nähe – ist Fußball eine der schönsten Nebensachen der Welt.

→ *Alfred Buß (* 1947), Theologe*

Ebenbild Gottes: Seite 264 f.

! Moment mal!
Was kann ich als Fußballfan für Menschenrechtsverletzungen?

Aufgaben

1 Arbeiten Sie mithilfe des Broschürentextes das Selbstverständnis der FIFA heraus.

2 Recherchieren Sie Geschichte, Ziele und Wirkung des „Wort zum Sonntag" sowie der Organisation Amnesty International.

Eine Internetrecherche durchführen: Seite 252

3 Bereiten Sie gemeinsam eine Podiumsdiskussion zur Vergabe der FIFA-WM an Katar vor, an der neben Vertretern von FIFA, Amnesty und Kirche ein kritischer Fußballfan teilnimmt. Führen Sie die Diskussion durch und halten Sie zentrale Argumente schriftlich fest.

4 An die Sprecherinnen und Sprecher des „Wort zum Sonntag" kann man sich per E-Mail wenden. Schlagen Sie Herrn Buß Handlungsmöglichkeiten vor und formulieren Sie Fragen.

Adressatenbezogene Texte verfassen: Seite 253

Wie ist die Menschenwürde begründet?

Ebenbild Gottes: Seite 158, 264 f.

❞ [26] Dann sprach Gott: „Nun wollen wir Menschen machen, ein Abbild von uns, das uns ähnlich ist! Sie sollen Macht haben über die Fische im Meer, über die Vögel in der Luft, über das Vieh und alle Tiere auf der Erde und über alles, was auf dem Boden kriecht." [27] So schuf Gott die Menschen nach seinem Bild, als Gottes Ebenbild schuf er sie und schuf sie als Mann und als Frau. [28] Und Gott segnete die Menschen und sagte zu ihnen: „Seid fruchtbar und vermehrt euch! Füllt die ganze Erde und nehmt sie in Besitz! Ich setze euch über die Fische im Meer, die Vögel in der Luft und alle Tiere, die auf der Erde leben, und vertraue sie eurer Fürsorge an." ❝
(Gen 1,26–28)

❞ [26] Ihr seid jetzt nämlich alle Kinder Gottes – weil ihr durch den Glauben mit Christus Jesus verbunden seid. [27] Denn ihr alle, die ihr getauft worden seid und dadurch zu Christus gehört, habt Christus angezogen. [28] Es spielt keine Rolle mehr, ob ihr Juden seid oder Griechen, unfreie Diener oder freie Menschen, Männer oder Frauen. Denn durch eure Verbindung mit Christus Jesus seid ihr alle wie ein Mensch geworden. ❝
(Gal 3,26–28)

In der berühmten Schrift „Über die Würde des Menschen" des humanistischen Philosophen Giovanni Pico della Mirandola (1463–1494) spricht Gott zum Menschen:
„Keinen bestimmten Platz habe ich dir zugewiesen, auch keine bestimmte äußere Erscheinung und auch nicht irgendeine besondere Gabe habe ich dir verliehen, Adam, damit du den Platz, das Aussehen und alle die Gaben, die du dir selber wünschst, nach deinem eigenen Willen und Entschluss erhalten und besitzen kannst. Die fest umrissene Natur der übrigen Geschöpfe entfaltet sich nur innerhalb der von mir vorgeschriebenen Gesetze. Du wirst von allen Einschränkungen frei nach deinem eigenen freien Willen, dem ich dich überlassen habe, dir selbst deine Natur bestimmen. In die Mitte der Welt habe ich dich gestellt, damit du von da aus bequemer alles ringsum betrachten kannst, was es auf der Welt gibt. Weder als einen Himmlischen noch als einen Irdischen habe ich dich geschaffen und weder sterblich noch unsterblich dich gemacht, damit du wie ein Former und Bildner deiner selbst nach eigenem Belieben und aus eigener Macht zu der Gestalt dich ausbilden kannst, die du bevorzugst. Du kannst nach unten hin ins Tierische entarten, du kannst aus eigenem Willen wiedergeboren werden nach oben in das Göttliche."

→ Michelangelo Buonarroti, David, 1501–1504, Kolossalstatue aus Marmor, 5,17 m

Die Würde des Menschen: Seite 157

Das soziale Menschsein unterscheidet sich von der biologischen Zugehörigkeit zur *species* „Mensch" dadurch, *dass es nicht unabhängig von sozialer Wahrnehmung, Anerkennung und Achtung gegeben ist*. Hierin ist begründet, dass der soziale Begriff des Menschen einen zugleich deskriptiven [beschreibenden] und normativen [als Richtschnur dienenden] Gehalt hat. Dies zeigt sich, wenn jemand im Blick auf die Folterung eines Menschen ausruft: „Das ist doch ein Mensch!" Damit wird deskriptiv etwas über die Wirklichkeit ausgesagt, nämlich dass der Betreffende ein Mitglied der menschlichen Gemeinschaft ist, und es wird zugleich in *normativer* Hinsicht eingefordert, dass er als Mensch zu achten und dementsprechend zu behandeln ist. Denn er ist Mitglied dieser Gemeinschaft nur, wenn er als Mensch geachtet wird. Wird daher in Anbetracht einer Handlung, die solche Achtung vermissen lässt, von ihm gesagt, *dass* er Mitglied dieser Gemeinschaft ist, dann wird mit dieser Aussage solche Achtung eingefordert, ohne die er ein solches Mitglied nicht ist; wie umgekehrt die Forderung, dass er als Mensch zu achten ist, einschließt, dass er ein Mensch im sozialen Sinne ist.

Johannes Fischer (1947), Theologe*

Immanuel Kant

Nun sage ich: der Mensch, und überhaupt jedes vernünftige Wesen, existiert als *Zweck an sich selbst*, nicht bloß als *Mittel* zum beliebigen Gebrauche für diesen oder jeden Willen, sondern muss in allen seinen sowohl auf sich selbst als auch auf andere vernünftige Wesen gerichteten Handlungen jederzeit zugleich als Zweck betrachtet werden. Die Wesen, deren Dasein zwar nicht auf unserem Willen, sondern der Natur beruht, haben dennoch, wenn sie vernunftlose Wesen sind, nur einen relativen Wert, als Mittel, und heißen daher Sachen, dagegen vernünftige Wesen Personen genannt werden, weil ihre Natur sie schon als Zwecke an sich selbst, das heißt als etwas, das nicht bloß als Mittel gebraucht werden darf, auszeichnet. Die vernünftige Natur existiert als Zweck an sich selbst. So stellt sich notwendig der Mensch sein eignes Dasein vor; so fern ist es also ein subjektives Prinzip menschlicher Handlungen. So stellt sich aber auch jedes andere vernünftige Wesen sein Dasein, zufolge eben desselben Vernunftgrundes, der auch für mich gilt, vor; also ist es zugleich ein objektives Prinzip, woraus alle Gesetze des Willens müssen abgeleitet werden können. Der praktische Imperativ wird also folgender sein: Handle so, dass du die Menschheit, sowohl in deiner Person als in der Person eines jeden andern, jederzeit zugleich als Zweck, niemals bloß als Mittel brauchest.

→ *Immanuel Kant (1724–1804), Philosoph*

Info – Theorien zur Begründung der → Menschenwürde

Für „Menschenwürde" gibt es zahllose Begründungen. Jede dieser Begründungen lässt sich jedoch einem der drei folgenden theoretischen Ansätze zuordnen. Sie haben unterschiedliche Vor- und Nachteile.
Leistungstheorie: Durch seine freie Selbststimmung und Vernunft ist der Mensch dazu in der Lage, eine eigene Identität zu entwickeln. Als selbstbestimmtes Subjekt bringt er seine Menschenwürde selbst hervor.
Mitgifttheorie: Menschenwürde ist dem Menschen von der Natur oder von Gott als Qualität und Wesensmerkmal mitgegeben. Sie ist daher unverlierbar und unverfügbar.
Kommunikationstheorie: Menschenwürde wird im menschlichen Miteinander wechselseitig zugesprochen oder abgesprochen. Sie ist nur dann ein sinnvoller Begriff, wenn menschliche Beziehungen betrachtet werden.

Die Notwendigkeit wissenschaftlich reflektierter biblischer Anthropologie [Lehre vom Menschen] ergibt sich insbesondere daraus, dass es das biblische Menschenbild nicht gibt. Die Aussagen zum Menschen sind weder thematisch stringent noch ergeben sie zusammengenommen ein Bild.

→ *Christian Frevel (* 1962), Theologe*

Aufgaben

1 Arbeiten Sie heraus, wie die → Menschenwürde von Pico, Fischer und Kant jeweils begründet wird. Ordnen Sie die Texte einem der im Info-Kasten genannten Ansätze zu.

→ Texte analysieren: Seite 250

2 Untersuchen Sie, zu welcher Textsorte Gen 1,26–28 und Gal 3,26–28 jeweils gehören.

3 Prüfen Sie, welchen der im Info-Kasten genannten Begründungstheorien sich Gen 1,26–28 zuordnen lässt und welchen nicht. Verfassen Sie für jede Möglichkeit eine theologische Begründung.

→ Biblische Belegstellen reflektiert verwenden: Seite 260

4 Formulieren Sie, auf welches Problem der Theologe Christian Frevel hinweist. Nennen Sie mögliche Argumente dafür, dennoch von einem jüdisch-christlichen Menschenbild zu sprechen.

Gibt es gerechte Sprache?

Ich bin Lehrer,

sagt Frau Anderson, als man sie nach ihrem Beruf fragt.

Sechs Millionen Juden wurden von den Nazis ausgerottet.

Wurden sie nicht ermordet?

Jim, der Nigger von Miss Watson, ...

schrieb Mark Twain 1884. Ist „Nigger" kein Schimpfwort?

Jim Knopf ist ein Negerjunge.

Was denken schwarze, deutsche Adoptivkinder über Jim Knopf?

Am 1. September 1939 brach der Zweite Weltkrieg aus.

Oder marschierten die Deutschen am 1. September 1939 in Polen ein?

Wir gedenken der auf dem Feld der Ehre gefallenen Soldaten.

Sind die Soldaten gefallen oder elend verreckt? Für wessen Ehre?

Die Väter des Grundgesetzes,

das waren auch fünf Frauen. Können Frauen Väter sein?

Liebe Schüler!

Fühlt ihr euch richtig angeredet, Charlotte, Janina und Hanna?

Herzliche Einladung zum Mutter-Kind-Kurs!

Warum hat sich nur ein Vater angemeldet?

Nennen Sie berühmte Maler des 20. Jahrhunderts.

Warum werden mehr Frauen genannt, wenn nach Malerinnen und Malern gefragt wird?

! **Moment mal!**
Kann Sprache überhaupt (un-)gerecht sein?

Info – Geschlechtergerechte Sprache

(Geschlechter-)gerechte Sprache ist ein Fachterminus, der seit den 1980er-Jahren in Deutschland das englische Wort *inclusive language* wiedergibt. Während das Englische bei den meisten Nomen keine weibliche und männliche Differenzierung hat (teacher), gibt es im Deutschen männliche und weibliche Formen (meist durch ein angehängtes -in gebildet). Im öffentlichen Raum und in Firmen hat es sich durchgesetzt, Frauen nicht „mitzumeinen", sondern zu benennen. In der mündlichen Kommunikation ist das kein großes Problem, im Schriftlichen muss etwas Mühe und sprachliche Kreativität aufgewendet werden, um einen umständlichen und holprigen Sprachstil zu vermeiden.

Brauchen wir eine geschlechtergerechte Sprache?

Schafft Sprache Wirklichkeit?: Seite 240/241

Wir brauchen eine geschlechtergerechte Sprache – und zwar so lange, bis Geschlechtergerechtigkeit in unseren Kirchen, unserer Gesellschaft und weltweit realisiert ist. Es geht also theologisch gesprochen um eine eschatologische Vision: „Da ist nicht jüdisch noch griechisch, da ist nicht versklavt noch frei, da ist nicht männlich und weiblich: denn alle seid ihr einzig-einig im → Messias Jesus" (Galater 3,28).
Als Kirche wissen wir um die Wirkmächtigkeit des Wortes und haben geschlechtergerechte Sprache schon an vielen Stellen selbstverständlich in unsere Kommunikation aufgenommen. Sprache ist ein Spiegel der Wirklichkeit und hat zugleich eine verändernde Kraft, indem sie neue Bilder schafft und Räume öffnet. → Martin Luther hat auf die Sprachkraft der Bibel vertraut und sie in seiner großartigen Übersetzung den Menschen in ihrer Muttersprache eröffnet. Mit seinen Sprachschöpfungen hat er nicht nur die deutsche Sprache bis in unsere Gegenwart grundlegend geprägt, sondern auch die Kirche und Gesellschaft. Eine Vielzahl von Bibelübersetzungen hat sich seitdem in diese Tradition gestellt und sie weiterentwickelt. Sprache ist in ständigem Wandel, passt sich gesellschaftlichen Prozessen an und bietet ihnen ein kritisches Gegenüber. Einen verantwortlichen Umgang mit Sprache zu ermöglichen, gehört zu den wichtigsten Bildungsaufgaben einer demokratischen Gesellschaft. In meiner Kindheit war es eine gängige Redewendung, etwas „bis zur Vergasung" zu tun. Das höre ich nun zum Glück nur noch selten. Denn mittlerweile gibt es ein Bewusstsein dafür, wie der Nationalsozialismus eine eigene ideologische Sprache entwickelt hat, die eine grausame Realität verherrlichte. Über den Alltagsrassismus in unserer Sprache gibt es mittlerweile eine engagierte Diskussion. Auch hier wächst das Bewusstsein dafür, dass Menschen über Sprache ausgegrenzt und verletzt werden können. Diese Beispiele zeigen, dass sich unsere Sprache verändert.
Wenn wir unsere Sprache verändern, verändern wir uns mit.

→ Claudia Janssen (1966), Theologin*

!
Moment mal!
Sollen über Sprache Einstellungen erzeugt werden?

Aufgaben

1 Was hat Sprache mit → Gerechtigkeit zu tun? Fassen Sie Janssens Antworten mit eigenen Worten zusammen.

2 Vergleichen Sie verschiedene Übersetzungen (auch eine Interlinearübersetzung, zum Beispiel über www.bibel-online.net) von Gal 3,28. Begründen Sie, welche der Übersetzungen am verständlichsten zur Sprache bringt, worum es Paulus ging.

3 Führen Sie die Liste auf der linken Seite mit eigenen Beispielen fort, die deutlich machen, wie durch Sprache je unterschiedliche Wirklichkeiten in den Köpfen derjenigen erzeugt werden, die die betreffenden Worte lesen oder hören.

4 „→ Gerechtigkeit lässt sich nicht durch eine veränderte Sprache herstellen." – Nehmen Sie zu dieser Position Stellung.

Eine Stellungnahme verfassen: Seite 256

Wie sieht christliches Engagement aus?

Ethik: Seite 265

Wie nachhaltige Banken funktionieren

Wissen Sie, was Ihre Bank mit Ihrem Geld macht? Wie und wo sie Ihr Geld investiert? In Rüstung, Kinderarbeit oder spekulative Finanzgeschäfte? Wer sein Geld bei einer konventionellen Bank anlegt, erhält meistens keinen umfassenden Überblick darüber, in welchem Land oder in welchen Unternehmen sein Geld angelegt wird. Genau diese Transparenz aber bieten Banken, die sich ethisch und nachhaltig aufgestellt haben. Diese sehen es sogar als ihre Aufgabe an, ihre Kunden und Anleger dafür zu interessieren, was mit ihrem Geld geschieht. Ihr Ziel ist eben nicht allein das reine Kapital.
Um Unternehmen oder Staaten, in die investiert werden soll, auf ihr ökologisches und soziales Verhalten zu prüfen, ist der *Best-in-Class-Ansatz* zu empfehlen. Dieses Prinzip sorgt dafür, nur in die Konzerne zu investieren, die sich innerhalb der Branche vorbildlich verhalten. Zudem hat der *Best-in-Class-Ansatz* den schönen Nebeneffekt, dass innerhalb der Branchen ein Wettbewerb entsteht, wer ethisch, ökologisch oder sozial der beste Konzern ist.
In der zweiten Stufe der Nachhaltigkeitsprüfung kommen mithilfe eines Nachhaltigkeitsfilters Ausschlusskriterien zum Zuge: Dazu zählen massive Verstöße gegen Arbeits- und Menschenrechte, Kinderarbeit, Atomkraft, Waffenproduktion, Alkoholherstellung oder auch Embryonenforschung. So investieren wir beispielsweise wegen bestimmter Verstöße nicht in mehrere Dax-Konzerne – darunter Eon und RWE wegen des Ausschlusskriteriums Atomkraft oder ThyssenKrupp wegen des Ausschlusskriteriums Waffenproduktion. Bei der Definition der Kriterien ist es wichtig, nicht realitätsfremd zu sein. Beim Kriterium Alkohol beispielsweise werden nur Unternehmen ausgeschlossen, die auch Umsatz mit der Produktion von Schnaps, wie z. B. Pernod Ricard, generieren. Wir können schlecht Weinerzeuger ausschließen, wenn in den Kirchen zum Abendmahl Wein getrunken wird. Auch Länder erhalten eine Bewertung. Ausschlusskriterien sind autoritäre Regime, Geldwäsche, Korruption, Todesstrafe, Verstoß gegen Pressefreiheit oder auch wenn ein Land mehr als drei Prozent seines BIPs in Rüstung investiert.
Für viele Kirchenbanken scheiden deswegen Länder wie Russland, China oder Indonesien aus Gründen wie schlechten Arbeitsbedingungen oder Menschenrechtsverletzungen schon von vornherein für Investitionen aus. Auch Staatsanleihen aus den USA fallen wegen der Todesstrafe in verschiedenen Bundesstaaten durch.
Wenn Unternehmen in den Nachhaltigkeitsfiltern hängen bleiben, ist es üblich, zunächst einmal mit dem betroffenen Konzern hinter den Kulissen zu sprechen. Erst wenn Gespräche gar nicht weiterführen, hilft der Weg an die Öffentlichkeit. Zunehmend nutzen dafür Großanleger ihre Macht als Aktionäre.

Ekkehard Thiesler, Vorstandsvorsitzender der Bank für Kirche und Diakonie eG

! Moment mal!
Wie konsequent ist ethisches Investment?

Info – Ethisches Investment

Kirchen sind Großanleger, denen neben wirtschaftlichen auch ethische Gesichtspunkte wichtig sind. Zudem können Aktionäre versuchen, direkt auf Firmen Einfluss zu nehmen (aktives Aktionärstum oder (engl. ausgesprochen) „Engagement"). Die Idee stammt bereits aus dem 17./18. Jh. von den Quäkern aus Großbritannien und gewinnt auch in Deutschland zunehmend an Bedeutung. Vor wenigen Jahren hat die EKD daher einen „Arbeitskreis Kirchliche Investments" (www.aki-ekd.de) eingerichtet und einen Leitfaden erarbeiten lassen, der ständig aktualisiert wird.

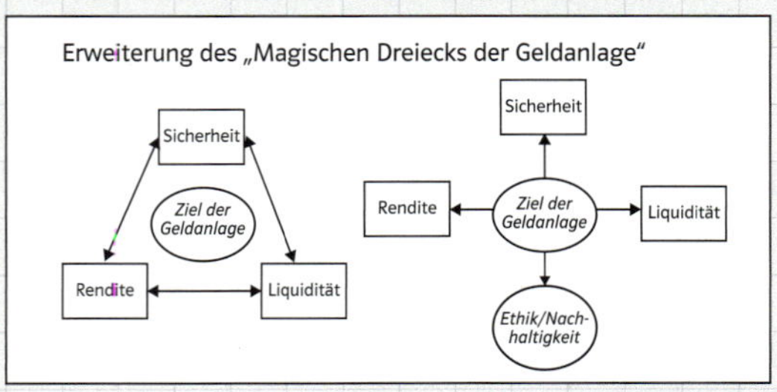

Freiwilligendienst im Ausland

Aktion Sühnezeichen Friedensdienste (ASF) engagiert sich seit über 50 Jahren für Versöhnung und Frieden. Wir verwirklichen unsere Aufgaben vor allem durch unsere internationalen Freiwilligendienste.
Wir nennen unsere Freiwilligendienste auch „Friedensdienste", weil wir mit Verständnis und Solidarität mit unseren Partnern zusammenarbeiten und gemeinsam mit ihnen für einen gerechten Frieden und die Wahrung der Menschenrechte eintreten.
Ein Friedensdienst ist kein Job und er unterscheidet sich sehr vom Au-pair-Aufenthalt im Ausland! Freiwillige stehen nicht in einem Arbeitsverhältnis und sie tun ihren Friedensdienst nicht allein. In den Seminaren treffen sie sich mit anderen Freiwilligen, diskutieren, arbeiten und feiern gemeinsam. Wir suchen deshalb soziale und kooperative Menschen, die bereit sind, zuzuhören, zu lernen und sich und die Welt ein Stück weit zu verändern.
Wir arbeiten vor allem mit Menschen und Organisationen aus den Ländern zusammen, die besonders unter dem Terror des Nationalsozialismus gelitten haben. Für unsere Aufgaben suchen wir Freiwillige, die politisch und geschichtlich interessiert sind und mit Herz und Verstand bei unseren Partnern mitarbeiten. Wir unterstützen die Freiwilligen bei der Vorbereitung auf den Dienst und während der Zeit im Projekt. ASF bietet Gedenkstättenfahrten, Sommerlager und Seminare an.

Aktion Sühnezeichen Friedensdienste

↔ Wie denken Juden nach Auschwitz von Gott?: Seite 240/241

Reisen in fremde Welten

Jan Thorben Wilkens (1992) war als ASF-Freiwilliger in Israel. Er arbeitete mit behinderten Kindern und Jugendlichen sowie mit Überlebenden der → Shoah.*

Ein Jahr in diesem interessanten und widersprüchlichen Land Israel. Was für eine Zeit! Ich kann kaum sagen, was mich am meisten bewegt hat. Jeder Tag war etwas Besonderes. Immer wieder gab es Herausforderungen zu bewältigen, aber auch schöne Momente zu genießen. Eins war dabei vorherrschend: der Kontakt zu den unterschiedlichsten Menschen.
In meinen Projekten habe ich mit Juden aus der ganzen Welt, mit arabischen Christen und Muslimen und mit Menschen von den Philippinen und aus Indien zusammenarbeiten dürfen. Auch in meinem neuen Bekanntenkreis befinden sich Menschen ganz unterschiedlicher Herkunft. Jede/r von ihnen hatte ihre bzw. seine eigene Geschichte zu erzählen. Und ich kam in den Genuss, diesen Geschichten lauschen zu dürfen und mich mit meinen eigenen neu auseinanderzusetzen. Oft frage ich mich, was ich bei anderen ausgelöst habe, wenn ich über mein Leben erzählte. Vielleicht konnte ich neugierig machen, verwundern oder Vorurteile und Hemmungen vor dem Thema Deutschland und Deutsche verkleinern. Ich werde nicht aufhören, weiter nach Menschen und ihren Geschichten zu suchen. Denn das Leben und seine Menschen haben viel mehr zu bieten, als man denken mag. Danke, Israel, für dieses atemberaubende Jahr!

Aufgaben

1 Geben Sie wieder, welche Handlungsmöglichkeiten die Kirche als Großaktionär hat.

2 Entwerfen Sie ein eigenes Ranking von Ausschlusskriterien für eine Geldanlage. Finden Sie mithilfe des Placemat-Verfahrens eine gemeinsame Liste und reflektieren Sie den Prozess.

3 Erörtern Sie, ob die Freiwilligendienste von Aktion Sühnezeichen „Friedensdienste" sind.

4 Recherchieren Sie den christlichen Hintergrund des Vereins sowie weiterer Organisationen.

→ Eine Internetrecherche durchführen: Seite 252

Können wir Frieden und Gerechtigkeit schaffen?

Joseph Beuys, Der Friedenshase, 1982

„Der Friedenshase" sind die Überreste einer Kunstaktion: 1982 schmolz der Aktionskünstler → Joseph Beuys (1921–1986) unter großem Protest eine Kopie der Krone Iwan des Schrecklichen in einen Hasen um. Mit einer Nagelschere entfernte er die Edelsteine, schraubte das Kreuz ab und verwahrte beides in einem Einmachglas, während er das Gold in einem aus Ziegelsteinen errichteten Ofen einschmolz.
Beuys sah in jedem Menschen einen Künstler. Dabei legte er unter dem Titel „soziale Plastik" einen erweiterten Kunstbegriff zugrunde, der kreatives gesellschaftsveränderndes Handeln umfasste und damit weit über die Gestaltung künstlerischer Objekte hinausging. Seine – bemerkenswerte – gesellschaftspolitische Aktivität und sein künstlerisches Schaffen verstand Beuys stets als Einheit.

Aufgaben

→ Bilder analysieren: Seite 251

1 Interpretieren Sie die Umschmelzungsaktion, nach Möglichkeit mithilfe von Hintergrundinformationen oder einer Videoaufzeichnung der Aktion. Setzen Sie das Kunstwerk mit dem erarbeiteten Kapitel in Beziehung.

2 Gestalten Sie selbst eine künstlerische Transformation zum Stichwort „Frieden und → Gerechtigkeit".

Wissen

- Vor einigen Jahren stand die Ökumenische FriedensDekade unter dem Motto „Mutig für → Menschenwürde“. Erklären Sie, in welchem Zusammenhang Frieden und Menschenwürde stehen.
- Vom früheren Bundeskanzler Helmut Schmidt stammt das Zitat: „Wer Visionen hat, sollte zum Arzt gehen.“ Nehmen Sie vor dem Hintergrund der jüdisch-christlichen Tradition Stellung dazu.
- In einer Schrift der EKD und der Deutschen Bischofskonferenz von 1997 heißt es: „In der Perspektive einer christlichen → Ethik muss darum alles Handeln und Entscheiden in Gesellschaft, Politik und Wirtschaft an der Frage gemessen werden, inwiefern es die Armen betrifft, ihnen nützt und sie zu eigenverantwortlichem Handeln befähigt.“ Benennen Sie sowohl biblische Grundlagen als auch Beispiele für kirchliches Engagement in dieser Hinsicht.
- „Schalom bedeutet Friede, also die Abwesenheit von Krieg.“ Stellen Sie diese Behauptung richtig.

→ Eine Stellungnahme verfassen: Seite 256

→ Biblische Belegstellen reflektiert verwenden: Seite 260

Können

- Ergänzen und verbessern Sie Ihre Pro- und Kontraliste für Pauls Entscheidung von Seite 52. Beziehen Sie Ihre Erkenntnisse aus der Bearbeitung dieses Kapitels mit ein.
- Das Foto „The Tank Man“ (der „Panzermann“) auf Seite 50 zählt zu den „100 Aufnahmen, die die Welt veränderten“: Am 5. Juni 1989, einen Tag nach dem Massaker auf dem Platz des himmlischen Friedens in Peking, stellt sich ein Unbekannter einer Panzerkolonne in den Weg. Erörtern Sie am Beispiel, ob sich die Welt ohne Waffeneinsatz, etwa durch gewaltlosen Widerstand, zu einem gerechten Frieden hin verändern lässt.
- Zu den Olympischen Spielen in Peking 2008 gab die EKD Tausende „Armbänder für Menschenrechte“ mit Ps 85,11b aus. Nehmen Sie Stellung zu der Aktion.

→ Eine Stellungnahme verfassen: Seite 256

Anwenden

- Seit 1950 wird der renommierte „Friedenspreis des Deutschen Buchhandels“ verliehen, auf dessen Internetseite sich alle Preisträger und ihre Reden finden. Setzen Sie sich mit den Reden ausgewählter Personen auseinander (etwa David Grossman, Friedrich Schorlemmer, → Hans Jonas, Nelly Sachs oder Albert Schweitzer).
- Vergleichen Sie, wie → Dietrich Bonhoeffer einerseits in seiner berühmten „Friedenspredigt“ von 1934 – „Die Kirche und die Völkerwelt“ – und andererseits in Abschnitten seiner nach dem Tod herausgegebenen → Ethik (zum Beispiel: „Das Bessere dem weniger Guten vorziehen“) argumentiert.
- Organisieren Sie eine Fotoausstellung mit den von Ihnen gestalteten Fotomotiven (Aufgabe von Seite 57).

↔ Dietrich Bonhoeffer: Seite 144 f.
→ Texte analysieren: Seite 250

4 Warum hat Gott Auschwitz nicht verhindert?

→ Hetty Krist, Der Kreuzweg (4. Tafel), Liebfrauenkirche Frankfurt am Main

Wenn Sie dieses Kapitel bearbeitet haben, können Sie ...

- unterschiedliche theologische, religiöse und philosophische Antwortmöglichkeiten auf das Theodizee-Problem erörtern.
- angesichts von Leiderfahrungen die Perspektive anderer Menschen mit dem eigenen Standpunkt vergleichen.
- die Theodizee-Diskussion am Beispiel der biblischen Hiob-Erzählung konkretisieren.
- die Shoah als tiefgreifende Durchkreuzung des Redens von Gott interpretieren.
- exemplarisch skizzieren, wie biblische Texte zur Anfeindung gegenüber Juden missbraucht werden können.
- verschiedene Aspekte des Verhältnisses zwischen Judentum und Christentum (in Geschichte und Gegenwart) beschreiben.
- in der Auseinandersetzung mit konkreten Beispielen Formen des Erinnerns exemplarisch gestalten.

Was können Sie schon?

- mögliche Situationen und Argumente benennen, die Menschen an Gott zweifeln lassen
- erklären, was „Theodizee" heißt
- exemplarisch aufzeigen, wie Menschen auch im Leid durch den Glauben an Gott tragfähige Hilfe erfahren
- zentrale Inhalte und Elemente des jüdischen Glaubens/der jüdischen Glaubenspraxis erläutern
- entfalten, inwiefern die Zeit des Nationalsozialismus das Verhältnis zwischen Juden und Christen auch heute noch beschreibt
- unterschiedliche Haltungen von Christinnen und Christen zum nationalsozialistischen Regime darstellen
- erläutern, welche Ausdrucksformen des Trostes und des Zuspruchs im Leid möglich sind

Kann man Gott angesichts des Leids noch loben?

In einem Internetforum entwickelt sich folgendes „Gespräch“:

Frage von V.I.P. ☼:
Hallo,
seit ich neulich mal wieder im Gottesdienst war, stellt sich mir eine Frage immer und immer wieder: Wieso sollte ich Gott loben? Ich habe nun auf einigen Seiten „Antworten“ gefunden, wie zum Beispiel: „Gott hat es verdient, gewürdigt zu werden / ihm gebührt das Lob / Loben erinnert an die Größe des Herrn.“ Ich bin aber dennoch kritisch. Ich glaube nämlich nicht, dass Gott – unabhängig davon, ob er existiert oder nicht – gelobt werden will. Ich glaube, das ist bloß der menschliche Egoismus, der uns sagt, dass wir für unsere Arbeit gelobt werden wollen. Ich glaube auch viel mehr, dass Gott – um es in Menschenworten zu fassen – selbstlos und absolut bescheiden ist und seine Liebe bedingungslos ist.
Wieso sollte er gelobt werden wollen? Weil es in der Bibel steht?

Antwort von Estrella92 ♣:
Ob Gott gelobt werden will, wissen wir nicht. Aber, ob **wir** ihn loben wollen – das sollten wir schon selber wissen und entscheiden.
Worin genau liegt denn seine Größe, die ein solches Lob verdient? Kann man das Welthandeln Gottes denn als „sinnvoll“ oder gar als „gut“ bezeichnen? Wo ist denn Gott in all dem Leid, das uns täglich begegnet? Diese Fragen stellen sich anscheinend auch Theologen. Die Theologin → Dorothee Sölle (1939–2003) meinte dazu: „Wie man nach Auschwitz den Gott loben soll, der alles so herrlich regieret, das weiß ich auch nicht …“

Aufgabe

Verfassen Sie einen eigenen Foren-Eintrag, in dem Sie an den Beitrag von Estrella92 anknüpfen und auf die Aussage Dorothee Sölles eingehen.

Dazu ist es wichtig, …

- unterschiedliche „Lösungsansätze“ zur Theodizee-Frage zu prüfen.
- die tiefgreifende Bedeutung der → Shoah für die Frage nach Gott zu erfassen.
- eine eigene begründete Position zu der Frage „Kann man Gott angesichts des Leids noch loben?“ zu entwickeln.

Lobe den Herren, den mächtigen König der Ehren (EG 316)

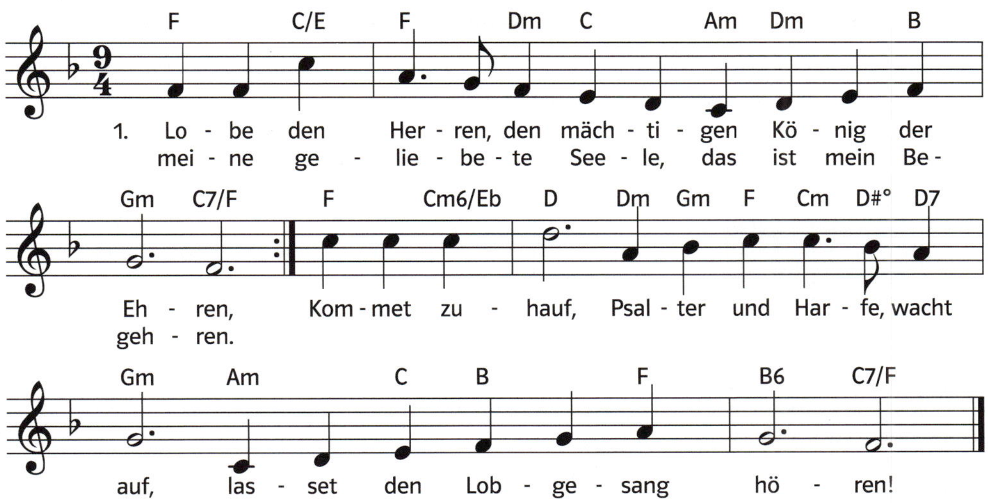

2. Lobe den Herren, der alles so herrlich regieret,
der dich auf Adelers Fittichen sicher geführet,
der dich erhält, wie es dir selber gefällt;
hast du nicht dieses verspüret?

Wie stehen Gott und Mensch in Beziehung?: Seite 204/205

3. Lobe den Herren, der künstlich und fein dich bereitet,
der dir Gesundheit verliehen, dich freundlich geleitet.
In wieviel Not hat nicht der gnädige Gott
über dir Flügel gebreitet!

Ebenbild Gottes: Seite 264 f.

4. Lobe den Herren, der deinen Stand sichtbar gesegnet,
der aus dem Himmel mit Strömen der Liebe geregnet.
Denke daran, was der Allmächtige kann,
der dir mit Liebe begegnet!

5. Lobe den Herren, was in mir ist, lobe den Namen.
Alles, was Odem hat, lobe mit Abrahams Samen.
Er ist dein Licht, Seele, vergiss es ja nicht.
Lobende, schließe mit Amen.

Aufgaben

1 Beschreiben Sie konkrete Situationen, in denen Menschen sich die von Estrella92 formulierten Fragen stellen. Recherchieren Sie in den Medien nach aktuellen Beispielen.

Eine Internetrecherche durchführen: Seite 252

2 Führen Sie ein Schreibgespräch zu der Aussage Dorothee Sölles.

3 Prüfen Sie die Aussagen des Liedtextes im Hinblick auf die Frage „Wieso sollte ich Gott loben?“.

Texte analysieren: Seite 250

4 Nennen Sie mögliche Anlässe, zu denen das Lied Ihrer Meinung nach gesungen werden kann.

War Hiob an seinem Unglück selbst schuld?

2011 kommt es in Japan zu einem Erdbeben ungeheurer Stärke, das einen Tsunami auslöst, der ganze Küstenstädte wegreißt. In der Folge ereignen sich Störfälle in mehreren Atomkraftwerken. Angesichts dieser Katastrophen führt der Journalist Dominik Klenk ein Interview mit dem Philosophen → Robert Spaemann.

Japan wurde von Katastrophen heimgesucht, die das bisher Denkbare und Erklärbare übersteigen. Bei Ereignissen von solch schrecklichem Ausmaß kommt gewöhnlich die Frage nach Gott ins Spiel. Wo war Gott in Japan?
Die Frage wird immer wieder gestellt. Bei uns lautet bisher die klassische Frage: Wo war Gott in Auschwitz? Meine Antwort: Am Kreuz. In Auschwitz wirkte die teuflische Bosheit von Menschen. In Japan handelt es sich um ein ungeheuerliches Zusammentreffen von drei Katastrophen. Die Frage, wo Gott war, stellt sich aber auch, ohne dass ich etwas von Auschwitz oder Japan weiß, schon wenn ich zum Beispiel höre, dass ein kleines Kind von seinen Eltern auf bösartige Weise zu Tode gequält wurde. Nach Katastrophen entsteht eine gewisse Hysterie, da muss sich Gott speziell rechtfertigen.

Rechtfertigung: Seite 268 f.

Aber wie kann er das Leid zulassen?
Darauf gibt es eine klare biblische Antwort im Buch Hiob. Hiobs Freunde betreiben → Theodizee und erklären ihm, dass Gott gerecht ist und die Schuld bei Hiob selbst liegt. Dann tritt Gott auf und weist die Freunde in die Schranken. Er sagt, sie haben überhaupt keine Ahnung. Sie kennen Gottes Motive nicht. In Hiobs Protest ist immer noch mehr Wahrheit als in der Theodizee der Theologen.

Gerechtigkeit Gottes: Seite 266

Und wie reagiert der bedrängte Hiob?
Gott redet mit Hiob am Ende selbst unter vier Augen und fragt ihn: Wo warst du denn, als ich die Sterne gemacht habe? Als ich das Krokodil gemacht habe, das Nilpferd und den Leviathan? Hast du mir dabei geholfen? Hast du irgendeine Ahnung über den Kosmos? Diese Antwort stößt Hiob nicht ab, sondern sie bringt ihn zur Besinnung: Er vertraut auf Gott, trotz allem, was geschieht. Seine Frau sagt ihm: Verfluche Gott und stirb. Hiob aber sagt: Wir haben von ihm das Gute genommen, sollten wir dann nicht auch das Böse annehmen; der Name des Herrn sei gepriesen. Ein ermordeter Jude in Auschwitz schrieb in einem herausgeschmuggelten Testament: Gott, mach mit uns, was du willst. Du wirst es nicht schaffen, dass wir aufhören, dich zu loben. Dieses gewaltige Paradox versteht nur ein Gläubiger.

Wie ist die Welt entstanden?: Seite 102/103

Überlebender in Auschwitz: Seite 86, 126 f.

Die Gnade des Glaubens liegt also darin, auch in der Not im Vertrauen bleiben zu können?
Vertrauen – das ist das A und O des Glaubens.

Angesichts solcher Katastrophen fragt man sich jedoch, ob Gott ein lieber oder ein zorniger Gott ist.
Was den zornigen Gott betrifft: Gott ist kein alter Mann, der sich aus dem Konzept bringen lässt, sondern der Zorn erscheint als die Kehrseite der Liebe. Gott ist immer gleich, er verändert sich nicht. Aber Gott ist einmal die Sonne, die wärmt und einmal die Sonne, die verbrennt. Das liegt aber nicht an der Sonne, sondern an den Bedingungen der Erde.

Sehen Sie im Geschehen in Japan den zornigen Gott?
Man kann das, aber man sollte sich zurückhalten. Und wir müssen vorsichtig sein und nicht mit wohlmeinenden Tröstungen aufwarten. Papst Benedikt hat vor dem Tor von Auschwitz etwas Entscheidendes getan: Er hat gebetet. Er hat keine Begründung gegeben, sondern einfach die Frage nach dem Warum stehen lassen und in ein Gebet gefasst.

Womit hab ich das verdient?

Wie fühlt sich heute ein schwer kranker Mensch, dessen Freunde fragen: Hast du vielleicht immer zu fett gegessen? Hast du dir zu viel zugemutet? Du hättest es damals vielleicht doch anders machen sollen. Warum lassen sich die Menschen in Haiti in so einem erdbebengefährdeten Gebiet nieder? Oder Ähnliches mehr. Wir wünschen uns Erklärungen, wenn wir Menschen leiden sehen. Damit unser Weltbild in Ordnung bleibt. Damit helfen wir nicht dem, der im Leid ist, sondern wir lindern unsere eigene Angst vor Leid. Wir wollen glauben, dass wir selbst dieses Leid meiden können, dass wir selbst alles unter Kontrolle haben. Wenn wir nur selbst gesünder leben. Aber das Leben ist oft ganz anders. Und wer leidet, braucht nicht unsere Erklärungen, sondern unser Mitgefühl. Es gibt unschuldiges Leiden, unter Kranken, unter Arbeitslosen, unter Flüchtlingen, unter Erdbebenopfern. Schuldige, schwer Schuldige und Unschuldige, sie alle erleben Leid. Nie können wir sicher sein, dass Leid eine Strafe Gottes ist, nicht einmal bei Schwerverbrechern. Hiob besteht darauf, es gibt unschuldiges Leid, er erlebt es und verlangt von seinen Freunden, das anzuerkennen.

Inka Gente, Pfarrerin

Wie kann man im Unglück noch an Gott glauben?: Seite 86/87

Emanzipation und Solidarität: Seite 155

→ Gero Hellmuth, Hiob, Überwindung, 1996, Eisenrelief

Aufgaben

1 Analysieren Sie die Lösungsansätze und Ratschläge der Freunde Hiobs (Ijob 4–5, 8,11, 22). Beziehen Sie persönlich Stellung zu den jeweiligen Ansätzen.

Eine Stellungnahme verfassen: Seite 256

2 Erläutern Sie den von Spaemann skizzierten Vergleich Gottes mit einer Sonne an selbst gewählten Beispielen.

3 Erklären Sie unter Bezugnahme auf die beiden Texte,
a) was man unter dem Tun-Ergehen-Zusammenhang versteht und
b) warum dieser als veraltetes Erklärungsmodell gilt.

Texte analysieren: Seite 250

4 Prüfen Sie, inwiefern die Hiob-Figur für Menschen in Leidsituationen eine mögliche Vorbildfunktion erfüllen kann. Beziehen Sie dabei auch das Kunstwerk von Gero Hellmuth ein.

Bilder analysieren: Seite 251

Woher kommt das Böse?

Hiobs Frömmigkeit wird in Zweifel gezogen

Muss ich alles selbst verantworten?: Seite 40/41

» [6] Eines Tages kamen die Gottessöhne zur himmlischen Ratsversammlung und jeder stellte sich
an seinen Platz vor dem HERRN. Unter ihnen war auch der Satan.
[7] Der HERR fragte ihn: „Was hast denn *du* gemacht?"
„Ich habe die Erde kreuz und quer durchstreift", antwortete der Satan.
[8] Der HERR fragte ihn: „Hast du auch meinen Diener Ijob gesehen? So wie ihn gibt es sonst keinen
auf der Erde. Er ist ein Vorbild an Rechtschaffenheit, nimmt Gott ernst und hält sich von allem
Bösen fern."
[9] Der Satan entgegnete: „Würde er dir gehorchen, wenn es sich für ihn nicht lohnte?
[10] Du hast ihn und seine Familie und seinen ganzen Besitz vor jedem Schaden bewahrt. Du lässt alles
gelingen, was er unternimmt, und sein Vieh füllt das ganze Land. [11] Taste doch einmal seinen Besitz
an! Wetten, dass er dich dann öffentlich verflucht?"
[12] Da sagte der HERR zum Satan: „Gut! Alles, was er besitzt, gebe ich in deine Gewalt. Aber ihn selbst
darfst du nicht antasten!"
Danach verließ der Satan die Ratsversammlung. «
(Ijob 1,6–12)

Epikur, Fragment

Für Epikur besteht die Hauptaufgabe der Philosophie darin, den Menschen den Weg zu einem glücklichen Leben zu zeigen. Glück besteht für ihn in einer ausgeglichenen Seele, die sich nicht beunruhigen lässt durch Schmerz, Tod oder durch das Wirken der Götter. Epikur leugnet nicht die Existenz von Göttern, aber er gesteht ihnen keine Macht über die Wirklichkeit zu. Er verweist sie an den Rand, wo sie für den Menschen ungefährlich sind. Sie können weder aus Zorn noch mit ihrem Wohlwollen in das Leben der Menschen eingreifen, deshalb muss sich der Mensch auch nicht um sie kümmern.

Theodizee: Seite 270

Entweder will Gott die Übel beseitigen und kann es nicht, oder er kann und will es nicht, oder er kann es nicht und will es nicht, oder er kann es und will es.

Wenn er nun will und nicht kann, dann ist er schwach, was auf Gott nicht zutrifft. Wenn er kann und nicht will, dann ist er missgünstig, was ebenfalls Gott fremd ist. Wenn er nicht will und nicht kann, dann ist er sowohl missgünstig als auch schwach und dann auch nicht Gott. Wenn er aber will und kann, was allein für Gott sich ziemt, woher kommen dann die Übel, und warum nimmt er sie nicht weg?

Epikur (341–271 v. Chr.), Philosoph

Brief an Menoikeus

Über die Anfänge des Suchens nach Gott: Seite 13

Gewöhne dich an den grundlegenden Gedanken, dass der Tod für uns ein Nichts ist. Denn alles Gute und alles Schlimme beruht darauf, dass wir es empfinden. Verlust aber dieser Empfindung ist der Tod. Für den, der recht begriffen hat, dass es im Nichtleben nichts Schreckliches gibt, für den gibt es ja auch im Leben nichts Schreckliches. So ist also der Tod, das schauervollste Übel, für uns ein Nichts; wenn wir da sind, ist der Tod nicht da, aber wenn der Tod da ist, sind wir nicht mehr da. Er geht also weder die Lebenden noch die Gestorbenen an; für die einen ist er ja nicht vorhanden, die anderen aber sind für ihn nicht mehr vorhanden. Die große Menge freilich flieht den Tod bald als das größte Übel, bald sehnt sie ihn herbei als ein Ausruhen von den Mühsalen des Lebens. Der Weise jedoch weicht weder dem Leben aus noch fürchtet er das Nichtleben.

Epikur (341–271 v. Chr.), Philosoph

Gottfried Wilhelm Leibniz, Die → Theodizee

Ein Gegner wird vielleicht erwidern und sagen, die Welt hätte ohne → Sünde und Leiden sein können; aber ich bestreite, dass sie dann besser gewesen wäre. Denn man muss wissen, dass in jeder der möglichen Welten alles verknüpft ist; dergestalt, dass Gott hier alles ein für allemal im Voraus geregelt hat, denn er hat die Gebete, die guten und die bösen Taten und alles Übrige schon vorhergesehen. Wenn also das geringste Übel, das in der Welt geschieht, fehlte, dann wäre es nicht mehr diese Welt, die, alles ein- und abgerechnet, von dem Schöpfer, der sie erwählt hat, als die beste befunden worden ist.

Die Welt ist von Gott geschaffen: Seite 102

Gewiss kann man sich mögliche Welten ohne Sünde und Unglück vorstellen. Aber diese selben Welten würden der unsrigen im Übrigen sehr unterlegen an Güte sein. Wir wissen im Übrigen, dass ein Übel oft ein Gut verursacht, zu dem man ohne dieses Übel nicht gekommen wäre. Man kann „Übel" im metaphysischen, im physischen und im moralischen Sinne verstehen. Das metaphysische Übel besteht in der bloßen Unvollkommenheit, das physische Übel im Leiden und das moralische Übel in der Sünde. Obwohl nun das physische und das moralische Übel nicht notwendig sind, genügt es doch, dass sie kraft der ewigen Wahrheiten möglich sind. Und da jene unermessliche Region der ewigen Wahrheiten sämtliche Möglichkeiten umfasst, muss es eine Unendlichkeit von möglichen Welten geben, muss das Übel in mehrere von ihnen eingehen und muss selbst die beste von allen es einschließen; das hat Gott dazu bestimmt veranlasst, das Übel zuzulassen.

→ Gottfried Wilhelm Leibniz (1646–1716), Philosoph

Gottfried Wilhelm Leibniz

Info – Die beste aller möglichen Welten

Leibniz geht davon aus, dass Gott allwissend ist und bereits vor der Erschaffung der Welt alle anderen Welten kannte, die theoretisch auch möglich gewesen wären. Weil Gott gütig ist, hat er die beste aller möglichen Welten ausgewählt, und weil er allmächtig ist, hat er sie erschaffen. Das Leid in dieser Welt ist dabei unvermeidbar, weil diese Welt unvollkommen ist; wäre sie vollkommen, dann wäre sie wie Gott.

! **Moment mal!** Ist Gott immer und ausschließlich gut?

Aufgaben

1 Die Figur des Satans taucht im Hiobbuch ausschließlich im ersten und zweiten Kapitel auf. Interpretieren Sie diesen Befund.

2 Epikur war der Auffassung, dass ein Mensch erst dann glücklich leben kann, wenn er die Furcht vor den Göttern und vor dem Tod überwindet. Arbeiten Sie die Argumente Epikurs heraus und beurteilen Sie, ob sie heute noch Gültigkeit beanspruchen können.

Texte analysieren: Seite 250

3 Gestalten Sie eine Collage, die nach Leibniz den Unterschied zwischen metaphysischem, physischem und moralischem Übel illustriert.

4 „The greatest trick the Devil ever pulled was convincing the world he doesn't exist." (Kevin Spacey in „The Usual Suspects", „Die üblichen Verdächtigen"). Nehmen Sie zu dieser Aussage kritisch Stellung.

Eine Stellungnahme verfassen: Seite 256

Sind die Evangelien judenfeindlich?

Passion: Seite 268

Wie denken Theologen heute von Gott?: Seite 106/107

Historischer Jesus: Seite 266 f.

Wurde der Messias gekreuzigt?: Seite 214/215

Der Prozess Jesu

Alle Evangelien verbinden die Passionsgeschichte mit massiven Schuldvorwürfen gegenüber „den" Juden. Die Vorwürfe steigern sich, je später ein Evangelium geschrieben wurde. Ihrer Suggestivkraft haben sich die nachfolgenden christlichen Generationen nicht entziehen können, und selbst heute halten Theologen noch daran fest, Jesus sei infolge eines Zusammenspiels jüdischer Rechtsinstanzen mit dem römischen Präfekten Pontius Pilatus zum Tode verurteilt worden. Die kritische Forschung erklärt inzwischen diese These aus der Interessenlage des frühen Christentums: Man wolle sich von den Juden auf deren Kosten distanzieren, um den römischen Staat, in den man gerade hereinwuchs, nicht massiv zu belasten. Als Fazit darf gelten: Ein jüdischer Prozess gegen Jesus von Nazareth widerspricht der historischen Wahrscheinlichkeit.
Von Jahrzehnt zu Jahrzehnt verstärkte sich die Judenpolemik und fand in den zwischen 70 und 100 entstandenen Evangelien ihren Niederschlag. Bei Markus erst verhalten spürbar, bricht sie bei Matthäus schon deutlich hervor, besonders in der verhängnisvollen Szene 27,24f, die den späteren christlichen Volksantijudaismus immer wieder neu motiviert hat:
„Als aber Pilatus sah, dass er nichts ausrichtete, sondern dass der Tumult nur noch größer wurde, nahm er Wasser und wusch sich die Hände, wobei er sprach: Ich bin unschuldig an diesem Blut. Seht ihr zu! Und es antwortete das ganze Volk und sagte: Sein Blut komme über uns und unsere Kinder!"

→ Hubertus Halbfas (1932), Theologe*

Juden kreuzigen den Juden Jesus von Nazareth, um 1500, Katharinenkapelle, Landau/Pfalz

„Ihr habt den Teufel zum Vater“ (Joh 8,44)

Jesu Vorwurf an die Juden, sie seien Teufelskinder (8,44), ist der Höhepunkt dieses langen Streitgespräches über die Frage, woher Jesus stammt und seine Offenbarung ausübt (7,14–8,59). Es ist dies nicht die einzige Stelle, an der der Evangelist polemisch von „den Juden“ redet. Ihre Absicht, Jesus zu töten, wird mehrmals wiederholt (5,16.18; 7,1.19; 8.37–59; 10,31–39; 19,7). Die Distanz zwischen Jesus und „den Juden“ wird auch darin deutlich, dass Jesus häufig so von ihnen und von „eurem Gesetz“ redet, als gehöre er keineswegs zu diesem Volk (7,19.22; 8,17; 10,34; 15,25). Gelegentlich werden „die Juden“ sogar als eine Art Behörde bezeichnet (5,15; 7,13; 9,22; 18,12). Gewiss wird man aus dieser polemischen Distanz gewisse Rückschlüsse auf die aktuelle Gemeindesituation zur Zeit des Johannes ziehen können. Dass damals scharfe Auseinandersetzungen und tätliche Feindschaft zwischen Synagoge und Gemeinde bestanden, beweist 16,2f. Aber ebenso deutlich ist, dass „die Juden“ im Johannesevangelium nicht nur eine Bezeichnung für ein bestimmtes Volk sind, vielmehr repräsentieren im Sinne des Evangelisten „die Juden“ beispielhaft alle diejenigen, die sich gegen den Anspruch des göttlichen Gesandten in Menschengestalt stellen. Sie gehören auf die Seite der religiösen „Welt“, die der Wahrheit, dem Licht, dem Glauben feindlich und ablehnend gegenübersteht. Deshalb können „die Juden“ auch nicht Abraham zum Vater haben, der doch die „Werke Gottes“ getan hat (8,39). Ihr Anspruch der Abrahamskindschaft scheitert an der Wirklichkeit ihres Unglaubens, ja ihrer Mordabsichten. Die überaus scharfe Polemik des Johannesevangeliums gegen „die Juden“ gehört also grundsätzlich hinein in den dualistischen Gegensatz zwischen dem „Herrscher dieser Welt“ (12,31) [dem Teufel] und dem von Gott gesandten → Logos [Jesus Christus], der über den Kosmos (16,33) [die gottfeindliche Welt] triumphiert hat! Mit dieser polemischen Charakterisierung der „Juden“ will der Evangelist also keineswegs eine bestimmte Menschengruppe oder ein Volk treffen, wie es die Auslegungen früherer Zeiten häufig missverstanden, sondern er möchte an dem historischen und gewiss auch aktuellen Beispiel der Ablehnung Jesu durch sein Volk zeigen, was der Offenbarer und sein Wort bewirken: die dualistische Scheidung zwischen Glaube und Unglaube, Licht und Finsternis, Leben und Tod, Gott und Teufel. In diese ganz und gar theologische Argumentation des Evangelisten dürfen deshalb keine psychologischen, historisierenden oder „politischen“ Motive hineingetragen werden.

→ Siegfried Schulz (1927–2000), Theologe

! **Moment mal!**
Wer hat den Tod Jesu tatsächlich zu verantworten?

Aufgaben

1 Arbeiten Sie aus den beiden Texten von Halbfas und Schulz die historisch wahrscheinlichen Umstände des Prozesses Jesu heraus.

2 Erläutern Sie die Bezeichnung „die Juden“ vor dem Hintergrund des dualistischen Ansatzes im Johannesevangelium.

→ **Biblische Belegstellen reflektiert verwenden:** Seite 260

3 Entfalten Sie, welche theologischen Entwicklungen zu der in der Katharinenkapelle Landau dargestellten Kreuzigungsszene führten.

Wie kam es zu Judenverfolgungen?

„Judensau"-Relief, 1440, Wittenberger Stadtkirche

Zeitgenössische Nachzeichnung des „Judensau"-Reliefs

Info – der Name Gottes: Seite 194

Das „Judensau"-Relief an der Wittenberger Stadtkirche

Außen an der Wittenberger Stadtkirche befindet sich in ca. 10 m Höhe ein verwittertes, aber immer noch gut sichtbares Sandsteinrelief. Es stammt aus dem frühen 14. Jh. Darüber befindet sich eine Inschrift: *Rabini Schem Ha Mforas*. Das heißt sinngemäß „was dem Rabbiner als der unverstellte Name gilt" und bezieht sich auf das Ergebnis einer Buchstabenspekulation der Kabbala, einer jüdischen Mystik zum unaussprechlich heiligen Namen Gottes. Die Inschrift wurde erst 1570 im Zuge einer Teilerneuerung der Stadtkirche angebracht und nimmt den Titel der Schmähschrift → Luthers („Vom Schem Hamphoras und vom Geschlecht Christi", 1543) auf.
Das Relief selbst zeigt eine Sau, an deren Zitzen zwei Menschen saugen, die dem Betrachter den Rücken zuwenden. Ein dritter Mensch versucht, ein Ferkel von den Zitzen fernzuhalten, indem er es am Ohr festhält. Den vierten Menschen beschreibt Martin Luther in der o. g. Schmähschrift wie folgt: „Hinder der Saw stehet ein Rabin, der hebt der Saw das rechte bein empor, und mit seiner lincken hand zeucht er den pirtzel uber sich, bückt und kuckt mit grossem vleis der Saw unter dem pirtzel jnn den Thalmud hinein, als wolt er etwas scharffes und sonderlichs lesen und ersehen. Daselbsher haben sie gewislich jr Shem Hamphoras." Die Kopfbedeckungen der vier Menschen sind von der Art, wie sie Juden Anfang des 14. Jahrhunderts zu tragen verpflichtet waren („Judenhüte"). Eine in Details ungenaue Nachzeichnung des Wittenberger Reliefs ist um ein Motiv ergänzt, welches sich auch auf anderen zeitgenössischen Schmäh-Zeichnungen findet: Die hinter der Sau befindliche Person saugt förmlich den Urin an, den die Sau ausspritzt.
Die Verbindung der widerlichen Darstellung mit einem für Juden unreinen Tier (Lev 11,7; Dtn 14,3.8) und mit dem Bezug auf einen hebräischen Gottesnamen musste für Juden absolut blasphemischen Charakter haben. Luthers Kommentar und das darauf bezogene Relief legen für sich den Eindruck nahe, dass damit jeder theologische Dialog mit den Juden und die Anerkennung ihrer eigenständigen Tradition ausgeschlossen seien.
Die Stadtkirchengemeinde Wittenberg brachte anlässlich des 50. Jahrestages der Reichspogromnacht am 11.11.1988 unterhalb des Reliefs eine Bronze-Mahntafel des Bildhauers Wieland Schmiedel in das Pflaster ein, um auf die historischen Folgen des Judenhasses hinzuweisen: die → Shoa.

Martin Steinhäuser (1966), Theologe*

Augustinus, Gegen die Juden

Der für die abendländische Kirchengeschichte einflussreichste Theologe war → Augustinus. In seinem Traktat *Gegen die Juden* trennte er „das von Gott erwählte Volk Israel", von dem Paulus in Gal 6,16 spricht, von dem „Israel dem Fleische nach", das er von Gott mit Blindheit und mit „unfassbarer Schamlosigkeit" geschlagen sah:

Wenn ihr mit Recht sagen wollt: „Wir sind es", dann sagt es, wenn ihr hört: „Verstocke das Herz dieses Volkes, und verhärte ihre Ohren, und blende ihre Augen" (Jes 6,10). Dann sagt: „Wir sind es", wenn ihr hört: „Den ganzen Tag strecke ich meine Arme aus zu dem ungläubigen und störrischen Volk" (Jes 65,2). Dann sagt: „Wir sind es", wenn ihr hört: „Ihre Augen mögen umdüstert werden, dass sie nicht sehen, und ihr Rücken sei stets gebeugt" (Ps 69,24). Bei diesen und ähnlichen Prophezeiungen sagt: „Wir sind es", wo ihr es ohne jeden Zweifel seid. Aber so blind seid ihr, dass ihr behauptet, ihr seid es, wo ihr es nicht seid, und euch nicht erkennt, wo ihr es seid.

„Synagoga" vom Fürstenportal des Bamberger Doms, um 1230

Die Szene unterhalb der „Synagoga" wird als Blendung eines Juden durch den Teufel gedeutet

Trotz seines Ansatzes zu freundlich-angemessener Sprache verfällt auch Augustinus in wüste Beschimpfungen. Er nennt die Juden „aufgerührten Schmutz", eine „triefäugige Schar", auch „Essig, ausgegarten Wein der Propheten, von den Ungerechtigkeiten dieser Welt angefüllt wie ein volles Gefäß, mit einem Herzen wie ein Schwamm, trügerisch sozusagen durch löchrige und krumme Schlupfwinkel".

→ Hubert Halbfas (1932), Theologe*

Aufgaben

1 Interpretieren Sie das „Judensau"-Relief und beziehen Sie dabei auch den Luthertext ein, den Steinhäuser zitiert.

→ Bilder analysieren: Seite 251

2 Untersuchen Sie die von Augustinus zitierten Bibelstellen in ihrem Zusammenhang und überprüfen Sie, ob Augustinus diese Verse in seiner Darstellung sachgemäß verwendet.

→ Biblische Belegstellen reflektiert verwenden: Seite 260

3 Recherchieren Sie die mit der „Synagoga" korrespondierende „Ekklesia" und vergleichen Sie die beiden Figuren.

4 Nehmen Sie Stellung zu dem Vorschlag, am 9. November der „Ekklesia" im Rahmen eines Gottesdienstes die Augen zu verbinden.

→ Eine Stellungnahme verfassen: Seite 256

5 Stellen Sie sich vor, die Skulptur müsste wegen herabfallender Sandsteinbrocken aus Sicherheitsgründen entfernt werden. Daraufhin forderten einige Kirchenvorsteher, die alte durch eine neue, originalgetreue Sandsteinkopie zu ersetzen; der übrige Kirchenvorstand wäre dagegen. Gestalten Sie eine Kirchenvorstandssitzung, in der über diesen Tagesordnungspunkt entschieden wird.

Wie denken Juden nach Auschwitz von Gott?

Innerhalb des jüdischen religiösen Denkens lässt sich die Antwort [auf die Frage: Wo war Gott in Auschwitz?] auf die Schekhinah, die „einwohnende Gegenwart Gottes in der Welt deuten". Nach kabbalistischer Lehre lässt Gott die leidende und erlösungsbedürftige Welt nach dem Fall nicht allein, seine Herrlichkeit „steigt selbst zur Welt nieder, geht ein in sie, ins ‚Exil', wohnt ihr ein, wohnt bei den trüben, den leidenden Geschöpfen, inmitten ihrer Makel". In seiner entäußerten, erniedrigten Gestalt teilt Gott das Leiden seines Volkes im Exil, im Gefängnis, im Martyrium. Wandernd, irrend, verstreut weilt seine Einwohnung bei den Dingen und wartet auf die Erlösung Gottes durch die Kreatur. Gott leidet, wo Menschen leiden, Gott muss erlöst werden vom Schmerz. „Nicht zum Schein ist Gott in seiner Welteinwohnung ins Exil gegangen; nicht zum Schein erleidet er in seiner Einwohnung das Schicksal seiner Welt mit." So kann man sagen, dass Gott in seiner Gestalt der Schekhinah in Auschwitz am Galgen hängt und darauf wartet, „dass von der Welt aus die anfangende Erlösung auf die Erlösung zu geschehe". Nicht von außen oder von oben kommt die Erlösung den Menschen zu. Gott will den Menschen brauchen, um an der Vollendung seiner Schöpfung zu arbeiten. Gott hat keine anderen Hände als die unseren.

Dorothee Sölle

→ Dorothee Sölle (1929–2003), Theologin

Solidarität Gottes: Seite 122 f.

Es geht auch um Solidarität. Was uns zustößt, das berührt ihn; was ihm zustößt, das betrifft uns. Wir erleben das gleiche Abenteuer, und wir nehmen teil an der gleichen Suche. Wir leiden aus den gleichen Gründen und geben unserer gemeinsamen Hoffnung den gleichen Sinn. Nun ergeben sich aus dieser Solidarität des Leidens gewisse Schwierigkeiten. Es ist nämlich nicht eindeutig klar, was bewirkt werden soll. Sollen unsere Prüfungen auf Erden dadurch schwerer oder leichter werden? Hilft uns der Gedanke, dass Gott auch leidet, mit uns, also unseretwegen? Hilft uns dieser Gedanke, unsere Not zu ertragen? Oder wird sie im Gegenteil dadurch nur schwerer? Einerseits können wir uns sagen, dass wir kein Recht haben zu klagen, weil Gott auch weiß, was Leiden heißt. Andererseits aber können wir sagen, dass diese Leiden einander nicht aufheben, sondern sich im Gegenteil summieren. Mit anderen Worten: Leid, das aus verschiedenen Quellen zusammenfließt, häuft sich an und wächst. Es gleicht sich nicht aus. Daher wäre für uns das göttliche Mitleiden kein Trost, sondern zusätzliche Strafe. An diesem Punkt soll es uns erlaubt sein, den Himmel zu fragen: Haben wir nicht genug an unserem eigenen Leid zu tragen? Warum bürdest du uns noch das deine auf? Wie hat Gott es fertiggebracht, Sein Leiden noch zu vermehren, um das unsrige auszuhalten? Soll man das eine als → Rechtfertigung des anderen betrachten? Nein, bestimmt nicht. Nichts rechtfertigt Auschwitz. Wenn der Herr selbst mir darauf eine Antwort gäbe, wiese ich sie als irrig und falsch zurück. Treblinka hat alle Antworten getötet. Das Reich der Stacheldrahtzäune wird für immer ein riesiges Fragezeichen bleiben. Man begreift es nicht mit Gott. Und man versteht es nicht ohne ihn. Angesichts einer beispiellosen Summe von Leid hätte Er handeln oder zumindest sich äußern müssen. Ich räume ein, dass sein unendliches Erbarmen auch unsere Qual einschloss und ihr damit eine Dimension verlieh, die nur Er geben konnte. Aber auf welcher Seite stand Er? Nur auf der der Opfer? Sah Er sich nicht als Vater aller Menschen? Und in dieser Rolle schlägt Er uns Wunden und wühlt uns im Innersten auf. Wie sollte man nicht einen Vater beklagen, der sieht, wie seine Kinder von Mördern hingeschlachtet werden, die doch auch seine Kinder sind? Das ist das Dilemma, dessen sich der gläubige Mensch unter Schmerzen bewusst wird: Indem Gott dem Geschehen seinen Lauf ließ, wollte er den Menschen etwas kundtun. Und wir wissen nicht was. Dass Er litt? Er hätte seiner Qual ein Ende machen können. Er hätte es tun müssen, indem Er das Martyrium Unschuldiger beendete. Warum hat Er es nicht getan? Ich weiß es nicht. Ich glaube, ich werde es nie erfahren. Zweifellos liegt Ihm nicht daran, dass ich es erfahre. Es gab eine Zeit, da dieses Dunkel, in dem ich mich befand, meinen Zorn hervorrief, ja mich zur Auflehnung trieb. Später empfand ich nur noch Trauer. Auch heute noch.

Elie Wiesel

→ Elie Wiesel (1928), Professor für Jüdische Studien, Schriftsteller und Publizist*

Und Gott ließ Auschwitz geschehen. Was für ein Gott konnte es geschehen lassen? Und damit kommen wir zu dem Punkt, was vielleicht der kritischste Punkt in unserm spekulativen theologischen Wagnis ist: Dies ist nicht ein allmächtiger Gott! In der Tat behaupten wir, dass wir die althergebrachte Doktrin absoluter, unbegrenzter göttlicher Macht nicht aufrechterhalten können. Es gibt einen theologischen und religiösen Einwand gegen die Idee absoluter und unbegrenzter göttlicher Allmacht. Göttliche Allmacht kann mit göttlicher Güte nur zusammen bestehen um den Preis gänzlicher göttlicher Unerforschlichkeit. Angesichts der Existenz des Bösen in der Welt müssten wir Verständlichkeit in Gott der Verbindung der beiden anderen Attribute aufopfern. Nur von einem gänzlich unverstehbaren Gott kann gesagt werden, dass er zugleich absolut gut und absolut mächtig ist und doch die Welt duldet, wie sie ist. Allgemeiner gesagt, die drei Attribute – absolute Güte, absolute Macht und Verstehbarkeit – stehen in einem solchen Verhältnis, dass jede Verbindung von ihnen das dritte ausschließt. Die Frage ist dann: Welche von ihnen sind wahrhaft integral für unsern Begriff von Gott und daher unveräußerlich, und welches muss als weniger kräftig dem überlegenen Anspruch der anderen weichen? Gewiss nun ist Güte untrennbar von unserm Gottesbegriff. Verstehbarkeit oder Erkennbarkeit, die zweifach bedingt ist – vom Wesen Gottes und von den Grenzen des Menschen –, ist in letzterer Hinsicht der Einschränkung unterworfen, aber unter keinen Umständen duldet sie totale Verneinung. Der → *deus absconditus*, der verborgene Gott, ist eine zutiefst unjüdische Vorstellung. Unsere Lehre, die Tora, beruht darin, dass wir Gott verstehen können, nicht vollständig natürlich, aber etwas von ihm. Ein gänzlich verborgener, unverständlicher Gott ist ein unannehmbarer Begriff nach jüdischer Norm. Genau das aber müsste er sein, wenn ihm zusammen mit Allgüte auch Allmacht zugeschrieben würde. Nach Auschwitz können wir mit größerer Entschiedenheit als je zuvor behaupten, dass eine allmächtige Gottheit entweder nicht allgütig oder total unverständlich wäre. Wenn aber Gott auf gewisse Weise verstehbar sein soll, dann muss sein Gutsein vereinbar sein mit der Existenz des Übels, und das ist es nur, wenn er nicht allmächtig ist. Kein rettendes Wunder geschah, durch die Jahre des Auschwitz-Wütens schwieg Gott. Und da sage ich nun: nicht weil er nicht wollte, sondern weil er nicht konnte, griff er nicht ein. Ich proponiere die Idee eines Gottes, der für eine Zeit sich jeder Einmischung in den physischen Verlauf der Weltdinge begeben hat.

Im bloßen Zulassen menschlicher → Freiheit liegt ein Verzicht der göttlichen Macht. Verzichtend auf seine eigene Unverletzlichkeit, erlaubte der ewige Grund der Welt (gemeint ist Gott) zu sein. Dieser Selbstverneinung schuldet alle Kreatur ihr Dasein. Nachdem er sich ganz in die werdende Welt hineingab, hat Gott nichts mehr zu geben: Jetzt ist es am Menschen, ihm zu geben. Und er kann dies tun, indem er in den Wegen seines Lebens darauf sieht, dass es nicht geschehe, dass es Gott um das Werdenlassen der Welt gereuen muss.

→ *Hans Jonas (1903–1993), Philosoph*

↔ Offenbarung Gottes: Seite 194
↔ Weisung/Tora: Seite 194

Hans Jonas

Aufgaben

1 Stellen Sie sich die Kernaussagen der drei Texte gegenseitig mithilfe der Spickzettel-Methode vor.

2 Analysieren und interpretieren Sie die von → Hetty Krist gestaltete Kreuzwegtafel auf der Einstiegsseite des Kapitels. Stellen Sie Bezüge zu den vorliegenden Positionen her.

3 Beurteilen Sie, ob Hans Jonas das → Theodizee-Problem zufriedenstellend löst.

→ Texte analysieren: Seite 250
→ Bilder analysieren: Seite 251
↔ Pieta-Darstellungen: Seite 118

Was hat das Christentum dem Judentum zu verdanken?

Der Gott der Juden und der Christen

Das Judentum gehört zum „Inneren“ des Christentums. Es gibt keine andere Religion, mit der Christen so viele Gemeinsamkeiten haben. Das zeigen schon die geschichtlichen Fakten: Jesus von Nazaret, Mitte und Ziel christlichen Glaubens, war Jude und lebte vom Anfang bis zum Ende ein jüdisches Leben. Seine Jünger und Jüngerinnen waren Juden.

Davon Jesaja sagt: Seite 115

Das ganze „Christentum“ war am Anfang noch keine eigene Religion, sondern eine innerjüdische Bewegung. Dass das Christentum theologisch auf dem Judentum fußt, wird vor allem deutlich, wenn man sich bewusst macht, dass wir durch Jesus Christus an keinen anderen glauben als den Gott Israels. Deshalb ist die Bibel des jüdischen Volkes, das sogenannte Alte Testament, auch zur Heiligen Schrift der Christenheit geworden. Man kommt nicht daran vorbei: Die Substanz des Christentums ist jüdischen Ursprungs.

Neue Synagoge in Berlin

Kommt man wirklich nicht daran vorbei? Zum einen hat die Kirche um die Geltung des Alten Testaments für die Christen gekämpft, zum anderen hat sie es sehr lange geschafft, diese Verbundenheit mit dem Judentum zu verdrängen und zu leugnen.

Mit all dem sollen die gravierenden Unterschiede, die es im christlich-jüdischen Verhältnis nach wie vor gibt, nicht unter den Teppich gekehrt werden. Gäbe es diese nicht, dann wäre aus dem Judentum nicht eine eigene Religion namens Christentum hervorgegangen. Dennoch können diese Unterschiede die Gemeinsamkeit in der Substanz nicht nivellieren. Mit dem Judentum ist es eine eigenartige Sache. Es ist eine andere Religion, ohne Zweifel, und doch ist es nicht einfach eine „Fremdreligion“. Das Judentum ist so in gewisser Weise zwischen der christlichen Ökumene und dem interreligiösen Dialog einzuordnen.

Evangelischer Erwachsenenkatechismus

Verhältnisbestimmungen von Judentum und Christentum

Bereits in der Alten Kirche entwickelte sich die sogenannte Substitutionstheorie; sie besagt, Gott habe das nicht an Christus gläubige jüdische Volk verstoßen und an dessen Stelle die Kirche erwählt; das Christentum habe also das Judentum ersetzt.

Paulus vertritt dagegen in Röm 9–11 die Auffassung: „Nicht du trägst die Wurzel, sondern die Wurzel trägt dich“, das heißt: Die (römischen) Christen, die vor ihrer Taufe römische Götter verehrt hatten, sind durch Jesus Christus aufs Engste mit dem Judentum verbunden, weil dieses die Wurzel allen Glaubens ist.

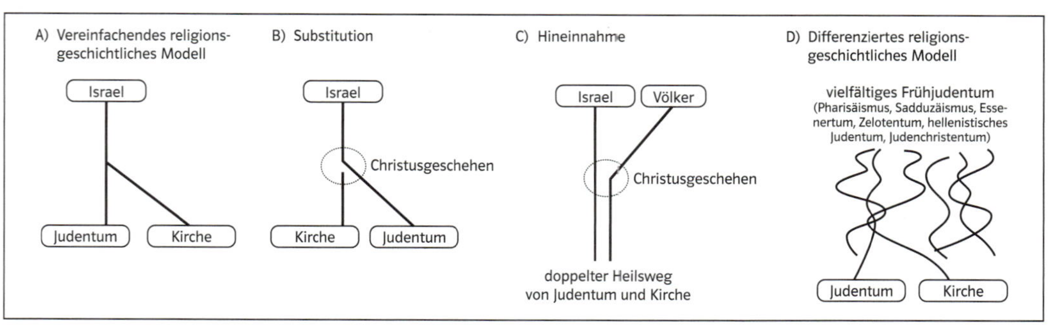

Der Rheinische Synodalbeschluss von 1980

Die rheinische Landessynode tagt jährlich und fasst stets mehrere Beschlüsse. Wenn aber von „dem" Rheinischen Synodalbeschluss die Rede ist, geht es um die Anerkennung, dass das Judentum weiterhin einen eigenen Heilsweg darstelle neben dem Heilszugang für die Nichtjuden durch das Christusgeschehen.

In ihrem Synodalbeschluss legt die rheinische Kirche zuerst Rechenschaft ab über die Gründe, die sie veranlassten, ein neues Verhältnis zum jüdischen Volk zu gewinnen:

- das Bekenntnis zu „Mitverantwortung und Schuld am → Holocaust",
- „neue biblische Einsichten über die bleibende heilsgeschichtliche Bedeutung Israels",
- die Wahrnehmung der „Fortexistenz des jüdischen Volkes, seiner Heimkehr in das Land der Verheißung und auch der Errichtung des Staates Israel als Zeichen der Treue Gottes gegenüber seinem Volk",
- schließlich „die Bereitschaft von Juden zu Begegnung, gemeinsamem Lernen und Zusammenarbeit trotz des → Holocaust".

Aktion Sühnezeichen: Seite 67

In der nachfolgenden Erklärung werden grundlegende Gemeinsamkeiten bekannt: „Die Schriften als eine gemeinsame Grundlage für Glauben und Handeln von Juden und Christen" und „der Glaube an die bleibende Erwählung des jüdischen Volkes als Gottes Volk".

- Darauf basieren das Bekenntnis „zu Jesus Christus, dem Juden, der als → Messias Israels der Retter der Welt ist und die Völker der Welt mit dem Volk Gottes verbindet" sowie die Glaubensaussage, „dass die Kirche durch Jesus Christus in den Bund Gottes mit seinem Volk hineingenommen ist". - Zwingend folgt die Absage an die Judenmission zugunsten der Rede von Christen und Juden als „Zeugen Gottes vor der Welt und voreinander".
- Die theologischen Sätze enden mit dem eschatologischen Ausblick: „Wir bekennen die gemeinsame Hoffnung eines neuen Himmels und einer neuen Erde und die Kraft dieser messianischen Hoffnung für das Zeugnis und das Handeln von Christen und Juden für → Gerechtigkeit und Frieden in der Welt."

→ *Johann Michael Schmidt (* 1934), Theologe*

Aufgaben

1 „Das Judentum ist so in gewisser Weise zwischen der christlichen Ökumene und dem interreligiösen Dialog einzuordnen." Erläutern Sie diese Aussage.

2 Beschreiben Sie die vier Verhältnisbestimmungen von Judentum und Christentum in der Abbildung.

3 Ordnen Sie den Rheinischen Synodalbeschluss von 1980 einem dieser Modelle zu und begründen Sie Ihre Entscheidung.

4 Gegner des Synodalbeschlusses beriefen sich auf Bibelstellen wie Joh 14,6. Entfalten Sie die Kontroverse und nehmen Sie selbst begründet Stellung.

5 Überprüfen Sie, inwiefern die Substitutionstheorie den nationalsozialistischen Antisemitismus befördert haben könnte.

Biblische Belegstellen reflektiert verwenden: Seite 260
Eine Stellungnahme verfassen: Seite 256

Wie kann man im Unglück noch an Gott glauben?

→ Elie Wiesel, der jüdische Schriftsteller, der den → Holocaust überlebt hat, erzählt, dass er in einem Konzentrationslager einen Talmud-Lehrer traf. Sie studierten während der Arbeit Talmud und Midrasch, aus dem Gedächtnis. Eines Nachts rief der ältere Lehrer den jungen Wiesel und zwei weitere Rabbiner an sein Bett. So trafen sie sich nachts mitten in diesem Lager. Sie beriefen ein rabbinisches → Ritual ein und „beschlossen, Gott anzuklagen, in angemessener, korrekter Form, wie es ein richtiges rabbinisches Tribunal tun soll, mit Zeugen und Argumenten". Jüdisch – so Wiesel – sei das möglich, Gott anzuklagen. Sie hielten ihm das entsetzliche Leiden der jüdischen Menschen vor, denen Gott nicht half. „Die Verhandlungen zogen sich lange hin. Und schließlich verkündete mein Lehrer, der Vorsitzender des Tribunals war, das Urteil: Schuldig. Und dann herrschte Schweigen – ein endloses, ewiges Schweigen. Aber schließlich sagte mein Lehrer, der Rabbi: Und nun, meine Freunde, lasst uns gehen und beten. Und wir beteten zu Gott, der gerade wenige Minuten vorher von seinen Kindern für schuldig erklärt worden war."

Gebet: Seite 25

Keine rationale Erklärung oder Bewältigung der Frage nach Gott und dem Leiden wird hier geleistet. Eine solche gelingt ja gerade nicht. Gott ist schuldig. Und dann? Dann folgt nicht *theoretische Abkehr*, sondern die *praktische Zuwendung* zu ihm in vertrauter religiöser Praxis. Begriffliche Klärung des → Theodizeeproblems und religiöse Praxis sind offenkundig zweierlei.

Womit hab ich das verdient?: Seite 75

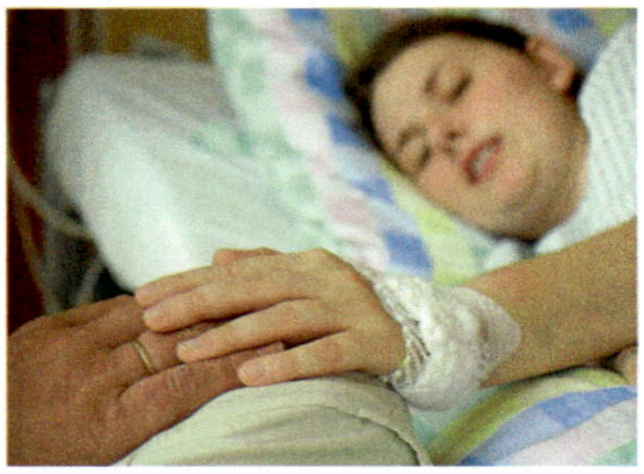

Es gibt keine rationale Erklärung oder Begründung des Leidens. Ich bin davon überzeugt, dass es auf die Theodizeefrage keine uns verstehbare Antwort gibt. Die evangelische Theologie hat auch seit Langem keinen ernsthaften Versuch mehr dazu gemacht. Aber die Frage nach einem wie auch immer genannten Grund, nach dem Schicksal, nach Gott lässt sich auch nicht abstellen. Die Menschheit wird die Frage nach Gott nicht los, nach einem religiösen Ursprung und Sinn in und hinter den Dingen.

Ich komme damit von einer eher intellektuellen zu einer eher pastoralen Betrachtung des Themas. Beides darf nicht auseinanderfallen. Glaube bedeutet nicht ein sacrificium intellectus [Verzicht auf den Gebrauch des Verstandes], sonst wird der Glaube geistlos. Deshalb ist es nötig, die genannten Fragen zu bedenken und auch ihre Grenze nicht einfach zu behaupten, sondern sorgfältig zu begründen. Das Denken hat gerade auch die Aufgabe, die Frage offenzuhalten gegen vorschnelle Antworten und Abschottungen. Aber gelebte Religion, konkrete Anfechtung, Glaube und Vertrauen sind etwas anderes als abstraktes Verstehen. Zu dem Unterschied von rationaler Erklärung und gelebter Religion gehört auch die Differenz von theoretischer Frage und persönlicher Betroffenheit. Man kann im akademischen Diskurs Theorien über das Leiden diskutieren. Es ist aber etwas anderes, wenn jemand persönlich leidet. Wenn jemand etwa gerade von einer Krebserkrankung erfahren hat, dann ist es deplatziert, Erklärungen zu liefern über mögliche Ursachen, über statistische Prognosen, über Sinndeutungen des Leidens. Gefragt sind hier einfühlsame Begleitung, Nähe, der Raum, den Schmerz zuzulassen, keine zu schnellen Argumente, und dann gewiss auch behutsam das Angebot von Trost, Hilfe und Gebet. Entscheidend ist hier nicht zuerst, welche Theorie richtig ist, sondern was der Betroffene annehmen kann, was zu hilfreicher eigener Erfahrung wird. Alle Rationalisierungen, die von der Dimension der persönlichen Begegnung, dem Mit-Leiden absehen, werden hier der seelsorgerlichen und damit auch der theologischen Situation nicht gerecht.

→ Hans Christian Brandy (1958), Theologe*

Eine Katastrophe passiert – und hinterlässt die Menschen voller Fragen

„Wo warst du, Gott?" – „Gott, steh uns bei!" Das sind zwei ganz und gar unterschiedliche Weisen, mit einer Katastrophe umzugehen: hier die quälende Frage nach der Allmacht Gottes („Warum lässt ein liebender, allmächtiger Gott diese Katastrophen zu?"), dort ein vertrauensvolles Gebet. Hier ein philosophisches, logisch letztlich unlösbares Problem, dort ein Bekenntnis.
Still ist es in diesen Wochen um die komplizierte Allmachtstheologie. Und dennoch: Alle christlichen Bekenntnisse formulieren, dass Gott allmächtig ist. Die Worte im → Apostolischen Credo lauten: „Ich glaube an Gott den Vater, den Allmächtigen, Schöpfer des Himmels und der Erde." Eine schwere theologische Bürde, weshalb die Suche nach Neuformulierungen voll im Gange ist. Doch inzwischen ist klar: Das heikle, den Juden und Muslimen wichtige Bekenntnis zu Gottes Allmacht lässt sich nicht einfach wegwischen.
Doch für die Menschen der Moderne enthält die Vorstellung von Gottes Allmacht zu viele unerträgliche logische Widersprüche.
Dass Gott für ein von Menschen verursachtes Unglück direkt verantwortlich ist, lässt sich zumindest logisch ausschließen. Gott hat nach biblischem Bekunden eindeutig freie Menschen erschaffen. Warum und wie sollte er sie dann lenken wollen, ihre Eigenverantwortung durchkreuzen? Die Logik versagt allerdings kläglich, wenn Menschen wahllos und ungerecht zu Opfern werden. „Warum gerade ich?" – diese Frage ist prinzipiell nicht mit Logeleien, sondern nur mit Handeln zu beantworten: durch Hilfe, Zuneigung, Trost.
Gottes Allmacht ist im Neuen Testament (anders als im Alten) kein zentraler Begriff. Das kennt zurückhaltendere Formeln, zum Beispiel diese: „Alle Dinge sind möglich bei Gott" (Markus 10,27). Dreh- und Angelpunkt des christlichen Glaubens ist etwas anderes als die Omnipotenz: Dieser Gott ist in seinem Sohn verfolgt, verurteilt, gekreuzigt worden – aus Liebe zu den Menschen. Die Nähe zum Menschen, nicht die Herrschaft über ihn: Das ist seine Dimension.

Eduard Kopp (1953), Theologe und Journalist*

Was verstehen Christen unter Freiheit?: Seite 34/35

Für mich gestorben?: Seite 120

Aufgaben

1 Erörtern Sie, warum die jüdischen Beteiligten nach dem Tribunal gegen Gott zum Gebet gingen.

2 Erläutern Sie den Unterschied zwischen theologischer Theorie und religiöser Praxis in Bezug auf das → Theodizee-Problem.

3 Beziehen Sie die Aussagen Brandys auf das Verhalten der Freunde Hiobs in Ijob 2,11–13 und in Ijob 36,1–18.

4 Stellen Sie ausgehend von Kopps Überlegungen Rückbezüge zu anderen Positionen des Kapitels her. Grafisieren Sie Ihre Ergebnisse in einer Übersicht.

Texte analysieren: Seite 250

Grafisieren: Seite 254

Warum hat Gott Auschwitz nicht verhindert?

Das Holocaust Memorial Miami Beach ist eine Gedenkstätte, die an die → Shoah erinnern soll. Es wurde 1990 an der symbolträchtigen Adresse „1933–1945 Meridian Avenue" in Miami Beach in Florida errichtet.
Den Mittelpunkt des Denkmals bildet eine dreizehn Meter hohe Bronzeskulptur: The Sculpture of Love and Anguish („Die Skulptur aus Liebe und Qual").

Aufgaben

→ Bilder analysieren: Seite 251

1 Analysieren und interpretieren Sie das dargestellte Denkmal. Recherchieren Sie dazu ggf. weitere Ansichten.

→ Adressaten-bezogene Texte verfassen: Seite 253

2 Verfassen Sie anlässlich der Einweihung des Denkmals eine theologische Eröffnungsrede. Beziehen Sie dabei Erkenntnisse aus dem Kapitel ein.

3 a) Informieren Sie sich über das ‚Denkmal für die ermordeten Juden Europas' in Berlin und vergleichen Sie es mit dem Holocaust Memorial Miami Beach.
b) Beurteilen Sie die jeweilige Form der Erinnerung.

Wissen

- Fassen Sie mithilfe der Strukturlegemethode zusammen, welche Antworten Sie im Hinblick auf die Leitfrage des Kapitels kennen.
- Führen Sie eine Pro- und Kontra-Diskussion zur Frage „Ist Gott allmächtig?“ durch.
- „God is good, but never dance in a small boat.“ – Kommentieren Sie dieses irische Sprichwort aus der Perspektive einer im Kapitel vertretenen Person.
- Skizzieren Sie den Dualismus von Gotteskindschaft und Teufelskindschaft anhand von Joh 8,37–47.
- Stellen Sie dar, welche Aspekte die Besonderheit des jüdisch-christlichen Verhältnisses ausmachen.

→ Adressatenbezogene Texte verfassen: Seite 253

→ Biblische Belegstellen reflektiert verwenden: Seite 260

Können

- Gestalten Sie einen Beitrag für das Internet-Forum (Seite 72) zur Frage „Kann man Gott angesichts des Leids noch loben?“. Berücksichtigen Sie dabei Aspekte des Kapitels.
- Zum Gedenken an die → Shoah werden an israelischen Schulen Klebetatoos mit den KZ-Nummern früherer Häftlinge verteilt. Informieren Sie sich über die Hintergründe dieser Aktion (z. B. unter http://jetzt.sueddeutsche.de/texte/anzeigen/569472/KZ-Nummern-zum-Abwaschen) und diskutieren Sie das Für und Wider.

→ Adressatenbezogene Texte verfassen: Seite 253

Anwenden

- Der Philosoph Theodor W. Adorno (1903–1969) verfasste 1949 den Satz: „Nach Auschwitz ein Gedicht zu schreiben, ist barbarisch.“ Recherchieren Sie den kontroversen Diskurs um die Rezeption dieser Aussage. Beziehen Sie persönlich Stellung.
- Entwickeln Sie in Anlehnung an Seite 88 eine eigene Konzeptidee für ein Denkmal, das die Leitfrage des Kapitels berücksichtigt. Erläutern Sie sich Ihre Entwürfe gegenseitig in einem Galerie-Rundgang.
- In vielen Filmen (z. B. „Adams Äpfel“, „Spin“) und Büchern (z. B. Albert Camus: „Die Pest“, Joseph Roth: „Hiob“) spielt die → Theodizee-Frage eine Rolle. Teilen Sie sich in Gruppen auf und analysieren Sie ein solches Beispiel im Hinblick auf mögliche Antworten.

→ Eine Stellungnahme verfassen: Seite 256

→ Filme analysieren: Seite 255

5 Was stört Religionskritiker am Christentum?

Wenn Sie dieses Kapitel bearbeitet haben, können Sie ...

- unterschiedliche wissenschaftliche Annahmen zur Erklärung von Religion und Gottesvorstellungen erörtern und deren Tragfähigkeit und Bedeutung beurteilen.
- Denkmuster unterscheiden, in denen die Rede von Gott und seinem Handeln verteidigt oder verworfen werden.
- sich mit kritischen Anfragen der modernen Naturwissenschaften an den Glauben auseinandersetzen.
- den erkenntnistheoretischen Zweifel an der Existenz Gottes erörtern.
- die Vereinbarkeit der christlichen Rede von der Schöpfung mit naturwissenschaftlichen Theorien zur Entstehung von Mensch und Welt erörtern.
- Grundzüge des Glaubens an Gott argumentativ entfalten.
- religionskritische Entwürfe der Bestreitung Gottes im Kontext ihrer Entstehung deuten.

Was können Sie schon?

- erläutern, mit welchen Argumenten Menschen an Gott zweifeln und seine Existenz infrage stellen
- am Beispiel von Naturwissenschaft und Glaube darstellen, dass es unterschiedliche Zugänge zur Wirklichkeit gibt
- begründen, warum das Zweifeln an Gott zum Glauben dazugehört
- jemandem, der einer anderen Religion angehört, die besondere Bedeutung Jesu Christi für den christlichen Glauben darlegen
- an einem Beispiel erläutern, wie die Bibel in der Gesellschaft wirkt
- beurteilen, welche Bedeutung Kirchen in einer Gesellschaft zukommen kann
- darstellen, inwiefern sich der christliche Gott von anderen Mächten unterscheidet

Wäre die Welt besser ohne Religion?

Unter diesem Thema stand eine Podiumsdiskussion in Berlin, an der auch Philipp Möller (1980) und → Wolfgang Huber (* 1942) teilnahmen. Philipp Möller ist Pädagoge und im Beirat der Giordano-Bruno-Stiftung. Wolfgang Huber ist Theologieprofessor und ehemaliger Ratsvorsitzender der EKD. Der folgende Text ist ein Auszug aus der Rede von Philipp Möller.*

Also, ich hoffe, Sie entschuldigen meinen jugendlichen Leichtsinn, wenn ich einsteige mit den Worten: Wer leichter glaubt, wird schwerer klug. Ich möchte Ihnen aber auch sagen, warum ich hier heute Abend mit ziemlich gemischten Gefühlen stehe, und das hängt damit zusammen, dass der Job des → Religionskritikers auf der einen Seite sehr leicht ist, auf der anderen Seite aber auch verdammt schwer.
Leicht ist er deswegen, weil es schlicht und einfach absurd ist, an einen Gott zu glauben nur deswegen, weil man sein Gegenteil nicht beweisen kann. Das Gleiche gilt nämlich auch für die Zahnfee, und an die glaubt schließlich auch kein erwachsener Mensch.
Leicht ist der Job auch deshalb, weil wir weltweit in Vergangenheit und Gegenwart beobachten können, dass Religionen die Menschen spalten in „Wir sind die Guten und haben recht" und „Ihr seid die Bösen und liegt falsch", und so entstehen Kriege oder werden zumindest dadurch begünstigt.

Epikur: Seite 76

Leicht ist der Job auch deshalb, weil wir einige große Vordenker haben, also sei es Epikur, sei es Darwin, sei es Marx, sei es Nietzsche, Feuerbach, → Kant und so weiter, ich könnte viele Namen nennen.
Schwer ist der Job allerdings deshalb, weil wir schließlich staatlich finanzieren, dass Menschen wie Herr Huber dafür bezahlt werden, eine rhetorische Ausbildung zu machen, das Ganze nennt sich Theologiestudium.
Schwer ist der Job auch deshalb, weil Menschen sich, wenn sie erst mal erfolgreich indoktriniert wurden, häufig gegen Kritik immunisieren und vor allen Dingen auch manchmal persönlich beleidigt fühlen. Das mag der eine oder andere von Ihnen jetzt auch merken.
Schwer ist der Job auch deswegen, weil uns Politiker immer wieder weismachen wollen, dass wir hier die Werte des christlichen Abendlandes genießen, obwohl doch Demokratie, Menschenrechte, Meinungsfreiheit, Pressefreiheit oder die Gleichberechtigung von Mann und Frau gegen Religion erkämpft werden mussten.
Wir sind für Diesseits statt Jenseits, für Heidenspaß statt Höllenqual. Denn wer das Atom spalten kann, sagt Michael Schmidt-Salomon, und über Satelliten kommuniziert, der muss die dafür erforderliche emotionale und intellektuelle Reife besitzen. Und eine Mythologie, die zweitausend Jahre alt ist und in einer primitiven Hirtenkultur entwickelt wurde, wird uns dabei nicht weiterhelfen. Danke schön!

Aufgabe

Sie wurden von Ihrer Schule zusammen mit zwei Mitschülern zu der Veranstaltung geschickt, um über den Beitrag von Philipp Möller zu berichten. Gestalten Sie für die Homepage Ihrer Schule einen Videokommentar von 90 Sekunden Länge.

Dazu ist es wichtig, ...

- einige wichtige Ereignisse der Kirchengeschichte wie die Religionskriege und die Aufklärung zu kennen.
- sich mit dem Verhältnis von Christentum und Menschenrechten auseinanderzusetzen.
- zu prüfen, an welchen Punkten der christliche Glaube im 21. Jahrhundert hilfreich sein kann.

Info – Giordano-Bruno-Stiftung

Giordano Bruno (* 1548) war ein italienischer Priester, Philosoph und Astronom, der 1600 als Ketzer auf dem Scheiterhaufen in Rom verbrannt wurde. Er vertrat ein heliozentrisches Weltbild. Seine Behauptung, dass der Weltraum räumlich unendlich sei, widersprach der kirchlichen Lehre vom Jenseits, und dass das Universum ewig sei, also ohne Anfang und Ende, widersprach der kirchlichen Lehre von der Schöpfung und vom Jüngsten Gericht. Papst Johannes Paul II. erklärte im März 2000 die Hinrichtung aus kirchlicher Sicht als Unrecht.
Die Giordano-Bruno-Stifung unterstützt religionskritische, humanistische und aufklärerische Aktivitäten und Veröffentlichungen. Sie vertritt die Position des „Evolutionären Humanismus“: „Wir sind nicht die Krone der Schöpfung, sondern die Neandertaler von morgen.“

Über die Anfänge des Suchens nach Gott: Seite 13

Aufgaben

1 Während des katholischen Weltjugendtages 2005 in Köln veranstaltete die Giordano-Bruno-Stiftung eine Gegenveranstaltung, bei der auch die abgebildete Tierplastik eine Rolle spielte. Interpretieren Sie die Darstellung auf dem Hintergrund dieser Ereignisse.

Bilder analysieren: Seite 251

2 Der Textbeitrag von Philipp Möller ist nur ein kurzer Auszug aus der Podiumsdiskussion. Schauen Sie sich die 90-minütige Veranstaltung in voller Länge an (http://www.disput-berlin.de/archiv-2/religions-disput/) und halten Sie sowohl Pro- als auch Kontra-Argumente tabellarisch fest.

Ist Gott eine Erfindung des Menschen?

Sigmund Freud

Sigmund Freuds religionskritische Schriften lösten bei kirchentreuen Lesern heftige Kritik aus. Am Ende seiner Schrift „Die Zukunft einer Illusion" geht Freud auf diese Einwände ein. Er bedient sich dabei des Briefstils, indem er die direkte Anrede benutzt, hat jedoch keinen konkreten Menschen vor Augen, sondern eher einen idealtypischen Leser mit religiös begründeten Vorbehalten.

In vergangenen Zeiten haben die religiösen Vorstellungen trotz ihres unbestreitbaren Mangels an Beglaubigung den allerstärksten Einfluss auf die Menschheit geübt. Diese, die sich als Lehrsätze ausgeben, sind nicht Niederschläge der Erfahrung oder Endresultate des Denkens, es sind Illusionen, Erfüllungen der ältesten, stärksten, dringendsten Wünsche der Menschheit; das Geheimnis ihrer Stärke ist die Stärke dieser Wünsche. Wir wissen schon, der schreckende Eindruck der kindlichen Hilflosigkeit hat das Bedürfnis nach Schutz – Schutz durch Liebe – erweckt, dem der Vater abgeholfen hat, die Erkenntnis von der Fortdauer dieser Hilflosigkeit durchs ganze Leben hat das Festhalten an der Existenz eines – aber nun mächtigeren – Vaters verursacht.
Ich widerspreche Ihnen jedoch, wenn Sie weiter folgern, dass der Mensch überhaupt den Trost der religiösen Illusion nicht entbehren kann, dass er ohne sie die Schwere des Lebens, die grausame Wirklichkeit, nicht ertragen würde. Ja, der Mensch nicht, dem Sie das süße – oder bittersüße – Gift von Kindheit an eingeflößt haben. Aber der andere, der nüchtern aufgezogen wurde? Vielleicht braucht der, der nicht an der Neurose leidet, auch keine Intoxikation [Vergiftung], um sie zu betäuben. Gewiss wird der Mensch sich dann in einer schwierigen Situation befinden, er wird sich seine ganze Hilflosigkeit, seine Geringfügigkeit im Getriebe der Welt eingestehen müssen, nicht mehr der Mittelpunkt der Schöpfung, nicht mehr das Objekt zärtlicher Fürsorge einer gütigen Vorsehung zu sein. Er wird in derselben Lage sein wie das Kind, welches das Vaterhaus verlassen hat, in dem es ihm so warm und behaglich war. Aber nicht wahr, der Infantilismus [Stehenbleiben auf einer kindlichen Entwicklungsstufe] ist dazu bestimmt, überwunden zu werden? Der Mensch kann nicht ewig Kind bleiben, er muss endlich hinaus, ins „feindliche Leben". Man darf das „die Erziehung zur Realität" heißen, brauche ich Ihnen noch zu verraten, dass es die einzige Absicht meiner Schrift ist, auf die Notwendigkeit dieses Fortschritts aufmerksam zu machen?
Sie fürchten wahrscheinlich, er wird die schwere Probe nicht bestehen? Nun, lassen Sie uns immerhin hoffen. Es macht schon etwas aus, wenn man weiß, dass man auf seine eigene Kraft angewiesen ist. Man lernt dann, sie richtig zu gebrauchen. Ganz ohne Hilfsmittel ist der Mensch nicht, seine Wissenschaft hat ihn seit den Zeiten des Diluviums [Eiszeitalter] viel gelehrt und wird seine Macht noch weiter vergrößern. Und was die großen Schicksalsnotwendigkeiten betrifft, gegen die es eine Abhilfe nicht gibt, die wird er eben mit Ergebung ertragen lernen. Was soll ihm die Vorspiegelung eines Großgrundbesitzes auf dem Mond, von dessen Ertrag doch noch nie jemand etwas gesehen hat? Als ehrliche Kleinbauern auf dieser Erde wird er seine Scholle zu bearbeiten wissen, sodass sie ihn nährt. Dadurch, dass er seine Erwartungen vom Jenseits abzieht und alle freigewordenen Kräfte auf das irdische Leben konzentriert, wird er wahrscheinlich erreichen können, dass das Leben für alle erträglich wird und die Kultur keinen mehr erdrückt. Dann wird er ohne Bedauern mit einem unserer Unglaubensgenossen [Heinrich Heine] sagen dürfen:

Den Himmel überlassen wir
Den Engeln und den Spatzen.

→ Sigmund Freud (1856–1939), Psychoanalytiker

Kann man auf Religion verzichten?: Seite 21

Tilmann Moser ist Psychoanalytiker. In seinem Buch „Gottesvergiftung" von 1976 setzt er sich im Rahmen seiner Lehranalyse mit den psychischen Beschädigungen durch eine fatale religiöse Erziehung auseinander. 2003 schildert er in seinem Buch „Von der Gottesvergiftung zu einem erträglichen Gott. Psychoanalytische Überlegungen zur Religion", aus dem der folgende Textauszug stammt, seine veränderte Einstellung zur Religion.

Wie wirken sich Gottesbilder aus?: Seite 206

Die Dimension der Tiefe: Seite 15

Die „Couch" bei Sigmund Freud

Während in Deutschland die Beantwortung von Fragen nach der Religion auf amtlichen Fragebögen diskret „anheimgestellt" wird und Psychotherapeuten eher zurückhaltend sind bei der Ermittlung eines religiösen Hintergrundes, spielt er in den USA eine größere Rolle und wird von vornherein als ein diagnostisches Positivum gesehen. Die Psychotherapeuten werden also in Zukunft eher nach zwei Richtungen wachsam sein: einerseits sozusagen auf den düsteren Gott hinter einer Depression oder Angstneurose und auf der anderen Seite nach der Entdeckung einer religiösen „Substanz", in welcher Form auch immer, die einen tragenden Grund bedeuten kann. Sie werden in ihren psychoanalytischen Überlegungen oder daraus folgenden Deutungen eher zurückhaltend sein, um nicht ungewollt zerstörerisch zu wirken.

Wir sind heute vorsichtiger mit dem früheren Schreckenswort der Psychoanalyse, der „Schiefheilung". Sie bedeutet: ein Seelenleben im Patienten zuzulassen oder mindestens mit ansehen zu müssen, das auf sogenannten „Krücken", also psychischen Hilfsmaßnahmen beruhen mochte, darunter eben auch der Glaube. Die menschliche Seele ist nicht unbegrenzt leistungsfähig, und das durch und durch über sich selbst aufgeklärte Individuum, das → Freud vorschwebte, ist nicht in jedermanns Reichweite. Damit will ich nicht gegenaufklärerisch argumentieren, sondern für ein Maß der Zumutbarkeit von Leiden, das sich bei jedem Patienten anders stellt. Zwischen der „Gottesvergiftung" und den gegenwärtigen Überlegungen war ein langer und oft schmerzlicher Weg mit vielen Irrtümern und gelegentlich missionarisch-aufklärerischen Umwegen. In meiner Ausbildung kam Gott nicht vor, dabei war ich voll von ihm. Inzwischen werden aber religiöse Themen zum Gegenstand großer Analytikerkongresse, und es ist ein legitimer Forschungsgegenstand, welchen psychodynamischen Platz Gottesbilder im Aufbau der Seele und in ihrer Verletzlichkeit und Neigung zu Krankheit und Gesundheit einnehmen können.

→ Tilmann Moser (1938), Psychoanalytiker*

Aufgaben

1 Formulieren Sie Freuds Kritikpunkte an der Religiosität der Menschen und analysieren Sie die Bedeutung des Fortschritts in Freuds Argumentation.

2 Vergleichen Sie Mosers Aussagen mit Freuds Kritik und stellen Sie die Unterschiede dar.

Texte analysieren: Seite 250

3 Lesen Sie Mosers „Gottesvergiftung" und inszenieren Sie einen Dialog zwischen dem jungen Moser von 1976 und dem alten Moser von 2003 zum Thema „Gefahren und Chancen von Religion".

4 Entwerfen Sie einen Artikel für ein Philosophie-Magazin zum Thema „Gott – Eine gute Idee?". Beziehen Sie dabei die Aussagen von Freud und Moser mit ein.

Adressatenbezogene Texte verfassen: Seite 253

Warum gibt es religiöse Menschen?

Religion – biologisch erfolgreich

Über die Anfänge des Suchens nach Gott: Seite 13

Wie frei ist mein Wille?: Seite 38/39

Säkularisierung: Seite 269

Vermutlich trat religiöses Verhalten bei *homo sapiens* und Neandertaler im Zuge des Anwachsens des Stirnhirns – des präfrontalen Kortex – auf. Diese Hirnregion im Frontallappen steht mit biografischen Erinnerungen, Vorausplanung, Abwägung und Impulskontrolle in Zusammenhang. Die Fähigkeit, sein eigenes Leben zu reflektieren, wirft offenbar die Frage nach dessen Sinnhaftigkeit auf. Deshalb werden in allen bekannten Religionsgemeinschaften auch Krankheiten und Unglücksfälle auf gestörte Beziehungen zu übernatürlichen Akteuren zurückgeführt. Ansonsten zufällige „Schicksalsschläge" können auf diese Weise sinnvoll gedeutet werden. Zugleich ergibt sich die Hoffnung, seine Lage durch → Rituale, Tänze, Beschwörungen und Gebete zu verändern. Und jene Menschen, die sich durch solches Verhalten gegenseitig ihren Glauben an „übernatürliche Beobachter" signalisieren, erfahren mehr Vertrauen und Kooperation untereinander.
Für den evolutionsbiologischen Erfolg eines Merkmals wie in unserem Fall die Religiosität ist letztlich entscheidend, wie oft sich die damit zusammenhängenden Gene über Generationen hinweg fortpflanzen. Die Frage lautet also: Schenken religiös aktive Menschen durchschnittlich mehr Kindern das Leben und geben damit auch ihr Erbgut erfolgreicher weiter? In den letzten Jahren kamen Dutzende religionsdemografische Studien zu eindeutigen Befunden: Weltweit – vielleicht mit Ausnahme säkularer Diktaturen wie Nordkorea oder China, die bislang keine entsprechenden Forschungen zuließen – heiraten religiöse Menschen früher, bleiben mit höherer Wahrscheinlichkeit zusammen und haben deutlich mehr Nachwuchs als ihre säkularen Nachbarn der gleichen Region sowie auch der gleichen Einkommens- und Bildungsschichten. Für manche Glaubensgemeinschaften wie orthodoxe Juden oder christliche Amische, Hutterer oder Mormonen ist der ausgeprägte Kinderreichtum sogar allein mit religiösen Faktoren zu erklären.
Ob sich hinter der Evolution der Religionen nur eine clevere Strategie der Natur oder am Ende doch eine höhere Wahrheit verbirgt, kann die Wissenschaft ohnehin nicht entscheiden. Spätestens hier beginnt nun einmal der Glaube.

Michael Blume (1976), Religionswissenschaftler*

!

Moment mal!
Haben religiöse Menschen eigentlich mehr Kinder als unreligiöse Menschen?

Die Gotteshypothese

Ich möchte die Gotteshypothese wie folgt definieren: *Es gibt eine übermenschliche, übernatürliche Intelligenz, die das Universum und alles, was darin ist, einschließlich uns selbst, absichtlich gestaltet und erschaffen hat.*

In diesem Buch [„Der Gotteswahn"] wird dagegen eine ganz andere Ansicht vertreten: *Jede kreative Intelligenz, die ausreichend komplex ist, um irgendetwas zu gestalten, entsteht ausschließlich als Endprodukt eines langen Prozesses der allmählichen Evolution.* Da kreative Intelligenz durch Evolution entstanden ist, tritt sie im Universum zwangsläufig erst sehr spät in Erscheinung. Sie kann das Universum deshalb nicht entworfen haben. Gott im eben definierten Sinn ist eine Illusion.

Ob wir jemals von ihnen erfahren werden oder nicht: Es gibt höchstwahrscheinlich außerirdische Zivilisationen, die übermenschlich und auf eine Weise gottähnlich sind, wie es sich heute kein Theologe vorstellen kann. Ihre technischen Errungenschaften würden uns ebenso übernatürlich vorkommen wie unsere eigenen einem Bauern aus dem Mittelalter, den man ins 21. Jahrhundert versetzen würde. Stellen wir uns nur vor, wie ein Notebookcomputer, ein Handy, eine Wasserstoffbombe oder ein Jumbojet auf ihn wirken würden. Die Wunder, die unsere Technik zuwege bringt, wären den Menschen der Antike nicht weniger bemerkenswert erschienen als die Geschichten von Mose, der das Wasser teilt, oder von Jesus, der darauf wandelt.

Der entscheidende Unterschied zwischen Göttern und gottähnlichen Außerirdischen liegt nicht in ihren Eigenschaften, sondern in ihrer Entstehungsgeschichte. Gebilde, die so komplex sind, dass sie intelligent sein können, sind das Produkt eines Evolutionsprozesses. Ganz gleich, wie gottähnlich sie uns erscheinen, wenn wir ihnen begegnen: Am Anfang waren sie nicht so.

Die Gesetze der Wahrscheinlichkeit verbieten jede Idee, wonach sie spontan ohne einfachere Vorläufer entstanden sein könnten. Vermutlich verdanken sie ihre Existenz einer (uns vielleicht unbekannten) Form der darwinistischen Evolution, einem sich Stück für Stück aufbauenden „Kran", aber keinem „Himmelshaken", um Daniel Dennetts Terminologie zu benutzen.

Himmelshaken – zu denen auch alle Götter gehören – sind Hokuspokus. Sie leisten keine Deutungsarbeit, sondern erfordern selbst mehr Erklärungen, als sie liefern. Kräne dagegen sind Hilfsmittel, die tatsächlich etwas erklären. Und der leistungsfähigste Kran aller Zeiten ist die natürliche Selektion. Sie hat das Leben aus der urtümlichen Einfachheit auf die schwindelerregenden Höhen der Komplexität, Schönheit und scheinbaren Gestaltung gehoben, die uns heute so verblüffen.

↔ **Kann man auf Religion verzichten?:** Seite 21

→ Richard Dawkins (1941), Evolutionsbiologe*

Aufgaben

1 Stellen Sie den Zusammenhang zwischen kollektivem Glauben an übernatürliche Akteure und vertrauensvoller Kooperation innerhalb einer Gruppe dar.

2 Erläutern Sie anhand des Textes von Dawkins den funktionellen Unterschied zwischen einem „Kran" und einem „Himmelshaken".

→ **Texte analysieren:** Seite 250

3 Ein → Religionskritiker würde die Abbildung zur Entwicklung des Menschen vermutlich anders darstellen. Gestalten Sie einen alternativen Entwurf aus der Sicht der Giordano-Bruno-Stiftung (vgl. Seite 93).

Warum kann man Gott nicht beweisen?

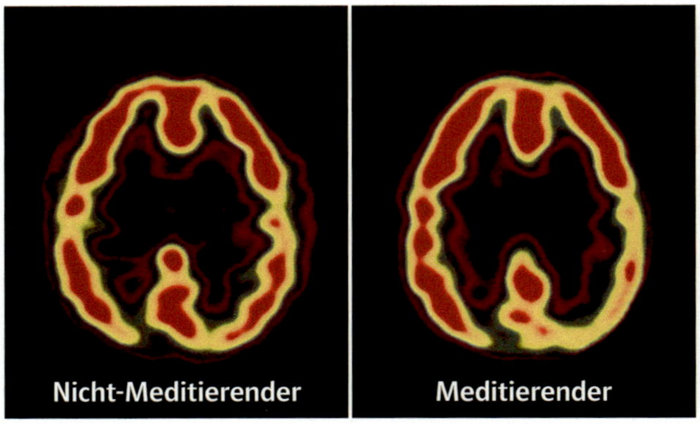

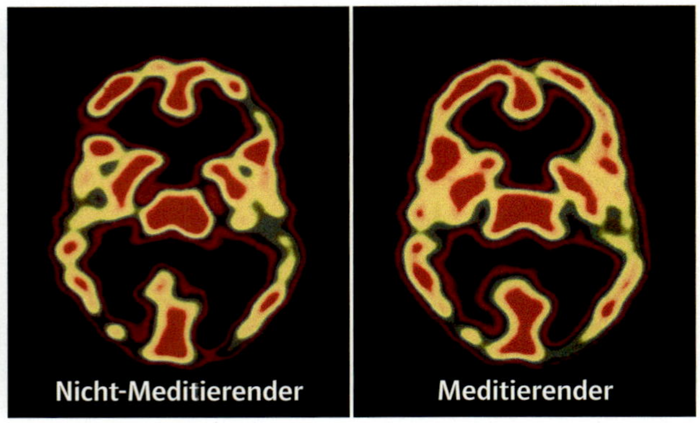

Neurologen messen mithilfe eines Tomografen anhand radioaktiver Strahlung die Aktivität des Gehirns (rot = hohe Intensität). In dem für die Wahrnehmung des Körpers im Raum zuständigen „Orientierungsfeld" – rechts unten in den Bildern – ist die Aktivität des Gehirns beim Meditierenden sichtbar vermindert. So lassen sich die Empfindungen von Zeitlosigkeit und unendlicher Weite während der Versenkung erklären.

Im „Aufmerksamkeitsfeld" – oben in den Bildern –, das der Konzentration dient, ist die Aktivität des Gehirns des Meditierenden deutlich erhöht.

Wie frei ist mein Wille?: Seite 38/39

Welche Wirklichkeit kann ich erkennen?: Seite 234

Was sind religiöse Erfahrungen?: Seite 18/19

Wohnt Gott im Gehirn?

Nach Gott zu suchen, ist eine zutiefst menschliche Frage. Die stellt man immer bezogen auf das jeweilige Weltbild. Deshalb ist es nicht überraschend, dass man im Zeitalter der Hirnforschung danach fragt, ob Gott im Gehirn zu finden ist. Interessanter ist für mich das Nachdenken über das Instrumentarium und die Methoden, mit denen Gott im Gehirn gefunden werden soll.

Wale fängt man normalerweise mit Harpunen und Heringe mit Netzen. Wenn nun der Walfänger behaupten würde, dass es in den Weltmeeren keine Heringe gibt, weil er ein Leben lang keine Heringe gefangen hat, würde er sein Instrument, seine Methode des Fischfangs schlicht überschätzen. Deshalb muss man, wenn man nach Gott im Gehirn sucht, zuerst fragen, welchen Gott man mit welchen Versuchsanordnungen im Gehirn zu finden gedenkt. Wenn die Versuchsanordnung so konstruiert ist, dass die Neuronen zu feuern beginnen, wenn von Gott die Rede ist oder wenn Menschen religiöse oder spirituelle Erfahrungen machen, dann hat man im Gehirn gefunden, dass Gottes-, spirituelle und religiöse Erfahrungen bestimmte Zentren im Gehirn zum Feuern bringen. Gott hat man damit noch nicht gefunden und über die Existenz oder Nichtexistenz Gottes noch nichts gesagt. In der Hauptlinie der abendländischen christlichen Theologie denkt man deshalb zwar belebte und unbelebte Materie als mit Gott verbunden und damit auch mit dem Lebendigen zusammen, macht Gott selbst aber in aller Regel nicht zu einer Funktion des Lebendigen.

Helmut A. Müller (1949), Theologe und Galerist*

Wie überzeugend sind religiöse Überzeugungen?

Religiöse Überzeugungen stützen sich im Wesentlichen auf drei Quellen, die in mehr oder weniger enger Wechselbeziehung miteinander stehen: soziale Prägung, persönliches Erleben, rationale Analysen.

Am wichtigsten ist gewöhnlich die soziale Prägung, insbesondere durch die Familie (prähistorisch: die jeweilige Gruppe, in der die Menschen lebten), aber auch das engere und weitere Umfeld einschließlich des ganzen eigenen kulturhistorischen Horizonts, kurz: die sogenannte Lebenswelt. Die Religionszugehörigkeit eines Menschen ist mit großer Wahrscheinlichkeit dieselbe wie die (eines Teils) seiner Familie.

Über die Anfänge des Suchens nach Gott: Seite 13

Persönliches Erleben im weiten Sinne umfasst selbstverständlich die gesamte bewusste Biografie, im hier gemeinten engeren Sinne jedoch vor allem spirituelle Erlebnisse (zum Beispiel an „heiligen" Orten, bei ästhetischen oder gemeinschaftlichen oder Meditationserfahrungen), veränderte Bewusstseinszustände (wie Drogentrips, Visionen, Nahtoderfahrungen), mystische Zustände und sogenannte Offenbarungen. Tiefe religiöse Erfahrungen können auch beispielsweise beim Studium heiliger Texte gemacht werden (wie → Augustinus und → Martin Luther berichtet haben) oder als ästhetisches Erlebnis der als Schöpfung aufgefassten Natur.

Klingt in allen Menschen eine religiöse Saite?: Seite 20

Immersion: Seite 233

religiöse Erfahrungen in der Natur: Seite 19

Rationale Analysen basieren beispielsweise auf hermeneutischen Quellenstudien und philosophischen Argumenten; die strengste Form sind die verschiedenen „Gottesbeweise", etwa aus dem Gottesbegriff, der Kausalität, der als zielgerichtet und zweckmäßig geplant gedeuteten Struktur/Ordnung von Welt und/oder Leben (ontologischer, kosmologischer und teleologischer Gottesbeweis).

Insofern kann die Neurowissenschaft bestenfalls entdecken und beschreiben, was im Gehirn vor sich geht, wenn jemand ein spirituelles oder religiöses Erlebnis hat. Dass es ein solches ist, obliegt der Deutungsmacht des Subjekts (die ihm die Umwelt zwar absprechen oder durch das Entgegensetzen anderer Interpretationen streitig machen kann, aber das sind notwendig „Äußerlichkeiten"). Daraus folgt jedoch nicht die Wahrheit der Aussagen, mit denen das Subjekt sein Erlebnis deutet. Und Deutungen sind unvermeidlich, falls das Erlebnis eine Religion exemplifiziert, stützt, für wahr hält oder gar begründet. Wenn Gott im Gehirn existiert (als Erlebnis oder Vorstellung), folgt daraus noch nicht seine vom Gehirn beziehungsweise Bewusstsein unabhängige Existenz beispielsweise als Schöpfer und Erhalter der Welt. Er könnte ein Hirngespinst sein.

Rüdiger Vaas (1966), Wissenschaftsjournalist und Philosoph*
Michael Blume (1976), Religionswissenschaftler und Religionsbiologe*

Aufgaben

1 Arbeiten Sie heraus, warum die Hirnforschung die Existenz Gottes nicht beweisen kann. Beziehen Sie dabei in Ihre Überlegungen die Gehirn-Scan-Bilder mit ein.

Texte analysieren: Seite 250

2 Entfalten Sie den Zusammenhang zwischen religiösem Erlebnis und dessen Deutung.

3 Ein Verlag plant ein Jugendbuch mit dem Titel „Theologie für Jugendliche", in das der Text von Helmut A. Müller aufgenommen werden soll. Sie werden mit der Illustration dieses Buches beauftragt. Gestalten Sie eine Zeichnung, die den Text von Müller jugendgemäß veranschaulicht.

Glaube kontra Naturwissenschaft?

Ist alles nur Konstruktion?: Seite 236/237

Die materialistische Form der evolutionistischen Anschauungen geht davon aus, dass der sichtbare Kosmos mit all seinen Erscheinungsformen bereits das Ganze der Wirklichkeit ist. Daten sind Daten; ein irgendwie zugeschriebener Sinn kann zwar nachgereicht werden, ist aber nicht ursprünglich.

Wenn erklärt worden ist, wie ein Vorgang einen anderen auslöst, dann wird der zweite durch den ersten als „erklärt" erachtet. Knapp formuliert: Es kommt darauf an, zu verstehen, wie etwas „funktioniert". Ist der Ursachenzusammenhang aufgedeckt, scheint das untersuchte Ereignis entschlüsselt. Das gilt für den Umlauf der Sterne genauso wie für den Betrieb eines Atomkraftwerks oder die Entstehung der Gedanken im Gehirn.

An eben dieser Stelle jedoch liegt ein fundamentaler Irrtum vor. Zu wissen, wie etwas funktioniert und verläuft, heißt ja durchaus nicht, schon verstanden zu haben, worum es sich handelt. Es muss zwischen *Ursachen* und *Gründen* unterschieden werden, zwischen Funktionen und Bedeutungen. Ist das eine bekannt, so das Zweite keineswegs. Die Verursachung eines Ereignisses ist nicht dessen Grund. Ursachen gehören in den Bereich naturgesetzlicher Kausalität; Gründe hingegen formulieren einen Sinn, der in den Kausalitäten nicht erfasst werden kann. Es handelt sich um zwei verschiedene, wenn auch im konkret angeschauten Einzelfall eng aufeinander bezogene Qualitäten.

Genau hier aber liegt das Ansinnen des spirituellen Lebens. Es will erkennen und zu Bewusstsein bringen, was unter, hinter und in den Funktionszusammenhängen verborgen ist. Es sucht nach und reagiert auf Gründe, nicht in erster Linie auf Ursachen. Damit wird in den Dingen und der ganzen Weltgeschichte im Großen wie im Kleinen ein Sinn, eine Zugehörigkeit, eine Orientierung aufgedeckt.

Ein spirituelles Leben rechnet damit, dass die vorfindliche, sinnliche Welt der Ort ist, in der Gottes Wirklichkeit wirksam wird. Und zwar auf menschlichen, alltäglichen, normalen Wegen. Die empirische, sinnliche Welt ist gewissermaßen „gotthaltig" – von den fernen Sternengalaxien bis hinab in die subatomare Ebene der Materie. Diese Beschreibung der wirkenden Macht des Schöpfers gilt unverkürzt auch zu Beginn des 21. Jahrhunderts. Das Wunder, *dass* etwas ist und nicht nichts, übersteigt die Bestimmung, *wie* etwas ist.

Wie können wir von Gott reden?: Seite 196

Die Tragweite dieser Feststellung kann nur unterschätzt werden. Es geht nicht nur darum, die Gottursprünglichkeit der Welt festzuhalten. Das tun die alten und neuen sogenannten „Deisten" (eine philosophische Richtung aus dem 17. Jahrhundert) auch: Sie gehen davon aus, dass ein Gott sich am Anfang eine Welt ausgedacht, sie zusammengebaut und mit dem naturgesetzlichen Regelwerk ausgestattet habe, um sie dann ihrem Schicksal zu überlassen.

Hingegen zu sagen, die Welt sei weiterhin mit Gott verbunden, ja, auf eine geheimnisvolle Weise „gotthaltig", bedeutet, in allen Dingen mit göttlichem Leben, Willen und Wort zu rechnen und rechnen zu können.

Das ist dann eine durchaus andere Welt – eine Welt voller Überraschungen. Dann haben wir es mit etwas anderem als nur mit Stoff, Material und Funktionen zu tun.

Helmut Aßmann (1958), Theologe und Meteorologe*

Horst Haitzinger, Ich fürchte, da kommen Sie zu spät

Aufgaben

1 Entfalten Sie Aßmanns Unterscheidung zwischen Ursachen und Gründen und erörtern Sie seine Aussagen zur „Gotthaltigkeit" der empirischen Wirklichkeit.

→ Texte analysieren: Seite 250

2 Interpretieren Sie die Karikatur von Haitzinger.

→ Bilder analysieren: Seite 251

3 Verfassen Sie einen Bilddialog zwischen dem Wissenschaftler, Gott und dem Tier.

Wie ist die Welt entstanden?

Apostolisches Glaubensbekenntnis: Seite 264

Wie kann man Gott denken?: Seite 196

Gott und Mensch in Beziehung: Seite 204

Psalm 139: Seite 198

Sünde: Seite 270

Die Welt ist von Gott geschaffen

Mit der Formulierung „Schöpfer des Himmels und der Erde" greift das Glaubensbekenntnis zurück auf den ersten Satz der Bibel: „Im Anfang schuf Gott Himmel und Erde." Die Erzählung vom sogenannten Sechs-Tage-Werk erweist sich von daher als eine Illustration jenes Glaubenssatzes, dass Gott die Welt geschaffen hat. Hier sind das Weltbild und das Wissen der damaligen Zeit eingeflossen. Man hat es sich damals so vorstellen können. Das schließt aber nicht aus, dass wir den Glaubenssatz von der Erschaffung der Welt durch Gott heute im Licht *unserer* Einsichten über die Weltentstehung und Weltentwicklung auslegen.

Die Bibel will uns nicht auf das damalige Weltbild (von der Erde als einer Scheibe und dem darüber gewölbten Himmelszelt) und auf die zeitlichen Vorstellungen von den Vorgängen bei der Entstehung der Welt festlegen. Sie will nur eines: festhalten, dass die Welt, wie immer sie im Einzelnen entstanden sein mag, Zug um Zug aus den Händen und dem Wort des Schöpfers hervorgegangen ist – und das schließt eine Evolution der Weltentstehung und ein sehr spätes Erscheinen des Menschen überhaupt nicht aus. Die Alternative „Schöpfungsglaube oder Evolutionstheorie", wie sie von Schulzeiten her noch in vielen Köpfen festgeschrieben ist, ist eine falsche Alternative. Es geht um den Glauben und um das Bekenntnis zu Gott dem Schöpfer angesichts der staunenswerten Entwicklung der Welt, innerhalb derer dann auch das entwicklungsbedingte Auftreten des Menschen als Schöpfungswerk Gottes zu bekennen ist.

Die Aussage des Glaubens ist also: Wie auch immer die Welt im Einzelnen entstanden ist, in welchen Zeiträumen und wie sie sich entwickelt hat, wann auch immer und in welcher Form zum ersten Mal Menschen auftauchten, sie kommt von Gott her, Gott ist ihr „Anfang", ihr bleibender Ursprung. Damit bekennt der Glaube: (1) Das Ganze des Daseins ist ein Wunder, ein Geheimnis. Es ist nicht aus sich selbst entstanden (die Theologie spricht von „creatio ex nihilo"). (2) Die Welt ist deshalb auch nicht das Letzte und Höchste, nichts Göttliches, auch die Gestirne sind nur Geschöpfe. Dem Schöpfungsglauben eignet eine Art Entgötterung der Welt. [Der Schöpfungsglaube hat die Eigenschaft, auf gewisse Weise die Welt zu entgöttern.] (3) Die Welt ist nicht das Werk eines Dämons, sondern hat (mit all ihren dunklen Seiten) einen positiven Sinn. „Siehe, es war sehr gut", heißt es am Ende des Schöpfungsberichtes (1 Mose 1,31), und dies steht gegen alle damaligen oder späteren Tendenzen, die Welt als solche als ein Übel anzusehen, von dem wir erlöst werden müssen. (4) Wir haben Grund, und es ist sachgemäß, für dieses Wunder zu danken, etwa am Morgen oder an einem gedeckten Tisch. Nach dem Zeugnis des Neuen Testaments ist der Undank die Ursünde des Menschen (Röm 1,21), und → Luther mahnt in der Auslegung des ersten Glaubensartikels im Kleinen Katechismus ausdrücklich den Dank für die Schöpfungsgaben an. (5) Die Welt ist der uns von Gott gegebene Raum des Lebens und will als solcher erhalten werden.

Wer leugnen will, dass sich das alles so verhält, der mag das tun; er kann es aber natürlich nicht beweisen; denn auch das wäre ein Glaube und keine „wissenschaftliche Weltanschauung", wie der marxistische Materialismus vorgab. Zu den Argumenten, die von den genannten fünf Punkten her ins Feld geführt werden könnten, gehört es, dass bei solcher Leugnung ein Leben in der Armut einer entzauberten Welt, ohne Geheimnis und ohne Grund zum Danken, angesagt wäre.

Ulrich Kühn (1932), Theologe*

Mit welchem Recht sprechen wir noch von „Schöpfung"?
Das Bild, das wir bisher von der Evolution des Lebens gewonnen haben, ist für die traditionelle Theologie ohne jeden Zweifel desolat. Es ist ja nicht nur so, dass die großen Entwicklungsschritte sich außerhalb jeglichen „Plans" und jeglicher „Zielvorgaben" gestaltet haben, es ist vor allem die Einrichtung der Natur selbst, es ist ihre ganze „Machart", die mit der Idee eines gütigen, weisen und fürsorglichen Gottes unvereinbar ist. Den Gott der überkommenen „Schöpfungstheologie" zur Erklärung der Lebensprozesse *braucht* es nicht zu geben – er ist absolut überflüssig, ja, seine Vorstellung bereits irrig, weil irreführend an jeder beliebigen Stelle, die sich empirisch nachprüfen lässt, und, schlimmer noch, es *darf* ihn nicht geben, da ein Gott in Bewusstsein und → Freiheit so nicht handeln dürfte, wie die Natur jederzeit mit ihren Kreaturen verfährt. Allein diese beiden Feststellungen wiegen schwer und lassen sich nicht mit den üblichen Sophismen [Spitzfindigkeiten] aus der Welt schaffen.

Der nach wie vor am meisten verbreitete Sophismus in Theologenmund ist das „Argument" des unerklärten Anfangs. Nachdem die gesamte Geschichte des Lebens bis hin zum Auftreten des Menschen keinerlei Spuren eines göttlichen „Eingreifens" verrät, ja, nachdem die immanente „Logik" der Selbstorganisation des Lebens den „machtvoll eingreifend handelnden und sich wunderbar manifestierenden Gott" der abendländischen Theologie nicht nur als eine unnötige Hypothese, sondern geradewegs als eine methodisch zu (ver)meidende „Störung" im Getriebe der Welt erscheinen lässt, die, Gott sei Dank, denn auch nicht zu beobachten steht, verbleibt den Theologen in der Tat zur „Rettung" ihrer Position nur noch *das Rätsel des Ursprungs*, die Frage: Woher kommt das Leben (und, kosmologisch schon gefragt: Woher stammt die Materie – wie kam es zum „Urknall" und damit zur Festlegung der Naturkonstanten mit eben jener Präzision, die ein Weltall erlaubt, das, unter anderem, uns Menschen ermöglicht)? Insofern brauchen wir „nur" die bisherige Methodologie, das bisherige Erklärungsparadigma, das sich zum Verständnis des Lebensprozesses auf dieser Erde so ausgezeichnet bewährt hat, auch und gerade auf die Frage nach den Anfängen des Lebens anzuwenden, um ohne Bruch den wichtigsten Ansatz einer möglichen Antwort zu erhalten: Das Leben selber ist nicht „gemacht", nicht „geschaffen", nicht „geplant", nicht „entworfen", es ist selber der Prozess, in dem es besteht und in dem es immer wieder entsteht.

→ Eugen Drewermann (1940), Theologe und Psychotherapeut*

Aufgaben

1 Vergleichen Sie die Aussagen von Kühn und Drewermann hinsichtlich ihrer Aussagen zur Alternative von Schöpfungsglaube oder Evolution.

2 Erörtern Sie Kühns Aussage, auch die Leugnung des Schöpfungsglaubens „wäre ein Glaube und keine ‚wissenschaftliche Weltanschauung'" (Z. 40).

3 Beziehen Sie diese Aussage von Kühn auf den Text von Drewermann und beurteilen Sie, ob seine Kritik auch auf Drewermanns Aussagen zutrifft.

→ **Texte analysieren:** Seite 250

4 „Die Feststellung ‚Es war sehr gut' in Gen 1,31 steht in deutlichem Gegensatz zu jeder Vorstellung von Fortschritt, Entwicklung und Evolution." Setzen Sie sich mit dieser These auseinander.

→ **Biblische Belegstellen reflektiert verwenden:** Seite 260

Muss die Kirche moderner werden?

Religiöse Sprache: Seite 23

SPIEGEL: Die Sündhaftigkeit des Menschen ist eines der zentralen Themen der Bibel. Warum kommt das Wort → Sünde in der evangelischen Predigt kaum noch vor?

Käßmann: Wäre es Ihnen so wichtig, dass Ihnen Ihre Sünden vorgehalten werden?

SPIEGEL: Gehört das nicht zu Ihren Aufgaben?

Käßmann: Na gut, wenn ich an das achte Gebot denke – „Du sollst nicht falsch Zeugnis reden wider deinen Nächsten" –, fällt mir bei Journalisten einiges ein. Wir könnten zum Beispiel darüber sprechen, was es für sie bedeutet, dass → Luthers Kleiner Katechismus dazu schreibt: Ihr sollt Euren Nächsten nicht belügen, verraten, verleumden oder seinen Ruf verderben, sondern Gutes von ihm reden und alles zum Besten kehren.

SPIEGEL: Hat der Sündenbegriff überhaupt noch Bedeutung für Sie?

Käßmann: Sünde bedeutet für mich Gottesferne. Es ist also Sünde, wenn ich glaube, Gott nicht länger zu brauchen, und stattdessen der Meinung bin, ich verdanke alles mir selbst – meinen Erfolg, mein Leben, alles, was ich bin.

SPIEGEL: Sünde ist also an keine konkrete Tat mehr gebunden?

Wie passen Gottes Gebote zu menschlicher Freiheit?: Seite 44/45

Käßmann: Der Anspruch aus der Taufe ist, dass ich Gottes Gebote befolge. Aber wenn ich dabei scheitere, kann ich mich in meiner Schuld Gott anvertrauen. Jede Scheidungsgeschichte ist auch immer eine Schuld- und Verletzungsgeschichte. Das ist schmerzhaft, das tut weh. Da finde ich es wichtig zu sagen: Auch mit dieser Schuld kannst du in den Gottesdienst kommen und → Vergebung erfahren.

SPIEGEL: Der Theologe Friedrich Wilhelm Graf beklagt, dass die evangelische Theologie vor allem damit beschäftigt sei, den Leuten ein gutes Gefühl zu verschaffen. Er spricht von einem „Kuschelgott". Fühlen Sie sich angesprochen?

Käßmann: Ich lese schon, was andere über mich schreiben. Herr Graf schreibt auch, es gebe heute zu viel Sopran in der Kirche. Also, ich singe Alt.

Säkularisierung: Seite 269

SPIEGEL: Graf ist mit seiner Meinung nicht allein. Die Kritik an der Selbstsäkularisierung formulieren andere auch.

Kann man an die Kirche glauben?: Seite 138/139

Käßmann: Ja, manche wollen offenbar den strafenden Donnergott zurück. Und dazu eine Kirche, die verdammt und ihnen erklärt, wie sie zu leben haben.

SPIEGEL: Was ist daran so schlecht?

Wie kann man im Unglück noch an Gott glauben?: Seite 86/87

Käßmann: Ich habe neulich das Abendmahl in der hannoverschen Marktkirche ausgeteilt. Wenn ich da stehe und in die Gesichter der Menschen blicke, sehe ich, dass viele durch Krankheit gezeichnet sind, durch Trennung, durch Armut, Angst und Verlust. Ich möchte Menschen in der Seelsorge zur Seite stehen und ihnen die frohe Botschaft des Evangeliums verkündigen. Dafür ist für mich Kirche da, nicht als Moralinstitut.

SPIEGEL: Also hat Graf mit seinem „Kuschelgott" gar nicht so unrecht?

Käßmann: Er beschreibt das Trostbedürfnis auf eine süffisante Weise, die die Menschen, die in dieser Erfolgsgesellschaft nicht mithalten können, noch einmal degradiert. Wer tröstet denn heute noch jemanden? Sie können doch auch nicht morgens ins Büro kommen und sagen, bevor ich schreibe, brauche ich erst mal ein bisschen Zeit für Trost.

SPIEGEL: Wir halten uns in schwerer Zeit aneinander fest.

Käßmann: Der SPIEGEL als Trostgemeinschaft, das gebe ich gern weiter.

→ Margot Käßmann (1958), Theologin*

„Die Kirche muss einiges nachholen“

Im Auftrag der Evangelischen Zeitung interviewte die EZ-Redakteurin Nadine Heggen den katholischen Hamburger Weihbischof Hans-Jochen Jaschke (1941).*

Evangelische Zeitung: Herr Dr. Jaschke, in der Schule hatte ich einen katholischen Religionslehrer, der gern Priester geworden wäre. Doch seine Frau war ihm dazwischengekommen.

Weihbischof Hans-Jochen Jaschke: So spielt das Leben.

EZ: Warum gibt es den Zölibat?

Jaschke: Die Ehelosigkeit ist keine Erfindung der katholischen Kirche. Im Neuen Testament sagt Jesus: Es ist gut, dass Mann und Frau heiraten, bis der Tod sie scheidet. Er sagt aber auch: Es ist gut, wenn Menschen um des Himmelreiches Willen nicht heiraten. „Wer es fassen will, fassen kann, der fasse es.“ Das ist eine Einladung. Nicht weil Sex schlecht ist. Sondern weil es auch Lebensformen geben soll, die einem eine größere → Freiheit geben. So ist die Ehelosigkeit in der alten Kirche schnell als Ideal entdeckt worden. Paulus war ganz überzeugt davon. Die Kirche hat dann 1000 Jahre lang gerungen und im Mittelalter die Regel aufgestellt: Westliche Kleriker dürfen nicht heiraten.

EZ: Aus der Einladung ist eine Pflicht geworden.

Jaschke: Nicht überall. In der Katholischen Ostkirche dürfen Priester heiraten. Und wenn heute bei uns ein evangelischer Geistlicher katholisch wird, dann behält er natürlich seine Familie. Wir haben also auch verheiratete Priester, die Regel ist aber der Zölibat. Ich bin seit vielen Jahren daran gewöhnt, mir ist nicht die Freundin dazwischengekommen. Obwohl mir die Mädchen auch gesagt haben: „Du spinnst doch. Das ist alles Willkür der katholischen Kirche.“ Aber ich fühle mich wohl, so ganz frei und ungebunden.

EZ: Aber sollte man es nicht vielleicht den Priestern selbst überlassen, wie sie leben wollen? Sicherlich entscheidet sich viel potenzieller Nachwuchs wegen des Zölibats gegen das Priesteramt.

Jaschke: Darüber kann man streiten. Mit 19 Jahren hatte ich den Berufswunsch Priester. Damals hatten wir unsere Freundinnen, Tanzschule, was weiß ich. Aber ich wusste: Wenn ich Priester werden will, heirate ich nicht. Es ist eine Option, kein Zwang. Man hat sechs Jahre Zeit, sich zu prüfen. Wenn man den Zölibat aufhöbe, hätte man für den Moment vielleicht mehr Priester. Aber der Zölibat ist auch eine Herausforderung, die man für bestimmte Lebensformen der Kirche braucht: wie den Ordensberuf für Männer und Frauen, aber auch für andere Aufgaben. Unser Beruf muss eine Art Kick sein. Das Evangelium ist eine Einladung, aber auch eine Zumutung. Wenn man die Preise billiger machen und das Priesteramt verramschen würde, wäre das der falsche Weg. Aber ich bin dafür, dass wir neben der Grundform des zölibatären Priestertums auch verheirateten Männern die Möglichkeit geben, Priester zu werden. Übrigens ist zurzeit bei uns im Westen der große Drive zu geistlichen Berufen nicht da – auch bei evangelischen Christen nicht.

↔ **Mein Kirchen-Credo:** Seite 139

Aufgaben

1 Beschreiben Sie den Unterschied zwischen „Kuschelgott“ und „Donnergott“.

2 Ist die evangelische Kirche zu modern, indem sie „den Leuten ein gutes Gefühl zu verschaffen“ versucht? Überprüfen Sie diese Aussage.

3 Formulieren Sie eine Erwiderung aus der Sicht des katholischen Religionslehrers von Nadine Heggen in Gestalt eines Leserbriefs an die Evangelische Zeitung.

→ **Adressaten-bezogene Texte verfassen:** Seite 253

Wie denken Theologen heute von Gott?

Gott. Eine kleine Geschichte des Größten

Warum überfallen Sie eigentlich keine Bank – wenn Sie absolut sicher sein könnten, dass Sie niemand erwischt? Was macht Sie so sicher, dass Sie demnächst nicht mit milder Spritze entsorgt werden? Es könnte doch sein, dass die Behandlungs- und Pflegekosten Ihrer demnächst festgestellten komplizierten Krankheit der Gesellschaft beim besten Willen nicht mehr zugemutet werden können. Warum kippt man Leichen nicht in den Sondermüll und macht aus Friedhöfen Kinderspielplätze? Woher wissen Sie, dass Ihr Mann Ihnen gerade treu ist? Woher wissen Sie, dass das Kind Ihrer Frau auch Ihr Kind ist? Also ganz im Ernst – was spricht dafür, dass Gott existiert oder dass er nicht existiert? Denn „wenn es Gott nicht gibt, ist alles erlaubt" (Dostojewski, Die Brüder Karamasow). Oder etwa nicht?

Wer wirklich an Gott glaubt, lebt anders als der, der nicht an Gott glaubt. Wenn es da keine Instanz gibt, außer dem eigenen Ich, kann man sich viel leichter selber eine Entschuldigung ausstellen und wenigstens mal ab und an „die Sau rauslassen".

Wem an der grenzenlosen Größe des eigenen Ego gelegen ist, dem ist ohnehin jede Stellenbeschreibung oberhalb seiner selbst ein Dorn im Auge. Im „Zeitalter des Narzissmus", wie man unsere Epoche einmal genannt hat, fühlt sich manch einer gestört von einem Gott, von dem es heißt, er sei der Allmächtige. Bei der grandiosen Selbstinszenierung des eigenen Lebens, wie sie selbstverliebten Narzissten ein Bedürfnis ist, stören schon Kinder, da die kleinen Süßen skandalöserweise die Aufmerksamkeit der Partnerin respektive des Partners vom wichtigsten Menschen ablenken, den es überhaupt gibt, nämlich von einem selbst. Wie soll der alternde Narziss, dessen ganzes Leben bisher um die unersättliche gierige Zusammenraffung von Aufmerksamkeit für sich selbst organisiert ist, plötzlich von sich aus etwas geben? Nicht wenige Partnerschaften scheitern an solchen Entwicklungen. Wo aber kann es in einem solchen nur um sich selbst kreisenden Leben noch einen Platz für Gott geben? Der „Modezar" Karl Lagerfeld, der sich mit schönen Stoffen, aber vor allem mit sich selbst befasst, wurde nach Gott gefragt. Und als Antwort sprach er natürlich von sich: „Es fängt mit mir an, es hört mit mir auf, basta!"

Und schließlich gibt es den berühmten Satz des Mitbegründers der „Frankfurter Schule", Max Horkheimer: „Warum soll ich gut sein, wenn es keinen Gott gibt?" Mit diesem Satz, der auf einen Gedanken Nietzsches zurückgeht, wird deutlich, dass die heute vielbeschworene Wertedebatte letztlich in der Luft hängt, wenn sie die Frage nach Gott ängstlich vermeidet. Die Frankfurter Schule hat sich um die Beschreibung der Bedingungen einer funktionierenden freiheitlichen Gesellschaft bemüht. Es gibt also nicht nur die schon erwähnte Angst des linken → Atheisten Gregor Gysi vor einer gottlosen Gesellschaft, weil eine solche Gesellschaft wahrscheinlich unsolidarisch wird. Es gibt auch die Sorge, dass eine Gesellschaft, in der die Menschen nicht aufgrund eines durch den Glauben an Gott gebildeten Gewissens gut sein wollen – ein Polizeistaat werden könnte.

Was ist Kirche?: Seite 141

Deshalb müssten auch die sogenannten Freidenker eigentlich im Sinne einer funktionierenden Demokratie mit Nachdruck dafür sorgen, dass Kirchen als „ethosbildende Verbände", wie der Philosoph Wolfgang Kluxen sie deswegen genannt hat, weiterhin gegenüber Kegelclubs und Tierschutzvereinen privilegiert bleiben. Nur so kann der Respekt vor der gleichen Würde jedes Menschen gewahrt werden, die sich ja nicht auf wissenschaftliche Messergebnisse gründet, sondern auf der jüdisch-christlichen Überzeugung, dass jeder Mensch geliebtes Abbild Gottes ist. Nur so kann dann auch dem scharfsinnig argumentierenden menschenverachtenden Ethiker Peter Singer wirksam widersprochen werden, der sich als Tierschützer sieht und einen Schimpansen schützenswerter findet als einen späten Alzheimerpatienten, da der Schimpanse unstreitig aktuell über mehr „Intelligenz" verfügt. Nur so also werden gerade die Schwächsten der Gesellschaft um ihrer selbst und ihrer Würde willen geachtet – und Banküberfälle halten sich in Grenzen.

→ Manfred Lütz (1954), Theologe und Psychiater*

Ebenbild Gottes: Seite 264 f.
Was ist der Mensch?: Seite 37
Peter Singer: Seite 161, 163

Moment mal!
Sind religiöse Menschen rücksichtsvoller als unreligiöse?

Unsere Vorstellungen von Gott werden immer zu klein sein

Der Eindruck täuscht nicht: Die Bilder von Gott, die uns überliefert sind, reichen nicht mehr, um uns zu zeigen, wer Gott sei. Der Gott, der, wie die Bibel erzählt, die Erde, die Sonne und die Sterne geschaffen hat, ist zu klein geworden. Die kleine Welt früherer Zeiten war wie ein Haus vorgestellt, dessen Hausherr Gott genannt wurde. Unsere Welt ist inzwischen über alle Vorstellbarkeit ins Unendliche und kaum mehr Ahnbare hinaus explodiert, Gott aber ist uns immer noch der Hausvater unserer kleinen, vertrauten Welt.

↔ Die Urkraft des Heiligen: Seite 201

Was wir Christen im Allgemeinen im Auge haben, wenn wir „Gott" sagen, das ist der väterliche, barmherzige oder rätselhaft unbarmherzige Kleingott, der mit dem, was wir heute über sein Werk wissen können und was heute unsere Gedanken bedroht, in keiner Weise mehr zur Deckung zu bringen ist. Wir müssen lernen, gerade wir Christen, dass Gott immer und immer wieder unendlich größer, hintergründiger, widersprüchlicher, rätselhafter ist als alles, was unserem Kopf auszudenken möglich ist. Was spricht denn dagegen, dass wir uns Gott außer als unser Gegenüber in Fragen von → Sünde und → Gerechtigkeit auch als den großen Mathematiker vorstellen, der die „kosmologischen Konstanten" in ihrer unbegreiflichen Präzision festgelegt hat, als den Physiker, nach dessen Gesetzen die Welt auf allen Ebenen funktioniert, als den Chemiker, als den Biologen, der mit unvorstellbarer Fantasie in der Entwicklungsgeschichte des Alls, der Geschichte unserer Erde und vielleicht unzähliger anderer von Leben erfüllter Himmelskörper wirkt? Was spricht denn dagegen, dass das schöpferische Chaos, von dem die Naturwissenschaft spricht, die Weise sei, wie etwas von Gott her neu Entstehendes unserem schmalen Bewusstsein zuerst entgegenkommt? Und geschieht Schöpfung nicht in jedem Augenblick, den unsere Welt in ihren Jahrmilliarden durchläuft? Sind Schöpfung und Evolution nicht Worte für einen Zusammenhang, den wir mit all unseren hilflosen Worten nur andeuten können? Was also spricht dagegen, dass wir uns selbst, unseren Körper, unsere Seele, unseren Geist im Sinne der mystischen Tradition als „Gottes voll" verstehen? Und wer will uns daran hindern, zu sagen, wir seien – umgekehrt – „in Gott"? Was spricht denn dagegen, Gott zu sehen kleiner als das kleinste Quark und größer als alle denkbaren Universen zusammen? Nikolaus von Cues hätte ihn so beschrieben. Was spricht denn dagegen, ihn zu verstehen als den, der vor dem Urknall war, als den, der die Evolution in Gang gesetzt hat und sie begleitet bis in die letzten Verzweigungen hinein, oder als den, der nach dem Kältetod des Universums in unvorstellbarer Zukunft seine neuen Anfänge setzen wird? Sofern es nämlich Vergangenheit und Zukunft in dem Sinn, der uns Menschen vertraut ist, überhaupt gibt. Was spricht dagegen, dass ich vermute, die Wahrheit sei nicht für alle Zeit so festgelegt, wie unsere Tradition sie uns vermittelt, sondern sie öffne sich uns von Epoche zu Epoche weiter, und zwar durch den Geist Gottes, der uns in alle Wahrheit leiten wird?

↔ Bilder von Gott: Seite 196

Geht die Offenbarungsgeschichte Gottes nicht weiter, solange die Welt sich dreht? In der Tat: Sie geht weiter.

→ Jörg Zink (1922), Theologe*

! **Moment mal!**
Ist das biblische Gottesbild längst veraltet?

Aufgaben

1. Entfalten Sie auf der Grundlage des Textes von Zink ein christliches Gottesbild für das 21. Jahrhundert.
2. Arbeiten Sie heraus, warum nach Lütz die Gottesfrage wichtig ist.
3. Jörg Zink schreibt: „Geht die Offenbarungsgeschichte Gottes nicht weiter, solange die Welt sich dreht? In der Tat: Sie geht weiter." (Z. 34–35) Zeigen Sie die Konsequenzen dieser Aussage für den interreligiösen Dialog auf.
4. Informieren Sie sich über Giordano Bruno (Seite 93) und vergleichen Sie seine Gottesvorstellung mit der von Jörg Zink.

Was stört Religionskritiker am Christentum?

Klingt in allen Menschen eine religiöse Saite?: Seite 20/21

Sitzen zwei Männer in einer Bar irgendwo in der Wildnis von Alaska. Der eine ist religiös, der andere Atheist, und die beiden diskutieren über die Existenz Gottes mit dieser eigentümlichen Beharrlichkeit, die sich nach dem, sagen wir mal, vierten Bier einstellt. Sagt der Atheist: „Pass auf, es ist ja nicht so, dass ich keine guten Gründe hätte, nicht an Gott zu glauben. Es ist nämlich nicht so, dass ich noch nie mit Gott oder Gebeten experimentiert hätte. Letzten Monat erst bin ich weit weg vom Camp in so einen fürchterlichen Schneesturm geraten, ich konnte nichts mehr sehen, hab mich total verirrt, vierzig Grad unter null, und da hab ich's gemacht, ich hab's probiert: Ich bin im Schnee auf die Knie und hab geschrien: „Gott, wenn es dich gibt, ich stecke in diesem Schneesturm fest und sterbe, wenn du mir nicht hilfst!"

Der religiöse Mann in der Bar schaut den Atheisten ganz verdutzt an: „Na, dann musst du jetzt doch an ihn glauben", sagt er. „Schließlich sitzt du quicklebendig hier."

Der Atheist verdreht die Augen, als wäre der religiöse Typ der letzte Depp: „Quatsch, Mann, da sind bloß zufällig ein paar Eskimos vorbeigekommen und haben mir den Weg zurück ins Camp gezeigt."

→ *David Foster Wallace (1962–2008), Schriftsteller*

Aufgabe

Eine Stellungnahme verfassen: Seite 256

Stellen Sie sich vor, Sie säßen auch an der Bar und hätten das Gespräch verfolgt. Plötzlich blicken der Atheist und der religiöse Mann Sie an und fragen: „Was sagen Sie dazu? Wer von uns beiden hat recht?" Formulieren Sie einen eigenen Standpunkt und beziehen Sie dabei einige der in diesem Kapitel aufgeführten Argumente mit ein.

Wissen

- Skizzieren Sie, warum die Religiosität des Menschen einen evolutionären Selektionsvorteil darstellt.
- Kann ein Psychiater an Gott glauben? Begründen Sie Ihre Meinung.
- Der französische Philosoph und Mathematiker Blaise Pascal (1632–1662) hatte die Überzeugung: „Das Herz hat seine Vernunftgründe, die die Vernunft nicht kennt.“ Erläutern Sie diese Aussage.
- Untersuchen Sie die Bedeutung der sozialen Prägung für die Religionszugehörigkeit anhand Ihrer eigenen Biografien in Ihrem Religionskurs.
- Lesen Sie Gen 2–3 und beurteilen Sie, ob der Schöpfungsauftrag „Macht euch die Erde untertan“ auch die Gentechnik umfasst.
- Setzen Sie Drewermanns Aussage, die Evolution des Lebens sei „mit der Idee eines gütigen, weisen und fürsorglichen Gottes unvereinbar“, mit dem teleologischen Gottesbeweis in Beziehung.

→ Biblische Belegstellen reflektiert verwenden: Seite 260

Können

- Stellen Sie sich vor, das Gespräch auf Seite 108 hätte nach der Podiumsdiskussion an der Hotelbar zwischen Philipp Möller und → Wolfgang Huber stattgefunden. Formulieren Sie aus der Sicht Hubers eine Entgegnung. Vertiefen Sie dabei mindestens einen Aspekt, den Sie in diesem Kapitel gelernt haben.
- Vergleichen Sie den Glauben an Gott mit dem Glauben an die Zahnfee (s. Seite 92) und stellen Sie die Unterschiede dar.
- „Ich glaube nicht nur, dass wir an Mutter Natur herumpfuschen werden, sondern ich glaube auch, dass Mutter Natur es will“ (Willard Gaylin im Vorspann zum Film „Gattaca“). Setzen Sie das Zitat in Beziehung zu der Karikatur von Haitzinger (Seite 101).

→ Adressatenbezogene Texte verfassen: Seite 253

→ Bilder analysieren: Seite 251

Anwenden

- Einige Eltern an Ihrer Schule stellen an den Schulvorstand den Antrag, die Schöpfungserzählungen Gen 1–2 im Biologieunterricht zu behandeln. Gestalten Sie eine Schulvorstandssitzung, in der über diesen Antrag entschieden wird.
- Entwerfen Sie einen Flyer für Schülerinnen und Schüler mit dem Titel „Theologie im 21. Jahrhundert“, in dem für den schulischen Religionsunterricht und für das Theologiestudium geworben wird.
- Lesen Sie das Kapitel „Wohin mit meiner Wut“ aus dem Buch „Bewohntes Land. Psychotherapie als Öffnung zur Welt“ von Regine Alegiani aus dem Jahr 2010. Zeigen Sie auf, wie nach dem Bericht von Alegiani heute Religion und Religiosität in den Interventionen des Psychoanalytikers eine Rolle spielen.

→ Adressatenbezogene Texte verfassen: Seite 253

→ Texte analysieren: Seite 250

6 Wer ist Jesus als Christus?

José de Ribera, Die Heilige → Trinität, 1635/36. Museo del Prado, Madrid, 226 x 118 cm

Wenn Sie dieses Kapitel bearbeitet haben, können Sie ...

- erklären, weshalb für Christen das Bekenntnis „Ich glaube an Jesus Christus“ zum Bekenntnis „Ich glaube an Gott“ hinzukommt.
- zentrale Aspekte der biblischen Überlieferungen wiedergeben, die für das Bekenntnis zu Jesus als dem Christus eine Rolle spielen.
- unterschiedliche Deutungen des Kreuzestodes Jesu in Bibel und Theologie wiedergeben.
- prüfen, welche Jesus-Deutungen hinter Darstellungen Jesu in Kunst und Literatur stehen.
- wiedergeben, was christliche Theologinnen und Theologen mit „für uns gestorben“ meinen.
- beurteilen, welche Konsequenzen mit einem bestimmten Verständnis von Sünde, Schuld und Vergebung für die soziale Wirklichkeit von Frauen und Männern verbunden sind.
- entfalten, welche Dimensionen Vergebung für Christen und Juden hat.

Was können Sie schon?

- die Bedeutung von Karfreitag und Ostern als zentrale christliche Feiertage erklären
- aufzeigen, warum Jesus gekreuzigt wurde
- begründen, warum Kreuz und Auferstehung für Christen mit Erlösung und Hoffnung verbunden ist
- nachvollziehen, warum die Rede von „Gott wird Mensch“ in Jesus Christus für Muslime und Juden anstößig ist
- darstellen, wie prägend Sühnopfervorstellungen für die traditionelle Deutung des Todes Jesu in Gesangbuchliedern, liturgischen Texten und religiösen Vorstellungen geworden sind
- eine eigene Deutung formulieren, weshalb Jesus sterben musste
- darstellen, wie das Leben und die Botschaft Jesu Menschen zu tätiger Nachfolge inspiriert hat

Reicht nicht der Glaube an Gott?

Ihre Schule hat eine Schulpartnerschaft mit einem Gymnasium in Haifa. Am vorletzten Tag des Besuchs der israelischen Gastschülerinnen und -schüler ist ein umfangreiches Ausflugs- und Kulturprogramm in Köln geplant. Neben dem Kölner Dom steht auch die evangelische Antoniterkirche auf dem Programm. Sie zeigen Ihrer Gastschülerin Mirjam den „Schwebenden" von → Ernst Barlach und erläutern ihr die Geschichte dieses Kunstwerkes und des von den Nationalsozialisten als entartet eingestuften Künstlers Barlach. Auch über die Bedeutung der Politischen Nachtgebete und die Rolle der Theologin → Dorothee Sölle haben Sie sich auf der Internetseite der Kirche informiert.
Plötzlich wird Mirjam auf die frisch restaurierten Kirchenfenster aufmerksam und schaut sie sich lange an. „Was ich am Christentum nie verstanden habe", sagt sie, „ist die Sache mit der Kreuzigung. Meine Großeltern haben mir erzählt, dass Christen glauben, wir Juden seien schuld an Jesu Tod. Aber das ist ja wohl nicht mehr aktuell. Warum aber muss in jeder Kirche dieser Jesus am Kreuz hängen? Was bringt euch das für euren Glauben? Reicht es nicht, große Vorbilder im Glauben zu haben, so wie wir Abraham oder Maimonnides haben?"
Sie sind etwas ratlos, weil Sie mit einer solchen Frage nicht gerechnet haben. Warum reicht es eigentlich nicht, Jesus als Vorbild zu haben?

Aufgabe

Entwerfen Sie einen Brief an Mirjam, in dem Sie auf ihre Fragen eingehen.

Dazu ist es wichtig, ...

- zu wissen, welche Bild-Botschaften in Kreuzesdarstellungen vermittelt werden.
- unterscheiden zu lernen, was in Bezug auf Kreuz und Auferstehung Deutungen und was Tatsachen sind.
- eine eigene Position zu der Frage zu entwickeln, wer Jesus als Christus für Sie selbst ist.
- sensibel mit Belastungen aus der christlich-jüdischen Konfliktgeschichte umgehen zu können.
- theologische Deutungsmuster zu Sünde, Schuld und Vergebung anwenden zu können.

Aber wenn einer nicht mehr zum Vater zu kommen braucht ...

[Berlin,] 31.10.[1913]

Lieber Rudi,

ich muss dir mitteilen, was dich bekümmern und, zunächst mindestens, dir unbegreiflich sein wird: Ich bin in langer und, wie ich meine, gründlicher Überlegung dazu gekommen, meinen Entschluss zurückzunehmen. Es scheint mir nicht mehr notwendig und daher, in meinem Fall, nicht mehr möglich. Ich bleibe also Jude.

1.11.

Das Christentum erkennt den Gott des Judentums an, nicht als Gott, aber als den „Vater Jesu Christi". Es hält sich selbst an den „Herrn", aber weil es weiß, dass nur er [Jesus Christus] der Weg zum Vater ist. Er bleibt als der Herr bei seiner Kirche alle Tage bis an der Welt Ende. Dann aber hört er auf, Herr zu sein, und wird auch er dem Vater untertan sein, und dieser wird - dann - Alles in Allem sein. Was Christus und seine Kirche in der Welt bedeuten, darüber sind wir einig: Es kommt niemand zum Vater denn durch ihn. Es *kommt* niemand zum Vater - anders aber wenn einer nicht mehr zum Vater zu kommen braucht, weil er schon bei ihm *ist*. Und dies ist nun der Fall des Volkes Israel. Das Volk Israel, erwählt von seinem Vater, blickt starr über Welt und Geschichte hinüber auf jenen letzten fernsten Punkt, wo dieser sein Vater, dieser selbe, der Eine und Einzige - „Alles in Allem"! - sein wird. An diesem Punkt, wo Christus aufhört, der Herr zu sein, hört Israel [das Judentum] auf, erwählt zu sein; an diesem Tag verliert Gott den Namen, mit dem ihn allein Israel anruft; Gott ist dann nicht mehr „sein" Gott.
Bis Mittwoch früh würde mich ein Brief oder eine Postkarte hier erreichen. Wenn du mir gleich etwas sagen kannst, so wäre mir das sehr lieb. Also für jedes Wort, auch eine bloße „Empfangsbestätigung", wäre ich dir dankbar.

Dein Franz

Was hat das Christentum dem Judentum zu verdanken?: Seite 84/85

Info - Franz Rosenzweig

Franz Rosenzweig (1886–1929) war ein jüdischer Religionsphilosoph. Er studierte unter anderem Geschichte und Philosophie und promovierte über „Hegel und der Staat". Besonders intensiv hat sich Rosenzweig mit der Frage auseinandergesetzt, ob er sich nicht taufen lassen und zum Christentum übertreten solle. Der vorliegende Brief an seinen christlichen Freund Rudolf Ehrenberg markiert die Wende in dieser Auseinandersetzung. Rosenzweig gilt als Vorreiter des jüdisch-christlichen Dialogs.

Aufgaben

1 Lesen Sie in der BasisBibel Joh 14,6 und 1 Kor 15,28 im Zusammenhang und mit den dazugehörigen Anmerkungen nach und vergleichen Sie Ihr Verständnis der Bibelstellen mit dem Rosenzweigs.

Biblische Belegstellen reflektiert verwenden: Seite 260

2 Entwerfen Sie eine Grafik für das Verhältnis von Judentum und Christentum durch die Zeiten bis zum Jüngsten Tag, wie Rosenzweig es sieht.

Jesus – Prophet oder Messias?

Gummibaum

Yalla Lan ey, was geht ab, Mann, ganze Stadt sieht krass verändert aus
Kerzen scheinen, Sterne leuchten, Duft von Backen kommt aus jedem Haus
Krass viel Leute sind in Läden, kaufen alles, was sich kaufen lässt
Ham kein Zeit mehr, müssen weiter, wünschen sisch andauernd frohes Fest

Das muss ein ganz komisch Fest sein, weil kein Mensch mehr hier ist froh
Alle gucken krass gestresst drein
Isch will sein ein guter Deutscher, drum mach isch's auch ebenso

Isch backe Kekse braun und schmücke Gummibaum
Mit viel Lametta sieht er aus wie Silbertraum
Was Sinn von Ganzem ist, das weiß isch leider kaum
Doch isch mach mit, bevor die Nachbarn komisch schau'n

Ganze Wohnung blinkt und glitzert, Fenster sind mit Engeln vollgeklebt
Mir gefällt gut, passt gut zu mein Bild mit Wasserfall, der sich bewegt
Hab gefragt auch, weiß konkret jetzt, worum es bein Weihnacht-Feiern geht
Is fett Feier von Geburt von ein Herrn Jesus, irgendso'n Prophet

Hör von nebenan Frau Meyer, sagt: Is gegen Tradition
Isch kein Recht auf diese Feier
Is verboten, weil isch hab dafür die falsche Religion

Isch backe Kekse braun und schmücke Gummibaum
Mit viel Lametta sieht er aus wie Silbertraum
Was Sinn von Ganzem ist, das weiß isch leider kaum
Doch isch mach mit, auch wenn die Nachbarn komisch schau'n

Heiligabend schließen Läden, wenn man hört von Glocken das Geläut
Mein Frau Meyer kommt von Kaufen, drängt in Kirche mit viel and're Leut
Wie die meisten is Frau Meyer heut in Kirche erstes Mal im Jahr
Lieder singen, Hände falten, muss sein alles, weil es immer war

↔ Brauchen Menschen religiöse Orte?: Seite 26/27

Doch ihr Fest hat mit ihr'm Glauben lang schon gar nix mehr zu tun
Isch tu ihr doch gar nix rauben, muss nich aufregen, denn
Weihnachten is konkret gegen jede Religion lang schon immun

Isch backe Kekse braun und schmücke Gummibaum
Mit viel Lametta sieht er aus wie Silbertraum
Was Sinn von Ganzem ist, das weiß isch leider kaum
Isch mache mit, lass doch die Meyer komisch schau'n

Isch backe Kekse braun und schmücke Gummibaum
Mit viel Lametta sieht er aus wie Silbertraum
Isch habe Nase voll von all dem Komisch-Schau'n
Die Meyer weiß den Sinn von Ganzem selber kaum

Text: Oliver Gies, Interpret: Maybebop, deutsches A-Capella-Pop-Quartett zu hören auf „maybebop – Schenken" © Oliver Gies

Davon Jesaja sagt

In jedem Heiligabendgottesdienst kommen die prophetischen Verheißungen zur Vorlesung, die in neutestamentlicher und späterer christlicher Lektüre als Ankündigungen der Geburt Jesu als des → Messias erscheinen. Worte aus dem 7. und 9. Kapitel des Jesajabuches charakterisieren den erwarteten Messias, Zitate aus Jes 11 stehen für die Herkunft des Retters aus der Familie, aus der David stammt, Worte aus dem 5. Kapitel des Michabuches bekräftigen die gegen den Augenschein große Bedeutung Bethlehems.

Wer in einer Prüfung im Pfarramtsstudium erklärte, Jesus sei in Bethlehem geboren, müsste sich vorhalten lassen, den literarischen Charakter dieser Geburtslegenden nicht verstanden und damit ein wesentliches Ziel einer wissenschaftlich-theologischen Urteilsbildung verfehlt zu haben. Wer dann – solchermaßen belehrt – in einer Predigt am Heiligabendgottesdienst erklärte, Jesus sei *nicht* in Bethlehem geboren, müsste sich darauf gefasst machen, dass das viele Gemeindeglieder verstören würde. Vermutlich steht da die Befürchtung im Hintergrund, wenn man einräumte, dass die Geburts- und Kindheitsgeschichten Jesu keine historisch zutreffenden Tatsachen wiedergäben, nähme die Wahrheit der Bibel Schaden. Oder soll wenigstens zu Weihnachten die kritische Vernunft schweigen und einer von all ihren Einreden bewahrten kindlichen Frömmigkeit Raum geben? Aber muss denn die Frömmigkeit infantil bleiben, um der kritischen Vernunft nicht zu erliegen? Bei Lichte besehen dreht sich dabei das Verhältnis von biblischem Glauben und historischer Vernunft um. Es ist erst diese Verkennung des literarischen Charakters der Geburtslegenden, die das befürchtete Problem schafft.

Historischer Jesus: Seite 266 f.

Was heißt das für die prophetischen Verheißungen des Alten Testaments? Müssen sie ihren traditionellen Ort in den Advents- und Weihnachtsgottesdiensten einbüßen, wenn doch „historisch" erwiesen wäre, dass sie etwas verheißen haben, das faktisch so nicht eintrat? Das müssten sie keineswegs. Denn das Entscheidende der Beziehung zwischen den alttestamentlichen Verheißungen und den bethlehemitischen Geburtsgeschichten des von Christinnen und Christen als Messias geglaubten Jesus von Nazaret liegt nicht auf der Ebene historischer Faktizität. Die Weihnachtsbotschaft ist zutiefst kontrafaktisch. Sie wirft ihr Licht auf eine Welt, wie sie ist, und bestreitet, dass sie auf ewig so sein müsse, dass es nun einmal Ungerechtigkeit und Friedlosigkeit gebe und immer geben werde. Sie bestreitet dem, was ist, dass es nun einmal so sei.

Ein Gott des Friedens: Seite 53

Darum sind die Prophetentexte, die in einem Heiligabendgottesdienst zu Wort kommen, unverzichtbar. Sie sind es nicht als eingetroffene Prognosen, sondern als die Verheißungen, dass die Welt und die Menschen nicht auf ewig auf ihr So-Sein festgelegt sind. Die Weihnachtsbotschaft steht in dieser großen Tradition Israels.

→ Jürgen Ebach (1945), Professor für Altes Testament*

Aufgaben

1 Hören Sie sich das Stück „Gummibaum" im Internet an. Arbeiten Sie heraus, welche Eindrücke von Weihnachten und von Jesus im Text verarbeitet sind.

2 Befragen Sie einen Nichtchristen, wie er oder sie die Weihnachtszeit wahrnimmt. Vergleichen Sie diese Aussagen mit Ihren eigenen Wahrnehmungen.

3 Die von Ebach angesprochenen alttestamentlichen Lesungen stehen in Jes 9,1–6; Jes 7,10–14; Mi 5,1–4a und Jes 11,1–9. Lesen Sie sich diese Texte vor und ordnen Sie Ihre Wahrnehmung den Aussagen Ebachs zu.

Biblische Belegstellen reflektiert verwenden: Seite 260

Was ist ein passendes Jesus-Bild?

Info – Jesus Christus im Bild

Bis zum Konzil von Nicäa 325 n. Chr. war es eine offene Frage, wie das Verhältnis von Gottvater und Sohn zu denken sei. Die frühen Darstellungen in den Katakomben zeigen die menschliche Seite Jesu, indem er als guter Hirte erscheint, der Sorge für seine Schafe trägt. Die Künstler bedienten sich aus den Erzählungen in den Evangelien, um Jesus bestimmte Züge zu verleihen. Kruzifix-Darstellungen aus dieser frühen Zeit gibt es nicht, weil die Kreuzigung als entehrende Strafe galt. Schon Paulus schrieb an die Gemeinde in Korinth, das Wort vom Kreuz sei eine „Torheit" für die „Verlorenen", d. h. in seiner Parodoxie als Heilsbringer für „Ungläubige" schwer vermittelbar (1 Kor 1,18). Mit dem Dogma von Nicäa, das Gott und Jesus für „wesenseins" erklärte, griff auch für Jesus-Darstellungen das → Bilderverbot (Ex 20,4). Zugleich aber wurde Jesus Christus mit der Erhebung des Christentums zur römischen Staatsreligion im Jahre 380 n. Chr. zum Sinnbild imperialer Macht. Dem entsprachen Bildnisse, die Christus als „Pantokrator" zeigen. Nach vielen Jahrhunderten heftigen Bilderstreites entwickelte sich in der Ostkirche die Ikonenmalerei weiter; in der Westkirche setzte sich die Auffassung durch, dass Bilder zwar nicht verehrt werden dürften, aber durchaus zur Bildung jener Menschen beitragen könnten, die des Lesens unkundig waren.

Rembrandt van Rijn, Das Antlitz Christi, um 1655. Staatliche Museen zu Berlin, Gemäldegalerie, Stiftung Preußischer Kulturbesitz

Die frühesten uns bekannten Kreuzesdarstellungen stammen aus dem 5. Jahrhundert: Sie zeigen Jesus Christus als „Triumphator". Der Tod am Kreuz ist nicht mehr Schmach, sondern Sieg über den Tod: Die Augen sind geöffnet, die Haltung gerade, der Kopf wird von Heiligenschein oder Königskrone geziert. Erst in den Krisenzeiten des Mittelalters (Pest, Hungersnöte, Kriege) wird der Gekreuzigte zum Sinnbild des Leidens. Im 19. Jahrhundert schließlich spiegeln sich → Säkularisierung, Naturalismus und Rationalismus in den Christus-Darstellungen: Schon der Protestant Rembrandt van Rijn, der frei von den Vorgaben kirchlicher Auftraggeber war, zeigte Mitte des 17. Jahrhunderts Jesus Christus mit einem ganz menschlichen, nachdenklichen Antlitz.

In der Moderne finden sich in Christus- und Kreuzesdarstellungen zwar Zitate früherer Ikonografie; insgesamt ist das (Christus-)Bild aber Ausdruck des freien, modernen Individuums.

→ Matthias Grünewald, Die Kreuzigung; äußere Schauseite des Isenheimer Altars, 1512–1516

Das Leiden Jesu: Seite 202

Aufgaben

1 Beschreiben Sie die auf dieser Doppelseite gezeigten bildlichen Darstellungen Jesu Christi. Gehen Sie dabei auf Ihnen ersichtliche bildsprachliche Parallelen (ikonografische Zitate) ein.

2 Recherchieren Sie Informationen zu den genannten Künstlern und beziehen Sie diese Informationen in Ihre Interpretation der jeweiligen Werke mit ein.

Bilder analysieren: Seite 251

3 Der Künstler Arnulf Rainer (* 1929) übermalt seit den 1950er-Jahren eigene und fremde Bilder und Fotos. Recherchieren Sie Rainers „Christusübermalungen" und gestalten Sie eine eigene „Christusübermalung". Begründen Sie Ihre Gestaltungsentscheidungen.

4 Recherchieren Sie im Internet oder mithilfe von Bildbänden Darstellungen Jesu Christi aus verschiedenen Kunst-Epochen oder besuchen Sie ein Kunstmuseum. Entscheiden Sie sich für eine Darstellung, die Ihren Vorstellungen von Jesus Christus entweder in besonderer Weise entspricht oder die Ihren Vorstellungen widerspricht. Setzen Sie sich mit der von Ihnen gewählten Darstellung ausführlich auseinander.

Eine Internet-recherche durchführen: Seite 252

Jesus und Maria?

→ Hetty Krist, Der Kreuzweg: Seite 70

Antoniterkirche Köln: Seite 112

Pietà von 1370, „Gnadenbild", Wallfahrtskapelle Telgte

→ Ernst Barlach, Pietà. Bronze nach einem Modell von 1932, Gertrudenkapelle Güstrow

Maria durch ein Dornwald ging – ein Adventslied

2. Was trug Maria unter ihrem Herzen?
   Kyrie eleison.
   Ein kleines Kindlein ohne Schmerzen,
   das trug Maria unter ihrem Herzen.
   Jesus und Maria.

3. Da haben die Dornen Rosen getragen,
   Kyrie eleison.
   Als das Kindlein durch den Wald getragen,
   da haben die Dornen Rosen getragen.
   Jesus und Maria.

! **Moment mal!**
Was haben Evangelische mit Maria zu tun?

Das Hauptportal auf der Nordseite des Eichstätter Doms

Das Hauptportal auf der Nordseite trägt die Jahreszahl 1396. Es öffnet sich mit einem profilierten Spitzbogen in eine kreuzrippengewölbte Vorhalle. Sein Figurenschmuck verbildlicht das religiöse Programm des Domes. Das farbig gefasste Tympanonrelief über dem Portal zeigt zwei Szenen: den Tod Mariens im Kreise der Apostel (unten) und Maria als Königin des Himmels, zugleich Braut Christi und damit Sinnbild der Kirche, zur Rechten ihres göttlichen Sohnes (oben). Die beiden durch eine Wolkenbank mit Engeln getrennten Ebenen verbindet die hoch aufragende Gestalt Jesu, der fürsorglich die Seele seiner Mutter in Gestalt eines kleinen Mädchens in den Himmel aufnimmt. Im oberen Bildfeld erinnern die knienden Gestalten der Bischöfe Raban Truchsess von Wildburgstetten und Friedrich von Oettingen an die Erbauer des gotischen Langhauses.

Claudia Grund (1963), Kunsthistorikerin*

Aufgaben

1 Stellen Sie zusammen, was Sie an Vorwissen über katholische Marienfrömmigkeit haben. Recherchieren Sie Funktion und Geschichte der Telgter Wallfahrt.

→ Eine Internetrecherche durchführen: Seite 252

2 Erläutern Sie unter Bezugnahme auf die Texte und Bilder dieser Doppelseite die Funktion Marias als Mutter bzw. „Braut“ Jesu und die Konsequenzen, die dies für das Jesusbild hat.

3 431 n. Chr. wurde Maria durch das Konzil von Ephesus als „Gottesgebärerin“ dogmatisiert, obgleich damit eigentlich nur eine Stellungnahme zur Frage verbunden war, ob Jesus „wahrer Gott“ sei. Erörtern Sie mögliche leitende Interessen für den Ausbau und die Unterstützung der Marienfrömmigkeit innerhalb der katholischen Kirche.

4 Lesen Sie den „Lobgesang der Maria“ (Lk 1,46b–55). Vergleichen Sie die literarische Konstruktion und die inhaltlichen Aussagen dieses Lobgesangs mit dem der Hanna in 1 Sam 2,1–14. Beziehen Sie in Ihren Vergleich die Situation der beiden Frauen Hanna und Maria sowie die Aussagen → von der Osten-Sackens zur Rolle des AT für das NT (Seite 53) mit ein.

→ Biblische Belegstellen reflektiert verwenden: Seite 260

Für mich gestorben?

Für dich. Für mich.
Jesus ist gestorben für unsere → Sünden. Das Zeugnis des Neuen Testaments in dieser Hinsicht ist eindeutig. In der Alten Kirche galt dieser Satz uneingeschränkt. Die Reformatoren haben ihn sämtlich geteilt. Weder im evangelischen noch im katholischen Lager wurden Zweifel daran laut.

Das ist heute anders. Menschen fragen: Dieser grässliche Tod – für mich? Weshalb? „Braucht" Gott dieses Sterben? Brauche ich es? Die Bitte im Unser-Vater-Gebet „Erlöse uns von dem Bösen" – die lässt sich doch auch beten, ohne damit die Vorstellung von einer Erlösung durch den Tod Jesu am Kreuz zu verbinden! Gleiches gilt für „Vergib uns unsere Schuld". Geschieht also nicht eine unzulässige Überdramatisierung, wenn es beim Abendmahl heißt: Christi Leib – für dich gebrochen, Christi Blut – für dich vergossen?

Heil machen: Seite 23

Ich meine: Nein, eine unzulässige Überdramatisierung geschieht keineswegs. Denn Jesu Sterben ist mehr als eine persönliche Tragik, die niemand verlangt hat. In Jesu Sterben toben sich die aus, die mich bei Gott zukunftslos machen und mein ewiges Geschick sein wollen: Sünde, Tod und Teufel. Im Sterben Jesu sind sie „erledigt". Mein Gott-Verfehlen, mein Leben, das im Verwesen endet, mein Verstricktsein ins Böse können kein letztes Wort mehr sprechen. Sie sind „verschlungen in den Sieg Jesu", so sagt es der Apostel Paulus.

Was hat Ostern mit Zukunft zu tun?: Seite 178/179

Der Karfreitag ist darum ein Ur-Datum, das unvergleichlich ist. Und auch unersetzlich. Er ist ein Good Friday, wie es im Englischen sehr richtig heißt: „guter" Freitag – dir und mir zugut.

Gewiss: Vergib unsere Schuld, wie auch wir vergeben unsern Schuldigern – diese Bitte könnten wir auch ohne Gedanken an das Sterben Jesu sprechen. Aber diese Bitte lehrt uns ja der, der „an Leib und Seele die ganze Zeit seines Lebens auf Erden, besonders aber an dessen Ende, den Zorn Gottes über die Sünde des ganzen Menschengeschlechts getragen hat" (Heidelberger Katechismus, Frage 37). Von daher herrscht zwischen der vertrauensvollen Bitte an Gott, unseren Vater, und dem Sterben Jesu für dich und mich kein Gegensatz, sondern es besteht ein Zusammenhang.

Manchmal beschleicht mich der Verdacht, dass der Protest gegen das Sterben Jesu für dich und mich Gott in einem Himmel der Gleichmütigkeit bannen will. Aber ist nicht schon das Leben Jesu ein einziger Erweis, dass wir es nicht mit einem gleichmütigen, sondern mit einem liebenden Gott zu tun haben?
Warum das Ende Jesu dann so sein musste? – Ja, das ist müßig zu fragen. Warum muss es dich und mich geben? Auch das lässt sich nicht beantworten. Es gibt dich und mich. Und es gibt das Ur-Datum des Karfreitags, hinter das wir nicht mehr zurückmüssen. Deshalb will ich an dem Sterben Jesu „für mich" festhalten. Ich verstehe es so, dass er, wenn mein Stündlein da ist und mir sonst niemand helfen kann, dass er in diesem seinem Voraussein bei mir ist. Nein, ich „brauche" die klassische Sühnopferlehre nicht. „Brauchen" passt weder so noch so. Auf das „für dich, für mich" will ich aber nicht verzichten, weil es mich tröstet.

Klaus Bröhenhorst (1951), Pastor*

Info – Satisfaktionslehre

Die Satisfaktionslehre, besser: die Satisfaktionstheorie, wurde von Anselm von Canterbury (um 1033–1109) aufgestellt. Anselm von Canterbury war Theologe und Philosoph. Ihm lag daran, das Christentum rational zu

begründen. In seiner Schrift „Cur Deus homo" stellt er in vermeintlich schlüssiger Logik dar, weshalb Gott in Jesus Mensch wurde und am Kreuz starb: Die → Sünde des Menschen, seine Unfähigkeit, nach Gottes Geboten zu leben, stellt für den Geber der Ordnung, also Gott, eine unendliche Beleidigung dar, die der Sühne bedarf. Der Mensch als endliches Wesen ist nicht in der Lage, solche unendliche Beleidigung zu sühnen. Deshalb bedurfte es einer göttlichen Wiedergutmachung und Erlösung. Jesu Tod am Kreuz gilt Anselm von Canterbury als eine solche Sühneleistung, die ein für alle Mal die göttliche Ordnung wiederherstellt.

Er ist erstanden, Halleluja

2. Er war begraben, drei Tage lang. Ihm sei auf ewig Lob, Preis und Dank;
denn die Gewalt des Tods ist zerstört; selig ist, wer zu Jesus gehört.
Lasst uns lobsingen vor unserem Gott, der uns erlöst hat vom ewigen Tod.
Sünd ist vergeben, Halleluja! Jesus bringt Leben, Halleluja!
3. Der Engel sagte: „Fürchtet euch nicht! Ihr suchet Jesus, hier ist er nicht.
Sehet, das Grab ist leer, wo er lag: Er ist erstanden, wie er gesagt."
Lasst uns lobsingen vor unserem Gott, der uns erlöst hat vom ewigen Tod.
Sünd ist vergeben, Halleluja! Jesus bringt Leben, Halleluja!
4. Geht und verkündigt, dass Jesus lebt, darüber freut sich alles, was lebt.
Was Gott geboten, ist nun vollbracht: Christ hat das Leben wiedergebracht.
Lasst uns lobsingen vor unserem Gott, der uns erlöst hat vom ewigen Tod.
Sünd ist vergeben, Halleluja! Jesus bringt Leben, Halleluja!
5. Er ist erstanden, hat uns befreit; dafür sei Dank und Lob allezeit.
Uns kann nicht schaden Sünd oder Tod, Christus versöhnt uns mit unserm Gott.
Lasst uns lobsingen vor unserem Gott, der uns erlöst hat vom ewigen Tod.
Sünd ist vergeben, Halleluja! Jesus bringt Leben, Halleluja!

Aufgaben

1 Vergleichen Sie Text, Takt und Melodie des abgedruckten Liedes „Er ist erstanden" mit dem klassischen Osterlied „Christ ist erstanden" (EG 99) im Hinblick auf die jeweils zugrunde liegende Deutung des Todes Jesu.

2 Erstellen Sie aus den Passionsgeschichten in den vier Evangelien eine Übersicht, wer jeweils von den Evangelisten als beteiligt oder/und verantwortlich an Jesu Verurteilung und Hinrichtung benannt wird.

Passion: Seite 268

Jesu Tod als Opfer – nein danke!?

Kreuz. Feministisch-theologische Kritik

In den Diskussionen zu diesem Thema ist es wichtig, zwei Ebenen klar zu unterscheiden: *Kreuz* bzw. *Kreuzigung*, eine der brutalsten Todesstrafen des Römischen Reiches, und die *theologischen Interpretationen* davon. Die Kritik feministischer Theologinnen betrifft die theologischen Deutungen und den Stellenwert, der diesen im Glaubensgebäude gegeben wurde und wird. Das Kreuz als Zeichen, das verschiedene Kreuzigungen erinnern kann, denen Frauen und Männer in der Vergangenheit und Gegenwart zum Opfer (*victim*) gefallen sind, wird nicht kritisiert.

Symbole/ Zeichen: Seite 270

Die biblischen Texte zeugen von einer Vielfalt theologischer Interpretationen. Auch die folgenden Generationen haben die Kreuzigung immer wieder neu gedeutet. Letztlich wird Antwort auf die Frage gesucht: „Was hat Gott mit dem Kreuz Jesu zu tun?" Von dieser theologischen Struktur her lassen sich die Interpretationen in zwei Gruppen zusammenfassen: Was am Kreuz geschehen ist, entspricht dem Willen Gottes oder aber es ist Ausdruck der Solidarität Gottes mit den Gefolterten.

Wille Gottes

Satisfaktions- lehre: Seite 121

Diese Gruppe versteht die Kreuzigung Jesu als Zentrum eines göttlichen Heilsplans, dargestellt als Sühnetod für die → Sünden, Loskauf aus der Macht des Bösen, Opfer (*sacrifice*) zum Heil der Welt, oder als Genugtuung für die Vergehen der Menschen gegenüber Gott usw. Gott hält die Fäden in der Hand, Jesus als Sohn Gottes erfüllt den Heilsplan gehorsam.

Feministische Theologinnen lehnen diese Art von Interpretationen einstimmig ab: Es würden ein sadistisches opfersüchtiges *Gottesbild* und *Erlösungsvorstellungen* tradiert, die Frauen erneut in zerstörerische weibliche Rollen einbinde: in der Nachfolge Jesu sich aufopfern für andere, Stellvertretung für andere, aus Liebe leiden für andere, Gehorsam bis zum Tod. Mit der Instrumentalisierung des Sohnes für die Heilspläne Gottes werde letztlich göttlicher Kindesmissbrauch verkündet. Grundlage dieser Interpretationen sei ein negatives *Menschenbild* (der Mensch ist fähig zur Schuld, aber Sühne leisten dafür muss der Sohn Gottes) und ein *Sündenverständnis*, das Autonomie- und Befreiungsbestrebungen verhindert. Problematisiert wird auch die Exklusivität Jesu in diesen Theologien: Nur seinem Leiden als Sohn Gottes werde erlösende Funktion zugeschrieben, obwohl andere nicht weniger litten, höchstens länger.

Grundproblem dieser Interpretationen ist, dass sie einem „Opfer *von*" unterdrückerischen Herrschaftsstrukturen (*victim*) Sinn zusprechen, mehr noch, es zu einem Opfer für die Welt (*sacrifice*), zum zentralen Akt im göttlichen Heilsplan machen. So wird die Gewalt der Unterdrücker als Heilmittel für die Unterdrückten ausgegeben. Menschen werden an sinnvolle und notwendige Opfer (*victim* als *sacrifice*) gewöhnt. Damit wird eine Gewaltakzeptanz geschaffen, die nicht primär im Interesse dieser Theologien liegt, aber Menschen gegen ebensolche Redeweisen im gesellschaftlich-ökonomischen Bereich unempfindlich macht. Mit dem Einbezug des Kreuzes in einen göttlichen Heilsplan werden zudem die Gewalttäter zu bloßen Vollzugsorganen gemacht oder ganz zum Verschwinden gebracht. In beiden Fällen bleiben sie unangetastet. Diese Kreuzestheologien tragen so zur *Aufrechterhaltung von Gewaltstrukturen* bei.

Solidarität Gottes

Die zweite Gruppe theologischer Kreuzinterpretationen versteht die Hinrichtung Jesu nicht als Willen Gottes. Gott solidarisiere sich in Jesus mit all den anderen Frauen und Männern, die wie Jesus umgebracht wurden und werden, weil sie sich für das Reich Gottes einsetzen. Er teile mit den Menschen die tiefen Demütigungen. Im Kreuz zeige sich die freiwillige Hingabe Gottes bis zum Letzten. Dies sei, wovon die Welt letztlich lebe. Das Kreuz wird interpretiert als Zeichen der Befreiung und Erlösung. Die Kreuzigung Jesu (oft auch verharmlosend „Tod Jesu" genannt) wird gedeutet als „irdische Konsequenz seiner Botschaft vom Reich Gottes", als Konsequenz seines Engagements für → Gerechtigkeit oder als unausweichliche Konsequenz der Übereinstimmung mit dem Willen Gottes (= Ja zum Leben für alle). Die Freiwilligkeit des Leidens Jesu wird betont, sein aktives Gehen in die → Passion. Jesus sei kein Opfer *(victim)*, sondern sich Hingebender für das Leben der Menschen. Diese Freiwilligkeit mache das Kreuz zum Lebensbaum.

Gottes Reich und die Kirche: Seite 136

Würdigung und Kritik

Der Seitenwechsel Gottes, den diese Kreuzestheologien ausdrücken, ist wichtig. Das Bild eines solidarischen Gottes lässt sich aber meines Erachtens an vielen anderen Geschichten des Ersten und Zweiten Testaments ebenso gut oder besser sichtbar machen. In allen Interpretationen wird die Freiwilligkeit des Leidens Jesu, sein aktives In-die-Passion-Gehen hervorgehoben. Allerdings liegt hier ein Kurzschluss vor: Das Engagement für Gerechtigkeit ist freiwillig, nicht aber Kreuzigung und Leiden, das Mächtige verordnen. Erlösungs- und Befreiungsprozesse werden nicht durch Kreuzigungen genährt, sondern durch das Engagement von Frauen und Männern. Ihr Engagement ist Widerstand (nicht das Kreuz) und unser Erinnern und Benennen. Benennen wir die Gewalttäter, erzählen wir von den Menschen, die ihnen zum Opfer *(victim)* gefallen sind, aber hüten wir uns, sie als sinnvolle Opfer *(sacrifice)* zu interpretieren, ihrer Hinrichtung Freiwilligkeit zu unterstellen und sie für ein gutes Ziel zu verzwecken!

→ Regula Strobel (1956), Theologin*

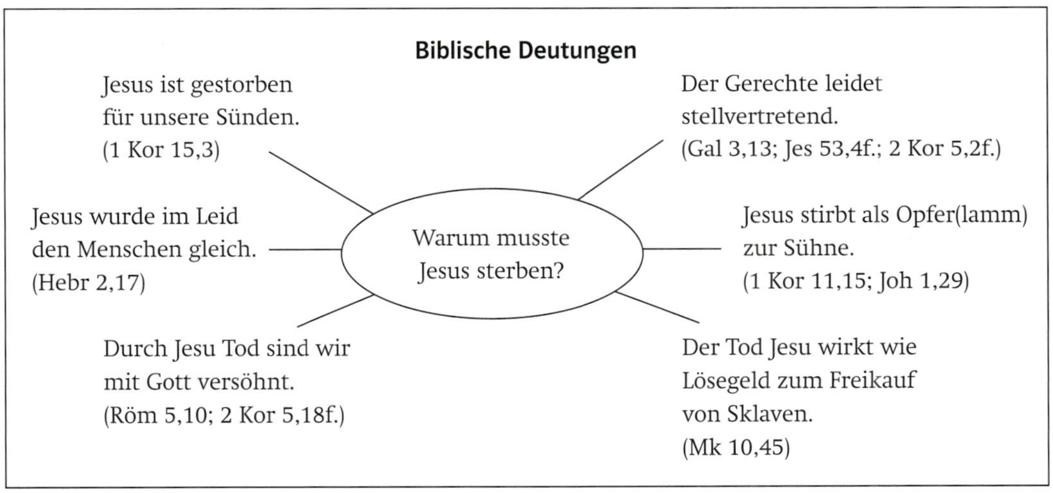

Aufgaben

1 Geben Sie mit eigenen Worten wieder, welche Positionen Strobel referiert und welche sie selbst vertritt.

2 In der Vergangenheit waren es vor allem Frauen, die die Deutung des Kreuzestodes als Opfer ablehnten. Stellen Sie eine begründete Hypothese auf, weshalb das so war.

3 Die theologische Forschung ist sich einig, dass das Todesurteil für Jesus von den Römern gefällt wurde. Erst später wurde in die Evangelien eingetragen, Juden (oder gar „die" Juden) trügen Verantwortung für Jesu Tod. Überprüfen Sie Strobels Text im Hinblick darauf, ob und wie diese „Schuldfrage" angesprochen, geklärt oder verschleiert wird.

Der Prozess Jesu: Seite 78

Texte analysieren: Seite 250

„Ich glaube an die Auferstehung der Toten"?

Zur Frage nach der → Auferweckung der Toten (1 Kor 15)

„Jede Erlösungslehre hat den Nachteil, dass sie die Poesie, den Bereich des Unvollendeten, aufhebt. Ein Dichter, der nach Erlösung strebte, beginge Verrat an sich selbst: die Heilsgewissheit bedeutet den Tod des Gesanges, die Verneinung von Kunst und Geist" (Emil M. Cioran). Erlösung versus unvollendeter Körperlichkeit? Paulus konstatiert einen Riss – sichtbar im Tod: „Es wird gesät ..." In die Erde gelegt, tot ... Da ist nichts mehr. „Was du säst, wird nicht lebendig, wenn es nicht stirbt." Und was kommt, ist nicht abzuleiten aus dem, was war. „Gott aber gibt ihm einen Leib, wie er will, einem jeden Samen seinen eigenen Leib." Eine wie auch immer kolorierte Erlösungshoffnung unterliegt dem Tod wie jede menschliche Regung. Der Leib der → Auferstehung wird aus dem Nichts gerufen wie die Schöpfung am Anfang, geschaffen aus dem Tod. Wenn es eine Beziehung zwischen Totem und Kommendem gibt, dann in keinem verständlichen Sinn, in keiner Zuordnung der Sprache – nur im Geheimnis: „Wir werden aber alle verwandelt werden; und das plötzlich ... in einem Augenblick, zur Zeit der letzten Posaune" (1 Kor 15,51–52). Was hier in apokalyptischer Sprache erscheint, hat keine Zeitstruktur, ist amorph. Es geht um etwas, das die Zeit verwandelt. Sie ist aufgehoben, wie der Mensch in ihr, und alles ist offen. „Der Herr ist auferstanden!" Dieser Ruf am Anfang dessen, was man Christentum zu nennen gewohnt ist, bezeichnet eine radikale Öffnung, die nie mehr zurückfindet, die immer nach vorn fällt: „Denn wir haben hier keine bleibende Stadt, sondern die zukünftige suchen wir" (Hebr 13,14). Sichtbar wird, was unsichtbar bleibt – jenseits der Grenze der Wahrnehmungen und doch *in* den Bildern. Erhofft wird: alles in einem anderen Licht. Der Glaube ist auch an dieser Stelle nicht mit sich identisch, er hat keine schlüssige Gestalt, hat kein Wissen und keine Formel für die Auferstehung, oder er ist nicht christlich.

→ Christian Lehnert (1969), Dichter und Theologe*

Alles vergeblich oder alles beglaubigt?

Ein Bild des spanisch-italienischen Malers José de Ribera zeigt einen Gott mit leerem Blick, einen untröstlichen Vater [vgl. Seite 110]. Das Gesicht dieses Vaters drückt reinen, sehr großen Schmerz aus. Der Schmerz sitzt auch in den Händen. Sie halten nicht den Sohn, sie greifen in die Dornenkrone auf seinem Kopf. Es gibt keinen Zweifel: Der Vater, der nicht zu spüren scheint, wie die Dornen in seine Finger stechen, ist ein erschütterter, ein fassungsloser Gott. Einer, der die Welt nicht mehr versteht, obwohl er es doch ist, der sie aus sich hervorgebracht hat. Er wirkt so, als sei er gar nicht mehr fähig gewesen, Antwort auf die verzweifelte Frage zu geben: *Mein Gott, mein Gott, warum hast du mich verlassen?* Gott kann sein Schweigen auf den Ruf des Sohnes hin – *Warum hast du mich verlassen?* – nie mehr vergessen, und der Schmerz, was Menschen einander antun, wohnt fortan auch in ihm selbst. Denn in der → Passion Jesu ist er zu einem Gott geworden, der weiß, wie es ist, zu leiden und zu sterben. Das Bild des José de Ribera könnte diese Deutung stützen. Nachdem Gott *einmal* so leer in die Welt geblickt hat, wird er nie mehr der Unberührte, der Souveräne, der kühl über das Ganze Verfügende sein können, als der er so oft gedacht wurde und wird. Bei alldem aber ist es unentbehrlich, dass Gott den Tod Jesu überlebt. Es „muss" eine Fortsetzung geben, in der es heißen kann: „Was sucht ihr den Lebenden bei den Toten? Er ist nicht hier, er ist auferstanden" (Lk 24,5f). Der Gekreuzigte, der tatsächlich in einem entscheidenden Moment *sich selbst nicht helfen* konnte, wird dann wieder eine helfende und hilfreiche Gestalt sein. Und er wird in dem Sinn vom Kreuz herabsteigen, dass deutlich wird: Hier, in der Ohnmacht, enden seine Wege nicht. Die Nacht des Karfreitags wird übergehen in das Licht des Ostermorgens früh am dritten Tag. Und allmählich wird deutlich werden, was das bedeuten kann: Der am Kreuz Gestorbene ist von den Toten auferweckt.

Wie zeigt sich Gott in Christus?: Seite 202/203

→ Klaus Eulenberger (1946), Pastor*

Ostern
Die glocken läuteten,
als überschlügen sie sich vor freude
über das leere grab
Darüber, dass einmal
etwas so tröstliches gelang,
und dass das staunen währt
seit zweitausend jahren
Doch obwohl die glocken
so heftig gegen die mitternacht hämmerten –
nichts an finsternis sprang ab

→ Reiner Kunze (1933), Dichter*

Was hat Ostern mit Zukunft zu tun?: Seite 178/179

Über auferstehung
Sie fragen mich nach der auferstehung
sicher sicher gehört hab ich davon
dass ein mensch dem tod nicht mehr
entgegenrast
dass der tod hinter einem sein kann
weil vor einem die liebe ist
dass die angst hinter einem sein kann
die angst verlassen zu bleiben
weil man selber gehört hab ich davon
so ganz wird dass nichts da ist
das fortgehen könnte für immer

Ach fragt nicht nach der auferstehung
ein märchen aus uralten zeiten
das kommt dir schnell aus dem sinn
ich höre denen zu
die mich austrocknen und kleinmachen
ich richte mich ein
auf die langsame gewöhnung ans totsein
in der geheizten wohnung
den großen stein vor der tür

Ach frag du mich nach der auferstehung
ach hör nicht auf mich zu fragen

→ Dorothee Sölle (1929–2003), Theologin

! Moment mal!
Heißt es nun Auferstehung oder Auferweckung?

Aufgaben

1 Analysieren Sie die Texte auf dieser Doppelseite im Hinblick darauf, wie der jeweilige Autor/die jeweilige Autorin → „Auferweckung“ interpretiert.

Texte analysieren: Seite 250

2 In den 1960er-Jahren gab es eine heftige theologische Debatte um die Frage, ob → „Auferstehung“ als „Ereignis“ oder als eine „Vision“ der Jünger zu verstehen sei. Erörtern Sie, wie Lehnert im Jahr 2013 und Eulenberger im Jahr 2014 dieses Problem lösen.

3 Ein Gedicht von → Kurt Marti beginnt mit dem Satz „ihr fragt / wie ist / die auferstehung der toten? / ich weiß es nicht“. Schreiben Sie das Gedicht zu Ende.

4 Vergleichen Sie verschiedene bildnerische Darstellungen von → Auferstehung, zum Beispiel die von Alfred Mannesier mit der von Matthias Grünewald.

Bilder analysieren: Seite 251

5 Schreiben Sie einen Andachtstext zu einer Kreuzesdarstellung Ihrer Wahl.

Meditations- und Andachtstexte schreiben: Seite 259

Vergibt Gott alles?

Vergebung ist ein Wunder

„Zu groß ist meine Schuld, um sie zu tragen", klagt Kain, nachdem er seinen Bruder Abel erschlagen hat. Dass Kain die Schuld des Brudermordes vergeben wird – davon spricht die Bibel nicht. Aber Gott macht Kain diese ungeheure Last erträglich. Kain wird gezeichnet sein, aber eben dieses Zeichen, das Kainsmal, hält ihn am Leben, bewahrt ihn vor den Bluträchern und davor, an seiner Schuld zugrunde zu gehen.

Schuld ist eine schwere Bürde, die nicht einfach im Handumdrehen aus der Welt geschafft werden kann, als sei es menschenmöglich, ungeschehen zu machen, was wir getan haben, als könnten wir gar den zugefügten Schaden wiedergutmachen. Schuld ertragen, sie aber nicht nachtragen; Schuld aushalten, sie aber nicht vorhalten – wenn ein solcher Umgang mit Schuld möglich ist, dann ist ein wichtiger Schritt getan. Dann braucht Schuld weder geleugnet noch verharmlost werden, dann sind die Bemühungen um Selbstentschuldigung und die Suche nach einem Sündenbock fehl am Platz. Und gleichzeitig wird es unmöglich, einen Menschen gnadenlos mit seinem Unrecht zu identifizieren oder ihn wegen seiner Schuld für immer abzuschreiben.

Auch → Vergebung löscht die Schuld nicht aus und macht das Getane oder Versäumte nicht rückgängig. Aber sie ermöglicht es, dass Menschen nicht auf Dauer bestimmt bleiben von dem Unrecht, das sie begangen haben, dass ihr Leben nicht zur Folge einer einzigen Tat zusammenschrumpft. Vergebung ist, so hat es die Philosophin → Hannah Arendt formuliert, Entbindung. Der Neuanfang, den die Vergebung schenkt, kommt dem Wunder der Geburt gleich – mitten im Leben.

Doch was lässt sich vergeben? Die alltäglichen Versehen, die uns unterlaufen, weil wir Menschen sind und als solche fehlbar? Ja, die gewiss, denn das hätte mir ja auch passieren können: „Sorry, tut mir leid!" Aber wie steht es um Vergehen, bei denen Menschen an Leib und Seele zu Schaden kommen? Wie gar um Verbrechen, die zu beschreiben uns die Worte fehlen? Sind sie vergebbar? Zum 65. Jahrestag der Befreiung des Konzentrationslagers Buchenwald wird besonders der Kinder gedacht, die in Buchenwald gequält und getötet worden sind. Gibt es größere Schuld, als sich an Kindern zu vergehen?! „Wenn ich an die Kinder denke … wenn ich an die Kinder denke, muss ich weinen. Ich erinnere mich an die Kinder, die einfach so, still und brav, ohne zu schreien, ohne zu klagen, in den Tod gingen. Ich frage mich, wie sie das tun konnten. Weißt du, Jorge, ich hoffe, dass ihren Mördern niemals verziehen wird. Ich will nicht, dass Gott ihnen verzeiht, was sie den Kindern angetan haben. Niemals." Ich lese diese Sätze aus einem Gespräch zwischen Jorge Semprun und → Elie Wiesel, beide ehemalige Häftlinge in Buchenwald, mit großem Respekt – und zugleich tief erschrocken. Denn sie weisen auf den Missbrauch der Vergebung hin. Sie erheben Einspruch gegen die Forderung, alles und immer vergeben zu müssen, und gegen eine Praxis, die allzu schnell den Zuspruch der Vergebung Gottes parat hält.

↔ Elie Wiesel als Auschwitz-Überlebender: Seite 82, 86

Jenseits von Vergebungszwang und Vergebungsautomatismus, ist die Langsamkeit der Vergebung zu würdigen. Es ist zu respektieren, wenn die Bitte um Vergebung unerhört bleibt oder zurückgewiesen wird. Es ist auszuhalten, dass Menschen Zeit brauchen, um vergeben zu können, und dass dafür oft dieses eine Leben nicht ausreicht. Vergebung ist nicht der alltägliche Normalfall des Umgangs mit Schuld. Sie ist und bleibt ein Wunder. Als solches speist sie sich aus der Hoffnung, dass Gott einst alle, Opfer wie Täter, aber je auf andere Weise, zurechtbringen wird, um so allererst den Weg der Vergebung und Versöhnung freizumachen.

↔ Wie kann man im Unglück noch an Gott glauben?: Seite 86/87

Dass Gott nicht über die Köpfe der Opfer hinweg den Tätern und Täterinnen vergebe, sondern dass er einst beide heilsam verwandle, damit die einen um Vergebung bitten und die anderen sie gewähren können – das ist meine Hoffnung. Bis dies geschieht, können wir nur bitten: „Vergib uns unsere Schuld, wie auch wir vergeben unsern Schuldigern." Die fünfte Vaterunserbitte nimmt die zwischenmenschliche Vergebung ins Gebet und macht damit deutlich: Nicht nur die

Vergebung, auch das Vergebenkönnen ist Gabe. Über sie verfügen wir nicht und sie dürfen wir darum bei anderen auch nicht einklagen. Diese Gabe können wir uns nur schenken lassen. Vor allem aber müssen wir darauf hoffen, dass Gott sie denen gewährt, an denen wir schuldig geworden sind. Denn wer, wenn nicht Abel, sollte Kain vergeben können?!

→ *Magdalene Frettlöh (* 1959), Theologin*

→ **George Grosz, Kain oder Hitler in der Hölle, 1944**

! Moment mal!
Vergibt Gott denn nicht jedem?

Aufgaben

1 Erstellen Sie eine Grafik, in der die Beziehungen zwischen den zentralen Begriffen des Textes von Frettlöh deutlich werden.

→ Grafisieren: Seite 254

2 Frettlöh wie Bröhenhorst (Seite 120, Seite 126 f.) gehen auf die Vaterunser-Bitte „Vergib uns unsere Schuld" ein. Erläutern Sie, in welchem Zusammenhang diese Bitte jeweils ins Spiel kommt.

3 Recherchieren Sie Beispiele zwischenmenschlicher → Vergebung und zwischenstaatlicher Versöhnung (deutsch-französische Freundschaft, deutsch-polnische Aussöhnung, Wahrheitskommissionen in Südafrika nach dem Ende der Apartheid, Umgang mit Tätern und Opfern nach dem Genozid in Ruanda usw.). Beurteilen Sie die Maßnahmen und den Erfolg.

→ Eine Internetrecherche durchführen: Seite 252

4 Psychoanalytikerinnen und -analytiker sprechen lieber von der Aufgabe erwachsener Menschen, sich mit der eigenen Vergangenheit innerlich auszusöhnen oder Verletzungen in das eigene Selbstbild zu integrieren, als etwaigen Tätern zu vergeben. Benennen Sie Grenzen zwischenmenschlicher → Vergebung.

5 Analysieren Sie das Bild von → George Grosz.

→ Bilder analysieren: Seite 251

Wer ist Jesus als Christus?

Vittore Carpaccio (lange Giovanni Bellini zugeschrieben), Das Emmaus-Mahl, um 1513. Kirche San Salvatore in Venedig, Kopie eines privaten Andachtsbildes

Aufgaben

1 Beschreiben Sie das Bild und die Bildkomposition möglichst genau.

2 Entwickeln Sie einen Bild-Dialog zwischen zwei der fünf auf dem Bild dargestellten Personen. Lesen Sie die Emmaus-Geschichte Lk 24,13–35 nach.

→ Biblische Belegstellen reflektiert verwenden: Seite 260

→ Bilder analysieren: Seite 251

3 Die Darstellung eines Muslims und eines Juden neben den beiden Emmaus-Jüngern ist höchst ungewöhnlich und vermutlich nur der Tatsache geschuldet, dass das Bild keine kirchliche Auftragsarbeit war, sondern ursprünglich von einem Privatmann zu seiner persönlichen Andacht bei dem Maler bestellt wurde. Interpretieren Sie vor diesem Hintergrund die Gesamtdarstellung der Emmaus-Szene.

Wissen

- Vergleichen Sie die vier Evangelien im Hinblick darauf, ob und wie Tod und → Auferstehung Jesu vom jeweiligen Evangelisten gedeutet werden.
- In der katholischen wie evangelischen Abendmahlsliturgie gibt es nach den Einsetzungsworten den Antwortgesang (Liturg/Liturgin:) „Geheimnis des Glaubens:“ (Gemeinde:) „Deinen Tod, o Herr, verkünden wir, und deine → Auferstehung preisen wir, bis du kommst in Herrlichkeit“ (EG 189). Interpretieren Sie diesen Teil der Liturgie in Bezug auf Tod und Auferstehung Jesu Christi.
- Informieren Sie sich über die „Sieben letzten Worte Jesu Christi am Kreuz“. Schreiben Sie zu einem der sieben Worte einen Text für eine Passionsandacht.
- Recherchieren Sie das Gedicht „Manchmal stehen wir auf …“ von Marie Luise Kaschnitz und vergleichen Sie Kaschnitz’ Vorstellung von → Auferstehung mit der → Kurt Martis (Seite 125, Aufgabe 3) und → Reiner Kunzes (Seite 125).

→ Meditations- und Andachtstexte schreiben: Seite 259

→ Texte analysieren: Seite 250

Können

- Untersuchen Sie die im Evangelischen Gesangbuch (EG) abgedruckten Passionslieder (EG 75–98) im Hinblick auf ihre Entstehungszeit und im Hinblick auf die in ihnen vertretene Antwort auf die Frage „Warum musste Jesus sterben?“. Hinweis: Hörproben finden sich für die meisten Lieder im Internet.
- Entscheiden Sie sich für eins der Passionslieder, mit dem Sie sich intensiver auseinandersetzen möchten. Wählen Sie eine Strophe aus und erstellen Sie ein Konzept für eine visuelle Gestaltung: Montieren Sie in ein aktuelles Foto den entsprechenden Text, sodass Bild- und Textbotschaft miteinander ins Gespräch kommen. Begründen Sie Ihre Gestaltungsentscheidung schriftlich.
- Überarbeiten Sie Ihren Brief an Mirjam (Seite 112) und integrieren Sie in die Überarbeitung das in diesem Kapitel Gelernte.

↔ Satisfaktionslehre: Seite 121

→ Adressatenbezogene Texte verfassen: Seite 253

Anwenden

- Stellen Sie sich vor, dass Ihr kleiner Neffe Sie bei einem Kirchenbesuch fragt: „Warum hängt Jesus am Kreuz?“ – Entwickeln Sie einen Text, in welchem Sie in kindgerechter Sprache auf diese Frage antworten.
- Schreiben Sie einen Lexikoneintrag, ein Gedicht und eine Liedstrophe zum Thema → „Auferweckung“. Gestalten Sie auch eine bildnerische Darstellung. Tauschen Sie sich anschließend darüber aus, welche Art des Umgangs mit dem Thema Ihnen leicht- oder schwerfiel und woran das liegen könnte.
- Die Buber-Rosenzweig-Medaille wird seit 1968 von den Gesellschaften für Christlich-Jüdische Zusammenarbeit verliehen. Porträtieren Sie eine Preisträgerin oder einen Preisträger nach eigener Wahl und erläutern Sie den Zusammenhang mit Leben und Werk Franz Rosenzweigs.
- Schreiben Sie eine Filmkritik zu einem Ihnen bekannten Kinofilm, in dem sich ein Protagonist für das (Über-)Leben vieler opfert.

→ Adressatenbezogene Texte verfassen: Seite 253

→ Adressatenbezogene Texte verfassen: Seite 253

→ Filme analysieren: Seite 255

7 Ist Kirche das, was Jesus wollte?

Wenn Sie dieses Kapitel bearbeitet haben, können Sie ...

- kirchliches Handeln vor dem Hintergrund des Auftrags und des Selbstverständnisses der Kirche bewerten.
- grundlegende Aspekte und Herausforderungen des evangelischen Kirchenverständnisses entfalten.
- die Bedeutung der Bibel und der Geschichte Jesu Christi für das Selbstverständnis und die Botschaft der christlichen Kirchen darlegen.
- Jesu Botschaft vom Reich Gottes anhand der Gleichnisse, der Bergpredigt und der Wundererzählungen darstellen.
- Lebensorientierungen und Hoffnungsperspektiven erläutern, die sich aus den Reich-Gottes-Verkündigungen ergeben.
- das Verhältnis von Kirche und Staat an ausgewählten Beispielen der Kirchengeschichte beurteilen.
- Bedingungen, Möglichkeiten und Grenzen kirchlichen Handelns angesichts der Herausforderungen im 21. Jahrhundert analysieren.

Was können Sie schon?

- die Aufgaben von Kirche als Gemeinschaft erklären
- Unterschiede zwischen evangelischer und katholischer Kirche aufzeigen
- Jesu Wirken und Lehre an Beispielen aufzeigen
- die reformatorischen Grundeinsichten erklären
- einige Wundergeschichten wiedergeben und deuten
- einige Gleichnisse Jesu wiedergeben und deuten
- die Bedeutung der Kirchen in der Gesellschaft beurteilen

Wie christlich ist das kirchliche Handeln?

Im Juni 2013 nimmt der Hamburger Pastor Sieghard Wilm 80 Flüchtlinge in der St. Pauli-Kirche auf, die von der italienischen Insel Lampedusa abgeschoben wurden. Er beherbergt sie etwa 180 Tage lang auf Isomatten und mit Schlafsäcken in der Kirche. Außen wird ein Transparent aufgehängt, auf dem „Embassy of Hope" (Botschaft der Hoffnung) steht. Auch nach dieser Zeit wohnen die Flüchtlinge noch in Containern auf dem Gelände der St.-Pauli-Kirche und zwei weiterer Kirchen in Hamburg. Der folgende Text ist ein Auszug aus der Dankesrede Pastor Wilms für den Helmut-Frenz-Preis, den die Gemeinde für die geleistete Hilfe erhalten hat.

So ist es ja: Schwierig sind für uns nicht die Bibelstellen, die wir nicht verstehen. Sondern schwierig sind die Bibelstellen, die wir sehr wohl verstehen:

Brich dem Hungrigen dein Brot.
Die im Elend wandern,
führe in dein Haus hinein;
trag die Last der andern.

Das haben wir verstanden und auch, dass Barmherzigkeit nicht anders kann, als auch politisch zu sein. Diakonisches Handeln der Kirche ist immer auch politisches Handeln. Insofern war und ist die humanitäre Nothilfe eine monatelange Demonstration. Demonstriert wurde damit: Ja, es geht. Und was auf St. Pauli geht, geht auch in Ottensen oder Iserbrook und an so viel anderen Orten. Vielleicht haben wir andere ermutigen können im Sinne von Helmut Frenz, dem Ermutiger so vieler. Zur Arbeit mit und für Flüchtlinge braucht es Mut, sich neben die Ohnmacht zu setzen und gemeinsam aufzustehen. Flüchtlingsarbeit heißt immer wieder, etwas anzufangen, von dem man nicht weiß, wie es ausgeht.

Aufgabe

Auch in Ihrem Ort sind Flüchtlinge angekommen, die um Asyl bitten. Auf einer Gemeindeversammlung in Ihrer Gemeinde soll darüber abgestimmt werden, ob Flüchtlinge aufgenommen werden können. Entwickeln Sie einen Standpunkt, den Sie vor anderen auf dieser Versammlung vertreten.

Dazu ist es wichtig, ...

- das Selbstverständnis der evangelischen Kirche herauszuarbeiten.
- auf die biblischen Fundamente der Lehre Jesu Christi einzugehen.
- die verschiedenen Aufgaben von Kirche gegeneinander abzuwägen.

Gemeinsames Wort der Kirchen zu den Herausforderungen durch Migration und Flucht

(98.) Unter den Geboten Gottes gibt es wenige, die dem Schutzgebot gegenüber Fremden und Flüchtlingen an Gewicht und Eindeutigkeit gleichkommen. Die Fremden stehen unter dem unbedingten Schutz Gottes. Der Begründungszusammenhang liegt in den Erfahrungen, die Israel in der Fremde gemacht hat: „Einen Fremden sollst du nicht ausbeuten. Ihr wisst doch, wie es einem Fremden zumute ist; denn ihr selbst seid in Ägypten Fremde gewesen." (2. Mose/Ex 23,9). Israel kann sich in die Situation, in das innerste Fühlen von Fremden hineinversetzen; darum ist ihm zuzumuten und von ihm zu erwarten, dass es mit Fremden so umgeht, wie es recht ist und wie es Gott will.

(99.) In der Selbstoffenbarung Gottes im 1. Gebot stellt er sein befreiendes Handeln vor: „Ich bin Jahwe, dein Gott, der dich aus Ägypten geführt hat, aus dem Sklavenhaus. Du sollst neben mir keine anderen Götter haben." (2. Mose/Ex 20,2.3) Dieses 1. Gebot macht die Befreiung von Sklaverei und Unterdrückung zum unvergesslichen und unablösbaren Attribut Gottes. Darum rücken Fremde, also Menschen, die von Gleichgültigkeit, Missachtung und Unterdrückung bedroht sind, in die Mitte der Schutzbestimmungen Gottes.

(104.) Das Neue Testament erhebt die Liebe zum Nächsten zum grenzüberwindenden Gebot. Im Gleichnis vom guten Samariter (Lk 10,25–27) wird deutlich, dass nicht nur derjenige, der einem selbst durch familiäre oder ethnische Bindungen nahesteht, geliebt werden und damit zu seinem Recht kommen soll. Nicht ein bestimmter Nahestehender verlangt Zuwendung und Hilfe, vielmehr macht das umfassende Liebesgebot umgekehrt auch einen bisher fernstehenden Menschen zum Nächsten.

Wie sieht christliches Engagement aus?: Seite 66/67

(106.) Besonders eindrücklich spiegelt die Apostelgeschichte im Pfingstbericht die Vision vom Reich Gottes wider, das alle nationalen Grenzen übersteigt. Der göttliche Pfingstgeist ermöglicht es den unterschiedlichsten Völkern, die Botschaft vom Anbruch einer neuen Zeit in der jeweils eigenen Sprache zu vernehmen und so zu einer Einheit in Vielfalt zusammenzuwachsen (Apg 2,1–14).

Wie kann man sich das Reich Gottes vorstellen?: Seite 176/177

Gemeinsame Erklärung des Rates der Evangelischen Kirche in Deutschland und der Deutschen Bischofskonferenz: Gemeinsame Texte 12, 1997

Info – Kirchenasyl

Kirchenasyl ist die zeitlich befristete Aufnahme von Schutzsuchenden in Räumen, in denen die Kirchengemeinde Hausrecht ausübt. Schutz wird Menschen gewährt, deren Abschiebung oder Überstellung in ein anderes Land voraussichtlich eine Gefahr für Leib, Leben oder → Freiheit der betroffenen Personen oder eine Verletzung ihrer → Menschenwürde und Menschenrechte darstellen würde. Während des Kirchenasyls werden alle in Betracht zu ziehenden rechtlichen, sozialen und humanitären Gesichtspunkte geprüft. Dabei gelingt es in vielen Fällen, dass Entscheidungen erneut überprüft und auch revidiert werden.
Kirchenasyl wird immer von einer Kirchengemeinde gewährt. Grundlage ist ein möglichst einmütiger Beschluss ihres Leitungsgremiums (Presbyterium), basierend auf einer Gewissensentscheidung. Das Kirchenasyl soll jedoch von der gesamten Kirchengemeinde getragen und gestaltet werden. Hierzu wird in der Regel ein Unterstützungskreis gebildet, der die praktische Durchführung übernimmt.

Menschenwürde/ Menschenrechte: Seite 62/63

Aufgaben

1 Recherchieren Sie, welche Fälle von Kirchenasyl es in Ihrer Umgebung gibt und gegeben hat.

2 In Lampedusa sind Tausende Flüchtlinge aus Afrika auf völlig überladenen Schiffen angekommen, viele dieser Schiffe sind verunglückt, bevor sie angekommen sind. Gestalten Sie einen Inneren Monolog eines Flüchtlings auf einem dieser Schiffe.

3 Erstellen Sie auf Basis Ihres Vorwissens eine Bibelstellensammlung mit weiteren Textstellen, die für die Hilfe Asylsuchender angeführt werden können.

Eine Internetrecherche durchführen: Seite 252

Adressatenbezogene Texte verfassen: Seite 253

Biblische Belegstellen reflektiert verwenden: Seite 260

Was wollte Jesus?

Jesus beginnt zu wirken
14b Danach kam Jesus nach Galiläa und verkündete die Gute Nachricht von Gott: 15 „Die von Gott bestimmte Zeit ist da. Sein Reich wird sichtbar in der Welt. Ändert euer Leben und glaubt dieser Guten Nachricht.“
(Mk 1,14f)

Moment mal!
Kann die Frage „Was würde Jesus tun?“ handlungsleitend für das eigene Leben sein?

jesus
mit einer schar von freunden (freundinnen
auch)
durch galiläas dörfer und städte ziehend
hat er kranke geheilt und geschichten erzählt
von der weltleidenschaft des ewigen gottes

privilegien der klasse der bildung galten
ihm nichts
zu seinem umgang zählten tagelöhner
und zöllner
wo mangel sich zeigte an nahrung oder
getränk
teilte er fische brot und wein aus für viele

die gewalt von gewalthabern verachtete er
gewaltlosen hat er die erde versprochen
sein thema: die zukunft gottes auf erden
das ende von menschenmacht über menschen

in einer patriarchalischen welt blieb er
der sohn und ein anwalt unmündiger frauen
und kinder
wollten galiläer ihn gar zum könig erheben?
er aber
ging hinauf nach jerusalem: direkt seinen
gegnern ins garn

auf einem jungesel kam er geritten –
kleinleute-messias:
die finger einer halbweltdame vollzogen
die salbung an ihm …

bald verwirrt bald euphorisch folgten ihm
die freunde die jünger
um bei seiner verhaftung ratlos unter-
zutauchen ins dunkel

über sein schweigen hin rollte der schnelle
prozess
ein afrikaner schleppte für ihn den balken
zum richtplatz hinaus
stundenlang hing er am kreuz: folter mit
tödlichem ausgang –
drei tage später die nicht zu erwartende
wendung
anstatt sich verstummt zu verziehen ins
bessere jenseits
brach er von neuem auf in das grausame
diesseits
zum langen marsch durch die viellabyrinthe
der völker der kirchen und unserer
unheilsgeschichte

oft wandelt uns jetzt die furcht an er könnte
sich lang schon verirrt und verlaufen haben
entmutigt verschollen für immer vielleicht –
oder bricht er
noch einmal (wie einst an ostern) den bann?

und also erzählen wir weiter von ihm
die geschichten seiner rebellischen liebe
die uns aufwecken vom täglichen tod –
und vor uns bleibt: was möglich wär' noch.

→ Kurt Marti (1921), Schriftsteller*

Wurde der Messias gekreuzigt?: Seite 214/215

Was hat Ostern mit Zukunft zu tun?: Seite 178/179

Messias: Seite 267

Als „Grundgesetz des Reiches Gottes" wird die **Bergpredigt** manchmal bezeichnet. Denn in ihr legt Jesus die wichtigsten Regeln vor, die unter den Menschen gelten sollen, die ihm nachfolgen. Aber die Bergpredigt ist nicht nur ein Gesetz, sie enthält auch das ganze Evangelium, die gute Nachricht von der Treue und Fürsorge Gottes. Sie stellt nicht nur einen grandiosen Anspruch an jeden, der sie ernst nimmt, sondern bietet einen ebenso grandiosen Zuspruch. Doch Jesus fragt nicht nach dem Buchstaben des Gesetzes, sondern nach dessen Geist. Es geht ihm nicht um bestimmte Regeln für bestimmte Lebenssituationen, sondern um eine Grundhaltung. Und diese Haltung steht quer zu dem, was unter Menschen meistens gilt. Manchmal ist es nicht so einfach zu entscheiden, was der Liebe dient. Solche Fälle hatte Jesus möglicherweise im Blick, als er die berühmte „Goldene Regel" formulierte: „Alles nun, was ihr wollt, dass euch die Leute tun sollen, das tut ihnen auch! Das ist das Gesetz und die Propheten" (7,12). Diese verblüffend einfache Faustregel hilft mehr als die ausgeklügeltsten Auslegungen.

→ Tilmann Haberer (1955), Pfarrer und Publizist*

Die verantwortungsethische Betrachtung: Seite 161

In den **Gleichnissen** spricht Jesus über Gottes Welt. Das Himmelreich, das Reich Gottes: Das ist kein geografischer Ort jenseits unserer geografischen Orte, kein monarchistisches Gebilde jenseits unserer Demokratien. Jesus spricht von Gottes Gegenwart unter uns, Gottes Wirken inmitten dieser Wirklichkeit, zum Beispiel in der Geschichte vom reichen Kornbauern, dem reichen Mann und dem armen Lazarus, den bösen Weingärtnern, den anvertrauten Pfunden.

→ Bärbel Wartenberg-Potter (1943), Theologin*

In allen Evangelien wird berichtet, Jesus habe **Wunder** gewirkt. Für die Evangelisten stehen die von ihnen überlieferten Wunder Jesu in einem engen Zusammenhang mit seiner Reich-Gottes-Botschaft. Dass das Reich Gottes anbricht, wird von Jesus nicht nur behauptet, sondern wird auch physisch und sinnlich erfahrbar. Jesu Wunder sind insofern greifbare Zeichen des anbrechenden Gottesreiches (vgl. dazu Mt 11,2–5). Die Krankenheilungen zeigen, dass es im Reich Gottes keine Krankheiten mehr gibt. Die Speisung der 4000 oder 5000 (Mk 8,1–9 par; Mk 6,30–44 par) zeigt, dass es im Reich Gottes keinen Grund zur Angst mehr gibt. All dies fängt hier mit Jesus „schon" an, aber es ist, weil es immer noch Krankheit, Hunger und Angst auf Erden gibt, „noch nicht" ungebrochene Realität.

Peter Kliemann (1953), Theologe und Autor*

Jesus – Prophet oder Messias?: Seite 115

Wie kann man sich das Reich Gottes vorstellen?: Seite 176/177

Aufgaben

1 Im ältesten Evangelium, dem Markusevangelium, wird Jesu Wirken mit der oben stehenden Bibelstelle eingeleitet. Entfalten Sie, inwieweit diese Textstelle programmatisch für sein gesamtes Auftreten ist.

Biblische Belegstellen reflektiert verwenden: Seite 260

2 Geben Sie wieder, wie Kurt Marti Jesus beschreibt (Was sagt er? Was sagt er gerade nicht?). Erstellen Sie eine eigene Liste mit Punkten, die Ihnen wichtig sind, und verfassen Sie daraus ein Gedicht.

3 Erarbeiten Sie verschiedene biblische Textstellen im Gruppenpuzzle:

a) Lesen Sie in Gruppen jeweils einen zentralen biblischen Text zu Gleichnissen (Arbeiter im Weinberg, Mt 20,1–16), Bergpredigt (Seligpreisungen, Mt 5,3–12) und Wundergeschichten (Jesus und die bösen Geister, Lk 11,14–21). Lesen Sie dazu die hier stehenden Sekundärtexte und erarbeiten Sie daran den Zusammenhang des biblischen Textes zu Jesu Reich-Gottes-Botschaft.

b) Bilden Sie neue Gruppen mit mindestens einem Vertreter der vorangegangenen Themen, stellen Sie sich gegenseitig Ihre Ergebnisse vor und erstellen Sie auf dieser Grundlage zusammen ein Schaubild zum Thema „Jesu Verkündigung des Gottesreiches".

Wie nah ist Gottes Reich?

Muss die Kirche moderner werden?: Seite 104/105

Wie stehen Christen zum Staat?: Seite 142/143

Wie kann man sich das Reich Gottes vorstellen?: Seite 176/177

Historischer Jesus – verkündigter Jesus: Seite 266 f.

Gottes Reich und die Kirche

Das Thema Kirche ist für die meisten Nichtchristen, aber auch für viele Christen ambivalent oder gar rein negativ besetzt. Sie erfahren Kirche als eine Großinstitution, die die Traditionen der Religion öffentlich verwaltet, eine äußerlich organisierende Rolle für gewisse → Rituale erfüllt und innerhalb der westlichen Welt einen politischen Machtfaktor darstellt. Dass man an die Kirche „glauben" kann, wie das → Apostolische Glaubensbekenntnis sagt, dass man sie gar als eine Mutter „lieben" kann, wie vielfach katholische Christen bezeugt haben, klingt fremd und unverständlich. Das oft als Amtskirche, offizielle Kirche oder „Kirche von oben" bezeichnete Gebilde wird mit Misstrauen oder Gleichgültigkeit wahrgenommen. Dennoch schimmert auch in Ärger und Zorn über die Anmaßungen der Amtskirche noch etwas von der großen Erwartung durch, als wüssten die Leute noch, dass die Kirche eigentlich andere Werte und Aufgaben hat als die eines großen Unternehmens, das effektiv Geld und Macht verwaltet. Auch die der Kirche Entfremdeten ahnen etwas von dem Geheimnis, das Kirche lebendig macht, ohne das sie nur nominell und aufgrund gewisser staatlich garantierter Privilegien existiert. Dieses Mysterium der Kirche ist ihr Bezogensein auf das Reich Gottes. Im Titel heißt es bewusst nicht „Kirche oder Reich Gottes", ein *und* hält die Spannung zwischen beiden Größen wach. Es ist da etwas verheißen und versprochen, das zugleich der innere Maßstab der Institution Kirche ist: die Anteilhabe an der historischen Befreiung Gottes auf sein Reich hin. Ohne das Aufleuchten des Reiches Gottes ist die Kirche ein Verein wie andere auch, in Hierarchie strukturiert, von Betriebsblindheit und Amtsmissbrauch durchsetzt. Aber die verbreitete Haltung: Jesus ja, Kirche nein, bleibt inkonsequent. In Wirklichkeit ist das Ja zu Jesus, das mit Kirche nichts zu tun haben will, schwach und oberflächlich. Denn die Jesusnachfolge ist auf das Reich Gottes bezogen, sie ist Antwort auf die Botschaft vom nahe herbeigekommenen Reich der Himmel – und sie hat sich von Anfang an in Gemeinschaft vollzogen. Der Auftrag der Kirche orientiert sich am Reich Gottes, und das bedeutet, dass die Kirche „zwischen die Zeiten" gehört. Sie erinnert sich an ihren Ursprung, an die Zeit der ursprünglichen Jesusbewegung, als das Reich Gottes verkündigt wurde und in Jesus Gestalt annahm – und zugleich lebt sie auf die andere Zeit am Ende aller Zeit hin, wenn das Versprechen des Reiches erfüllt und sich in der „Fülle des Lebens" für alle (Johannes 10,11) realisieren wird.

So berechtigt die Kritik an der Amtskirche und ihrem Arrangement mit der staatlichen, industriellen, wirtschaftlichen oder militärischen Macht ist, so müssen wir doch lernen, dass das tiefe, angstbesetzte Misstrauen gegen Organisiertheit und Verfasstheit, gegen die Institutionalisierung von Geist überhaupt, nicht einer größeren Nähe zum Geist entspringt, sondern nur dem extremen Individualismus, der unsere Kultur beherrscht. Wir werden heute leicht blind gemacht für die Notwendigkeit, uns miteinander und nicht als bloße Individuen auf den Weg des Reiches Gottes zu machen. Es ist allzu idealistisch, den Geist gegen die Institution auszuspielen. Kirche realisiert sich immer in einem doppelten Sinn: als Ereignis – der → Gnade Gottes – und als Institution – im Raum und mit Räumen, in Zeit und mit vereinbarten Zeiten, in „Amt" und notwendiger Aufgabenverteilung.

Das Kriterium für das, was Kirche ist, bleibt das Reich Gottes; aus seiner Verkündigung entsteht Kirche, und auf es hin organisiert sie sich. Die Anteilhabe an der historischen Befreiung des Volkes Gottes durch Gott ist und bleibt Kriterium, mittels dessen wir Kirche von einem bloßen Machtapparat unterscheiden können.

→ Dorothee Sölle (1929–2003), Theologin

Positionspapier der Ökumenischen Initiative „Reich Gottes – jetzt!"

1. Wir wünschen uns eine Reform der Kirchen auf der Basis der Reich-Gottes-Botschaft des Jesus von Nazaret.
2. Wir möchten erreichen und dazu beitragen, dass unsere Kirchen sich auf ihre jesuanischen Wurzeln zurückbesinnen.
3. Wir glauben, dass in der Botschaft Jesu Heilung und Befreiung liegen. Er hat diese Botschaft konsequent gelebt. Seine Hinrichtung am Kreuz hat nicht verhindern können, dass seine Botschaft vom Reich Gottes weiterlebt.
4. Zentrale Inhalte seiner Botschaft sind:
   - Das Reich Gottes ist angebrochen.
   - Die Erde ist im Begriff, zum „Himmel" zu werden.
   - Es geht um diese Welt und dieses Leben.
   - Es gilt, in allem dem Reich Gottes zu entsprechen.
5. Daraus folgt für uns:
   - Die Welt ist von ihrer Anlage her „sehr gut", heilig, das heißt, sie gehört Gott.
   - Alles, was wir brauchen, um die Welt zu gestalten, ist uns schon gegeben.
   - Wir müssen nicht resignieren, sondern wir glauben, dass Lebensfeindlichkeit und Stagnation überwunden werden können.
   - Wir können Jesu befreiender Botschaft in unserem Leben Raum geben und so in unserer Welt für → Gerechtigkeit, Frieden und die Bewahrung der Schöpfung wirken.
6. Die wichtigsten ethischen Folgerungen aus dem Reich-Gottes-Glauben bestehen für uns in Einfachheit und in der Ehrfurcht vor allem Leben.

Kirche, das sind wir

Jesus hat das Reich Gottes verkündigt, und gekommen ist die Kirche. In der Tat. Die Zwölf ließen sich nach Pfingsten in Jerusalem nieder, sie blieben beständig in der Lehre Jesu, verkündigten das Reich Gottes und bauten die Kirche. Und das ist unsere Aufgabe bis heute, in Kirchenleitung und Kompetenzzentren, in Akademie und Ortsgemeinde, wo immer wir hingestellt sind. Kirche, das sind wir. Kirche, das sind nach evangelischem Verständnis nicht die anderen, nicht primär die Institutionen, nicht die Amtskirche. Kirche sind nach evangelischem Verständnis wir alle. Diese Botschaft vom Reich Gottes, von der angebrochenen und ihrer Vollendung entgegengehenden Gottesherrschaft zu verkündigen, ist unser Auftrag – in der Sperrigkeit und mit den Reibungsflächen der Worte Jesu, aber auch mit den Versuchen der Übersetzung in unsere Sprache, Kultur und Lebenswelt, für unterschiedliche Milieus und Zielgruppen. Und sie ist aus den neutestamentlichen Wurzeln und Beweggründen darzulegen und zu entfalten. Daran mitzuarbeiten, ist unser aller Auftrag.

Ulrich Heckel (1958), Theologe*

↔ Brauchen Menschen religiöse Orte?: Seite 26/27

Aufgaben

1 Erarbeiten Sie anhand des Textes von Sölle den Zusammenhang von Kirche und Reich Gottes.

→ Texte analysieren: Seite 250

2 Überlegen Sie ausgehend von den Materialien dieser Seite, wie die Route des Navigationsgerätes aussieht, die geplant wird. Erstellen Sie dazu die Route auf einer metaphorischen Landkarte.

3 Setzen Sie sich mit den Thesen der Ökumenischen Initiative „Reich Gottes – jetzt!" auseinander (Was ist der Initiative wichtig? Was wird ausgeblendet?).

4 Entwerfen Sie ein eigenes Positionspapier mit Thesen zu Jesus Christus.

→ Adressatenbezogene Texte verfassen: Seite 253

5 Heckel spricht davon, dass es unser Auftrag ist, die Botschaft vom Reich Gottes zu verkündigen. Verfassen Sie die von ihm geforderte Übersetzung in unsere Sprache, Kultur und Lebenswelt.

Kann man an die Kirche glauben?

Das Leben der Gemeinde

„[42] Die Menschen, die zum Glauben gekommen waren, trafen sich regelmäßig. Sie ließen sich von den Aposteln unterweisen, pflegten ihre Gemeinschaft, brachen das Brot und beteten. [43] Die Menschen in Jerusalem wurden von Furcht ergriffen. Denn durch die Apostel geschahen viele Wunder und Zeichen. [44] Alle Glaubenden hielten zusammen und verfügten gemeinsam über ihren Besitz. [45] Immer wieder verkauften sie Grundstücke oder sonstiges Eigentum. Sie verteilten den Erlös an alle Bedürftigen – je nachdem, wie viel jemand brauchte. [46] Tag für Tag versammelten sie sich als Gemeinschaft im Tempel. In den Häusern hielten sie die Feier des Brotbrechens und teilten das Mahl voll Freude und in aufrichtiger Herzlichkeit. [47] Sie lobten Gott und waren beim ganzen Volk beliebt. Der Herr ließ täglich weitere Menschen zur Gemeinde hinzukommen, die gerettet werden sollten.“
(Apg 2,42–47)

Sieger Köder, Pfingsten

Ich glaube an den Heiligen Geist,
die heilige katholische [→ Luther übersetzte: christliche] Kirche,
Gemeinschaft der Heiligen,
→ Vergebung der → Sünden,
→ Auferstehung der Toten
und das ewige Leben.
Amen

Auszug aus dem → Apostolischen Glaubensbekenntnis

Wie und wo vollzieht sich Religion?: Seite 24/25

Es wird heute eher zu viel als zu wenig über Kirche geredet. Es gibt etwas Besseres: Lassen Sie uns Kirche sein! Es wäre viel gewonnen, wenn das dringende Anliegen → Luthers sich durchgesetzt hätte und an die Stelle des Wortes Kirche das Wort Gemeinde getreten wäre. Gemeinde ist die Zusammenkunft derer, die durch den Heiligen Geist mit Jesus Christus zusammengehören. Sie wird da Ereignis, wo Menschen durch den Heiligen Geist aufgerufen sind zur Teilnahme an Christi Wort und Werk. Indem Menschen da und dort im Heiligen Geist sich sammeln, entsteht da und dort sichtbare christliche Gemeinde. Im → Apostolischen Glaubensbekenntnis ist nicht ein unsichtbares Gebilde gemeint, sondern eine sehr sichtbare Zusammenkunft, die ihren Anfang nimmt bei den zwölf Aposteln. Die erste Gemeinde war eine sichtbare Schar, die einen sichtbaren, öffentlichen Aufruhr erregte. Wenn die Kirche nicht diese Sichtbarkeit hat, dann ist sie keine Kirche. Wenn ich Gemeinde sage, so denke ich zunächst an die konkrete Gestalt der Gemeinde an einem bestimmten Ort. Selbstverständlich hat jede dieser Gemeinden ihre Probleme, so die Gemeinde von Rom, von Jerusalem usw. Das Neue Testament stellt die Kirche nie ohne diese Probleme dar. Sofort taucht das Problem der Verschiedenheit der einzelnen Gemeinden auf, die bis zur Trennung führen können. Das alles gehört zur Sichtbarkeit der Kirche, von der im dritten Glaubensartikel die Rede ist. Wir glauben die Existenz der Kirche – das bedeutet: Ich glaube, dass hier, an diesem Ort, in dieser sichtbaren Zusammenkunft das Werk des Heiligen Geistes geschieht. Damit ist nicht eine Kreaturvergottung gemeint, die Kirche ist nicht Gegenstand des Glaubens, man glaubt nicht an die Kirche, aber man glaubt, dass in dieser Gemeinde das Werk des Heiligen Geistes Ereignis wird. Das ist das Mysterium der Kirche, dass es dem Heiligen Geist nicht zu gering ist, solche Gestalten zu haben. Es gibt in Wahrheit darum nicht viele Kirchen, sondern eine Kirche, ja diese konkrete, die sich als die eine dann auch in allen anderen wiedererkennen sollte.

→ Karl Barth (1886–1968), Theologe

Take me to church
My church offers no absolutes
She tells me 'worship in the bedroom'
The only heaven I'll be sent to
Is when I'm alone with you
I was born sick, but I love it
Command me to be well
Amen. Amen. Amen

absolutes = absolute Wahrheiten
to worship = anbeten

Take me to church
I'll worship like a dog at the shrine of your lies
I'll tell you my sins and you can sharpen your knife
Offer me that deathless death
Good God, let me give you my life

Ich werde wie verrückt am Altar deiner Lügen beten
sin = → Sünde

Hozier (1990, eigentlich Andrew Hozier-Byrne), irischer Folkrockmusiker*

Hozier

Mein Kirchen-Credo
„Wir haben hier keine bleibende Stadt, sondern die zukünftige suchen wir" (Hebr 13,14). Mit diesen Worten erfasst der Hebräerbrief die Kirche als das wandernde Gottesvolk, das in der Nachfolge Jesu Christi auf dem Weg ist durch die Zeiten hin zum verheißenen Ziel des Gottesreiches. Das verheißene Ziel Gottes ist nicht die Kirche selbst, sondern ist Gottes Reich der → Gerechtigkeit und des Friedens. Deshalb darf Kirche sich nie zum Selbstzweck machen, sondern muss in all ihrem Tun auf das verheißene Ziel Gottes verweisen und damit über sich selbst hinausweisen. Deshalb glaube ich an
- eine die Menschen aufsuchende Kirche, in der die theologisch fragwürdige Hierarchie zwischen Priestern und Laien überwunden und das → Priestertum aller Gläubigen neu eingeübt wird,
- eine Kirche, in der die Orientierung an den Gaben der Einzelnen wichtiger ist als die Erhaltung von Ordnungs- und Machtstrukturen und die deshalb auch eine von den Kindern lernende Kirche sein kann und die in ökumenischer Offenheit ein Profil der Vielfalt entwickelt,
- eine Kirche, die als ein Haus der lebendigen Steine eine Kirche mit einer geregelten und eingeübten Binnen- und Außenkommunikation ist und in der als einer eucharistischen Kirche die Trennung von Gottesdienst und Alltag überwunden wird,
- eine Kirche, die als wanderndes Gottesvolk niemals ihre Vorläufigkeit und ihr Ausgerichtetsein auf Gottes Reich des Friedens und der Gerechtigkeit vergisst.

→ Ulrich Fischer (1949), Theologe*

Wie kann man sich das Reich Gottes vorstellen?: Seite 176/177

(Wie) Kann Ökumene gelingen?: Seite 220/221

Aufgaben

1 In dem Bibeltext der Apostelgeschichte wird die Jerusalemer Urgemeinde geschildert. Arbeiten Sie in einer Grafik die Charakteristika der Gemeinde heraus und vergleichen Sie sie mit der Kirche heute (Was hat sich geändert? Was ist gleich geblieben?).

Grafisieren: Seite 254

2 Erklären Sie ausgehend von dem Text von Barth, warum der Begriff Kirche problematisch ist und ersetzt werden sollte.

3 Interpretieren Sie Sieger Köders Bild „Pfingsten".

Bilder analysieren: Seite 251

4 Erläutern Sie, wie der Musiker Hozier das Wort Kirche verwendet. Beziehen Sie dazu wenn möglich auch das Musikvideo und den gesamten Liedtext mit ein. Nehmen Sie Stellung zu der Frage, ob das Lied kirchenkritisch ist.

Eine Stellungnahme verfassen: Seite 256

5 Verfassen Sie angelehnt an Ulrich Fischer ein eigenes Kirchen-Credo.

Was kann Kirche alles sein?

Wie sieht christliches Engagement aus?: Seite 66/67

Grundformen kirchlichen Lebens

Der Gottesdienst: Seite 24

Feier (griech. leiturgia): Wer glaubt, feiert die befreiende Erfahrung und Gegenwart Gottes. Ein wichtiger Ort dieser Feier ist der Gottesdienst. Hier wird wie in einem Kristallisationspunkt die Nähe Gottes und anderer Christen sinnfällig. Der Gottesdienst ist daher Mitte und Ausgangspunkt der Gemeinde. Hier hört sie das Evangelium von der versöhnenden Liebe Gottes, feiert gemeinsam das Abendmahl und nimmt andere durch die Taufe in diese Gemeinschaft auf.
Gemeinschaft (griech. koinonia): Kennzeichnend für den christlichen Glauben ist eine beziehungsorientierte Spiritualität. Der christliche Glaube an Gott entfaltet im Zusammensein mit anderen Glaubenden seine sinngebende, das Leben verändernde und bestimmende Kraft.
Fürsorge (griech. diakonia): Die feiernden und sich ihrer Gemeinschaft freuenden Christen machen nicht bei sich selbst Halt, und ihre Frömmigkeit bleibt nicht im Inneren stecken. Spiritualität und → Ethik gehören im christlichen Glauben zusammen. Das verändernde Potenzial des Evangeliums drängt zu tatkräftiger Liebe.
Zeugnis (griech. martyria): Der Glaube ist darauf angelegt, sich anderen mitzuteilen, um sie auf den Grund hinzuweisen, der ihn trägt. Das ist durch den Auftrag Jesu an seine Kirche begründet: Sie hat die Aufgabe, allen Menschen von Gottes Heil und seiner Geschichte mit den Menschen zu erzählen und sie in die neue Gemeinschaft des „Volkes Gottes" aufzunehmen, die alle Schranken der Rasse, der Kultur und der Herkunft übergreift (Mt 28,18–20).

Evangelischer Erwachsenenkatechismus

Was ist Kirche?

Der Seele Raum geben: Seite 26

Kirche ist das, was es ohne sie nicht gäbe. Es gäbe keine Räume der großen Stille, der Meditation, des Innehaltens. Es gäbe keinen Raum, in dem Wörter wie Barmherzigkeit, Seligkeit, Nächstenliebe und → Gnade ihren Platz haben, es gäbe keinen Raum, in dem noch von Cherubim und Serafim die Rede ist. Die Poesie der Psalmen hätte keine Heimat mehr. Es gäbe keinen Raum, in dem eine Verbindung da ist zu uralten Texten und Liedern – zu Liedern, die die Menschen schon vor Jahrhunderten gesungen, und zu Gebeten, die die Gläubigen schon vor Jahrtausenden gebetet haben. So aber ist Kirche ein Ort, der Zeit und Ewigkeit verbindet.

Muss die Kirche moderner werden?: Seite 104/105

Es ist gut, dass es einen Ort gibt, an dem gesagt wird, wer gestorben ist aus der Gemeinde, und wie alt er war; es ist gut, das zu hören, auch wenn man den Verstorbenen nicht gekannt hat. Es ist gut, dass es einen Ort gibt, an dem das Kreuz sein Zuhause hat. Ja, das Kreuz ist missbraucht worden, als Drohzeichen, als Mord- und Eroberungsinstrument. Trotz alledem: Es ist das gute Zeichen des Christentums. Ein Gott, der gelitten hat, der umgebracht wurde, der also weiß, was Leiden ist, bei dem ist das Leid der Menschen aufgehoben. Ohne Kirche gäbe es keinen öffentlichen Raum, in dem ein Mensch weinen kann, bei irgendeinem Lied, bei einer Fürbitte, die ihn anrührt. Kirche ist das, was es ohne sie nicht gäbe. Es gäbe keine Kirchenglocken, keine Christmette, es gäbe keine Kirchenchöre, in denen der Handwerksmeister, die Lehrerin, der Versicherungsmakler und die Krankengymnastin nebeneinander stehen und Bachchoräle singen. Es gäbe den Blick nicht über die Dörfer mit den Kirchturmspitzen, es gäbe nicht die heiligen Haltestellen in den Großstädten der Alten und der Neuen Welt, die Kathedralen und Dome, die mehr sind als ein Erbe.

Auferstehung: Seite 124

Sicherlich kann man Gemeinschaft auch anderswo erfahren, sicherlich gibt es Nächstenliebe auch in der Amnesty-Gruppe und im Hospizkreis; und Spiritualität kann einer auch in einer japanischen Tee-Zeremonie erleben. Aber dort fehlt das alles durchdringende Prinzip, das die Kirchen das Göttliche nennen. Kirchen sind Räume; Kirchen sind Organisationen und Institutionen. Dort ist, immer noch, viel Leben, auch Leben in Gemeinschaft, religiöses und soziales Leben. Dort wird geholfen, geheilt, zugehört, dort wird gefeiert – dort wird auch intrigiert, übertrumpft, dort werden andere an die Wand gespielt, dort werden auch unheilige Interessen vertreten, dort wird Vertrauen missbraucht und verraten, dort wird gelogen, dort wird sexuelle Gewalt ausgeübt. Kirche ist fürwahr nicht der Himmel und die wenigsten ihrer Funktionäre sind Heilige. Sie kann aber, wenn es gut geht, ein Ort sein, an dem der Himmel offen gehalten wird.

→ Heribert Prantl (1953), Journalist*

! **Moment mal!**
Würde in Ihrer Stadt etwas fehlen, wenn es keine Kirche(n) gäbe?

Aufgaben

1 Besprechen Sie ausgehend von den dargestellten Fotos gemeinsam im Religionskurs, welches die Tätigkeitsbereiche sind, in denen die christliche Kirche wirkt.

2 Erstellen Sie Plakate mit den vier Grundformen kirchlichen Lebens. Recherchieren Sie im Internet, wie und wo die evangelische Kirche wirkt, und ordnen Sie die Ergebnisse den vier Plakaten zu. Diskutieren Sie anschließend, welcher der Aspekte für Sie besonders wichtig ist.

Eine Internetrecherche durchführen: Seite 252

3 Erläutern Sie, was Prantl damit meint, dass Kirche das ist, was es ohne sie nicht gäbe.

Texte analysieren: Seite 250

4 Setzen Sie die Karikatur von Thomas Plaßmann mit dem Text Prantls in Beziehung.

Bilder analysieren: Seite 251

Wie stehen Christen zum Staat?

Paulus

1. Auszug aus Paulus' Römerbrief

» [1] Jeder Mensch soll sich den staatlichen Behörden unterordnen. Denn es gibt keine staatliche Behörde, die nicht von Gott gegeben ist. Auch die jetzt bestehenden sind von Gott eingesetzt. [2] Das heißt: Wer sich gegen die staatliche Ordnung auflehnt, lehnt sich damit gegen die Anordnung Gottes auf. Und wer das tut, wird hart bestraft werden. [3] Wer Gutes tut, hat von den Amtsinhabern nichts zu befürchten. Das hat nur, wer Böses tut. Wenn du keine Angst vor der Staatsgewalt haben willst, musst du das Gute tun. Dann wirst du sogar Anerkennung bei ihr finden. [4] Denn sie steht im Dienst Gottes und das kommt dir zugute. Wenn du aber Böses tust, dann sei auf der Hut! Denn sie trägt das Schwert nicht ohne Grund. Sie steht im Dienst Gottes und vollzieht sein Strafgericht an dem, der Böses tut. [5] Daher seid ihr verpflichtet, euch unterzuordnen. Nicht nur aus Angst vor Gottes Strafgericht, sondern auch, weil euer Gewissen das fordert. [6] Deshalb zahlt ihr auch Steuern. Denn es sind ja eigentlich Beamte Gottes, die sie eintreiben müssen. [7] Gebt also jedem, was ihr ihm schuldig seid: Wem Steuern zustehen, dem zahlt Steuern. Wem Zoll zusteht, dem zahlt Zoll. Wem Achtung zusteht, dem erweist Achtung. Und wem Ehre zusteht, dem erweist Ehre. «
(Röm 13,1–7)

Konstantin

2. Auszug aus der Mailänder Vereinbarung von Konstantin (313 n. Chr.)

„Nachdem wir, sowohl ich Konstantinus Augustus, als auch ich Licinius Augustus glücklich zu Mailand uns eingefunden hatten und alle Angelegenheiten der öffentlichen Wohlfahrt und Sicherheit in Beratung nahmen, so glaubten wir unter den übrigen Anordnungen, von denen wir uns Nutzen für die Gesamtheit versprachen, vor allem die Dinge ordnen zu müssen, auf denen die Verehrung der Gottheit beruht, und zwar in der Art, dass wir sowohl den Christen wie auch allen übrigen freie Befugnis gewährten, der Religion sich anzuschließen, die jeder sich wählen würde, auf dass alles, was von göttlicher Wesenheit auf himmlischem Sitze thront, uns und allen, die unter unserer Herrschaft stehen, gnädig und gewogen sein möge. Und so glaubten wir in heilsamer und vernünftiger Erwägung den Entschluss fassen zu müssen, durchaus keinem die Erlaubnis zu versagen, der entweder der Religionsübung der Christen oder jener Religion sich zuwenden wollte, die er für sich als die geeignetste erachtete, auf dass die höchste Gottheit, deren Verehrung wir aus freiem Herzen ergeben sind, uns in allem die gewohnte Huld und → Gnade erweisen könne.

Martin Luther

3. Auszug aus → Martin Luthers Schrift „Von weltlicher Obrigkeit" (1523)

Hier müssen wir Adams Kinder und alle Menschen in zwei Teile teilen: die ersten zum Reich Gottes, die andern zum Reich der Welt. Die zum Reich Gottes gehören, das sind alle Rechtgläubigen in Christus und unter Christus. Nun siehe, diese Menschen bedürfen keines weltlichen Schwerts noch Rechts.

Zum Reich der Welt oder unter das Gesetz gehören alle, die nicht Christen sind. Denn Gott hat denselben außer dem christlichen Stand und Gottes Reich ein anderes Regiment verschafft und sie unter das Schwert geworfen, sodass sie, wenn sie gleich gerne wollten, ihre Bosheit doch nicht tun können, und wenn sie es tun, dass sie es doch nicht ohne Furcht, noch mit Friede und Glück tun können. Denn wo das nicht wäre, sintemal alle Welt böse und unter Tausenden kaum ein rechter Christ ist, würde eines das andere fressen, dass niemand Weib und Kind aufziehen, sich nähren und Gott dienen könnte, wodurch die Welt wüste würde. Deshalb hat Gott die zwei Regimente verordnet: das geistliche, welches durch den heiligen Geist Christen und fromme Leute macht, unter Christus, und das weltliche, welches den Unchristen und Bösen wehrt, dass sie gegen ihren Willen äußerlich Friede halten und still sein müssen. Deshalb muss man diese beiden Regimente mit Fleiß voneinander scheiden und beides bleiben lassen: eines, das fromm macht, das andere, das äußerlich Frieden schaffe und bösen Werken wehret.

4. Auszug aus der Barmer Theologischen Erklärung (1934)

These 5. „Fürchtet Gott, ehret den König!" (I. Petr. 2,17)

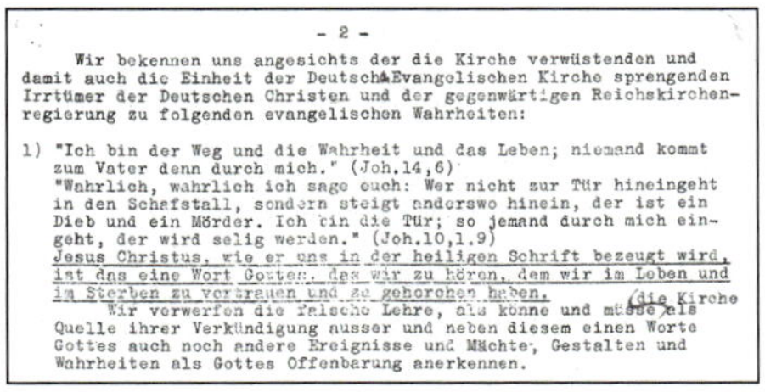

\- 2 -

Wir bekennen uns angesichts der die Kirche verwüstenden und damit auch die Einheit der Deutsch. Evangelischen Kirche sprengenden Irrtümer der Deutschen Christen und der gegenwärtigen Reichskirchenregierung zu folgenden evangelischen Wahrheiten:

1) "Ich bin der Weg und die Wahrheit und das Leben; niemand kommt zum Vater denn durch mich." (Joh.14,6)
"Wahrlich, wahrlich ich sage euch: Wer nicht zur Tür hineingeht in den Schafstall, sondern steigt anderswo hinein, der ist ein Dieb und ein Mörder. Ich bin die Tür; so jemand durch mich eingeht, der wird selig werden." (Joh.10,1.9)
Jesus Christus, wie er uns in der heiligen Schrift bezeugt wird, ist das eine Wort Gottes, das wir zu hören, dem wir im Leben und im Sterben zu vertrauen und zu gehorchen haben.
Wir verwerfen die falsche Lehre, als könne und müsse (die Kirche) als Quelle ihrer Verkündigung ausser und neben diesem einen Worte Gottes auch noch andere Ereignisse und Mächte, Gestalten und Wahrheiten als Gottes Offenbarung anerkennen.

Die Schrift sagt uns, dass der Staat nach göttlicher Anordnung die Aufgabe hat, in der noch nicht erlösten Welt, in der auch die Kirche steht, nach dem Maß menschlicher Einsicht und menschlichen Vermögens unter Androhung und Ausübung von Gewalt für Recht und Frieden zu sorgen. Die Kirche erkennt in Dank und Ehrfurcht gegen Gott die Wohltat dieser seiner Anordnungen an. Sie erinnert an Gottes Reich, an Gottes Gebot und → Gerechtigkeit und damit an die Verantwortung der Regierenden und Regierten. Sie vertraut und gehorcht der Kraft des Wortes, durch das Gott alle Dinge trägt.
Wir verwerfen die falsche Lehre, als solle und könne der Staat über seinen besonderen Auftrag hinaus die einzige und totale Ordnung menschlichen Lebens werden und also auch die Bestimmung der Kirche erfüllen.
Wir verwerfen die falsche Lehre, als solle und könne sich die Kirche über ihren besonderen Auftrag hinaus staatliche Art, staatliche Aufgaben und staatliche Würde aneignen und damit selbst zu einem Organ des Staates werden.

5. Auszug aus den Reflexionen zu den Leipziger Friedensgebeten (1989)

Die Bewegung „Nikolaikirche – offen für alle" ist 1989 zu einer Wirklichkeit geworden, die uns alle überraschte. Sie vereinte schließlich Menschen aus dem ganzen Gebiet der ehemaligen DDR: Ausreisewillige und Neugierige, Regimekritiker und Stasileute, kirchliche Mitarbeiterinnen und Mitarbeiter und SED-Genossen, Christen und Nichtchristen unter den ausgebreiteten Armen des gekreuzigten und auferstandenen JESUS CHRISTUS. Seit dem 8. Mai 1989 wurden die Zufahrtsstraßen zur Nikolaikirche durch Polizei kontrolliert und blockiert. So kam der alles entscheidende 9. Oktober heran. Was für ein Tag! Ein schauriges Gewaltszenario von Armee und Kampfgruppen, Polizei und Stasileuten in Zivil war aufgeboten. Aber der Auftakt war ja bereits am 7. Oktober erfolgt, dem 40. Jahrestag der DDR. Als wir, mehr als 2000 Menschen, aus der Kirche kamen – den Anblick werde ich nie vergessen –, warteten Zehntausende draußen auf dem Platz. Sie hatten Kerzen in den Händen. Und wenn man eine Kerze trägt, braucht man beide Hände. Man muss das Licht behüten, vor dem Auslöschen schützen. Da kann man nicht gleichzeitig noch einen Stein oder Knüppel in der Hand halten. Und das Wunder geschah. Der GEIST JESU der Gewaltlosigkeit erfasste die Massen und wurde zur materiellen, zur friedlichen Gewalt.

→ Christian Führer (1943–2014), Pfarrer

Christian Führer

Aufgaben

1 Recherchieren Sie in Gruppenarbeit zu den fünf Texten den zeitgeschichtlichen Hintergrund. Arbeiten Sie anschließend das jeweilige Verhältnis von Kirche und Staat heraus und stellen Sie dieses in einer Beziehungsskulptur (abstrahierendes, metaphorisches Standbild) dar.

→ Eine Internetrecherche durchführen: Seite 252

2 Entwerfen Sie einen Zeitstrahl als Wandzeitung, auf der Sie die oben stehenden Ereignisse der Kirchengeschichte eintragen. Ergänzen Sie den Zeitstrahl um weitere wichtige Ereignisse.

3 Erörtern Sie die Frage, ob es im Laufe der Kirchengeschichte eine Entwicklung in dem Verhältnis von Kirche und Staat gegeben hat.

4 Überprüfen Sie, wie das Verhältnis von Staat und Kirche in der Zukunft aussehen könnte.

Bin ich für die Kirche verantwortlich?

Karl Barth: Seite 272

An Karl Barth
London, den 24. Okt. 33

Lieber Herr Professor!
Nun schreibe ich Ihnen den Brief, den ich schon vor 6 Wochen schreiben wollte und der vielleicht damals einen völlig anderen Lauf meines persönlichen Lebens zur Folge gehabt hätte. Warum ich ihn damals nicht schrieb, ist mir jetzt fast unverständlich. Ich wollte Sie fragen, ob ich als Pfarrer nach London gehen sollte oder nicht.
Ich wollte immer gern Pfarrer werden, das hatte ich Ihnen ja schon ein paarmal gesagt. Im Juli kam die Londoner Sache an mich heran. Es war mir gleichzeitig in Berlin ein Pfarramt im Osten angeboten worden, die Wahl war sicher. Da kam der Arierparagraph in Preußen und ich wusste, dass ich das Pfarramt, nach dem ich mich gesehnt hätte gerade in dieser Gegend, nicht annehmen durfte, wenn ich nicht die Haltung unbedingter Opposition gegen diese Kirche aufgeben wollte, wenn ich mich nicht von vornherein meiner Gemeinde unglaubwürdig machen wollte, wenn ich nicht aus der Solidarität mit den judenchristlichen Pfarrern – mein nächster Freund gehört zu ihnen und steht gegenwärtig vor dem Nichts, er kommt jetzt zu mir nach England – heraustreten wollte.
Ich hoffe, dass ich nicht aus Verdruss über unsere kirchlichen Zustände und auch über die Haltung gerade unserer Gruppe gegangen bin. Es hätte allerdings wahrscheinlich nicht lange gedauert, bis ich mich von meinen Freunden förmlich hätte lossagen müssen – aber ich glaube wirklich, dass das alles viel stärker gegen London sprach als dafür. Wenn man überhaupt in solchen Entscheidungen nachher ganz bestimmte Gründe ausfindig machen will, so war, glaub ich, einer der stärksten, dass ich mich den Fragen und Ansprüchen, die an

mich herantraten, einfach innerlich nicht mehr gewachsen fühlte. Ich fühlte, dass ich mich unbegreiflicherweise gegen alle meine Freunde in einer radikalen Opposition befände, ich geriet mit meinen Ansichten über die Sache immer mehr in die Isolierung, obwohl ich persönlich in nächster Beziehung mit diesen Menschen stand und blieb – und das alles machte mir Angst, machte mich unsicher, ich fürchtete, dass ich mich aus Rechthaberei verrennen würde – und dabei sah ich gar keinen Grund dafür, dass ich jetzt gerade diese Dinge richtiger und besser sehen sollte, als so manche ganz tüchtige und gute Pfarrer, zu denen ich einfach aufsehe – und so dachte ich, es wäre wohl Zeit, für eine Weile in die Wüste zu gehen und einfach Pfarrarbeit zu tun, so anspruchslos wie irgend möglich. Die Gefahr, in der gegenwärtigen Stunde eine Geste zu machen, schien mir größer als die, sich in die Stille zu begeben. Jetzt bin ich seit 8 Tagen hier, muss jeden Sonntag predigen und bekomme fast täglich Nachrichten aus Berlin über den Stand der Dinge. Das zerreißt einen innerlich fast. Würden Sie mir einmal ganz offen Ihre Meinung zu alldem schreiben? Ich wäre auch für ein scharfes Wort offen und dankbar, glaube ich.
In alter Dankbarkeit bin ich Ihr treu ergebener

Dietrich Bonhoeffer

Dietrich Bonhoeffer: Seite 272

Über Nachfolge zu reden, ist schwer; aber über Nachfolge zu reden, ist nicht erst neuerdings schwer geworden. Schwer ist es vielmehr schon immer. Denn Nachfolge ist schwer. Jesu Erzählung vom reichen Jüngling erschließt am leichtesten, warum sie schwer ist. Sie erfordert den Abschied von dem, woran wir besonders dringlich hängen, um dessen willen, das allein wichtig ist, oder noch genauer, um dessen willen, *der* allein wichtig ist. Jedes Nachdenken über Nachfolge stellt uns in diese Spannung zwischen dem jetzt Dringlichen und dem bleibend Wichtigen. Und wer könnte von sich sagen, dass er die Kraft hätte, dem jetzt Dringlichen einfach den Abschied zu geben, um es allein auf das bleibend Wichtige, auf *den* bleibend Wichtigen ankommen zu lassen? Ein Trost bei der schweren Aufgabe, über Nachfolge nachzudenken, zu reden, sie zu tun, ein solcher Trost ist es nur, dass an Jesu Zuneigung, ja Liebe zu dem reichen Jüngling kein Zweifel ist. Auch in der erkennbaren Inkonsequenz seines Weges bleibt ihm Jesu Liebe erhalten.

→ *Wolfgang Huber (* 1942), Theologe*

Aufgaben

1 Recherchieren Sie den zeitgeschichtlichen Hintergrund der Kirche im Dritten Reich und erstellen Sie ein Glossar zu folgenden Begriffen: Deutsche Christen, Bekennende Kirche, Pfarrernotbund, Martin Niemöller, Dietrich Bonhoeffer, Karl Barth, Arierparagraf und Barmer Theologische Erklärung.

Eine Internetrecherche durchführen: Seite 252

2 Erläutern Sie ausgehend von der Graphic Novel und dem Brief, warum Bonhoeffer nach London „in die Wüste" geht.

3 Gestalten Sie eine Stimmenskulptur zu Bonhoeffer, die seine Gedanken widerspiegelt, während er den Brief schreibt (ein/e Schüler/in versetzt sich in die Lage von Bonhoeffer, andere treten hinter ihn/sie und sprechen einen möglichen Gedanken betont aus; ein „Chorleiter" kann die Gedanken wieder aufrufen, indem er auf den/die Schüler/in zeigt).

4 Überprüfen Sie, ob sich Mk 10,17–27 (auch in der Auslegung Hubers) auf Bonhoeffers Situation beziehen lässt.

Biblische Belegstellen reflektiert verwenden: Seite 260

5 Verfassen Sie einen möglichen Antwortbrief auf Bonhoeffers Schreiben.

Adressatenbezogene Texte verfassen: Seite 253

Wie sieht die Zukunft der Kirchen aus?

Religion ist nicht mehr nur die Angelegenheit der christlichen Kirchen, sondern begegnet in vielen individualisierten und privatisierten Formen. Viele Menschen sind fasziniert von der Esoterik mit ihrer bunten Mischung von Lebensbewältigungs- und Welterklärungsmodellen. Wer ein Auge dafür hat, kann leicht Vorgänge religiöser Hingabe in der Musikszene und der bildenden Kunst, in Film und Theater, aber auch im Sport und den Medien beobachten.

↔ Die Dimension der Tiefe: Seite 15

Es entsteht ein neues Gespür dafür, dass ein komplett diesseitiges, rein wirtschaftstaumeliges und radikal konsumzentriertes Leben zu banal, zu äußerlich und zu oberflächlich ist. Je unerbittlicher die europäische Welt auf die globalisierte Wirtschaft ausgerichtet wird, je strikter Markt und Finanzkraft, Lohnnebenkosten und Konkurrenzkampf das Leben aller bestimmen sollen, desto stärker wird nach Gegenkräften gefragt. Die meisten spüren, dass Konsum allein nicht Halt gibt, dass Wirtschaft allein nicht Sinn schenkt, dass Funktionieren allein nicht Bedeutung verleiht. Mit einer neuen Zuwendung zur Religion rebelliert die Seele der Menschen gegen ihre kommerzielle Reduktion.

↔ Klingt in allen Menschen eine religiöse Saite?: Seite 20/21

Kritiklos kann diese neue Aufmerksamkeit für die Religion nicht hingenommen werden. Allzu triumphale Töne machen für die eigenen Fehler blind. Religion, die nur vertröstet, stellt den prophetischen Impuls der biblischen Botschaft still. Religion, die das Bündnis mit der Aufklärung aufkündigt, verweigert sich einem kritischen Wahrheitsanspruch. Fanatismus und Gewaltbereitschaft, die sich der Religion bedienen, fordern Widerspruch heraus.

Aber dazu, dass die Kirchen sich gerade in einer solchen Situation auf der Verliererstraße sehen, besteht kein Anlass. Die Umgestaltungsaufgaben, die viele Kirchen in Europa zu bewältigen haben, bieten keinen Grund zu Kleingeist und Kleinmut. Auch wenn die Finanzentwicklung dazu nötigt, von manchem Abschied zu nehmen, was über lange Zeit wichtig war, ändert das nichts an der neuen Aufmerksamkeit für die Religion, an der Rückkehr der Frömmigkeit, an dem Aufbruch zu neuen Ufern.

Unverkennbar ist die Spagatsituation, in welche die Kirchen dadurch geraten. Sie wird sich noch verstärken: Während die faktischen Handlungsmöglichkeiten der Kirchen zurückgehen, weil ihre finanziellen Spielräume enger werden, wächst zugleich die Nachfrage nach der geistlichen Orientierung, die von ihnen ausgeht. Kirchen und Gemeinden müssen darauf antworten mit der Konzentration auf die Wirklichkeit Gottes.

↔ Muss die Kirche moderner werden?: Seite 104

Die Kirchen haben die Aufgabe, geistesgegenwärtig auf die Zeichen des Aufbruchs zu achten und den suchenden Menschen einen Ort für ihre Hoffnungen und Fragen anzubieten. In ihnen wird beispielhaft vorgelebt, was es heißt, von Glaube, Hoffnung und Liebe getragen zu sein. Sie können die → Freiheit ausstrahlen, die aus der Bindung an Jesus Christus entsteht. Dann kann die Scheu schwinden, die bisher viele daran hinderte, mit ihren offenen Fragen und ihrem tastenden Suchen die Schwellen der Kirchen zu überschreiten. Es liegt an der einladenden Haltung der Gemeinden wie an der Qualität von Gottesdiensten und anderen Veranstaltungen, ob diese Scheu überwunden wird. Es liegt an den Gemeinden in ihrer konkreten Gestalt, ob Menschen spüren können, dass der christlichen Kirche eine Sympathie mit den Zweifelnden eigen ist, mit denen, die ihrer Antwort noch nicht sicher sind, mit denen, die suchen.

Wenn nach der Zukunft der Kirche gefragt wird, geht es zuallererst nicht um Strukturen, die bewahrt oder verändert werden sollen. Wichtiger ist die Haltung, von der Christen sich bestimmen lassen, die Mentalität, die man ihnen anspürt, der Geist, der sie beflügelt: dem Evangelium treu, den Menschen nah, der Zukunft zugewandt.

→ Wolfgang Huber (1942), Theologe*

Religiöse Neuorientierung

Mitglieder des Klerus allerorten sind sich einig, dass die Kirche Fragen beantworte, die zur menschlichen Existenz dazugehören. Dies klingt verlockend in Zeiten, in denen die Fragen des Lebens komplexer geworden sind und man schon fast das Gefühl hat, dass man inzwischen studiert haben sollte, bevor man einen Handytarif wählt oder eine Steuererklärung ausfüllt. „Die Kirche", so ein Pfarrer aus der Nähe von Hamburg, „ist abhängig von biografischen Berührungspunkten. Dazu gehören Familie, Schule und Arbeitsplatz, die Medienwelt, die Peergroup. Für viele ist die Geburt des ersten Kindes ein Zeitpunkt für religiöse Neuorientierung – ein Anlass, sich oft nach langer Zeit wieder an die Kirche zu wenden." Der Bedarf an Sinnstiftung und Besinnlichem ist nach wie vor da, denn grundsätzlich hat sich an den Eckdaten des menschlichen Lebens nicht so viel geändert. Doch zwei Drittel der Jugendlichen finden, dass die Kirchen nicht mehr die wichtigen Fragen des Lebens beantworten. Nur – wer tut es dann?

Warum gibt es religiöse Menschen?: Seite 96/97

Religionssoziologen wie Thomas Luckmann und Grace Davie glauben, dass die → Säkularisierung mit einer religiösen Individualisierung einhergeht. Früher mag die Kirche einmal der einzige Anbieter gewesen sein, der das Leben in eine Formel gepresst und Orientierung geschaffen hat. Heute ist der Markt der Religionen vielfältiger geworden. „Eine religiöse Pluralisierung hat stattgefunden", sagt Reinhard Hempelmann von der Evangelischen Zentrale für Weltanschauungsfragen (EZW). Wer Antworten auf existenzielle Fragen sucht, findet sie in allerhand alternativen Glaubensangeboten, die nichts mit dem klassischen Christentum zu tun haben. Das spirituelle Warenhaus ist bis unters Dach mit Heilsversprechen vollgestopft, und wir müssen uns nur noch jene Angebote herauspicken, die vermeintlich am besten zu uns passen. Und so bastelt sich jeder seine eigenen Glaubenswelten zusammen. Oder haben Sie nicht auch schon einmal die Sterne befragt, wenn es in Ihrem Leben nicht rund lief?

Interreligiöse Familien: Seite 213

Stefan Bonner (1975) und Anne Weiss (* 1974), Autoren*

Aufgaben

1. Huber spricht von einer Spagatsituation, in der sich die Kirche befindet (Z. 25). Entfalten Sie, was Huber damit meint und wie der Konflikt bewältigt werden kann.

2. Recherchieren Sie, was die Begriffe Säkularisierung, Individualisierung und Pluralisierung bedeuten, und erläutern Sie, inwiefern diese Phänomene Konsequenzen für die Kirchen haben.

Eine Internetrecherche durchführen: Seite 252

3. Nach dem Text von Bonner und Weiss finden zwei Drittel der Jugendlichen, dass die Kirchen nicht mehr die wichtigen Fragen des Lebens beantworten. Erstellen Sie Plakate mit den wichtigen Fragen des Lebens, zu denen Sie im Religionskurs Antwortmöglichkeiten sammeln.

4. „Kirche der Freiheit" heißt das Impulspapier der EKD zur Kirche im 21. Jahrhundert aus dem Jahr 2006 (die Internetpräsenz, die den damit einhergehenden Reformprozess dokumentiert, lautet http://www.kirche-im-aufbruch.ekd.de). Erstellen Sie eine Mindmap zum Thema „Zukunft der Kirchen".

Ist Kirche das, was Jesus wollte?

Brauchst DU Kirche?

Aufgaben

1 Erläutern Sie, wofür die einzelnen → Symbole stehen und inwiefern sie ein Gut darstellen, das man „brauchen" könnte.

2 Entfalten Sie, inwiefern diese → Symbole auch kirchliche Themen sind.

3 Setzen Sie sich mit der Frage auseinander, welcher Streifen fehlt.

4 Setzen Sie das Motto des Kirchentags in Verbindung mit Jesu Reich-Gottes-Botschaft.

5 Gestalten Sie einen „Soviel du brauchst"-Zettel mit eigenen → Symbolen (oder kurzen Texten), die Sie anderen „mit auf den Weg" geben wollen.

→ Adressatenbezogene Texte verfassen: Seite 253

Wissen

- Alfred Loisy schrieb Anfang des 20. Jahrhunderts: „Jesus verkündigte das Reich Gottes und gekommen ist die Kirche!" Entfalten Sie das Zitat und nehmen Sie dazu Stellung.
- → Fulbert Steffensky schreibt: „In der Kirche fühle ich mich nicht zu Hause, so klagen viele Christen. So klagen die Alten, die die Lieder, die Gebete und die Gesten ihrer Kindheit dort nicht mehr finden. So klagen die Jungen, die ihre eigene Sprache und ihre eigenen Lieder dort nicht finden." Erörtern Sie vor diesem Standpunkt die Frage, ob sich Kirche dem Zeitgeist anpassen muss, um zukunftsfähig zu sein.
- Die Forderung der kirchlichen Opposition zu den Deutschen Christen hat im Wahlkampf 1933 gefordert: Kirche muss Kirche bleiben! Entfalten Sie, was mit dieser Forderung gemeint war.
- Erläutern Sie im Rückgriff auf Peter Kliemann (Seite 135), was mit → präsentischer und → futurischer Eschatologie gemeint ist.
- Erörtern Sie ausgehend von Karl Barths Standpunkt (Seite 138), ob man das Wort Kirche auch ohne Artikel verwenden kann.

→ Eine Stellungnahme verfassen: Seite 256

↔ Muss die Kirche moderner werden?: Seite 104

→ Texte analysieren: Seite 250

Können

- Auf dem Titelbild des Kapitels (Seite 130) ist Jesus vom Kreuz verschwunden, ein Brief wurde aber hinterlegt. Verfassen Sie den Brief, der unter dem leeren Kreuz liegt.
- Der Skandal um die ausufernden Kosten des Bischofssitzes von Limburgs Bischof Tebartz-van Elst 2013 hat dazu geführt, dass sich die Zahl der Kirchenaustritte drastisch erhöht hat – und zwar sowohl bei Katholiken als auch bei Protestanten. Erläutern Sie mögliche Gründe, wieso es auch auf evangelischer Seite zu Kirchenaustritten kam.
- Entwerfen Sie ein Zukunftspapier zur „Kirche 2030".

→ Adressatenbezogene Texte verfassen: Seite 253

→ Adressatenbezogene Texte verfassen: Seite 253

Anwenden

- Untersuchen Sie eine Kirche vor Ort bezüglich ihres spezifischen Zugangs zu Jesus Christus: Welche Bilder gibt es in der Kirche? Welche Personen werden dargestellt und wie ist ihr Verhältnis zu Jesus? Welche Zeichen finden sich in der Kirche?
- Stellen Sie sich vor, Sie sind Mitarbeiter/in einer Werbeagentur. Entwerfen Sie eine Werbung für die evangelische Kirche.
- In der Produktbeschreibung zu der „Romantischen Hochzeitskirche" von Playmobil heißt es: „Das Brautpaar schreitet durch das zweiflügelige Eingangsportal und nimmt auf den beiden Kirchenbänken Platz. Per Knopfdruck auf die Fenster im Kirchturm ertönt Glockengeläut und Orgelmusik. Die Zeiger der Turmuhr sind beweglich. Das Schmuckkästchen enthält richtige Ringe." Erläutern Sie, welches Kirchenbild in dem Produkt von Playmobil vermittelt wird, und gestalten Sie daraufhin einen Vorschlag für eine Playmobil-Kirche, die den Kern kirchlicher Gemeinschaft abbildet.

→ Eine Exkursion planen: Seite 261

→ Adressatenbezogene Texte verfassen: Seite 253

8 Darf man Geschöpfe töten?

Wenn Sie dieses Kapitel bearbeitet haben, können Sie ...

- ethische Herausforderungen in unterschiedlichen persönlichen sowie gesellschaftlichen Handlungsfeldern als religiös bedeutsame Entscheidungssituationen erkennen.
- anhand exemplarischer Konflikte ethische Problemstellungen wahrnehmen.
- Handlungssituationen, in denen sich die Verantwortlichkeit des Menschen bewähren muss, aufzeigen und mögliche Handlungsoptionen vergleichen.
- biblisch-theologische Grundlagen christlicher Ethik darstellen.
- die biblische Vorstellung von menschlichem Handeln in Freiheit und Verantwortung erläutern und mögliche Gefahren einer Verfehlung dieser Bestimmung reflektieren.
- Modelle ethischer Urteilsbildung beurteilen und beispielhaft anwenden.
- Handlungsoptionen, die sich aus unterschiedlichen ethischen Modellen ergeben, für exemplarische Situationen überprüfen.

Was können Sie schon?

- erklären, warum der Mensch frei und zugleich verantwortlich für sich und andere ist
- aufzeigen, was der Begriff „Rechtfertigung“ bedeutet
- einordnen, inwieweit Menschenbilder identitätsfördernd oder lebensfeindlich sind
- verdeutlichen, welche Konsequenzen die biblische Bestimmung des Menschen zur Wahrung der Menschenwürde hat
- darlegen, wie sich Menschen durch die Bibel sowohl herausgefordert als auch ermutigt fühlen können
- exemplarisch herausstellen, welche Antworten sich aus christlicher Sicht auf ethische Probleme geben lassen
- sich aus christlicher Sicht mit anderen ethischen Positionen auseinandersetzen

Gegen das eigene Gewissen handeln?

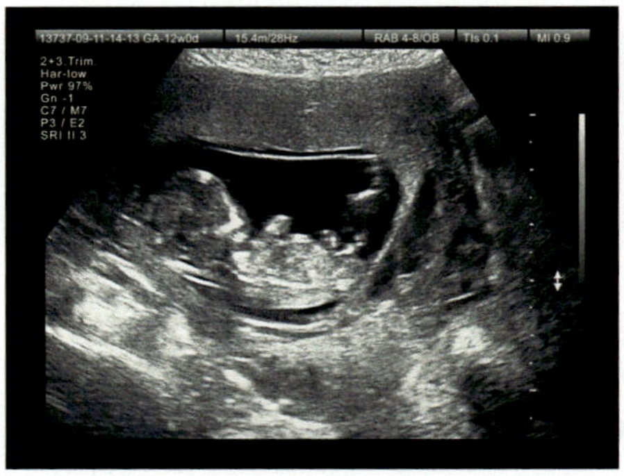

Eva Beck dreht den Monitor des Ultraschallgerätes von der Patientin weg, sodass diese nicht sieht, was Beck sieht: einen wenige Zentimeter großen Embryo, ein paar Wochen alt, erst die Andeutung eines Menschen, aber das Kindchenschema ist schon erfüllt. Der Embryo hat einen großen runden Kopf, eine gewölbte Stirn und strampelt mit kurzen Armen und Beinen. Diesmal ist die Patientin Anfang zwanzig und hat eine Freundin zum Abtreibungstermin mitgebracht. Die Mädchen sind nervös, sie kichern. Da entdeckt die Freundin den Embryo auf dem Ultraschall und ruft: „Guck mal, es zappelt ja schon!", woraufhin beide in kreischendes Gelächter ausbrechen.

Wer sind die Leidtragenden solcher Situationen, die Eva Beck nicht vergessen kann, weil sie „unwürdig" seien? Das unfertige Kind zweifellos. Das junge Mädchen, das vielleicht nur aus Hilflosigkeit kichert. Beck empfindet auch sich selbst als Leidtragende, weil sie den Embryo aus der Gebärmutter saugen muss. Das Gesetz stellt es Beck frei, ob sie als Gynäkologin Schwangerschaftsabbrüche durchführt oder nicht. So steht es in Paragraf 12 Absatz 1 des Schwangerschaftkonfliktgesetzes: „Niemand ist verpflichtet, an einem Schwangerschaftsabbruch mitzuwirken." Doch das ist nur Theorie. Eva Beck ist 35 und Fachärztin für Frauenheilkunde und Geburtshilfe in Hamburg. Das ist die größte Herausforderung für einen angehenden Facharzt: auf die notwendige Anzahl von Operationen zu kommen. Nach drei Jahren an der Klinik fehlen ihr immer noch 70 Operationen. Beck kennt die Lösung für ihr Problem. Um ihre Fachärzteprüfung ablegen zu können, muss sie von ihrem Krankenhaus für einige Monate an eine Praxisklinik ausgeliehen werden. Praxisklinik bedeutet: Schwangerschaftsabbrüche. Täglich. Wie am Fließband.

Eva Beck ist nicht einmal besonders religiös erzogen worden, nur ein bisschen katholisch, wie es in vielen niedersächsischen Dörfern üblich ist. Aber Verantwortung, Gewissen, Grundsätze, diese Dinge sind ihr immer wichtig gewesen. Man könnte auch sagen, dass Eva Beck eine Überzeugung hat. Eva Beck denkt, dass es doch gar nicht so schwer ist, verantwortungsvoll und konsequent zu leben. Es gibt das Gute auf der Welt, und es gibt das Schlechte, denkt sie, und ein Arzt tut Gutes …

Elisabeth Raether (1979), Autorin und Journalistin*

Aufgabe

„Eva Beck denkt, dass es doch gar nicht so schwer ist, verantwortungsvoll und konsequent zu leben." – Bereiten Sie ausgehend von dieser These und dem Beispiel von Eva Beck eine Podiumsdiskussion vor. Erarbeiten Sie dazu in Kleingruppen mögliche Argumente unterschiedlicher Personen, die sich in diese Diskussion einbringen könnten.

Dazu ist es wichtig, …

- Handlungssituationen, in denen sich der Mensch in seiner Freiheit und Verantwortung bewähren muss, zu erklären und mögliche Handlungsoptionen darzustellen.
- biblisch-theologische Grundlagen des jüdisch-christlichen Menschenbildes sowie christlicher Ethik zu entfalten und zu prüfen.
- unterschiedliche Modelle ethischer Urteilsbildung zu beurteilen und die sich jeweils ergebenden Handlungsoptionen für konkrete Handlungssituationen zu erörtern.

Die Vergegenständlichung des Embryos

Im Jahr 2010 wurden in Deutschland 110 400 Schwangerschaftsabbrüche registriert. Verglichen mit circa 678 000 Geburten im selben Jahr ist das eine hohe Zahl. Trotz aller Möglichkeiten der Empfängnisverhütung kommt es nach wie vor zu einer großen Zahl ungewollter Schwangerschaften. In einem derartigen Fall stellt sich die Frage, ob das Kind ausgetragen werden soll. Nach der deutschen Rechtslage kann in Konfliktfällen nach einem vorausgehenden Beratungsgespräch die Schwangerschaft innerhalb der ersten zwölf Wochen abgebrochen werden. Die Möglichkeit der Abtreibung wird erst recht dann erörtert, wenn bei den inzwischen regelmäßig durchgeführten pränataldiagnostischen Untersuchungen eine gesundheitliche Beeinträchtigung des Kindes prognostiziert wird. Unter Berufung auf eine unzumutbare gesundheitliche Belastung für die Mutter kann die Schwangerschaft in einem solchen Fall auch nach der Frist von zwölf Wochen beendet werden. Wird der Schwangerschaftsabbruch dadurch zu einem regulären Mittel der Familienplanung? Und ist die „Schwangerschaft auf Probe" eine selbstverständliche Konsequenz aus dem heute behaupteten „Recht auf reproduktive Selbstbestimmung"? Kaum eine ethische Frage ist so umstritten.

„Pro life" oder *„Pro choice"* heißen die alternativen Positionen in der amerikanischen Debatte. Das Lebensrecht des Embryos von der Verschmelzung zwischen Ei- und Samenzelle an bildet den Ausgangspunkt der einen Position, das Selbstbestimmungsrecht der Mutter stellt den anderen Pol dar. Im einen Fall wird dem werdenden Menschen ein eigenständiges Lebensrecht von Anfang an zuerkannt, im andern Fall wird aus dem Recht auf reproduktive Selbstbestimmung das Recht zum Schwangerschaftsabbruch abgeleitet.

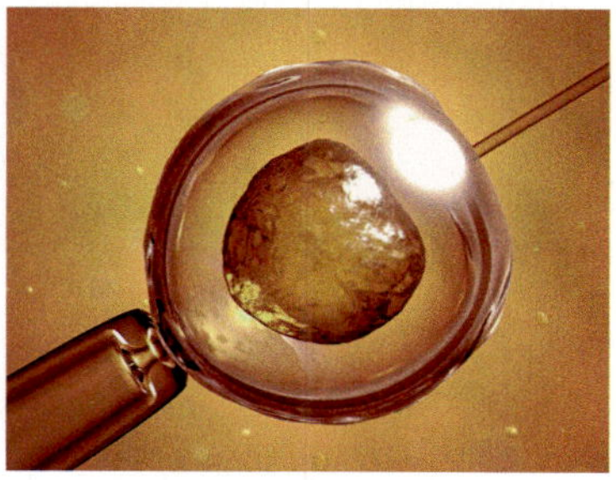

Beiden Positionen – *Pro life* und *Pro choice* – ist gemeinsam, dass sie die Schwangerschaft jeweils nur von einer Seite aus betrachten und übersehen, dass es sich bei der Schwangerschaft um ein Lebensverhältnis handelt, in dem diese beiden Seiten stark miteinander verbunden sind.

Solange die Schwangerschaft als ein Lebensverhältnis betrachtet wird, ergibt sich der Schutz des werdenden Lebens aus der besonderen Verantwortung einer Mutter (und eines Vaters) für das werdende Leben. Wenn die Schwangere und das in ihr entstehende Lebewesen getrennt voneinander gesehen werden, wird die Verantwortung für den künftigen Menschen nicht aus der engen Verbindung zwischen Mutter und Kind, sondern aus dem moralischen Status des Embryos beziehungsweise aus der Selbstbestimmung der Mutter abgeleitet. Der Schwangerschaftskonflikt wird zu einem Konflikt konkurrierender Ansprüche von Mutter und Kind. Nicht mehr das Bemühen um Lebensumstände, unter denen die Schwangerschaft zu einem guten Ende kommen kann, sondern die Frage, ob der moralische Anspruch des Embryos mit dem Selbstbestimmungsrecht der Schwangeren vereinbar ist, rückt ins Zentrum.

Die Vergegenständlichung des Embryos wird so vorangetrieben. Die Schwangerschaft ist der grundlegende Vorgang, an dem sich zeigt, dass menschliches Leben, so sehr es auf Eigenständigkeit, Selbstbestimmung oder Autonomie zielt, zuallererst dadurch konstituiert wird, dass der Mensch ein Beziehungswesen ist.

→ Wolfgang Huber (1942), Theologe*

↔ **Wie ist die Menschenwürde begründet?:** Seite 62/63

Aufgaben

1 Stellen Sie den Grundgedanken des Textes in Form einer Grafisierung dar.

2 Erläutern Sie, was Huber mit dem Begriff der „Vergegenständlichung des Embryos" meint.

→ **Grafisieren:** Seite 254

→ **Texte analysieren:** Seite 250

Welche Verantwortung bringt meine Freiheit mit sich?

Was ist Freiheit?: Seite 33

Muss ich alles selbst verantworten?: Seite 40/41

1971: Zum ersten Mal reden Frauen

Und sie reden gemeinsam, weil die Solidarität ihre einzige Stärke ist. Zum ersten Mal in der Bundesrepublik lehnen Frauen sich aus eigener Initiative auf: gegen den staatlichen Zwang zur Mutterschaft. Sie verstoßen damit offen gegen ein Gesetz, das „von Männern für Männer gemacht" wurde (Anette M. aus Dortmund).

Während bisher sogenannte Experten, während Theologen, Mediziner, Juristen und Politiker über den Beginn des „personalen Lebens", über die „Seele des Fötus", die „bevölkerungspolitischen Aspekte" und das „zu schützende Rechtsgut" aus der Distanz debattierten, haben die direkt Betroffenen, die Frauen, bislang geschwiegen und gehandelt.

Dass sie täglich zu Tausenden handeln, das heißt: heimlich abtreiben, haben die isolierten Frauen selbst in vollem Ausmaß erst nach dem Schock der Selbstbezichtigungskampagne der Aktion §218 begriffen. Mit dieser Aktion haben Frauen sich offensiv und fordernd Gehör verschafft und den §218 zum Politikum gemacht.

Diese Aktion ist die erste in Deutschland geführte Kampagne gegen das Abtreibungsverbot, die ausschließlich von Frauen initiiert wurde und hauptsächlich von ihnen getragen wird. Damit gewinnt die Diskussion um die Abtreibung neue Inhalte. Frauen sind nicht länger gewillt, Abtreibung als ihre individuelle Misere hinzunehmen, sondern sie beginnen, die gesellschaftlichen Zusammenhänge zu sehen – wobei klar wird, dass der Gebärzwang eine der Hauptstützen der frauenspezifischen Unterdrückung ist. Wie komplex seine Auswirkungen in dieser Gesellschaft für die Frau sind, kann nur von Frauen erfahren und von ihnen vermittelt werden.

Das provozierende, sich mit dem anderer Frauen solidarisierende Bekenntnis war ihr erster Schritt zur Rebellion. Frauen fordern. Schon das ist ungewöhnlich. Und sie klagen an. In einer Gesellschaft, die die kollektive Verantwortung für die Menschenreproduktion auf die einzelne Familie abschiebt, und in der innerhalb dieser Familie der Mann – unterstützt von der herrschenden Ideologie – der Frau die Verantwortung aufbürdet, in dieser Gesellschaft muss der Zwang zur Mutterschaft zum Werkzeug der spezifischen Unterdrückung der Frau werden.

Frauen treiben ab, nichts kann sie daran hindern – nicht die vom Gesetz angedrohte Strafe, nicht die moralische Ächtung und auch nicht die Gefahr für Gesundheit und Leben. Sie tun es unter gefährlichen Bedingungen, in Kenntnis der weitreichenden Folgen einer Mutterschaft, denn für sie bedeutet Mutterschaft oft soziale Isolation auf Jahre hinaus und materielle Abhängigkeit vom eigenen Mann, wenn sie verheiratet ist. Die ledige Mutter hat mit der noch stärkeren Abhängigkeit am Arbeitsplatz zu rechnen; sie kann sich keine Gefährdung ihres regelmäßigen Einkommens erlauben, und sie muss, in einer Männer-Arbeitswelt, die nach männlichen Spielregeln funktioniert, auf die Nach- und Einsicht ihres Chefs hoffen (Feierabend um fünf Uhr, weil die Kinderkrippe schließt, Sonderurlaub, weil das Kleine die Masern hat etc., etc.).
Die Frau, die abtreibt, revoltiert nicht; sie handelt passiv. Denn Abtreibung ist nicht eine die Initiative ergreifende Vorbeugung, sondern der letzte Ausweg. Bedenkt man das, so ist es nicht überraschend, dass zwar – nach realitätsnahen Schätzungen – jede zweite Frau in der Bundesrepublik abtreibt, aber nur jede fünfte das einzig sichere Verhütungsmittel, die Pille, nimmt.
Die Beseitigung des § 218 ist darum eine der Hauptvoraussetzungen für die Selbstbestimmung der Frau überhaupt. Erst wenn die Frau nicht mehr unter der Demütigung der heimlichen Abtreibung und der lähmenden Angst vor der unerwünschten Mutterschaft mit all ihren Folgen leben muss, kann sie den Kopf erheben und weiterblicken.

→ *Alice Schwarzer (* 1942), Journalistin und Publizistin*

Emanzipation und Solidarität
Geändert hat sich eine öffentliche Stimmungslage. Die neue Stimmungslage wird am besten durch das Wort „Emanzipation" charakterisiert, das heute in aller Munde ist. Diese Stimmungslage ist, was ihren Wert betrifft, wie alle Stimmungslagen ambivalent. Gewachsen sind die Ansprüche der Menschen auf individuelle Befriedigung. Gewachsen ist die kritische Beurteilung von Lebenschancen, von Lasten und Entschädigungen. Gewachsen ist die Bereitschaft, körperlich oder geistig Benachteiligten und gesellschaftlichen Randgruppen zusätzliche Hilfestellung zu geben. Gewachsen ist aber gleichzeitig die Neigung zur Brutalität gegenüber allem, was sich individuellen Ansprüchen in den Weg stellt. Und da dies oft individuelle Ansprüche anderer sind, hebt sich das emanzipatorische Bewusstsein vielfach selbst wieder auf. *Emanzipation gibt es nicht ohne Solidarität.*

↔ Was bedeutet soziale Gerechtigkeit?: Seite 58/59

→ *Robert Spaemann (* 1927), Philosoph*

! **Moment mal!**
Ist das Reden von Emanzipation überflüssig geworden?

Aufgaben

1 Das Foto zeigt eine von zahlreichen Demonstrationen gegen den § 218 aus dem Jahr 1971. Zeigen Sie dieses Foto Ihren Eltern und Ihren Großeltern und notieren Sie deren Reaktionen. Vergleichen Sie Ihre Beobachtungen anschließend im Unterricht.

2 Recherchieren Sie ausgehend von Schwarzers Text die Hintergründe zur Debatte um § 218 zu Beginn der 1970er-Jahre.

→ Eine Internetrecherche durchführen: Seite 252

3 Benennen Sie mögliche Gründe, aus denen Frauen sich heute für eine Abtreibung entscheiden. Vergleichen Sie diese Gründe mit denen, die Schwarzer anführt.

4 Erörtern Sie Spaemanns These, Emanzipation gebe es nicht ohne Solidarität.

Was sagt die Bibel über den Menschen?

→ Josef Felix Müller, Zwei Figuren vor Blau, 2000. Lindenholz, 60 cm

Die Würde des Menschen

❞ [2] HERR, unser Herrscher,
wie machtvoll klingt dein Name auf der ganzen Erde!
Deine Herrlichkeit strahlt über dem Himmel auf!
[3] Dem Geschrei von Säuglingen und Kindern
hast du Macht verliehen über deine Widersacher.
Feinde und Rachgierige werden ferngehalten.
[4] Schaue ich hinauf zum Himmel,
staune ich über das Werk deiner Finger.
Betrachte ich den Mond und die Sterne,
die dort oben befestigt sind, so frage ich:
[5] Was ist der Mensch, dass du an ihn denkst?
Wie wertvoll ist das Menschenkind,
dass du dich um es kümmerst?
[6] Kaum geringer als Gott –
so hast du den Menschen geschaffen.
Du schmückst ihn mit einer Krone –
sie verleiht ihm Herrlichkeit und Würde.
[7] Die Werke deiner Hände hast du ihm anvertraut.
Alles hast du ihm zu Füßen gelegt:
[8] Schafe, Ziegen und Rinder – alle zusammen,
und dazu die wilden Tiere auf dem Feld.
[9] Die Vögel am Himmel und die Fische im Wasser
und was sich sonst in den Meeren bewegt.
[10] HERR, unser Herrscher,
wie machtvoll klingt dein Name auf der ganzen Erde!" ❝
(Ps 8)

Was ist der Mensch?: Seite 36/37

Würde. Groß vom Menschen denken

Wir treffen bereits in der alttestamentlichen Überlieferung etwa seit der Zeit des Babylonischen Exils (587–538 v. Chr.) auf die Einsicht, dass jedem Menschen mit seinem Dasein von Gott als seinem Schöpfer eine Auszeichnung gegeben ist, die ein Anrecht auf Achtung begründet. Das wird in den biblischen Texten nicht mit dem Begriff „Würde", wohl aber mithilfe der Begriffe „Ehre" und „Herrlichkeit" sowie „Bild Gottes" zum Ausdruck gebracht. Dabei begründen Judentum und Christentum die damit gegebene allgemeine und gleiche Würde aller Menschen (anders als Cicero als Vertreter der Stoischen Philosophie das tut) nicht mit deren Teilhabe an der Vernunft, sondern aus ihrer *Gottesbeziehung*, durch die ihnen die Würde (unabhängig von intellektueller Ausstattung, Verdienst, Leistung, moralischer Beschaffenheit oder religiöser Befindlichkeit) verliehen ist. Dabei ist Gottesbeziehung nicht die Beziehung des Menschen zu Gott, also seine Religiosität oder Frömmigkeit, sondern Gottes Beziehung zum Menschen. Die so verstandene → *Menschenwürde* orientiert sich an nichts anderem als an der Tatsache des Menschseins. Darin kommt die Überzeugung zum Ausdruck, dass der Mensch als Mensch, also *jeder* Mensch in *jeder* Phase seiner Entwicklung, Achtung verdient, weil ihm eine Würde eignet, die mit seinem *Dasein* gegeben ist und ihm von Menschen weder verliehen noch genommen, weder zu- noch aberkannt, sondern „nur" geachtet oder missachtet werden kann.

→ Wilfried Härle (1941), Theologe*

Wie stehen Gott und Mensch in Beziehung?: Seite 204/205

Wie ist die Menschenwürde begründet?: Seite 62/63

! **Moment mal!**
Ist das, was die Bibel über den Menschen sagt, in ethischen Diskussionen ein Argument?

Aufgaben

1 Entwickeln Sie eine begründete Idee, an welchem Ort Sie die Skulptur des Künstlers Josef Felix Müller aufstellen würden.

2 Interpretieren Sie Psalm 8, indem Sie ihn als Texttheater inszenieren.

3 Stellen Sie das Verhältnis von Gott und Mensch, wie Härle es aufzeigt, in Form einer Grafisierung dar.

Grafisieren: Seite 254

4 Erörtern Sie mögliche Konsequenzen der biblischen Sicht auf den Menschen für dessen Selbstverständnis und Handeln.

Wozu ist der Mensch bestimmt?

Bestimmung zur Selbstbestimmung

Bejahtsein und menschliche Freiheit

Der Ausdruck „Bestimmung des Menschen" bezieht sich auf das Wesen des Menschen als solchen (also jedes Menschen) und zwar in der Form, dass er eine Ausrichtung und Zielbestimmung seiner Entwicklung beschreibt. „Bestimmung des Menschen" meint folglich das „Menschsein im Werden". Dabei ist es einerseits entscheidend, dass diese Bestimmung nicht den Charakter einer Determination hat, durch die der Mensch in seinem Werden *festgelegt wäre*, sondern dass es sich im Gegenteil um eine Bestimmung zur *Selbst*bestimmung, also zur → *Freiheit* handelt. Dabei geht es aber andererseits nicht um beliebige Selbstbestimmung, sondern um die Freiheit, die dem menschlichen Wesen als einem endlichen Geschöpf (inmitten von gleichartigen und andersartigen Geschöpfen) entspricht. Deshalb ist es ein grundlegendes Moment der Bestimmung des Menschen, zu erkennen, dass er nicht sein eigener Schöpfer ist, sondern in allem, was er aus sich und seinem Leben macht (machen kann und machen soll), auf das angewiesen ist, was ihm mit seinem Dasein (an Chancen oder biblisch: an Talenten, um damit zu wuchern) gegeben und zuteilgeworden ist. Der Religionsphilosoph Rudolf Otto hat das mit einem glücklichen Ausdruck als das „Kreaturgefühl" des Menschen bezeichnet, und dies ist als Ausdruck sowohl von grundlegender *Abhängigkeit* als auch von grundlegendem *Bejahtsein* zu verstehen.

Was kann ich verändern?: Seite 42/43

Verantwortliches Gegenüber und fürsorglicher Verwalter

Die Bestimmung des Menschen besteht darin, *so weit wie möglich* diese seine Verfassung zu erkennen, zu bejahen und in ihrem selbstbestimmten Gebrauch zu reifen. Diese Erkenntnis bezieht sich nicht bloß auf das eigene Menschsein, sondern zugleich auf das der Mitmenschen. Deshalb wäre die Rede von der Bestimmung des Menschen missverstanden, wenn man sie als Ausdruck von Individualismus deutete. Genauer gesagt: Die Bestimmung des Menschen bezieht sich immer zugleich auf das Menschsein, also die Humanität, und auf das unverwechselbare Selbstsein, also die Individualität. Die Fähigkeit des Menschen zu einer weltanschaulich-religiös-ethischen Reflexion und Kommunikation bildet offenbar das oder jedenfalls ein wesentliches Charakteristikum der Spezies „Mensch". Sie begründet die für uns wahrnehmbare Besonderheit der → Menschenwürde im Unterschied zum Sein und zur Würde aller anderen Geschöpfe. Sie begründet auch seine damit gegebene Überordnung über die anderen Geschöpfe, wie sie in der biblischen Vorstellung von der *Gottebenbildlichkeit* des Menschen und von der dem Menschen übertragenen *fürsorglichen Herrschaft* über die Erde (dominium terrae) zum Ausdruck kommt. Auch hierbei handelt es sich – in beiderlei Hinsicht – um eine *Bestimmung* des Menschen, durch die der Mensch nicht in seinem Handeln determiniert ist, wohl aber orientiert wird. Dazu ist er bestimmt und so soll er sein: ein antwortfähiges, verantwortliches Gegenüber zu Gott und ein fürsorglicher, königlicher Verwalter der Erde. Wenn er diese Bestimmung verfehlt, hat dies für ihn selbst und für die ganze Erde verheerende Folgen, aber diese Bestimmung geht dadurch nicht verloren, wird nicht zurückgenommen, sondern bleibt bestehen. Deshalb ist von der Gottebenbildlichkeit des Menschen dasselbe zu sagen wie von der Menschenwürde: Sie ist *unantastbar*, aber sie kann *missachtet, ignoriert oder mit Füßen getreten werden.*

Wie ist die Menschenwürde begründet?: Seite 62/63

Muss ich alles selbst verantworten?: Seite 40/41

Ebenbild Gottes: Seite 62, 264 f.

Enge Zusammenhänge

Dabei besteht zwischen den obigen Aussagen über die Bestimmung des Menschen zur weltanschaulich-religiös-ethischen Reflexion und Kommunikation und diesen Aussagen über die Bestimmung zur Gottebenbildlichkeit und zur fürsorglichen Herrschaft über die Erde insofern ein enger Zusammenhang, als beide sich gegenseitig bedingen. Denn nur eine Erkenntnis – oder zumindest Ahnung – von Ursprung, Ziel und Sinn der Geschöpfe befähigt dazu, deren Wesen und Bestimmung so zu erkennen, dass ein dem angemessener, verantwortlicher Umgang mit ihnen möglich ist. Daraus ergibt sich aber eine wichtige ethische und anthropologische Einsicht: Gerade das, was den Menschen auszeichnet und erhöht und ihm eine besondere Würde verleiht, ist etwas, was ihn zum *verantwortlichen Umgang mit den anderen Geschöpfen befähigt und verpflichtet.* Das schließt die Möglichkeit nicht aus, dass der Mensch wider bessere Erkenntnis mit seinem eigenen Leben und dem anderer Geschöpfe nicht gut umgeht, also seine große Bestimmung missbraucht und unverantwortlich handelt. Dennoch unterscheidet sich der Mensch durch die in der weltanschaulich-religiösen Dimension begründete ethische Verantwortungsfähigkeit von den übrigen Geschöpfen und ist ihnen zugleich verantwortlich übergeordnet. Indem eine Person bewusst fremde Würde missachtet, bestimmt sie sich zu einem Handeln wider besseres Wissen. Sie beschädigt ihre eigene moralische Integrität und Identität und bringt sich damit selbst in einen existenziellen Widerspruch. Damit erweist sich die Missachtung fremder Würde zugleich als Missachtung der eigenen Würde. Die Würde des Menschen ist nicht nur unantastbar, sie ist auch *unteilbar.* Fremde und eigene Würde bilden letztlich eine Einheit. Wer bewusst andere Menschen von der Achtung und dem Schutz der → Menschenwürde ausschließen will, schließt damit (vermutlich unbewusst) sich selbst von der Achtung und vom Schutz der Menschenwürde aus.

→ *Wilfried Härle (* 1941), Theologe*

Was ist der Mensch?: Seite 36/37

Info – Inklusion

Inklusion heißt wörtlich übersetzt Zugehörigkeit, also das Gegenteil von Ausgrenzung. Wenn jeder Mensch – mit oder ohne Behinderung – überall dabei sein kann, in der Schule, am Arbeitsplatz, im Wohnviertel, in der Freizeit, dann ist das gelungene Inklusion.
In einer inklusiven Gesellschaft ist es normal, verschieden zu sein. Jeder ist willkommen.
Und davon profitieren wir alle: zum Beispiel durch den Abbau von Hürden, damit die Umwelt für alle zugänglich wird, aber auch durch weniger Barrieren in den Köpfen, mehr Offenheit, Toleranz und ein besseres Miteinander.
Inklusion ist ein Menschenrecht, das in der UN-Behindertenrechtskonvention festgeschrieben ist. Deutschland hat diese Vereinbarung unterzeichnet.

Aufgaben

1 Arbeiten Sie zu zweit die Schlüsselbegriffe des Textes heraus. Setzen Sie diese im Anschluss daran in Beziehung zueinander.

Texte analysieren: Seite 251

2 Entfalten Sie Härles Gedanken der „Fähigkeit des Menschen zu einer weltanschaulich-religiös-ethischen Reflexion und Kommunikation" als „wesentliches Charakteristikum der Spezies Mensch".

3 Der Theologe Härle, ein Mensch im Rollstuhl und Sie warten gemeinsam an einer Bushaltestelle, an der dieses Plakat hängt. Gestalten Sie einen möglichen Dialog, der sich hier entwickeln könnte. Recherchieren Sie dazu zunächst Hintergrund und Anliegen dieser Kampagne der „Aktion Mensch".

Eine Internetrecherche durchführen: Seite 252

Nach welchen Maßstäben kann ich mich richten?

„Nichts ist machtvoller als ein Mensch, der nach seinem Gewissen handelt und so das Gewissen der Gesellschaft zum Leben erweckt."

Norman Cousins (1915–1990), Journalist und Friedensaktivist

→ Marc Siebenhüner, Die Suche, 2013. Acryl auf Alu-Dibond, 180 x 180 cm

Die verantwortungsethische Betrachtung

Verantwortungsethik bezieht sich auf die Verpflichtungen, die sich aus den Beziehungen eines Menschen zu anderen Menschen, zu der ihn umgebenden Welt oder zu sich selbst ergeben. In der Perspektive des christlichen Glaubens ist dafür die Verantwortung vor Gott, also eine letzte Rechenschaftspflicht für die Führung des eigenen Lebens, grundlegend. In den Grundbeziehungen seines Lebens konkretisiert sich die Verantwortung des Menschen für seine Lebensführung. Als Prüfmaßstab für die Wahrnehmung dieser Verantwortung liegt der Kategorische Imperativ nahe, also die Pflicht, so zu handeln, „dass du die Menschheit, sowohl in deiner Person als in der Person eines jeden andern, jederzeit zugleich als Zweck, niemals bloß als Mittel brauchest" (→ Kant). Doch Verantwortungsethik beschränkt sich nicht auf den Umgang mit anderen Menschen. Auch wer bestimmte Formen menschlichen Lebens nicht „als Menschen", sondern als „Entwicklung zum Menschen" bezeichnet, steht zu ihnen gegebenenfalls in einer Verantwortungsrelation. Vergleichbare Verantwortungsrelationen gibt es selbstverständlich auch zur nicht menschlichen Natur und zu der von Menschen geschaffenen Kultur. Ein anderer Aspekt tritt hinzu: Zu den Pflichten verantwortlicher Lebensführung gehört die Berücksichtigung wahrscheinlicher oder möglicher Folgen. Diese Folgen können den einzelnen Adressaten individueller Verantwortung betreffen. Es können sich aber auch allgemeine Folgen dadurch ergeben, dass eine von Einzelnen begonnene Handlungsweise Schule macht und dadurch zu einem „allgemeinen Gesetz" wird.

→ Wolfgang Huber (1942), Theologe*

Wie ist die Menschenwürde begründet?: Seite 62/63

Eine radikale utilitaristische Perspektive

Die Auffassung, die bloße Zugehörigkeit zu unserer Spezies, ungeachtet aller anderen Eigenschaften, sei entscheidend für die Unrechtmäßigkeit des Tötens, ist ein Erbe religiöser Lehren, die selbst die Gegner der Abtreibung nur mehr zögernd ins Gespräch bringen.
Bei jedem fairen Vergleich moralisch relevanter Eigenschaften wie Rationalität, Selbstbewusstsein, Bewusstsein, Autonomie, Lust- und Schmerzempfindung und so weiter haben das Kalb, das Schwein und das viel verspottete Huhn einen guten Vorsprung vor dem Fötus in jedem Stadium der Schwangerschaft – und wenn wir einen weniger als drei Monate alten Fötus nehmen, so würde sogar ein Fisch mehr Anzeichen von Bewusstsein zeigen. Ich schlage daher vor, dem Leben eines Fötus keinen größeren Wert zuzubilligen als dem Leben eines nicht menschlichen Lebewesens auf einer ähnlichen Stufe der Rationalität, des Selbstbewusstseins, der Bewusstheit, der Empfindungsfähigkeit usw. Da kein Fötus eine Person ist, hat kein Fötus denselben Anspruch auf Leben wie eine Person. Ein Schwangerschaftsabbruch beendet eine Existenz, die überhaupt keinen Wert an sich hat. Sofern der Tod eines behinderten Säuglings zur Geburt eines anderen Säuglings mit besseren Aussichten auf ein glückliches Leben führt, dann ist die Gesamtsumme des Glücks größer, wenn der behinderte Säugling getötet wird. Der Verlust eines glücklichen Lebens für den ersten Säugling wird durch den Gewinn eines glücklicheren Lebens für den zweiten aufgewogen.

→ Peter Singer (1946), Philosoph*

Aufgaben

1 Setzen Sie sich in Form eines Schreibgespräches mit der Aussage Cousins' auseinander.

2 Wählen Sie eine der von Marc Siebenhüner dargestellten Figuren des Bildes „Die Suche" aus. Entwerfen Sie einen Monolog, in dem diese Figur sich mit der Titelfrage der Doppelseite auseinandersetzt. Lassen Sie die Figuren des Bildes im Vortrag Ihrer Texte „sprechen".

Bilder analysieren: Seite 251

3 Vergleichen Sie in einer sich anschließenden Auswertung Ihrer Texte zwei Aspekte:
a) benannte Wertmaßstäbe und b) mögliche Beweggründe für diese Entscheidung.

4 Vergleichen Sie das Menschenbild sowie die Maßstäbe eines verantwortungsethischen und eines utilitaristischen Zugangs zu ethischen Fragen.

Welche Grenzen kann es geben?

Info – Präimplantationsdiagnostik – Embryonenschutzgesetz – Präimplantationsgesetz

Mit **Präimplantationsdiagnostik** (PID) ist die genetische Untersuchung von Zellen eines durch künstliche Befruchtung im Reagenzglas (in vitro) gezeugten Embryos gemeint. Diese Untersuchung findet statt, bevor der Embryo in die Gebärmutter eingesetzt werden soll. Bei einer entsprechenden Diagnose werden die genetisch bedenklichen Embryonen vernichtet und ein gesunder Embryo wird eingesetzt.
Das **Embryonenschutzgesetz** (ESchG) erklärt bereits die befruchtete, entwicklungsfähige Eizelle zum schützenswerten Embryo im Sinne des Gesetzes. Das ESchG stellt die missbräuchliche Verwendung in vitro gezeugter Embryonen beispielsweise zu Forschungszwecken unter Strafe und hat die PID zunächst verboten.
Nach einem Urteil des Bundesgerichtshofes von 2010 und nach langem Ringen hat der Bundestag am 07. Juli 2011 das **Präimplantationsgesetz** (PräimpG) erlassen, welches den §3 ESchG erweitert und damit die PID in engen Grenzen erlaubt. Legitimiert ist sie im Fall des Risikos einer schwerwiegenden Erbkrankheit oder der hohen Wahrscheinlichkeit einer Tot- oder Fehlgeburt. Zusätzlich zur schriftlichen Einwilligung und intensiven Beratung der betroffenen Frau müssen eine interdisziplinär zusammengesetzte Ethikkommission sowie ein qualifizierter Arzt in einem zugelassenen PID-Zentrum für den jeweiligen Einzelfall einwilligen. Das PräimpG ist 2014 inkraft getreten.

„Ich bin Leben, das leben will, inmitten von Leben, das leben will."

Wie in meinem Willen zum Leben Sehnsucht ist nach dem Weiterleben und nach der geheimnisvollen Gehobenheit des Willens zum Leben, die man Lust nennt, und Angst vor der Vernichtung und der geheimnisvollen Beeinträchtigung des Willens zum Leben, die man Schmerz nennt: also auch in dem Willen zum Leben um mich herum, ob er sich mir gegenüber äußern kann, oder ob er stumm bleibt. Ethik besteht also darin, dass ich die Nötigung erlebe, allem Willen zum Leben die gleiche Ehrfurcht vor dem Leben entgegenzubringen wie dem eigenen.

Damit ist das denknotwendige Grundprinzip des Sittlichen gegeben. Gut ist, Leben erhalten und Leben fördern; böse ist, Leben vernichten und Leben hemmen. Wahrhaft ethisch ist der Mensch nur, wenn er der Nötigung gehorcht, allem Leben, dem er beistehen kann, zu helfen, und sich scheut, irgendetwas Lebendigem Schaden zu tun. Er fragt nicht, inwiefern dieses oder jenes Leben als wertvoll Anteilnahme verdient, und auch nicht, ob und inwieweit es noch empfindungsfähig ist. Das Leben als solches ist ihm heilig. Ethik ist ins Grenzenlose erweiterte Verantwortung gegen alles, was lebt. Mit drei Gegnern hat sich diese Ethik auseinanderzusetzen: mit der Gedankenlosigkeit, mit der egoistischen Selbstbehauptung und mit der Gesellschaft.

→ *Albert Schweitzer (1875–1965), Arzt und Theologe*

Ein menschliches Wesen ist noch keine Person

Es ist nun an der Zeit, sich der Debatte über Versuche mit menschlichen Embryonen zuzuwenden, die außerhalb des menschlichen Körpers in einer speziellen Flüssigkeit aufbewahrt werden. Diese Debatte ist relativ neu, weil diese Behandlung des Embryos neu ist; doch in vieler Hinsicht verläuft sie in denselben Bahnen wie die Abtreibungsdebatte. Obwohl ein Hauptargument für die Abtreibung – der Anspruch, dass jede Frau das Recht hat, über ihren Körper zu bestimmen – in dem neueren Kontext nicht anwendbar ist, beruht das Argument gegen Embryonen-Versuche auf einer der beiden Behauptungen, die wir schon untersucht haben: dass der Embryo einen Schutzanspruch hat, entweder weil er ein menschliches Wesen oder weil er ein potenzielles menschliches Wesen ist. Man könnte also meinen, dass die Sache kontra Embryonen-Versuche besser dasteht als die Sache pro Schwangerschaftsabbruch. Denn ein Argument zugunsten des Schwangerschaftsabbruchs ist dort nicht anwendbar, während die wesentlichen Argumente gegen die Abtreibung sehr wohl anwendbar sind. In Wirklichkeit aber lassen sich die Argumente gegen den Schwangerschaftsabbruch nicht so direkt auf den Labor-Embryo anwenden, wie man meinen könnte. Ist der Embryo schon ein menschliches Wesen? Wir haben bereits gesehen, dass Rechtsansprüche auf Leben nicht auf Spezieszugehörigkeit gegründet werden sollten; so beweist die Tatsache, dass der Embryo der Spezies Homo sapiens angehört, nicht, dass der Embryo in einem moralisch relevanten Sinn ein menschliches Wesen ist.

Und wenn der Fötus keine Person ist, dann kann der Embryo erst recht keine sein.

→ *Peter Singer (* 1946), Philosoph*

! Moment mal!
Würde ich selbst auf die Möglichkeit der PID verzichten?

Aufgaben

1 Skizzieren Sie, auf welche Problematik die Karikatur hinweist.

2 Notieren Sie mögliche Gründe für das lange Ringen des Bundestages um das Präimplantationsgesetz. Recherchieren Sie in diesem Kontext in der Diskussion gängige Definitionen des Beginns menschlichen Lebens.

→ Eine Internetrecherche durchführen: Seite 252

3 Entwerfen Sie ein Gespräch zwischen folgenden Gesprächspartnern: einem Paar, das aufgrund einer familiären schweren Erbkrankheit über die Möglichkeit der PID nachdenkt, dem beratenden Arzt, Peter Singer, Albert Schweitzer und einer/einem Ihrer Mitschülerinnen/Mitschüler.

Welche Rechte haben Tiere?

Tiere sind Geschöpfe mit einer ihnen eigenen, unveräußerlichen Würde

Inspiriert von biblischen Texten und in Übereinstimmung mit etlichen anderen theologischen Ethikern vertrete ich einen Ansatz der Tier- und Schöpfungsgerechtigkeit. Dieses Konzept nimmt seinen Ansatzpunkt in der Erkenntnis, dass Tiere Geschöpfe mit einer ihnen eigenen, unveräußerlichen Würde sind: Theologisch lassen sich drei Gründe für die Annahme ihrer geschöpflichen Würde anführen: der unmittelbare Bezug Gottes zu allen Geschöpfen; die (mittelalterliche) Überzeugung, dass der Schöpfer seine Geschöpfe in eine Eigenständigkeit, eine Autonomie und Unabhängigkeit von ihm selbst setzt; und die Kernbotschaft des christlichen Glaubens, dass der Schöpfer in Jesus Christus selbst Geschöpf („Fleisch") wurde und die Geschöpflichkeit als Moment seiner selbst angenommen hat. Welche Konsequenzen ergeben sich aus der Grundannahme einer geschöpflichen Würde? Etwas, das Würde besitzt, hat Selbstzwecklichkeit. Es steht nicht beliebig zur Disposition, sondern ist zunächst und zuerst unverfügbar. Der Mensch hat ihm gegenüber direkte Pflichten. Individuen, denen wir Würde zusprechen, müssen gerecht behandelt werden. Genau das fordert die Bibel, indem sie die Tiere in den Schöpfungsbund Gottes mit Noah einschließt. Dieser Bund gilt nicht nur Noah und seinen Nachkommen, sondern allen Lebewesen der Erde (Gen 9,9 f.; Hosea 2,20 f.). Gott, Mensch und Tier sind Bundesgenossinnen. Insgesamt genießt das Tier in der → Tora einen ähnlichen Rechtsschutz wie der rechtlich „schwach" gestellte Mensch, also wie Frauen und Kinder, Witwen und Waisen, Flüchtlinge und Sklaven.

→ Michael Rosenberger (1962), Professor für Moraltheologie*

Keine Checkliste für den Wert eines Lebens

Ein empfindungsfähiges Wesen ist Subjekt eines eigenen Lebens, und es will leben. Ob dieses Subjekt nun hochintelligent oder eher ein Einfaltspinsel ist, ob es die Welt im Flug betrachtet oder sich nur auf dem Erdboden fortbewegen kann, ob es viele Freunde oder Nachkommen hat oder wenige, ob es jeden Tag tolle Abenteuer erlebt oder nur vor dem Fernseher sitzt, ob es überall gute Laune verbreitet oder eine Plage für seine ganze Umgebung ist – all das sind völlig irrelevante Kriterien, um zu beurteilen, ob jemand ein Recht auf Leben hat. Es gibt schlicht keine Kriterien für das Recht auf Leben, außer dass ein Individuum bewusste Empfindungen hat, dass den biologischen körperlichen Vorgängen also subjektive Wahrnehmungen korrespondieren, somit jemand „da" ist, der sein Leben lebt. Es gibt keine Checkliste für den Wert des Lebens. Es gibt auch keinen Punkt im Universum, von dem aus man sagen könnte, ein seltener Elefant sei mehr (oder weniger) wert als ein Vertreter der sich üppig vermehrenden Gattung Mensch. In unserer → Ethik, die ihren Ausgangspunkt darin sieht, dass jedes empfindungsfähige Wesen Subjekt seines eigenen Lebens und damit Dreh- und Angelpunkt der Berücksichtigung seiner spezifischen, gegen andere nicht aufrechenbaren Interessen ist, ist das Individuum eben auch Schlusspunkt solcher Begründungen. Der letzte Grund. Es kommt nicht darauf an, wie erstrebenswert oder bewundernswert oder wertvoll ein Leben für andere aussieht. Wie der kanadische Philosoph Will Kymlicka einmal gesagt hat: „Das Recht auf Leben beruht in keiner Weise auf dem Wert, den dieses Leben für andere hat … Tiere haben das Recht zu leben, weil ihr Leben wertvoll ist *für sie*."

→ Hilal Sezgin (1970), Journalistin*

Nackt-Demo gegen Massentierhaltung

Splitternackt haben am Samstag 63 Menschen in München bei Temperaturen um null Grad gegen Massentierhaltung protestiert. Performance-Künstler Wolfgang Flatz ließ die Aktivisten dafür zehn Minuten lang in einem dreigeschossigen Gitterkäfig auf dem Tollwood-Winterfestival posieren. Das ungewöhnliche Kunstprojekt sollte auf den Tierschutz aufmerksam machen. Die Enge, der viele Tiere ausgesetzt seien, lasse sich in der begehbaren Skulptur „Café Bad Connection" auf Menschen physisch und psychisch übertragen, sagte Flatz. Mit dem Auftritt der Nackten in dem Käfig wollte er Beklemmung und Würdelosigkeit ausdrücken. Ganz bewusst habe er während der Aktion kein Publikum dabei haben wollen, sagte der Künstler. „Das hätte zum Voyeurismus geführt. Dem wollte ich die Aktivisten nicht aussetzen." Die Kunstaktion mit dem Titel „Die Krone der Schöpfung" ist Teil der Kampagne „Artgerecht: Lasst die Tiere wie sie sind!". Der Festivalveranstalter und der deutsche Tierschutzbund setzten sich damit für ein Ende der industriellen Massentierhaltung ein, wie es auf der Homepage des Festivals heißt.

Süddeutsche Zeitung

! **Moment mal!**
Denke ich darüber nach, was ich esse?

Aufgaben

1 Vergleichen Sie, wie Rosenberger und Sezgin jeweils die Würde des Tieres begründen.

2 Nehmen Sie begründet Stellung: Hätten Sie an der Demonstration gegen Massentierhaltung teilgenommen?

→ **Eine Stellungnahme verfassen:** Seite 256

3 Schreiben Sie einen Leserbrief, in dem Sie sich kritisch mit der Idee des „Veggie Day" auseinandersetzen.

→ **Adressatenbezogene Texte verfassen:** Seite 253

Wie würdigen andere Religionen Geschöpfe?

Jiva – göttliche Seele

Der Hinduismus kennt keinen grundsätzlichen Unterschied zwischen den Menschen und den Tieren und Pflanzen an. Alle Lebewesen sind mit einer Seele (*jiva*) begabt, und diese Seele ist letztlich göttlich. Auch im Hinduismus ist der Mensch die „Krone der Schöpfung" insofern, als nur ein Mensch mit der Intelligenz und dem moralischen und spirituellen Bewusstsein ausgestattet ist, durch die er die Erlösung oder Befreiung erreichen kann. Ein Tier oder ein Baum können nicht erlöst werden. Die ihnen innewohnende Seele muss zunächst von den niedrigen Formen des Lebens zu den höheren Formen wandern, um schließlich in einen Menschenkörper inkarniert zu werden. Der heutige Hinduismus kennt sowohl die sehr verinnerlichte Spiritualität der Upanishaden, wie auch die Symbolisierung und Sakralisierung der Natur und des Kosmos, die mit den Veden anfing. So kennen gerade die einfachen Menschen in ihrem religiösen Alltag heilige Zeiten, heilige Bäume und Steine, heilige Flüsse, heilige Berge und eine Vielzahl heiliger Orte. Grundsätzlich steht alles der Sakralisierung offen.

↔ Symbol: Seite 270

↔ Brauchen Menschen religiöse Orte?: Seite 26

→ *Martin Kämpchen (* 1948), Schriftsteller und Journalist*

Ahimsa

↔ Welche Visionen haben andere Religionen?: Seite 186/187

Die Ahimsa-Lehre, die Lehre vom Nicht-Verletzen, ist einer der zentralen Gedanken der buddhistischen → Ethik, auch wenn es sich hierbei nicht um eine genuin buddhistische Anschauung handelt. Vermutlich stammt die Ahimsa-Idee aus dem Jainismus. Jain bedeutet übersetzt Sieger, der Sieg des Jain war kein Sieg, errungen im Kampf gegen andere, sondern im Kampf gegen das eigene Ego. Auch wenn der Buddhismus zunächst nicht von einer Beseelung alles Existierenden, insbesondere nicht von der Beseelung der anorganischen Natur ausging, prägte die Doktrin des Nicht-Schädigens maßgeblich die buddhistische Ethik. Nicht nur der Mensch, sondern auch Tiere und Pflanzen sollen nicht verletzt werden. Die metaphysische Begründung für das Gebot des Nicht-Schädigens stellt die Anschauung vom Bedingten Entstehen und die Lehre vom Nicht-Selbst dar. Weil nichts absolut in sich und aus sich ist, ist alles in dieser Welt mit allem verbunden. Jede Schädigung anderen Lebens stellt damit letztlich auch eine Verletzung des eigenen dar. Ethisch verwirklicht sich die Lehre vom Nicht-Schädigen durch ihr positives Komplement, das grenzenlose Mitleid mit allen Wesen. Darüber hinaus spielt aber ein weiterer Faktor eine entscheidende Rolle in der Begründung von Ahimsa. Es ist der Karmagedanke und damit verbunden der Glaube an die Wiedergeburt. Unethisches Verhalten bewirkt demnach schlechtes Karma, das im nächsten Leben zu einer schlechten Wiedergeburt führt, im schlimmsten Fall in der Gattung von Lebewesen, die man geschädigt hat. Unethisch zu sein bedeutet demnach nicht nur, die zu schädigen, die Opfer dieses Verhaltens sind, sondern auch sich selbst.

↔ Reinkarnation: Seite 269

Die Ahimsa-Idee des Nicht-Schädigens bezog und bezieht sich nicht nur auf das Verhältnis des Menschen zur Natur, sondern in besonderer Weise auf das zu Tier und Mensch. Immer wieder lehrte Buddha in seinen Reden, dass das Töten, Verletzen und Quälen von Tieren unheilvoll ist. Weil jeder Mensch sein eigenes Selbst liebt und keinen Schmerz erleiden möchte, deshalb soll man niemandem, auch keinem Tier, Schmerz zufügen. Im buddhistischen Dhammapada heißt es: „Alle Wesen zittern vor der Gewalt, / Alle Wesen fürchten den Tod; / Sieh dich selbst in anderen, / Und töte nicht und verletze nicht."

→ *Katharina Ceming (* 1970), Philosophin und Theologin*

Beziehung und Verantwortung

Darstellungen im Qur'an von der Erschaffung der Welt und des Menschen sind weniger Geschichten, die einen Anfang klären sollen im Sinne eines → Mythos, vielmehr werden sie so verstanden, dass sie Aufschluss geben können über das Wesen der Geschöpfe und des Schöpfers und ihrer Beziehungen untereinander. So umfasst der islamische Religionsbegriff *Dîn* die Pflege der Beziehung zu sich selbst, zu seinen Mitmenschen, den Pflanzen und Tieren, der Schöpfung und ihren Gesetzmäßigkeiten und letztendlich zum Schöpfer des Ganzen, Gott selbst. All das zusammen ist Religion. Um in wechselseitig fördernde Beziehungen treten zu können, ist es hilfreich, das Gegenüber zu kennen und wertzuschätzen.

Entsprechend der Wochentage ist im semitischen Denken der Freitag der 6. Tag der Woche und der Tag der Erschaffung des Menschen. Im Freitagsgebet erinnern sich die Menschen in der Gegenwart Gottes an die damit verbundene Verantwortung. Alles in der Schöpfung hat einen Sinn in sich selbst und steht in einer Beziehung zu Gott. Deshalb sollte alles als Subjekt wertgeschätzt werden und nicht allein aufgrund des Nutzens, den Menschen daraus ziehen und ziehen dürfen. „Siehst du nicht, dass es Gott ist, Den alle verherrlichen, die in den Himmeln und auf Erden sind, und auch die Vögel mit ausgebreiteten Flügeln? Jedes kennt sein Gebet und seinen Lobpreis Gottes." (Sure 24:41)

→ *Muna Tatari (* 1971), Kulturwissenschaftlerin*

↔ Wie stehen Gott und Mensch in Beziehung?: Seite 204/205

↔ Was ist Religion?: Seite 16/17

Gottebenbildlichkeit in jüdischer Tradition

Die Rabbinen lehren, dass Gott wie ein Baumeister einen bereits vorhandenen Bauplan für die Schöpfung benutzt habe. Dieser Bauplan ist die Tora. Sie sorgte dafür, dass die Welt nicht nur zum bloßen Dasein geschaffen wurde, sondern zu einem moralischen Zweck, der sich in der Erschaffung des Menschen bündelte. Sechsmal sagt die Bibel, dass Gott seine Schöpfung „gut" fand. Nach der Erschaffung des Menschen fand er sie „sehr gut": Das Sein ist besser als das Nichts, Ordnung ist wertvoller als das Chaos und das Dasein des Menschen, mit all seinen Schwierigkeiten, ein Segen. Doch an keiner Stelle wird die Schöpfung als „vollkommen" bezeichnet. Es wird die Aufgabe des Menschen sein, dem Schöpfer in der Vervollkommnung seiner Schöpfung zu helfen, denn der Mensch ist bestimmt, Gottes Mitarbeiter zu sein.

↔ Weisung/Tora: Seite 271

Aufgaben

1 Arbeiten Sie mit der Methode des Gruppenpuzzles: Grafisieren Sie zunächst in Ihrer Stammgruppe die Kernaussagen des Textes. Bilden Sie im Anschluss mit den jeweiligen Experten neue Gruppen und erläutern Sie dort Ihre jeweiligen Ergebnisse.

→ Grafisieren: Seite 254

2 Tierschutzbewegungen fordern immer wieder ein generelles Verbot von Tierversuchen. Formulieren Sie eine Stellungnahme von Vertretern unterschiedlicher Religionen zu dieser ethischen Problemstellung. Informieren Sie sich dafür zunächst über Ziele und Methoden der Tierversuchsforschung.

→ Eine Stellungnahme verfassen: Seite 256
→ Eine Internetrecherche durchführen: Seite 252

Darf man Geschöpfe töten?

Menschenwürde: Seite 267

Wann beginnt das Leben? Was genau ist die Würde des Menschen – und was die Würde der Person? Gibt es ein Recht auf Selbstbestimmung am Lebensende? Und welchen moralischen Status haben Tiere? Die **Bioethik** setzt sich mit grundsätzlichen Fragen des Seins auseinander. Sie liefert Antworten für die politischen Entscheidungen der Gegenwart, wirft dabei aber auch neue Fragen und Probleme auf.

Bundeszentrale für politische Bildung

Aufgabe

Adressatenbezogene Texte verfassen: Seite 253

Beteiligen Sie sich an der öffentlichen Diskussion zur Bioethik: Formulieren Sie Ihre Meinung als Internetbeitrag.

Wissen

- Skizzieren Sie wesentliche Aspekte des jüdisch-christlichen Menschenbildes sowie daraus resultierende ethische Grundsätze.
- Zeigen Sie den Zusammenhang zwischen ethischen Fragen des Lebensanfangs und des Lebensendes auf.

Können

- Recherchieren Sie den Ursprung des Motivs der sich beinahe berührenden Hände auf der Einstiegsseite des Kapitels (Seite 150). Erläutern Sie Aussage und Intention der abgebildeten Verfremdungen.

→ Eine Internetrecherche durchführen: Seite 252

- Überarbeiten Sie in Ihren Kleingruppen die bisher formulierten Argumente (Seite 152) und führen Sie dann ausgehend von der These „Es ist doch gar nicht so schwer, verantwortungsvoll und konsequent zu leben" die von Ihnen vorbereitete Podiumsdiskussion durch. Werten Sie im Anschluss daran gemeinsam aus, welchen Rat Sie Eva Beck gegeben hätten.
- Fassen Sie die wesentlichen Aussagen des § 218 zusammen.
- Informieren Sie sich über Grundsätze und Anliegen des Vereins „foodwatch". Skizzieren Sie den Zusammenhang mit der Kapitelfrage „Darf man Geschöpfe töten?".

→ Eine Internetrecherche durchführen: Seite 252

- Stellen Sie dar, wie in Deutschland aktuell die Debatte um Sterbehilfe geführt wird.
- Untersuchen Sie in Ihrem privaten Umfeld, wie die Emanzipationsbewegung der Frauen bewertet wird.
- Entwickeln Sie in Kleingruppen die Idee einer eigenen → Ethik: Formulieren Sie Grundsätze, die Ihnen allen wichtig wären.

Anwenden

- Gestalten Sie als Religionskurs eine Fotoausstellung mit dem Titel „Der Mensch – → Ebenbild Gottes".
- Erörtern Sie in einer Diskussionsrunde den Gedanken der inklusiven Schule. Lassen Sie unterschiedliche Perspektiven zur Sprache kommen.
- Schauen Sie sich gemeinsam die Romanverfilmung „Beim Leben meiner Schwester" an. Überprüfen Sie, wie sich die einzelnen Charaktere gegenüber der Möglichkeit der PID positionieren.

→ Filme analysieren: Seite 255

- Bereiten Sie ein Interview zum Konsum- und Einkaufsverhalten Ihrer Eltern sowie Ihrer Großeltern vor. Führen Sie die Interviews durch und werten Sie diese gemeinsam aus.
- Schauen Sie sich gemeinsam die Dokumentation „Food Inc." an. Gestalten Sie exemplarisch eine Ausstellung für Ihre Schule.
- Informieren Sie sich über Anliegen und Ziele des Instituts für theologische Zoologie in Münster.

→ Eine Internetrecherche durchführen: Seite 252

- Gestalten Sie eine Wandzeitung zu einem von Ihnen gewählten bioethischen Diskussionsfeld. Sie können dazu beispielsweise die Informationen der Bundeszentrale für politische Bildung (www.bpb.de) zu Rate ziehen.

→ Adressatenbezogene Texte verfassen: Seite 253

9 Wie weit trägt christliche Zukunftshoffnung?

Wenn Sie dieses Kapitel bearbeitet haben, können Sie ...

- Bilder von Schrecken und Hoffnung als Ausdruck existenziellen Nachdenkens über Zukunft analysieren.
- Bedeutung und Funktion von Utopien für die Gestaltung von Zukunft entfalten.
- utopische Entwürfe mit dem biblischen Gedanken vom Reich Gottes vergleichen.
- die Verkündigung Jesu vom Reich Gottes sowie die Botschaft von der Auferstehung als grundlegend für christliche Lebens- und Zukunftsgestaltung deuten.
- apokalyptische Zukunftsvorstellungen der Bibel sachgemäß einordnen und von der Rede vom Reich Gottes unterscheiden.
- die Verwendung apokalyptischer Vorstellungen und Motive in der Gegenwartskultur analysieren und auf ihre Angemessenheit hin bewerten.
- eschatologische Vorstellungen des Christentums mit Zukunftsvorstellungen anderer Religionen vergleichen.

Was können Sie schon?

- erklären, dass Erfahrungen von Leid und Tod den Menschen herausfordern
- aufzeigen, dass Leid die religiöse Frage nach dem Sinn des Lebens aufwerfen kann
- darstellen, wie (christliche) Bilder der Hoffnung auf Leid und Tod zu antworten versuchen
- begründen, warum Kreuz und Auferstehung Jesu für Christen mit Erlösung und Hoffnung verbunden sind
- erklären, welche Funktion Symbole und Zeichen haben
- kritisch untersuchen, wie religiöse Motive in der Öffentlichkeit verwendet werden
- exemplarisch herausstellen, welche Antworten sich aus christlicher Sicht auf weltweite ethische Probleme geben lassen

Wie kann Zukunft aussehen?

Irgendwann in einem
traurigen September wird bald
Ein schwimmender
Kontinent verschwinden
Unter der Mitternachtssonne.

Nebel steigen auf,
Wenn die saure See
von Fieberdämpfen heimgesucht wird und
Neptuns Gebeine sich auflösen.

Schnee gleitet von den Bergen,
Eis zeugt jahreszeitenlange Fluten,
Schon bald setzt heftiger Regen ein.

Unbekannte Geschöpfe
Verschwinden unbetrauert,
Reiter machen sich bereit zum Kampf.
Die Sehnsucht ruft nach Helden
und Freunden.
Hoch oben auf dem Hügel
Läuten die Stadtglocken Sturm.

Der Schäfer ruft,
Die Stunde der Entscheidung ist gekommen.
Hier ist dein Werkzeug.

→ Al Gore (1948), Politiker*

Aufgabe

Sie haben als Religionskurs am Ende der Unterrichtseinheit die Aufgabe, eine Ausstellung mit dem Titel „Wie kann Zukunft aussehen?" zu gestalten. Entwickeln Sie ausgehend von Al Gores Text eine Mindmap, in der Sie Ihre Ideen für eine solche Ausstellung zusammentragen.

Dazu ist es wichtig, ...

- die Bilder von Schrecken und Hoffnung zu analysieren und als Ausgangspunkt für ein existenzielles Nachdenken über Zukunft zu entfalten.
- mögliche Visionen von Zukunft und deren Konsequenzen für das Selbstverständnis und das Handeln des Menschen zu reflektieren.
- christliche Wirklichkeitswahrnehmung und Zukunftshoffnung als eine mögliche Perspektive auf Zukunft einzuordnen und auf ihre Relevanz hin zu überprüfen.

Mensch, Computer, Deute-Engel

ZeitZeichen: Welche modernen Formen apokalyptischen Denkens beobachten Sie?

Nagel: Es gibt nach wie vor eine religiöse Apokalyptik im engeren Sinne, zum Beispiel bei Endzeitbewegungen wie Heavens Gate oder dem Peoples Temple. Die berufen sich entweder auf die Offenbarung des Johannes oder erzählen eigene apokalyptische Storys. Und daneben gibt es apokalyptische Rede- oder Deutungsmuster in nicht offensichtlich apokalyptisch erkennbaren Zusammenhängen.

ZeitZeichen: Zum Beispiel?

Nagel: Ich denke zum Beispiel an die Visionen und Prognosen, die vor Ende des Ost-West-Konflikts, angesichts der Hochrüstung, vor der atomaren Selbstauslöschung der Menschheit gewarnt haben. Der Club of Rome hat die Auszehrung unserer Ressourcen beschworen. Und heute weisen Klimaforscher darauf hin, dass das Packeis schon zur Hälfte geschmolzen ist. Und sie beschreiben Entscheidungs- und Katastrophenszenarien in dezidiert apokalyptischer Sprache.

ZeitZeichen: Inwiefern?

Nagel: Flüsse trocknen aus, Felder verdörren, unsere natürliche Lebensgrundlage schwindet. Das sind Themen der klassischen religiösen Apokalyptik, von Ägypten über die biblische Apokalyptik und darüber hinaus. Und bei der Diskussion über den Klimawandel findet sich noch ein anderes klassisches apokalyptisches Motiv, dass nämlich Naturkatastrophen zu sozialer Anomie, zur Auflösung der gesellschaftlichen Ordnung, führen.

ZeitZeichen: Und die Deute-Engel wären die Klimaforscher, die vor den ökologischen Folgen des Klimawandels warnen, und die Sozialwissenschaftler, die das Chaos prophezeien?

Nagel: Im Fall des Club of Rome wäre der Deute-Engel das Wissenschaftlerkollektiv des MIT, des renommierten Massachusetts Instituts of Technology. Die haben ein ausgefeiltes Computermodell entwickelt, das alle Feinheiten des Sachverhaltes abdecken soll. Wenn Sie so wollen, übernehmen Mensch und Computer die Funktion, die der Deute-Engel in der klassischen Apokalyptik hat.

ZeitZeichen: Der Club of Rome weist auf Gefahren hin, die sich in der Zukunft katastrophal auswirken können, die der Mensch aber noch bannen oder zumindest mindern kann.

Nagel: Ja, moderne Apokalypsen beschwören die Krise, um sie abzuwenden. Das ist der große Unterschied zur klassischen Apokalyptik. Dort fiebert man ja dem Ende entgegen, wenn man glaubt, ins himmlische Jerusalem einzugehen. Heute geht es dagegen darum, das Ende abzuwenden, statt es herbeizusehnen.

Alexander Kenneth Nagel (1978), Religionssoziologe*

Aufgaben

1 Recherchieren Sie Kennzeichen und Ziele der Endzeitbewegungen „Heavens Gate" und „Peoples Temple".

→ Eine Internetrecherche durchführen: Seite 252

2 Gestalten Sie ausgehend vom Interviewauszug ein Rechercheplakat zum „Club of Rome". Führen Sie die vorbereitete Recherche im Anschluss arbeitsteilig durch.

3 Erläutern Sie die unterschiedlichen Formen apokalyptischen Denkens, die Nagel hier anspricht.

Warum brauchen Menschen Utopien?

Ernest Callenbach: Ökotopia (Auszüge)

Der im Jahr 1975 erschienene Zukunftsroman ist eine der ersten ökologischen Utopien und spielt im Jahr 1999: Ökotopia *hat sich 1980 von Amerika abgespalten und ein eigenes Gesellschaftsmodell entwickelt. Der Reporter William Weston bekommt 19 Jahre später als erster Amerikaner eine Besuchserlaubnis und damit die Möglichkeit der Berichterstattung.*

Ich gab meine Reisetasche in Verwahrung und ging los, um mich ein wenig umzusehen. Der erste Schock traf mich sofort, als ich die Straße betrat. Über allem lag eine eigenartige Ruhe. Ich hatte erwartet, wenigstens ein bisschen von der erregenden Geschäftigkeit unserer Städte vorzufinden – hupende Autos, heranbrausende Taxis, Menschenmassen, die sich in der Hast des Stadtlebens drängen. Als sich meine Überraschung über die Stille gelegt hatte, musste ich feststellen, dass sich die Market Street – einst eine belebte Geschäftsstraße, die durch die Stadt bis hinunter ans Meer führte – in eine Promenade mit Tausenden von Bäumen verwandelt hat. Die „Straße" selbst, auf der elektrische Taxis, Kleinbusse und Lieferwagen entlangsummen, ist zu einer zweispurigen Winzigkeit zusammengeschrumpft. Den verbleibenden riesigen Raum nehmen Radfahrwege, Brunnen, Skulpturen, Kioske und kuriose, mit Bänken umstellte Gärtchen ein. Die fast unheimliche Stille wird nur vom Surren der Fahrräder und dem Geschrei von Kindern durchbrochen. Gelegentlich hört man sogar Vogelgesang – und das auf der Hauptstraße der Landesmetropole! Hier und da stehen große Pavillons mit kegelförmigen Dächern; ein zentral gelegener Kiosk bietet Zeitungen, Comics, Illustrierte, Fruchtsäfte und Snacks an. (Übrigens auch Zigaretten – es ist den Ökotopianern *nicht* gelungen, das Rauchen abzuschaffen!) Die Pavillons erweisen sich als Haltestellen des Kleinbus-Netzes und dienen als Unterstände, wenn es regnet. Die Busse selbst sind ulkige batteriegetriebene Kästen, nicht unähnlich den alten Cable Cars, die bei den Einwohnern früher so beliebt waren. Sie haben keinen Fahrer, sondern werden von einer elektronischen Vorrichtung gesteuert und angehalten, die unter der Straße verlegten Leitungen folgt.
Schon im Zug war mir aufgefallen, dass die ökotopianische Kleidung meist sehr locker sitzt und ihren Mangel an Stil und Schnitt durch leuchtende Farben wettzumachen sucht. Leder und Fell scheinen bevorzugte Materialien zu sein – sie werden für Hand- und Tragetaschen, Hosen und Jacketts verwendet. Kinder tragen Miniaturausführungen der Erwachsenenkleidung; eine spezielle Mode für sie gibt es anscheinend nicht. Ökotopianer, die mehr als einen kurzen Gang zu machen haben, benutzen gewöhnlich eines der weißlackierten Provo-Fahrräder, die zu Hunderten rechts und links der Straße zu finden sind und jedermann kostenlos zur Verfügung stehen. Tagsüber und abends werden sie durch die Fahrten der Bürger über die ganze Stadt verstreut, ein nächtlicher Sammeldienst bringt sie dann an die Plätze zurück, wo sie am nächsten Tag benötigt werden. Als ich einem freundlichen Fußgänger gegenüber die Bemerkung machte, dass dieses System ein großer Anreiz für Diebe und Rowdys sein müsse, wies dieser das hitzig zurück und führte eine – vielleicht gar nicht so weit hergeholte – Überlegung an: Es sei billiger, ein paar Fahrräder einzubüßen, als eine größere Zahl von Taxis und Kleinbussen zu unterhalten.
Soweit ich das auf meinem kurzen Einkaufsbummel feststellen konnte, enthalten die Kleiderstoffe hier weder Nylon, Dralon, Dacron noch irgendwelche anderen synthetischen Fasern.

(„Ich hätte gerne ein paar Oberhemden, bügelfrei." Der Verkäufer ungläubig: „Sie meinen solche Hemden aus Kunstfaser? Die verkaufen wir schon seit 20 Jahren nicht mehr." Es folgte ein Vortrag darüber, dass die Produktion von Kunstfasern zu viel Wasser und Energie erfordere – und dass auch kein Recycling möglich sei.) Mir fielen einige Kleidungsstücke auf, deren Etiketten stolz verkündeten, dass sie aus „wiederverwendeter Wolle" hergestellt seien. Sämtliche Stoffe und Kleider stammen aus einheimischer Produktion – und die Preise erscheinen irrsinnig hoch. Dann wieder fühle ich mich hier zurück in eine Vergangenheit versetzt, die mir von alten Fotografien her vertraut sein könnte. Oder aber in die Zukunft: Diese Leute, die trotz ihrer sonderbaren gesellschaftlichen Praktiken so amerikanisch wirken, befinden sich vielleicht schon dort, wo wir eines Tages sein werden. (Sie lassen natürlich keine Gelegenheit aus, mir zu sagen, dass wir uns beeilen sollen.) Werde außerdem den Eindruck nicht los, als verbrächte ich einen Urlaub auf dem Land. Zum Teil mögen daran die vielen Bäume, vielleicht auch die dunklen Nächte schuld sein (in denen ich immer noch den Eindruck habe, die Stromversorgung sei zusammengebrochen), und auch an die Stille kann ich mich nur schwer gewöhnen. Offenbar setzt sie meinem New Yorker Paranoia-Mechanismus zu, der es gewohnt ist, auf Hupen, Kreischen, Summen, Krachen und Klopfen zu reagieren, ganz zu schweigen von einem Schuss oder einem Schrei. Stille, das ist etwas, das man auf dem Land erwartet, aber nicht in einer Metropole mit mehreren Millionen Einwohnern, ständig umgeben von Menschen – und doch sind die einzigen wirklich lauten Geräusche, die man hier hört, menschliche Schreie und das Weinen von Säuglingen.
In Amerika ist die Ansicht weit verbreitet, die Ökotopianer seien ein energieloses und träges Volk geworden. Die Ökotopianer stellen sich auf den Standpunkt, die Menschheit sei nicht zur industriellen Produktion bestimmt, wie man im 19. und 20. Jahrhundert geglaubt hatte, sondern dazu, einen bescheidenen Platz im geschlossenen, ausgewogenen Gewebe des organischen Lebens einzunehmen und dabei dieses Gewebe so wenig wie möglich zu stören. Das würde zwar Verzicht auf den gegenwärtigen Konsum bedeuten, aber dafür das künftige Überleben garantieren. Dieses Überleben wurde zu einem fast religiösen Ziel erhoben – vielleicht in der Art früherer Heilslehren. Die Menschen sollten ihr Glück nicht in der Herrschaft über die Erde und ihre Lebewesen, sondern in einem Leben suchen, das sich in größtmöglicher Harmonie mit der Natur befindet.

→ Ernest Callenbach (1929–2012), Schriftsteller und Journalist

↔ Soziale Gerechtigkeit: Seite 58

Aufgaben

1 Recherchieren Sie den Ursprung und die Bedeutung des Begriffes „Utopie".

2 Erarbeiten Sie die aus der Sicht des Erzählers utopischen Kennzeichen von Ökotopia.

3 Vergleichen Sie diese Beobachtungen des Erzählers mit aktuellen gesellschaftlichen Entwicklungen.

4 Präsentieren Sie ein Projekt oder eine Firma, die von sich sagen, dass sie sich nach „Ökotopia" benannt haben.

→ Eine Internetrecherche durchführen: Seite 252

→ Texte analysieren: Seite 250

→ Eine Präsentation vorbereiten und durchführen: Seite 257

Wie kann man sich das Reich Gottes vorstellen?

Zeitenwende

Praktisch alle mit hoher Wahrscheinlichkeit authentischen Jesusworte handeln in irgendeiner Weise vom Reich Gottes. Dieser Terminus zieht sich wie ein roter Faden durch sie hindurch. In der wissenschaftlichen Theologie ist es denn auch unbestritten, dass der Terminus „Reich Gottes" das charakteristische Leitwort und das große Thema der Verkündigung Jesu darstellt. Jesus hat diesen zentralen Begriff nicht selbst geprägt, sondern aus der Tradition übernommen, jedoch völlig neu gefüllt. Besonders auffällig sind zunächst in vielen jesuanischen Reich-Gottes-Texten die temporalen Aussagen. Sie scheinen für Jesus von besonderer Bedeutung gewesen zu sein:

- Jetzt ist die Zeit der Hochzeitsfreude.
- Der Same, die Saat, das Senfkorn sind ausgestreut.
- Den Armen gehört jetzt das Reich Gottes.
- Wenn die Dämonen vertrieben werden, dann hat die Menschen das Reich Gottes tatsächlich erreicht.
- Der Sauerteig wird dem Mehl beigemengt.
- Das Gastmahl steht schon bereit.
- Der Schatz liegt bereit und „wartet" auf seine Entdeckung.
- Das Reich Gottes „ist mitten unter euch".

Initiative „Reich Gottes – jetzt!": Seite 137

Damit trifft Jesus über das Reich Gottes eine völlig neue Aussage: Er muss die wahrhaft bahnbrechende Überzeugung gewonnen haben, dass das Reich Gottes jetzt da ist! Für Jesus ist das Reich Gottes nicht mehr Zukunft, sondern Gegenwart. Aber nicht alle Menschen haben an ihm teil. So vielen bleibt es verschlossen, obwohl sie „mitten darin" leben. Sie verspüren es nicht. Sie haben den Schatz noch nicht entdeckt, sie sehen sich außerstande, die Einladung zum Gastmahl anzunehmen, oder sie haben zwar „die Hand an den Pflug gelegt", blicken aber zurück und kommen aus der Spur und aus dem Tritt. Es geht Jesus also nicht allein um den Glauben, dass das Reich Gottes Gegenwart, dass es tatsächlich da ist. Alles kommt vielmehr darauf an, am Reich Gottes teilzuhaben, also

Wie nah ist Gottes Reich?: Seite 136/137

- am Tisch des Gastmahls Platz zu nehmen,
- den Schatz zu finden und ihn sich anzueignen,
- wie ein Kind das Reich Gottes anzunehmen,
- sich nicht zu kasteien, sondern wie ein Hochzeitsgast am Fest des Lebens teilzunehmen,
- sich durch eine einfache Lebensweise als des Reiches Gottes teilhaftig zu erweisen,
- zu verspüren, dass einen dann, wenn die Dämonen ihre Macht verloren haben, das Reich Gottes erfasst, in sich hineingezogen hat,
- der Gegenwart des Reiches Gottes „mitten unter uns" inne zu werden, und zugleich damit die Vorstellung abzulegen, es sei eine zukünftige bzw. objektiv zu beschreibende Größe.

Wenn aber der heilige, göttliche Zusammenhang der Welt unsere Existenz umfängt und birgt, tritt sie gleichzeitig in eine umfassende Beziehung zur Welt in all ihren Erscheinungsformen. Leben, wirkliches Leben geschieht in und aus diesem Zusammenhang heraus. Die ganze Lebensweise, der Lebensstil des in der Reich-Gottes-Welt beheimateten Menschen wird ganz selbstverständlich dieser Weltverbundenheit entsprechen. Die als Reich Gottes erfahrene Welt ist ja nun mit der eigenen Existenz aufs Engste verknüpft. Das Wohl und Wehe der Welt ist mit der eigenen Befindlichkeit untrennbar verbunden. Wem sich die Welt, in der er eben jetzt lebt, als Reich Gottes öffnet, den erfüllt Freude, der erlebt, wie etwas „von selbst" wächst und gedeiht, „er weiß selbst nicht wie", den nennt Jesus „selig", sein Leben füllt sich und erfüllt sich immer wieder neu. „Ihrer ist das Reich Gottes" – diese Worte drücken aus, worin die Bestimmung des Menschen letztlich und wesentlich besteht: dem Reich Gottes zuzugehören, im Reich Gottes zu existieren. Das ist Seligkeit schlechthin. Das ist der Kern des jesuanischen Evangeliums. Jesus war der erste, der diesen „neuen Wein", diesen „neuen Stoff" ans Licht gebracht hat. Diesen völlig neuen Gedanken auszubreiten, sah Jesus sich berufen. Darin besteht sein Evangelium.

Claus Petersen (1952), Pfarrer*

! **Moment mal!**
Ist das Reich Gottes nicht auch nur eine Utopie?

Aufgaben

1 Grafisieren Sie den Gedankengang des Textes.

Grafisieren: Seite 254

2 Vergleichen Sie Petersens Ausführungen zum Reich Gottes mit der Vorstellung, wie sie das „Ortsausgangsschild" vermittelt.

3 Erläutern Sie das Verhältnis von Reich Gottes und Utopie.

Was hat Ostern mit Zukunft zu tun?

Der Trost des Evangeliums angesichts des Todes

Nach allem, was wir (auch wir Christen) mit unseren Augen wahrnehmen, scheint das Urteil unausweichlich zu sein, dass der Tod das letzte Wort über uns hat und die letzte Realität ist, mit der wir konfrontiert werden. Der Tod stellt eine für uns unüberwindliche Schranke dar. Gerade darin zeigt sich seine Härte und Unerbittlichkeit. Uns Menschen ist es schlechterdings unmöglich, dem Tod, der jeden noch so gut gemeinten Versuch menschlichen Trostes als letztlich ohnmächtig entlarvt, von uns aus ein Wort entgegenzustellen, das den Tod seinerseits in die Schranken weist. Ein solches Wort übersteigt unsere Macht fundamental. Es müsste schon ein Wort von außen kommen, ein Wort aus einer anderen, nicht durch den Tod bestimmten Welt, ein Wort „vom Himmel her". Es müsste nicht weniger als Gottes Wort sein, um den Tod in die Schranken zu weisen und zu überwinden, um als „Wort des Lebens" das letzte Wort zu haben und das letzte Wort zu sein. Und nun ist eben genau dies die Kernaussage des Neuen Testaments: dass es ein solches Wort gibt und dass das Evangelium dieses den Tod überwindende Wort ist. Das Neue Testament selbst bringt diesen Sachverhalt in aller Deutlichkeit in 2. Timotheus 1,10 zur Sprache, wenn es dort heißt: „Jesus Christus hat dem Tode die Macht genommen und das Leben und ein unvergängliches Wesen ans Licht gebracht durch das Evangelium."

Für mich gestorben?: Seite 120/121

Gottes Wort eignet tröstende Kraft, weil es nicht aus unserer vom Tode und von der → Sünde gezeichneten Menschenwelt stammt, sondern seinen Ursprung jenseits der Todeswelt hat. Das Evangelium kommt als das Wort des Auferstandenen von Ostern her. Wie Gott im Uranfang allein durch die Macht seines schöpferischen Wortes aus der absoluten Finsternis Licht hervorgehen ließ und so die Welt ins Dasein gerufen hat (Gen 1,3), so setzt er am und seit dem Ostermorgen durch das schöpferische und neu machende Wort des Evangeliums einen zweiten, radikalen Neuanfang inmitten der Welt der Sünde und des Todes. Einen Neuanfang freilich, der allererst am Ende der Geschichte seine endgültige Erfüllung finden wird, dann nämlich, wenn aus dem Munde Gottes das vollmächtige Wort ergehen wird: „Siehe, ich mache alles neu!" (Offb 21,5), und Gott eigenhändig alle Tränen von unseren Augen abwischen wird und der Tod nicht mehr sein wird, weder Leid noch Geschrei" (Offb 21,4). Der Kreuzestod und die Auferstehung Jesu Christi sind im Neuen Testament als eschatologische Heilsereignisse verstanden, d. h. als Ereignisse, die zeiten- und weltenwendende Bedeutung haben und deshalb alle Menschen aller Zeiten und Räume in Vergangenheit, Gegenwart und Zukunft betreffen. Die Hoffnung der christlichen Gemeinde ist deshalb nur dann eine wahrhaft christliche Hoffnung, wenn sie auch die Nichtchristen in ihre Hoffnungsperspektive mit einschließt und für diese erhofft, was sie an sich selbst erfahren hat und als Grund ihrer Existenz bekennt: „Mir ist Erbarmung widerfahren, / Erbarmung, deren ich nicht wert." (EG 355,1)

Der Trost, der uns angesichts des Todes durch das Evangelium zugesprochen wird, ist freilich ein zutiefst angefochtener Trost. Denn er steht quer zu unserer Welt- und Lebenserfahrung. Was wir mit unseren Augen sehen, ist ja nach dem Ostermorgen nichts anderes als vor dem Ostermorgen: Die Allmacht des Todes scheint ungebrochen. Der Tod scheint zu herrschen wie eh und je, und er scheint nach wie vor das letzte Wort über uns zu haben. Auch nach dem Ostermorgen läuft unser Leben unaufhaltsam auf den Tod zu, dem keiner entrinnen und den niemand uns abnehmen kann. Wo es uns dennoch gelingt, gegen den Augenschein eine andere, nämlich die österliche Perspektive einzunehmen, da geschieht das einzig deshalb, weil wir die unverwechselbare Stimme des Evangeliums vernommen haben und dieses Wort darin seine göttliche Macht an uns erwiesen hat, dass es in uns den Glauben an den Auferstandenen hervorgerufen und uns mit ihm die Hoffnung auf ein ewiges Leben geschenkt hat.

Von daher liegt der Trost des Evangeliums für uns, die wir gleichsam „zwischen den Zeiten", d.h. zwischen der → Auferstehung Jesu und seiner Wiederkunft in Herrlichkeit unterwegs sind, nicht zuletzt auch darin, dass seine Wahrheit nicht mit unserer Glaubensgewissheit steht und fällt, sondern stärker ist als unser oftmals so verzagtes Herz.

→ Hans-Christian Kammler (1965), Theologe*

! **Moment mal!**
Möchte ich wirklich ewig leben?

Totenpforte und Auferstehungsfenster von → Johannes Schreiter, Klosterkirche Loccum

Aufgaben

1 Erklären Sie, was es nach Kammler bedeutet, „die österliche Perspektive" einzunehmen.

→ **Texte analysieren:** Seite 250

2 Formulieren Sie ausgehend vom Text eine Antwort auf die Kapitelfrage.

3 Entwerfen Sie einen kurzen Vortrag für den Teil einer Klosterführung, bei dem Sie mit Ihren Besuchern vor der Totenpforte und dem Auferstehungsfenster stehen.

→ **Adressatenbezogene Texte verfassen:** Seite 253

4 Führen Sie ein Schreibgespräch, in dem Sie sich mit der Frage auseinandersetzen, inwieweit das Evangelium angesichts des Todes Trost spenden kann.

Himmel, Hölle und Gericht?

präsentische/ futurische Eschatologie: Seite 268

Kurt Wenner, Dies irae, 2011

Wie wirken sich Gottesbilder aus?: Seite 206

Dies irae

[…] 2. Welch ein Grau'n wird sein, welch Beben,
Wird der Richter sich erheben
Streng zu richten alles Leben!

3. Die Posaun' mit grellem Schalle
Tönt in jedes Grabes Halle,
Lädt zum Thron die Toten alle.

4. Schaudernd sehen Tod und Leben,
Was da starb, der Gruft entschweben,
Rechenschaft dem Herrn zu geben.

5. Dann wird man ein Buch entfalten,
Dessen Blätter, weh! enthalten
Eines jeden Tun und Schalten.

6. Sitzt der Richter zu Gerichte,
Wird jedwedes Dunkel lichte,
Strafe jedem Bösewichte.

7. Was soll dann ich Armer sagen,
Welchen Anwalt mir erfragen
Dort, wo selbst Gerechte zagen? […]

9. Denke mein, der du genommen
Hast das Kreuz auch mir zum Frommen
Jesu, ist der Tag gekommen!

10. Hast ja auch für mich gestritten,
Bist den Weg zum Kreuz geschritten,
Das sei nicht umsonst gelitten.

11. Richter der gerechten Rache,
Gnade werde meiner Sache,
Eh' der jüngste Tag erwache!

12. Sieh, ich stehe voller Bangen,
Reu und Scham färbt meine Wangen,
Gott, lass Gnade mich erlangen! […]

16. Wenn Verworf'nen ohne Schonen
Wird der Hölle Feuer lohnen,
Lass mich bei den Sel'gen wohnen.

17. Kniend, faltend meine Hände,
Mein Gebet empor ich sende:
Herr, gib mir ein selig Ende!

18. Tränenreich der Tag wird werden,
Wenn der Mensch vom Staub der Erden
Zum Gericht sich wird erheben:

19. Woll ihm dann, o Gott, vergeben!
Frommer Jesu, Herre du
Schenke allen ew'ge Ruh!

Die langen Löffel

Ein Rabbi bat einmal Gott darum, den Himmel und die Hölle sehen zu dürfen. Gott erlaubte es ihm und gab ihm den Propheten Elia als Führer mit. Elia führte den Rabbi zuerst in einen großen Raum, in dessen Mitte auf einem Feuer ein Topf mit einem köstlichen Gericht stand. Rundum saßen Leute mit langen Löffeln und schöpften alle aus dem Topf. Aber die Leute sahen blass, mager, elend aus. Es herrschte eisige Stille. Denn die Stiele der Löffel waren so lang, dass sie das herrliche Essen nicht in den Mund bringen konnten. Als die beiden Besucher wieder draußen waren, fragte der Rabbi den Propheten, welch ein seltsamer Ort das gewesen war. Es war die Hölle.

Darauf führte Elia den Rabbi in einen zweiten Raum, der genauso aussah wie der erste. In der Mitte brannte ein Feuer und kochte ein köstliches Essen. Leute saßen herum mit langen Löffeln in der Hand. Aber sie waren alle gut genährt, gesund und glücklich. Sie unterhielten sich angeregt. Sie versuchten nicht, sich selbst zu füttern, sondern benutzten die langen Löffel, um sich gegenseitig zu essen zu geben. Dieser Raum war der Himmel.

! **Moment mal!**
Was fasziniert eigentlich so an der Vorstellung von Gericht und Hölle?

Aufgaben

1 Gestalten Sie in Partnerarbeit einen Dialog, der in der Fußgängerzone vor der Kreidezeichnung stattfinden könnte. Werten Sie Ihre Dialoge anschließend gemeinsam aus.

2 Skizzieren Sie das Selbstverständnis sowie das Gottesbild des Sprechers im mittelalterlichen Hymnus „Dies irae".

3 Stellen Sie Vermutungen an, mit welcher „Botschaft" das russische Märchen „Die langen Löffel" erzählt werden könnte.

4 Unter Theologen wird darüber gestritten, ob man angesichts des reformatorischen Rechtfertigungsgedankens überhaupt noch von Gericht und Hölle sprechen soll. Nehmen Sie Stellung zu dieser Frage.

↔ **Rechtfertigung:** Seite 268 f.
→ **Eine Stellungnahme verfassen:** Seite 256

Was ist Apokalyptik?

Schrei nach Gerechtigkeit

Apokalypse findet in den Elendsgebieten dieser Welt statt: Kriege und Bürgerkriege, Völkermord und Vertreibung, Hungersnöte, Erdbeben und Tsunamis haben nie so viele Opfer gekostet wie heute. Und die Verheerungen der Seelenlandschaften sind nicht geringer als die Verwüstungen der Natur, auch in den Wohlstandsgebieten. Internet und Fernsehen liefern schreckliche Bilder frei Haus. Meistens werden sie verdrängt, nicht unbedingt aus bösem Willen oder zynischer Gleichgültigkeit, sondern weil niemand aushalten kann, was sie zeigen, das pure Grauen, das abgrundtief Böse, die apokalyptische Katastrophe.

Woher kommt das Böse?: Seite 76/77

Die verstörenden Bilder der Apokalypse sind uralt und ewig jung. „In jenen Tagen, nach dieser Not, wird sich die Sonne verfinstern und der Mond nicht mehr scheinen, und die Sterne werden vom Himmel fallen, und die Himmelskräfte werden erschüttert werden", so hört sich die Apokalypse – nach der Überlieferung des Markusevangeliums – im Munde Jesu an. Sie ist keine Wettervorhersage für den Tag X, sondern Ankündigung eines weltbewegenden Endes, in dem nichts mehr sein wird, wie es war.

Die biblische Apokalyptik ist der verzweifelte Schrei: „Das darf doch nicht wahr sein!" Sie stellt die → Theodizeefrage, wie Gottes → Gerechtigkeit mit dem Übel der Welt einhergehen kann. Aber sie stellt diese Frage nicht wie in der Neuzeit, um die Existenz Gottes zu bestreiten oder zu verteidigen. Es geht ihr vielmehr darum, das Böse nicht zu verdrängen und Gott zuzutrauen, dass er alles gut, ja noch unendlich besser macht, als man zu träumen wagt. Die gewaltigen Bilder, die infernalischen Szenen, die brutalen Worte der Apokalyptik zeigen zweierlei: Auf der einen Seite die tödliche Macht des Bösen und die Katastrophe, in der enden muss, was im Zeichen des Todes steht – und das ewige Leben. Gäbe es diese Aussicht nicht, würden die Täter endgültig über ihre Opfer triumphieren.

Wie denken Theologen heute von Gott?: Seite 106/107

Die starken Bilder der Apokalyptik machen den Untergang sichtbar und das kommende Heil. Aber dies geschieht nicht im Fotorealismus, sondern in surrealen Formen, kühnen Metaphern, dunklen Bildern, wüsten Geheimnissen. Entgegen einer weit verbreiteten Deutung fertigen die jüdischen und christlichen Apokalyptiker der Bibel keinen Kalender an, mit dem man ausrechnen kann, wie lange es noch dauert, bis dies oder das eintritt und das apokalyptische Endspiel angepfiffen wird. Es geht nicht unbedingt um das, was in ein paar Jahren eintritt, sondern dass der Tod von Gott besiegt werden wird.

„Apokalypse" wird mit „Offenbarung" übersetzt. Doch das griechische Wort ist vielschichtiger. Es rechnet mit einem Geheimnis, das gelüftet wird, damit es als solches entdeckt werden kann. Das ist der Plan, den Gott verfolgt, wenn er in dieser Welt sinnloses Leid zulässt, um in jener vollkommenes Glück zu gewähren. Und dieser Plan ist nicht durch eine Theorie des Bösen zu erfassen, sondern nur durch die Erfahrung von Menschen, die zu Opfern gemacht werden, aber ihren Glauben nicht verlieren. Die biblischen Apokalyptiker haben die Kraft, biblische Plagen zu beschreiben, weil sie von himmlischen Freuden wissen. Die Propheten lassen nicht ihrem Ressentiment freien Lauf, wenn sie Unglücksserien vorhersagen. Vielmehr widersprechen sie dem Bösen, indem sie seine Fratze zeigen.

Die beste aller möglichen Welten: Seite 77

Die Bibel endet mit einem strahlenden Bild des Heiles, das in der neutestamentlichen Apokalypse steht und sich, wie eine Collage, aus alttestamentlichen Bildern zusammensetzt. Es ist das Bild des himmlischen Jerusalem, das ein neues Paradies in seinen Mauern birgt und einer unüberschaubar großen Schar Menschen aus allen Völkern dieser Erde Platz bietet: „Es wird keine Nacht mehr werden, und sie werden keine Lampe brauchen noch das Licht der Sonne; denn Gott, der Herr, wird sie erleuchten, und sie werden herrschen von Ewigkeit zu Ewigkeit."

→ Thomas Söding (1956), Theologe*

→ Max Beckmann, Johannesoffenbarung (21,4): Tränen abwischen, 1941/42

Aufgaben

1 Lesen Sie arbeitsteilig Dan 7 und Mk 13. Setzen Sie ausgewählte Textpassagen kreativ um.

2 Informieren Sie sich über die Entstehungszeit beider biblischer Texte. Interpretieren Sie die apokalyptischen Bilder vor diesem Hintergrund.

→ Bilder analysieren: Seite 251

3 Erläutern Sie den Zusammenhang zwischen Apokalyptik und → Theodizee-Frage bei Söding.

4 Interpretieren Sie die Zeichnung von Max Beckmann in diesem Kontext.

Was hat christliche Hoffnung entgegenzusetzen?

Zukunft als radikal Neues

In den vergangenen Jahrzehnten haben apokalyptische Ängste und Fantasien immer wieder die westlichen Gesellschaften geplagt, auch im Film und in der Literatur. Die atomare Hochrüstung und die fortschreitende Zerstörung der Umwelt beschworen kollektive Visionen des möglichen Untergangs herauf. Und zu realen Zukunftsängsten kommt das Unterhaltungsbedürfnis, das die Filmbranche bedient.

Apokalyptik ist die Kehrseite der Utopie. Von Beginn an ist der Fortschrittsoptimismus der Moderne von einer Unterströmung apokalyptischen Denkens begleitet worden. Dies beschränkt sich nicht auf Sekten, die immer schon intensive Endzeiterwartungen gehegt und gepflegt haben. Apokalyptische Ängste und die Schrecken, auf die sie reagieren, „begleiten die Geburt der modernen Welt", wie der französische Historiker Jean Delumeau schreibt. Es wäre aber zu einfach, wollte man der Utopie die Hoffnung und der Apokalyptik das Gefühl der Angst zuordnen. Apokalyptik als eine Form der Gegenutopie thematisiert vielmehr Angst und Hoffnung zugleich. Untergangsvisionen bilden nur den dunklen Hintergrund für die apokalyptischen Hoffnungsbilder von einer neuen Welt. Flutkatastrophen und Klimawandel halten die ökologische Frage im öffentlichen Bewusstsein wach. Und gleichzeitig ist der verloren geglaubte Geist der Utopie in Gestalt einer neuen Technikgläubigkeit zurückgekehrt. Auch der biomedizinische und gentechnologische Fortschritt löst sowohl Hoffnungen als auch kollektive Befürchtungen aus.

Neben traditionellen Formen von Apokalyptik, wie sie uns in Endzeitsekten begegnen, gibt es heute eine säkulare – gewissermaßen halbierte – Apokalyptik. Sie sieht das Ende nahen, kennt

Säkularisierung: Seite 269

aber keine Hoffnung auf Erlösung mehr. Anders als die ältere religiöse Apokalyptik kann die säkulare unserer Tage zwischen Ende und Heil, zwischen Endlichkeit und Vollendung keinen Zusammenhang mehr erkennen. Die Haltung des christlichen Glaubens zur Welt ist dialektisch. Einerseits heißt es bei Paulus, die Gestalt dieser Welt werde vergehen. Andererseits ist im Johannesevangelium zu lesen, dass Gott die Welt so sehr geliebt hat, dass er zu ihrer Errettung seinen eigenen Sohn gesandt hat. Das Kreuz ist gleichermaßen Ausdruck des göttlichen Gerichtes wie der göttlichen Liebe zu seiner Schöpfung.

Christlicher Glaube ist Weltbejahung, die durch Weltverneinung hindurchgeht. Was aber bedeutet die christliche Botschaft im Zeichen der heutigen globalen Gefahren für Mensch und Natur? Theologie muss mit der Einsicht Ernst machen, dass die Menschheit keine Überlebensgarantie hat. Auch der christliche Glaube hat eine solche nicht zu bieten, und er lässt sich nicht auf den ethischen Appell zur Bewahrung der Schöpfung reduzieren. Christlicher Glaube ist nicht gleichbedeutend mit der Hoffnung auf den Fortbestand der Welt. Aber er ist auch etwas anderes als die apokalyptische Hoffnung auf eine andere Welt jenseits der Katastrophe. Vielmehr bejaht der Glaube die Welt angesichts ihrer real möglichen Vernichtung.

Eine Theologie der Zukunft ist nicht durch den futurischen Zusammenbruch der Welt gegründet, sondern durch den adventlichen Einbruch Gottes in diese Welt. Er spielt Mensch und Welt neue Möglichkeiten zu. So entsteht aus der absoluten Zukunft Gottes eine, wenn auch endliche Zukunft im Sinne eines *futurum*, das der Mensch gestalten kann und soll. Der *adventus* Gottes ermöglicht die Erfahrung einer neuen Zukunft inmitten aller Zukunftslosigkeit. Er schafft damit Raum für Hoffnung. Diese und der Mut lassen sich deshalb nicht gegeneinander ausspielen. Doch besteht zwischen beiden ein Gefälle. Aus dem Mut erwächst die Möglichkeit neuer Hoffnung inmitten aller Hoffnungslosigkeit – nicht aber umgekehrt. Allerdings hat sich der Glaube zu bewähren im Protest und praktischen Einsatz gegen alles Katastrophische, das die Welt apokalyptisch werden lässt. Aber er richtet neue Hoffnung auf Gott als den Herrn der Geschichte. Er produziert nicht, sondern proklamiert einen Sinn des Lebens und der Welt, der einzig von Gott kommt und selbst angesichts der möglichen Selbstzerstörung der Menschheit Bestand hat.

→ Ulrich H. J. Körtner (1957), Theologe*

↔ präsentische/futurische Eschatologie: Seite 268

! **Moment mal!**
Sind Hilfsaktionen nicht bloß der berühmte „Tropfen auf dem heißen Stein"?

Aufgaben

1 Das Plakat ist entstanden im Kontext der Caritas-Kampagne 2014 „Weit weg ist näher, als du denkst". Erläutern Sie diesen Titel am Beispiel des Plakates.

2 Erklären Sie mithilfe einer Mindmap Körtners Verständnis von Apokalyptik.

3 Skizzieren Sie den Unterschied, den Körtner zwischen Apokalyptik und christlicher Botschaft sieht. Grafisieren Sie in diesem Zusammenhang den Gedanken von adventus und futurum.

→ Grafisieren: Seite 254

4 Formulieren Sie einen Begleittext zum Plakat der Caritas-Kampagne.

→ Adressatenbezogene Texte verfassen: Seite 253

Welche Visionen haben andere Religionen?

Buddhismus

Die Lebewesen werden viele Male wiedergeboren, bis sie sich endlich befreit haben, also in das Nirvana eingegangen sind. Buddhisten vergleichen den Tod mit dem Zerbrechen einer Glühbirne: Zwar ist das Licht verloschen, nicht aber die Elektrizität. Wenn man eine neue Birne einsetzt, ist wieder Licht vorhanden. Entsprechend gibt es eine Kontinuität des Lebensstroms. Die Zerstörung des gegenwärtigen Körpers löscht nicht den Strom der karmischen Energie aus, der sich dann in einem ihm gemäßen neuen Körper manifestiert. Nichts bleibt dabei dem Zufall überlassen. Die Art und Weise, wie der Einzelne sein Leben geführt hat, die Qualität der Gedanken, die Beschaffenheit der Taten, die stark genug sind, ein wieder verbindendes Bewusstsein ähnlicher Art zu bedingen, schaffen die neue Existenz.
Nirvana ist das Ziel des buddhistischen Strebens und bedeutet Verlöschen. Nirvana darf man keinesfalls mit „Nichts" übersetzen. Der Buddhismus ist keine nihilistische Philosophie. Nirvana ist im Gegenteil etwas Positives. Nirvana ist nirgendwo lokalisierbar. Es befindet sich dort, wo es einem Menschen ‚geschenkt' wird. Was immer es sein mag, so macht es den ‚Erwachten' glücklich. Manche umschreiben es negativ und sagen, was es *nicht* ist. Man hat Nirvana in paradoxen Formulierungen wiedergegeben, um deutlich zu machen, dass es mit weltlicher Logik nicht erfassbar ist. Zumindest so viel lässt sich sagen: Nirvana ist das Gegenteil von Dukkha. Buddhisten bezeichnen diese „generelle und existenzielle Unheilsituation" (Gustav Mensching) mit dem Begriff Dukkha, meist übersetzt mit ‚Leiden'.
„Dies, ihr Mönche, ist die edle Wahrheit vom Dukkha. Geburt ist Dukkha; Alter ist Dukkha; Krankheit ist Dukkha; Tod ist Dukkha; mit Unlieben vereint sein ist Dukkha; von Lieben getrennt sein ist Dukkha; nicht erlangen, was man begehrt, ist Dukkha.
Dies, ihr Mönche, ist die edle Wahrheit von der Entstehung des Dukkha: Es ist der Durst, der zur Wiedergeburt führt, samt Freude und Begier, hier und dort seine Freude findend: der Lüstedurst, der Werdedurst, der Vergänglichkeitsdurst.
Dies, ihr Mönche, ist die edle Wahrheit von der Aufhebung des Dukkha: die Aufhebung dieses Durstes durch restlose Vernichtung des Begehrens, ihn fahren lassen, sich seiner entäußern, sich von ihm lösen, ihm keine Stätte gewähren.
Dies, ihr Mönche, ist die Wahrheit vom Wege zur Aufhebung des Dukkha, es ist dieser edle achtteilige Pfad, der da heißt: rechtes Glauben, rechtes Entschließen, rechtes Wort, rechte Tat, rechtes Leben, rechtes Streben, rechtes Gedenken, rechtes Sichversenken."
Dukkha bringt die menschliche Unheilsituation auf den Begriff. Dukkha bedeutet, sich im Samsara zu befinden, sich immer wieder neu verkörpern zu müssen. So wie es vor dieser Welt, deren Anfang und Ende der Mensch nicht kennt und zu seinem Heil auch gar nicht kennen muss, bereits andere Welten gegeben hat und in Zukunft geben wird, so ist die Tatsache der Weiterverkörperung für einen Buddhisten völlig normal, jedoch eine grauenhafte Erfahrung.
Moderne Deutungen machen Nirvana zu einer Kraftquelle für die Umgestaltung der Gesellschaft. Einige sehen im Nirvana die Chiffre für eine diesseitige gesellschaftliche Utopie, eine Gesellschaftsordnung ohne Egoismus.

Monika Tworuschka (1951), Islam-, Religions- und Politikwissenschaftlerin*
Udo Tworuschka (1949), Religionswissenschaftler*

Islam

„Wir gehören zu Gott und zu ihm kehren wir zurück" (2,156). Diese Sure wird oft bei einem Todesfall zitiert. Der Muslim lebt in dem Bewusstsein, dass sein irdisches Dasein ein vorübergehendes Geschenk Gottes ist. Der Tod hat für viele Muslime eine zwiespältige Bedeutung: Einerseits besitzt er düstere, schattenhafte und lebensverneinende Momente, andererseits enthält er die lebensbejahende Gewissheit, dass danach die Unsterblichkeit beginnt. Obwohl Gott der Richtende ist, hat er sich grundsätzlich „zur Barmherzigkeit verpflichtet" (6,12 u. 54). Nach der Überlieferung trennt der Todesengel die Seele vom Körper des Verstorbenen und führt sie zum Himmel. Gehört sie zu den ‚Gerechten', dann erfährt sie, dass später der Paradiesgarten für sie bestimmt ist. Doch kehrt sie noch einmal zu ihrem irdischen Körper zurück. Zählt sie zu den Verdammten, so bringen die Höllenwärterengel sie zum Versammlungsort der Verbannten. Auf das Zwischengericht im Himmel folgt nach der Bestattung des Leichnams die Befragung im Grab: „Wer ist dein Gott? Wer ist dein Prophet? Was ist deine Religion? Was ist deine Gebetsrichtung?" Antwortet der bzw. die Verstorbene richtig, so verbringen er oder sie die Wartezeit bis zum Jüngsten Gericht in Verheißung auf das Paradies.

Adam und seine Frau lebten ‚damals' in dem Paradies(garten). Von der Schlange verführt, wurde das Urelternpaar zur Erde ‚hinabgeschickt'. Zwischen Gott und den Menschen kam es dadurch aber zu keinem endgültigen Bruch. Nachdem Adam seine Sünden bereut hatte, verzieh ihm Gott wieder. Dereinst dürfen die ‚Rechtgeleiteten' zur Belohnung im Himmelsgarten weilen. Daran knüpft der Koran die Forderung, dass die Menschen sich im diesseitigen Leben für die Bedürftigen eingesetzt haben. Das Gartenparadies ist einer fruchtbaren Oase vergleichbar: mit Quellen, Wasserläufen, Bächen von Milch, Honig und Wein, Lagerstätten, Teppichen, kostbaren Decken. Die Paradiesbewohner treffen dort auf Jungfrauen mit großen Augen und züchtig niedergeschlagenen Blicken. Sie begegnen Jünglingen, die einen Wein bereithalten, der keine Kopfschmerzen verursacht: in silbernen Gefäßen, Humpen, Krügen bzw. randvoll gefüllten Bechern. Die Paradiesbewohner sind mit wertvollen Gewändern, goldenen und silbernen Armringen und Perlen bekleidet.

Das Paradies heißt Dar as-Salam (‚Haus des Friedens'). Über die Verbesserung irdischer Verhältnisse hinaus geht es vor allem um Vergeistigung: ideale, gelingende Verständigung, gute soziale Beziehungen, ganzheitlich-unzerstückeltes Leben. Sure 10,27 verspricht den Rechtschaffenen das „Beste – und noch mehr". Islamische Ausleger haben in diesem ‚noch mehr' das höchste Ziel des Paradieses gesehen: die ‚Schau Gottes'.

„Wenn diejenigen in das Paradies eingetreten sind, die es verdient haben, wird Gott sie fragen: Bedürft ihr noch irgendetwas, was ich euch geben könnte? Alle werden sich wundern und keinen Wunsch wissen. Aber Gott wird seinen Schleier lüften, und nichts von dem, was sie empfangen haben, wird ihnen teurer sein als der Anblick und die Betrachtung ihres Herrn."

Monika Tworuschka (1951), Islam-, Religions- und Politikwissenschaftlerin*
Udo Tworuschka (1949), Religionswissenschaftler*

Aufgaben

1 Grafisieren Sie die buddhistische Vorstellung vom Nirvana.

→ Grafisieren: Seite 254

2 Erläutern Sie das Bild vom Nirvana als Chiffre einer diesseitigen gesellschaftlichen Utopie.

3 Arbeiten Sie heraus, was das Paradies – aus muslimischer Sicht – kennzeichnet.

4 Vergleichen Sie die Vorstellungen von Zukunft in Buddhismus, Islam und Christentum.

Wie weit trägt christliche Zukunftshoffnung?

Aufgaben

Bilder analysieren: Seite 251

1 Beschreiben Sie Ihren ersten Eindruck von diesem Foto.

2 Informieren Sie sich über die Idee des „Urban gardening".

3 Entfalten Sie, in welcher Weise diese Idee sich mit Zukunftsängsten und Zukunftshoffnungen auseinandersetzt.

Wissen

- Stellen Sie sich gegenseitig den Inhalt unterschiedlicher literarischer Utopien vor.
- Interpretieren Sie das → Martin Luther zugeschriebene Zitat auf der Einstiegsseite des Kapitels (Seite 170).

→ Eine Präsentation vorbereiten und durchführen: Seite 257

Können

- Vervollständigen Sie Ihre Mindmap vom Beginn der Unterrichtseinheit. Entwickeln und gestalten Sie als Religionskurs ausgehend von Al Gores Text (Seite 172) eine Ausstellung mit dem Titel „Wie kann Zukunft aussehen?". Erörtern Sie in diesem Kontext die Relevanz christlicher Perspektiven.
- „Eine Weltkarte, in der das Land Utopia nicht verzeichnet ist, verdient keinen Blick, denn sie lässt die eine Küste aus, wo die Menschheit ewig landen wird." – Erläutern Sie diese Aussage des Schriftstellers Oscar Wilde.
- Stellen Sie weitere Beispiele der Caritas-Kampagne „Weit weg ist näher, als du denkst" vor. Erörtern Sie Chancen und Grenzen einer solchen Kampagne für eine verantwortliche Gestaltung von Zukunft.
- Stellen Sie Vermutungen an, aus welchen Gründen der Buddhismus eine starke Faszination auf westliche Gesellschaften ausüben könnte.

Anwenden

- Der mittelalterliche Hymnus „Dies irae" ist häufig vertont worden, beispielsweise von Wolfgang Amadeus Mozart und Guiseppe Verdi, aber auch von zeitgenössischen Komponisten wie Karl Jenkins. Untersuchen Sie die Umsetzung ausgewählter Vertonungen, wie sie beispielsweise auf www.youtube.de zu finden sind.
- Informieren Sie sich auf der Seite www.johannesoffenbarung.ch/bilderzyklen/beckmann.php über die Steinzeichnungen von Max Beckmann aus dem Jahr 1941. Recherchieren Sie in diesem Kontext die Bedeutung apokalyptischen Denkens im Expressionismus.
- Untersuchen Sie Nachrichten unterschiedlichster Medien auf ihre Verwendung apokalyptischer Sprache und Motive hin.
- Projektidee: Stellen Sie unterschiedliche Filme oder Romane vor, die mit apokalyptischen Motiven arbeiten. Recherchieren Sie den jeweiligen Entstehungskontext. Welche Ereignisse, Bedrohungen, Ängste und Hoffnungen haben die Menschen bewegt?

→ Eine Internetrecherche durchführen: Seite 252

→ Filme analysieren: Seite 255

→ Texte analysieren: Seite 250

10 Wie redet die Bibel von Gott?

Internationales Flaggenalphabet

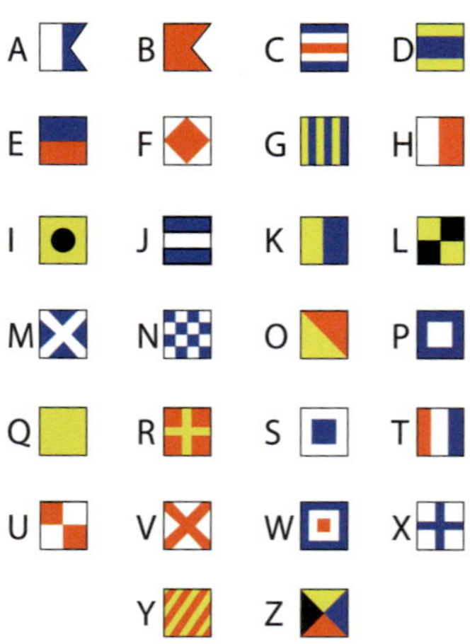

→ Martin Assig, Vater unser, 2001, Enkaustik auf Holz, 260 x 205 cm, Coutesy Galerie dörrie*priess, Hamburg

Wenn Sie dieses Kapitel bearbeitet haben, können Sie . . .

- anhand von Beispielen beschreiben, was biblisches Reden von Gott kennzeichnet.
- darstellen, inwieweit bestimmte Gottesbilder eher helle oder eher dunkle Seiten haben.
- begründen, warum jedes Reden von Gott in Spannung zur Unverfügbarkeit Gottes steht.
- erklären, inwiefern Gottesbilder und Menschenbilder im Zusammenhang miteinander stehen.
- belegen, dass die Rede von Gott als Vater, als Jesus Christus und als Heiliger Geist in der Bibel bedeutsam ist.
- biblische Texte reflektiert auslegen.
- beurteilen, welche Redeweisen von Gott heute (noch) passend und hilfreich sind.

Was können Sie schon?

- aufzeigen, wie sich Menschen in der Bibel an Gott wenden
- die besondere Bedeutung Jesu Christi für den christlichen Glauben erläutern
- erklären, warum der Zweifel an Gott als „Bruder des Glaubens“ gilt
- beispielhaft darstellen, wie künstlerische Werke die Bibel interpretieren
- erklären, worin sich der christliche Gott von anderen Mächten unterscheidet
- benennen, welche verschiedenen Textarten es in der Bibel gibt
- verschiedene Möglichkeiten benennen, mit Bibeltexten umzugehen

Wie darf man sich Gott vorstellen?

Seit einigen Jahren häufen sich Kunstausstellungen, die sich der Darstellung Gottes oder des Göttlichen widmen – nicht im Sinne christlich religiöser Kunst, sondern als Auseinandersetzung mit der Frage, welche Bilder und Vorstellungen heute mit dem Bereich des „Nicht-Realen" oder „Übersinnlichen" verbunden werden. Begleitend zur Ausstellung „Gott sehen. Die Kunst und das Überirdische" heißt es:

Exzentrisch bis provokativ sind die Werke der Ausstellung „Gott sehen" in der Kartause Ittingen: 30 Kunstschaffende setzen sich dort mit der Sicht auf das Überirdische auseinander. Wenn es um Bilder von Jesu Geburt geht, ist die Sache einfach. Schwieriger wird es bei Bildern von Gott. Erst recht noch, wenn diese modern sind und mit der Vorstellung vom bärtigen, alten Mann nichts zu tun haben. Einen Versuch, Gott „darzustellen", machen zurzeit 30 Kunstschaffende aus aller Welt in der Kartause Ittingen. In der Ausstellung „Gott sehen" setzen sie sich in Fotos, Gemälden, Videobeiträgen, Skulpturen oder Collagen mit der Sicht auf das Überirdische auseinander. „Diese moderne Auseinandersetzung mit Gott ist sehr wichtig", sagt Kuratorin Dorothee Messmer. „Besonders, weil unsere Gegenwart stark durch die ‚Wiederkehr des Religiösen' gekennzeichnet ist." Entscheidend ist für Messmer auch der Ort der Ausstellung, das ehemalige Kartäuserkloster. Die exzentrische Suche nach Gott habe in diesen alten Mauern Tradition, die Kartäuser entsagten sogar der Kommunikation.

Einige der Kunstschaffenden wurden gebeten, sich zur Frage „Wie stellst du dir Gott vor?" oder „Was für Überlegungen verbindest du mit dem Gedanken an eine höhere Instanz?" bildnerisch zu äußern. Die Resultate sind höchst unterschiedlich: Der Bogen reicht von Imaginationen über Recherchen zum Überirdischen bis zu bildlichen Umsetzungen und zeitkritischen Überlegungen. „Gott" oder „das Göttliche" werden dabei übersetzt mit Spiritualität, Sinngebung, Kirche, Religion, Schöpfung oder existenziellen Fragen generell. Die thematische Ausrichtung der Arbeit bleibt bei dieser Form der kuratorischen Tätigkeit letztlich eine Entscheidung der Künstlerin oder des Künstlers. Die Ausstellung versteht sich als eine Plattform verschiedenster Ansätze, Ideen und Hinweise zum Thema des Überirdischen. Die einzelnen Werke fordern das Publikum auf, sich mit Gottesbildern und heutigen Glaubensvorstellungen auseinanderzusetzen und eigene Betrachtungsweisen zu hinterfragen.

Aufgabe

Gestalten Sie einen künstlerischen Beitrag zur Ausstellung „Gott sehen. Das Überirdische als Thema der zeitgenössischen Kunst", der – in welcher Weise auch immer – Bezug nimmt auf biblische Bilder oder Redeweisen von Gott. Erläutern Sie Ihre Gestaltungsentscheidungen in einem Kommentar.

Dazu ist es wichtig, ...

- zu untersuchen, was das Reden von Gott in der Bibel ausmacht.
- herauszuarbeiten, wie das biblische Bilderverbot zu verstehen ist.
- sich mit verschiedenen Gottesbildern der Bibel auseinanderzusetzen.
- einen begründeten Standpunkt dazu einzunehmen, welche dieser Gottesbilder auch heute noch tragfähig oder anschlussfähig sind.

In einer Studie zu den Gottesvorstellungen Jugendlicher wurden die Schülerinnen und Schüler um ihre Meinung zu folgenden Aussagen gebeten:

1. Das Göttliche ist etwas in unserem tiefsten Inneren.
2. Das Höhere ist keine Person, aber eine Macht, die die Welt bestimmt.
3. Die Menschen haben Gott erfunden, um ihre Verantwortung abzuschieben.
4. Es gibt ein höheres Wesen, das wir nicht in Worte fassen können.
5. Es gibt eine Art kosmische Energie, von der wir abstammen und zu der wir zurückkehren.
6. Es gibt eine höhere Macht, sie ist etwas anderes als der christliche Gott.
7. Es gibt einen Gott, der sich in Jesus Christus zu erkennen gegeben hat.
8. Es gibt einen Gott, der sich um jeden Menschen persönlich kümmert.
9. Es gibt einen Gott, dessen Reich im Kommen ist.
10. Es gibt etwas Höheres, das alle Religionen anders benennen.
11. Es gibt keine höhere Macht.
12. Es gibt keinen Gott und keine göttliche Macht.
13. Es gibt so etwas wie eine höhere Macht, die das Leben beherrscht.
14. Für mich ist Gott ein Mann mit Vollbart, der auf einer Wolke sitzt.
15. Gott ist eine Erfindung der Kirchen, um die Menschen zu unterdrücken.
16. Gott ist einfach ein Wort für etwas, das wir nicht begreifen.
17. Gott ist für mich „der Gott der Bibel".
18. Gott ist für mich das Wertvolle im Menschen.
19. Gott ist für mich nichts anderes als das menschliche Gewissen.
20. Gott ist nicht über uns, sondern in den Herzen der Menschen.
21. Gott ist nur ein anderes Wort für Natur.
22. Ich weiß nicht, ob es einen Gott oder ein höheres Wesen gibt.
23. Jeder Mensch hat in seinem tiefsten Innern einen göttlichen Funken.
24. Jeder Mensch ist ein kleiner Teil Gottes.
25. Wir sind ein Teil eines größeren Ganzen.

Hans-Georg Ziebertz (1956), Religionspädagoge*

Aufgaben

1 Recherchieren und interpretieren Sie Kunstwerke der genannten Ausstellung, zum Beispiel God-Lookalike-Contest (Adam Chodzko) oder Portrait of God (Richard Philipps).

→ **Bilder analysieren:** Seite 251

2 Erstellen Sie auf der Basis Ihres Vorwissens einen Steckbrief zum „Gott der Bibel".

→ **Biblische Belegstellen reflektiert verwenden:** Seite 260

3 Führen Sie mithilfe der obigen Aussagen in Ihrem Religionskurs (oder Ihrem Jahrgang) eine Befragung zur Gottesvorstellung durch (stimme voll zu / stimme eher zu / weiß nicht / stimme eher nicht zu / stimme nicht zu). Werten Sie die Ergebnisse systematisch aus.

4 Interpretieren Sie die Karikatur Oswald Hubers.

Wie stellt sich Gott selbst vor?

Gott gibt sich Mose zu erkennen

1 Mose hütete die Schafe und Ziegen seines Schwiegervaters Jitro, des Priesters von Midian. Als er
die Herde tief in die Wüste hineintrieb, kam er eines Tages an den Gottesberg, den Horeb. 2 Dort er-
schien ihm der Engel des HERRN in einer lodernden Flamme, die aus einem Dornbusch schlug. Mose
sah nur den brennenden Dornbusch, aber es fiel ihm auf, dass der Busch von der Flamme nicht
verzehrt wurde. 3 „Das ist doch seltsam“, dachte er. „Warum verbrennt der Busch nicht? Das muss
ich mir aus der Nähe ansehen!“ 4 Als der HERR sah, dass Mose näher kam, rief er ihn aus dem Busch
heraus an: „Mose! Mose!“ „Ja“, antwortete Mose, „ich höre!“ 5 „Komm nicht näher!“, sagte der HERR.
„Zieh deine Schuhe aus, denn du stehst auf heiligem Boden.“ 6 Dann sagte er: „Ich bin der Gott, den
dein Vater verehrt hat, der Gott Abrahams, Isaaks und Jakobs.“ Da verhüllte Mose sein Gesicht, denn
er fürchtete sich, Gott anzusehen.
13 Mose sagte zu Gott: „Wenn ich nun zu den Leuten von Israel komme und zu ihnen sage: ‚Der
Gott eurer Vorfahren hat mich zu euch geschickt‘, und sie mich dann fragen: ‚Wie ist sein Name?‘
– was soll ich ihnen sagen?“ 14 Gott antwortete: „Ich bin da“, und er fügte hinzu: „Sag zum Volk
Israel: ‚Der Ich-bin-da hat mich zu euch geschickt: 15 der HERR! Er ist der Gott eurer Vorfahren, der
Gott Abrahams, Isaaks und Jakobs.‘ Denn ‚HERR‘ (Er-ist-da) ist mein Name für alle Zeiten. Mit diesem
Namen sollen mich auch die kommenden Generationen ansprechen, wenn sie zu mir beten.“
(Ex 3,1–6.13–15)

deus absconditus: Seite 83, 264

Der hethitische Wettergott Taru-Tarchun(t) in Stiergestalt

Die Besonderheit der biblischen Texte liegt darin, dass sie den Einbruch der Transzendenz als eine konkrete Gottesbegegnung darstellen. Exemplarische Bedeutung kommt hier der Figur des Mose zu. Das Buch Exodus berichtet von mehreren Gottesbegegnungen Moses‘. Gott spricht zu Moses aus dem brennenden Dornbusch (Ex 3,4), er begegnet ihm aus der rauchenden und von Donner, Blitz und Posaunenklängen umgebenen Wolke auf dem Berg Sinai (Ex 19,16 ff.). Dabei liefern die Texte durchaus auch einen Anhaltspunkt dafür, dass es keineswegs unumstritten war, wie diese Gottesbegegnung zu interpretieren sei. Denn während Ex 33,11 ausdrücklich davon spricht, Gott rede mit Moses *„von Angesicht zu Angesicht“*, heißt es dann wenige Verse später in Ex 33,20: *„Mein Angesicht kannst du nicht sehen; denn kein Mensch wird leben, der mich sieht.“* Dieser vermeintliche Widerspruch zeigt ein Problem an, dass in der Bibel selbst, dann aber vor allem in ihrer Wirkungsgeschichte begegnet.

Jörg Lauster (1966), Theologe*

Info – Der Name Gottes יהוה

Das hebräische Wort → JHWH ist kein Ausdruck für „Gott“, sondern der Name des einen Gottes Israels. Die ursprüngliche Aussprache ist heute nicht mehr rekonstruierbar, sicher sind nur die Konsonanten. Denn Juden ersetzen den Namen seit jeher durch „Adonai“ (mein Herr) oder auch „Hashem“ (der Name). Auch die Erklärung in Ex 3,14 bleibt rätselhaft. Ebenso könnte man übersetzen „Ich werde sein, der ich sein werde“ oder „Mein Name ist Namenlos“.
Im Islam gibt es Listen mit 99 „Namen“ für Allah, die seine Eigenschaften zeigen – der letzte Name bleibt geheim.

Bedeutung des Namens: Seite 238

» [2] Ich bin der HERR, dein Gott! Ich habe dich aus Ägypten herausgeführt, ich habe dich aus der
Sklaverei befreit. [3] Du sollst keine anderen Götter neben mir haben. [4] Du sollst dir kein Gottesbild
anfertigen. Mach dir überhaupt kein Abbild von irgendetwas im Himmel, auf der Erde oder im
Meer. [5] Wirf dich nicht vor fremden Göttern nieder und diene ihnen nicht. Denn ich, der HERR, dein
Gott, bin ein leidenschaftlich liebender Gott und erwarte auch von dir ungeteilte Liebe. Wenn sich
jemand von mir abwendet, dann ziehe ich dafür noch seine Nachkommen zur Rechenschaft bis in
die dritte und vierte Generation. [6] Wenn mich aber jemand liebt und meine Gebote befolgt, dann
erweise ich auch noch seinen Nachkommen Liebe und Treue, und das über Tausende von Genera-
tionen hin. [7] Du sollst den Namen des HERRN, deines Gottes, nicht missbrauchen; denn der HERR
wird jeden bestrafen, der das tut. «
(Ex 20,2–7)

Wie passen Gottes Gebote zu menschlicher Freiheit?: Seite 44/45

herr
du kannst alles anbeten
neben mir
denn ich habe den anspruch der einzigartigkeit
aufgegeben
um nicht im eigenen licht zu erstarren
und ich bitte dich oh herr
verrate mir alle deine namen
auch den letzten
den verborgenen

→ SAID (1947), deutsch-iranischer Schriftsteller*

1989 stellte der Bildhauer Arturo di Modica einen Bronze-Bullen (ca. 5 m und 3 t) vor die Börse in New York. Ein Stier steht in der Finanzwelt für steigende Kurse.

Die Hoffnung der Menschen kommt so schwer ohne Zeichen aus; sie baut sich Zeichen der Anwesenheit Gottes in heiligen Orten, heiligen Zeiten und heiligen Praktiken. Diese Zeichen stehen immer in der Gefahr, Garantien Gottes zu werden. Der → Monotheismus ist schwer auszuhalten; die Einzigartigkeit, das Geheimnis und die Unverfügbarkeit Gottes sind schwer zu ertragen. Darum nimmt man etwas von der Ehre Gottes und schmückt Menschen und Dinge damit. Man verehrt Götzen.

→ Fulbert Steffensky (1933), Theologe*

Brauchen Menschen religiöse Orte?: Seite 26

Symbole/Zeichen: Seite 270

Aufgaben

1 Untersuchen Sie, inwieweit die Überschrift „Gott gibt sich Mose zu erkennen" zum Geschehen in Ex 3 passt.

2 Zeichnen Sie den Umriss eines Stiers. Notieren Sie darin, warum der (Goldene) Stier im Alten Orient so eine attraktive Verbildlichung der Götter gewesen sein könnte (was in Ex 20,2–7, Ex 32, Jes 44,9–20 und Ps 115 generell kritisiert wird).

Biblische Belegstellen reflektiert verwenden: Seite 260

3 „Fremdgötterverbot" oder „Abwehr der Verendlichung Gottes"? Erklären Sie die beiden Lesarten des → Bilderverbots anhand von Ex 20,2–7. Beziehen Sie die Vorstellung des geheiligten Namens mit ein.

4 Beschreiben Sie, welches Bild von Gott und Mensch der Schriftsteller SAID offenbart.

5 Steffensky sieht in der Verehrung von „Götzen" ein bis heute bestehendes Problem. Nehmen Sie anhand folgender (und weiterer) Beispiele Stellung: Kirchenraum, Sakristei, Kruzifix, Sabbat, Hostie, Wohlstand / Geld, Fußball, Idole.

Texte analysieren: Seite 250

Eine Stellungnahme verfassen: Seite 256

Wie können wir überhaupt von Gott reden?

Wenn nun Rinder, Pferde und Löwen Hände hätten und mit diesen Händen malen könnten, und Bildwerke schaffen wie die Menschen, dann würden die Pferde die Gestalt der Götter pferdeartig malen, die Rinder rinderartig. Sie würden ihren Körper in solche Gestalt meißeln, wie er ihrer eigenen Körpergestalt entspricht.

Xenophanes von Kolophon (ca. 570–470 v. Chr.), griechischer Philosoph

Wie ist die Welt entstanden?: Seite 102

Viele Zeitgenossen haben ein naives Gottesbild (das sie annehmen oder eben ablehnen): Sie verstehen unter Gott ein übergroßes, räumlich von uns getrenntes Wesen, einen himmlischen Übervater, der über aller Welt thront, also im Jenseits sitzt, und der wie eine externe erste Ursache (Uhrmacher oder Designer) die Welt einmal am Anfang hervorgebracht hat und im Übrigen von außen (vom Sky-Himmel herab [der Autor bezieht sich hier auf die Unterscheidung im Englischen zwischen sky und heaven]) zusieht, was die Geschöpfe so alles treiben, um es dann mit Lohn und Strafe zu quittieren. Auch manche religiösen Schriften, Gebete, Lieder zeichnen leider ein derartiges Gottesbild. Dabei wird nicht bedacht, dass ein derart außerhalb der Welt sitzender Gott durch die Welt begrenzt, also nicht unbegrenzt, nicht unendlich und damit gar nicht Gott wäre. Obwohl Gott nicht ein „Gegenstand" ist und wir ihm auf Dauer nicht als „Gegenüber" auf gegenständliche Art begegnen können, können wir gegenständliche Bilder (wie Vater, Mutter, Herr, Hirte usw.) nicht vermeiden. Sie sind *dann* auch durchaus legitim, wenn wir nicht vergessen, dass sie Bilder sind, die über sich hinausweisen. Doch sind die Bilder nicht beliebig, nicht alle sind gleichermaßen geeignet. Es gibt auch Bilder (der Rächer, Vergelter, Gewalttätige), die Gott verstellen, weil sie allzu Menschliches auf Gott projizieren und aus der grenzenlos für alle offenen und alle einbeziehenden Transzendenz Gottes einen begrenzten Ausgrenzer machen. Auf der anderen Seite gibt es sehr wohl Bilder, die uns über uns hinaus aufschließen können für den grenzenlosen Gott und gerade so für die Anderen, ohne irgendjemanden willkürlich auszugrenzen (der barmherzige Vater, gute Hirte, Quell des Lebens); die höchste Möglichkeit, die wir Menschen kennen, ist die uneigennützige Liebe oder Agápe, sie verweist am deutlichsten auf Gott. Wir brauchen solche Bilder wie Krücken, oder ähnlich wie der Stabhochspringer den Stab, um uns aus dem Gewohnten zu erheben und für den grenzenlosen Gott aufzuschließen; irgendwann gilt es dann, die Bilder (wie der Stabhochspringer den Stab) loszulassen und selber zu springen, uns dem göttlichen Geheimnis und Urgrund anzuvertrauen.

Hans Kessler (1938), Theologe*

→ Hermann Buß, Überfahrt I, 155 x 145 cm

Welchen Sinn hat es, von Gott zu reden?

Versteht man unter „von Gott“ reden *„über Gott“ reden*, so hat solches Reden überhaupt keinen Sinn; denn in dem Moment, wo es geschieht, hat es seinen Gegenstand, Gott, verloren. Denn wo überhaupt der Gedanke „Gott“ gedacht ist, besagt er, dass Gott der Allmächtige, d.h. die alles bestimmende Wirklichkeit sei. Dieser Gedanke ist aber überhaupt nicht gedacht, wenn ich über Gott rede, d.h. wenn ich Gott als ein Objekt des Denkens ansehe, über das ich mich orientieren kann, wenn ich einen Standpunkt einnehme, von dem aus ich neutral zur Gottesfrage stehe, über Gottes Wirklichkeit und sein Wesen Erwägungen anstelle, die ich ablehnen oder, wenn sie einleuchtend sind, akzeptieren kann. Wer durch Gründe bewogen wird, Gottes *Wirklichkeit* zu glauben, der kann sicher sein, dass er von der Wirklichkeit *Gottes* nichts erfasst hat; und wer mit Gottesbeweisen etwas über Gottes Wirklichkeit auszusagen meint, disputiert über ein Phantom. Denn jedes „Reden über“ setzt einen Standpunkt außerhalb dessen, worüber geredet wird, voraus. Einen Standpunkt außerhalb Gottes aber kann es nicht geben, und von Gott lässt sich deshalb auch nicht in allgemeinen Sätzen, allgemeinen Wahrheiten reden, die wahr sind ohne Beziehung auf die konkrete existenzielle Situation des Redenden.

Man kann über Gott sinnvoll so wenig reden wie man über *Liebe* reden kann. In der Tat, auch über Liebe kann man nicht reden, es sei denn, dass dies Reden über Liebe selber ein Akt des Liebens wäre. Jedes andere Reden über Liebe ist kein Reden von Liebe, da es sich außerhalb der Liebe stellt. Also eine Psychologie der Liebe würde jedenfalls von allem anderen reden als von Liebe. Liebe ist keine Gegebenheit, *woraufhin* ein Tun und Reden, ein Nichttun oder Nichtreden möglich wäre. Sie besteht nur als eine Bestimmtheit des Lebens selbst; sie *ist* nur, indem ich liebe oder geliebt werde, nicht daneben oder dahinter.

→ Rudolf Bultmann (1884–1976), Theologe

Religiöse Rede: Seite 22/23

! Moment mal!
Warum gibt es eine wissenschaftliche Theologie?

Aufgaben

1 Erläutern Sie, welche Kritik mit der Erkenntnis Xenophanes' verbunden ist.

2 Geben Sie wieder, mit welchen Argumenten Hans Kessler das Reden von Gott mithilfe von Bildern rechtfertigt. Erörtern Sie, ob (und wenn ja, wie) man geeignete von ungeeigneten Gottesbildern unterscheiden kann.

3 Erstellen Sie eine Collage aus Gottesbildern und Bibeltexten, zum Beispiel Dtn 32,35, Jes 42,14, Jes 45,15, Jes 66,13, Ps 22,19, Ps 23, Lk 15,11–32, Joh 14,6, Joh 15,1–8.

Biblische Belegstellen reflektiert verwenden: Seite 260

4 Analysieren Sie das Kunstwerk von Hermann Buß. Beziehen Sie die Frage ein, inwieweit das Bild Gott zur Sprache bringt.

Bilder analysieren: Seite 251

5 Grafisieren Sie Bultmanns Unterscheidung der beiden Redeweisen von Gott. Nehmen Sie (unter Berücksichtigung der Karikatur) Stellung zu seiner Position.

Grafisieren: Seite 254
Eine Stellungnahme verfassen: Seite 256

Wie können wir mit Gott reden?

Gott kennt mich

» 1 HERR, du hast mich erforscht und kennst mich genau.
2 Ob ich sitze oder stehe: Du weißt es. Meine Absicht erkennst du von fern.
3 Ob ich gehe oder ruhe: Du bemerkst es. Alle meine Wege sind dir bekannt.
4 Noch liegt mir kein Wort auf der Zunge, schon weißt du, HERR, was ich sagen will.
5 Von hinten und vorn hast du mich umschlossen. Und deine Hand hast du auf mich gelegt.
6 Zu wunderbar ist dieses Wissen für mich. Es ist mir zu hoch: Ich kann es nicht fassen.
7 Wohin könnte ich gehen vor deinem Geist, wohin fliehen vor deiner Gegenwart?
8 Würde ich in den Himmel steigen: Du bist dort. Würde ich mich in der Unterwelt verstecken: Du bist auch da.
9 Würde ich hoch fliegen, wo das Morgenrot leuchtet, mich niederlassen, wo die Sonne im Meer versinkt:
10 Selbst dort nimmst du mich an die Hand und legst deinen starken Arm um mich.
11 Da sagte ich: „Finsternis komme über mich! Nacht soll mich umhüllen wie sonst das Licht!"
12 Doch für dich ist die Finsternis gar nicht finster. Und die Nacht leuchtet so hell wie der Tag: Finsternis ist für dich gleich wie das Licht.
13 Ja, du hast meine Nieren geschaffen, mich im Bauch meiner Mutter gebildet.
14 Ich danke dir dafür, dass ich so unglaublich wunderbar geschaffen bin. Ich weiß, wie wundervoll deine Werke sind.
15 Nichts war dir unbekannt an meinem Körperbau, als ich im Verborgenen geschaffen wurde – ein buntes Gewebe in den Tiefen der Erde.
16 Ich hatte noch keine Gestalt gewonnen, da sahen deine Augen schon mein Wesen. Ja, alles steht in deinem Buch geschrieben: Die Tage meines Lebens sind vorgezeichnet, noch bevor ich zur Welt gekommen bin.
17 Wie kostbar sind für mich deine Gedanken, Gott! Wie zahlreich sind sie doch in ihrer Summe!
18 Wollte ich sie zählen: Es sind mehr als der Sand. Käme ich zum Ende: Noch immer bin ich bei dir.
19 Ach Gott! Ich wünschte mir, dass du die Frevler tötest! Und ihr Mörder, lasst mich doch endlich in Ruhe!
20 Ja, sie widersetzen sich dir in böser Absicht, sie erheben sich voller Tücke – deine Feinde!
21 Sie hassen dich, HERR! Sollte ich sie nicht hassen? Sollte ich deine Widersacher nicht verabscheuen?
22 Ja, ich hasse sie mit aller Leidenschaft. Für mich sind sie zu Feinden geworden.
23 Erforsche mich, Gott, und erkenne mein Herz! Verstehe mich und begreife, was ich denke!
24 Schau doch, ob ich auf einem falschen Weg bin! Und führe mich auf dem Weg, der Zukunft hat! «
(Ps 139,1–24)

Die Welt ist von Gott geschaffen: Seite 102

Apostolisches Glaubensbekenntnis: Seite 264

Ich glaube an Gott, den Vater, den Allmächtigen, den Schöpfer des Himmels und der Erde.
Was ist das?
Ich glaube, dass mich Gott geschaffen hat samt allen Kreaturen, mir Leib und Seele, Augen, Ohren und alle Glieder, Vernunft und alle Sinne gegeben hat und noch erhält; dazu Kleider und Schuh, Essen und Trinken, Haus und Hof, Weib und Kind, Acker, Vieh und alle Güter; mit allem, was nottut für Leib und Leben, mich reichlich und täglich versorgt, in allen Gefahren beschirmt und vor allem Übel behütet und bewahrt; und das alles aus lauter väterlicher, göttlicher Güte und Barmherzigkeit, ohn' all mein Verdienst und Würdigkeit: für all das ich ihm zu danken und zu loben und dafür zu dienen und gehorsam zu sein schuldig bin. Das ist gewisslich wahr.
→ Martin Luther (1483–1546), Reformator

Unser Vater

Text: (nach Mt 6,9–13) Christoph Zehendner Musik und Satz: Hans Werner Scharnowski © 1994 Felsenfest Musikverlag, Wesel

Kann Gott auch Mutter sein?

„(Gott) ist Vater, weil er gründet, weil er (be)ruft, weil er befiehlt, weil er herrscht; Mutter, weil sie (die Gottheit) wärmt, weil sie nährt, weil sie stillt, weil sie umschließt" (→ Augustinus, Enarrationes in Psalmos 26 (27),10). Eine erstaunliche Thematik? Die Rollenverteilung, die Augustinus vornimmt, entspricht nicht heutigen Vorstellungen. Gültig bleibt: Er hat keine Mühe, sich Gott ebenso im Bilde einer Mutter wie in dem eines Vaters vorzustellen. Das ist erstaunlich, wenn wir beachten, wie massiv männliche Bilder die Bibelübersetzungen dominieren. In allen deutschen (außer in der „Bibel in gerechter Sprache"), französischen und englischen Übersetzungen des sogenannten Alten Testaments wird Gott 6800 Mal als „der Herr", „le Seigneur", „the Lord" bezeichnet. Kein Wunder, dass Gott, wenn man ihn sich vorstellt oder ihn abbildet, eindeutig als (bärtiger) Mann erscheint und Männer sich berechtigt fühlen, ihn zu repräsentieren.

→ Othmar Keel (1937), Theologe und Religionswissenschaftler*

An welchen Gott glauben Christen?: Seite 216

Aufgaben

1 Beschreiben Sie das Gottesbild, das in Ps 139 deutlich wird.

2 Vergleichen Sie den Psalm inhaltlich und in Bezug auf die Sprachform mit dem ersten Artikel des → Apostolischen Glaubensbekenntnisses im Kleinen Katechismus und dem Liedtext nach Mt 6.

3 Der Verein gott.net e. V. verleiht große Banner für Baugerüste an Kirchen. Beschreiben Sie, welche Wirkungen die Aktion auf Sie hat.

4 Führen Sie eine Pro- und Kontra-Diskussion dazu durch, ob in Übersetzungen „Herr" durch „die Ewige", „die Lebendige" o. Ä. ersetzt werden sollte. Beziehen Sie 1 Joh 3,1 und Ps 27,10 ein.

5 Verfassen Sie in freier Anlehnung an das → Apostolische Glaubensbekenntnis oder Ps 139 einen entsprechenden Text in „gerechter Sprache".

Biblische Belegstellen reflektiert verwenden: Seite 260

gerechte Sprache: Seite 64

Wie wirkt Gott in uns?

Wie ist die Welt entstanden?: Seite 102/103

» 1 Am Anfang schuf Gott Himmel und Erde. 2 Die Erde war noch leer und öde, Dunkel bedeckte sie und wogendes Wasser, und über den Fluten schwebte Gottes Geist *[hebräisch ruach]*. « (Gen 1,1 f.)

» 7 Da machte Gott der Herr den Menschen aus Erde vom Acker und blies ihm den Odem *[ruach]* des Lebens in seine Nase. Und so ward der Mensch ein lebendiges Wesen. « (Gen 2,7)

Gian Lorenzo Bernini, Cathedra Petri, Petersdom, 1656–1666

» 26 Ich gebe euch ein neues Herz und einen neuen Geist *[ruach]*. Ich nehme das versteinerte Herz aus eurer Brust und schenke euch ein Herz, das lebt. « (Ez 36,26)

» 9 Zu dieser Zeit kam Jesus aus Nazaret in Galiläa und wurde von Johannes im Jordan getauft. 10 Und als Jesus aus dem Wasser stieg, sah er, wie der Himmel aufriss. Und der Geist Gottes *[griechisch: pneuma]* kam auf ihn herab wie eine Taube. 11 Dazu erklang eine Stimme aus dem Himmel: „Du bist mein Sohn, dich habe ich lieb, an dir habe ich Freude." « (Mk 1,9–11)

» 7 Ihr Lieben, wir wollen einander lieben. Denn die Liebe kommt von Gott. Und wer liebt, hat Gott zum Vater und kennt ihn. 8 Wer nicht liebt, kennt Gott nicht. Denn Gott ist Liebe. […]
12 Niemand hat Gott jemals gesehen. Aber wenn wir einander lieben, ist Gott in uns gegenwärtig. Dann hat seine Liebe in uns ihr Ziel erreicht. 13 Gott hat uns Anteil gegeben an seinem Geist *[pneuma]*. Daran merken wir, dass wir in seiner Gegenwart leben und er in uns gegenwärtig bleibt. « (1 Joh 4,7 f.12 f.)

» 9 Aber ihr seid nicht mehr von eurer irdischen Gesinnung bestimmt, sondern vom Heiligen Geist *[pneuma]*. Denn der Geist Gottes wohnt in euch. « (Röm 8,9a)

» 1 Dann kam der Pfingsttag. Alle, die zu Jesus gehört hatten, waren an einem Ort versammelt.
2 Plötzlich kam vom Himmel her ein Rauschen wie von einem starken Wind. Das Rauschen erfüllte das ganze Haus, in dem sie sich aufhielten. 3 Dann erschien ihnen etwas wie züngelnde Flammen. Die verteilten sich und ließen sich auf jedem Einzelnen von ihnen nieder. 4 Alle wurden vom Heiligen Geist *[pneuma hagion]* erfüllt. Sie begannen, in fremden Sprachen zu reden – ganz so, wie der Geist es ihnen eingab. […]
14 Da trat Petrus vor die Menge und mit ihm die anderen elf Apostel. 37 Mit seinen Worten traf Petrus die Zuhörer mitten ins Herz. « (Apg 2,1–4.14)

Info – Geist Gottes

Das hebräische Wort „ruach" (griechisch „pneuma", lateinisch „spiritus") ist schwer zu übersetzen. Der übliche Begriff „Geist" hat den Nachteil, dass er auch „Gespenst", „Intellekt" oder „Seele" bezeichnet – „geistig" ist aber nicht „geistlich". Wörtlich liegen Übersetzungen wie „Atem", „Wind" oder „Sturm" nahe. Manche Propheten sind dauerhaft von Gottes „ruach" erfüllt oder begleitet.
Der Heilige Geist ist eine der drei Seinsweisen Gottes. Die Bibel kennt zwar keine → Trinitätslehre, aber Gott Vater, Christus und der Geist verweisen stets auf den einen, lebendigen Gott.

Das Personsein des dreieinigen Gottes

Folgende (ausgewählte) Thesen fassen ein kirchliches Votum aus dem Jahr 2011 des Theologischen Ausschusses der UEK (Union Evangelischer Kirchen) zum Personsein Gottes zusammen.

Trinität: Seite 270 f.

1. Der christliche Glaube muss – auch angesichts gewichtiger Einwände – dabei bleiben, in personaler Weise mit Gott und von Gott zu reden. Das christliche Verständnis vom Heil, das Gott den Menschen in Jesus Christus zuwendet, nötigt dazu, Gott personal zu denken. Denn: „Eine unpersönliche Kraft ist stumm und kennt kein Erbarmen."
2. Die bereits in der antiken Philosophie vorgebrachten Einwände gegen ein personales Gottesverständnis sind ernsthaft zu prüfen, rechtfertigen aber keine Abkehr der christlichen Gottesrede von einem personalen Gottesverständnis. Die Vorstellung einer unpersönlichen „göttlichen Wirkkraft" würde der Wirklichkeit Gottes nicht gerecht, weder des Schöpfers noch des Versöhners noch des Erlösers. […]
3. „Person" ist eine Metapher, eine Über-Tragung, die den zentralen Wesenszug Gottes exakt wiedergibt. Metaphern oder Bildworte sind notwendig, um grundlegende Momente der menschlichen Erfahrung mit dem Geheimnis Gottes zu verknüpfen. Sie bringen Gott dann authentisch zur Sprache, wenn sie seiner eigenen Bewegung in die menschliche Erfahrungswelt folgen. In der Menschwerdung Gottes in Jesus Christus zeigen sich die prägnanten Merkmale seines Gott-Seins: seine Liebe, seine Barmherzigkeit, seine → Gerechtigkeit, seine → Gnade. […]
8. Im Gottesdienst als dem öffentlichen Ort der Begegnung zwischen Gott und Mensch vergegenwärtigt sich der dreieinige Gott und wendet uns sein Angesicht zu. Wo Menschen vom Evangelium angesprochen und ergriffen werden, begegnet ihnen der dreieinige Gott als Person. Dann wird es ganz selbstverständlich, mit Gott zu reden. Und es wird dann auch nicht mehr schwer sein, der Freude an Gott Ausdruck zu geben und von Gott zu reden.

Der Gottesdienst: Seite 24

Helmut Strack (1950), Theologe*

Die Urkraft des Heiligen

Wir haben gelernt, Gott als Person zu verstehen. Als ein persönliches Gegenüber zu uns Menschen, und wehe uns, wenn uns das eines Tages verloren gehen sollte. Ein „Weltgesetz" oder irgendein Inbegriff von „Energie" als Gott zu bezeichnen, wäre das Ende aller konkreten Religion. Die Bibel sagt, wir seien ein Bild von Gott. In uns spiegele sich etwas von dem, was Gott sei und tue. Und ein solcher Glaube hat seine unverlierbare Wahrheit.
Es muss uns aber deutlich sein, dass die Gottesvorstellungen, die die biblische Tradition bestimmen, sich über viele Stufen erst entwickelt haben. Nikolaus von Cues sagt: *In Gott ist alles eingefaltet, was ist. Gott ist die Entfaltung von allem. Er ist so in allen Dingen, dass alle Dinge in ihm sind.* Wer will denn behaupten, mit solchen Vorstellungen werde Gott falsch beschrieben? Ist es nicht im Gegenteil so, dass wir auf die Anfragen, die die heutige Welt an uns richtet, keine überzeugenden Antworten geben können, eben weil uns Gott zu klein geraten ist? Zu klein, weil allein auf uns Menschen hin entworfen oder gar nur auf uns Christen? Zu klein, weil an die unbeschreiblich kurze Geschichte des Menschen, an ihre Sekundenlänge gebunden?

Unsere Vorstellungen von Gott werden immer zu klein sein: Seite 107

→ Jörg Zink (1922), Theologe*

Aufgaben

1 Arbeiten Sie aus den Bibelstellen heraus, was „ruach" / „pneuma" auszeichnet. Nennen Sie geeignete Übersetzungsmöglichkeiten.

Biblische Belegstellen reflektiert verwenden: Seite 260

2 Entwerfen Sie ein Banner für den Verein gott.net e. V., das das „Wesen" des Geistes ausdrückt. Finden Sie passende Orte für das Banner.

3 Vergleichen Sie die Position des Theologischen Ausschusses der UEK mit der Position von Jörg Zink in der Frage, ob Gott bzw. der Heilige Geist als Person zu denken ist.

Texte analysieren: Seite 250

4 Nehmen Sie vor dem Hintergrund der Bibelstellen zur Frage des Personseins selbst einen Standpunkt ein.

Wie zeigt sich Gott in Christus?

Wie stellen Sie sich einen Gott vor? Nicht einen, den es schon gibt, keinen aus dem Sortiment der Religionsgeschichte. Sondern wenn Sie so etwas wie metaphysische Knetmasse hätten, eine Materie zur Formung von Astralleibern, und dann sollte daraus der ideale Gott, die Idee eines Gottes gestaltet werden – wie würde er aussehen? Wahrscheinlich wie ein ins Überdimensionale und Übermenschliche gesteigerter Comic-Held, ein kosmischer Superman, Batman oder Spider-Man – stark, unverwüstlich, Athlet und Sheriff, ein Schützer von Recht und Ordnung für das ganze Universum. Ohne die Grenzen, Konflikte, Niederlagen und Enttäuschungen, mit denen die Superhelden der Populärkultur immerhin bis zu einem gewissen Grad zu kämpfen haben. Sie können vielleicht mit der Gottesidee nicht viel anfangen; Sie wissen nicht, ob überhaupt ein Gott existiert oder finden es sogar abwegig, dass einer existieren soll. Doch wie er wäre, wenn es ihn denn gäbe, nämlich perfekt, makellos, bewunderungswürdig – kommt Ihnen ziemlich klar vor. Das Dasein Gottes ist in der Moderne eine extrem prekäre [schwierige] Angelegenheit geworden. Aber über sein Wesen könnten die meisten sich schnell und problemlos einigen, da besteht nach Jahrhunderten intensiver → Religionskritik immer noch ein fast instinktiver Konsens.

Wurde der Messias gekreuzigt?: Seite 214

Und nun sehen Sie sich an, was da in der Kirche über dem Altar hängt, als Kultobjekt und Wappen des Christentums: das Bild eines ans Kreuz genagelten, sterbenden und schon toten Menschenkörpers.

Das Christentum lehrt nicht nur, dass Gott in Jesus von Nazareth Mensch geworden ist, sondern auch, dass Gottes Sohn sterben musste, in Angst, Schmerz und Erniedrigung. Die ganzen traditionellen, vertrauten Attribute Gottes, seine Allmacht, Allgüte und Allwissenheit, gibt es auch im Christentum. Aber es kommt etwas vollkommen anderes hinzu, das gar nicht zu unseren gewohnten Vorstellungen vom Göttlichen passt. Und genau dieses andere ist das Eigentliche, der Kern der Sache. Nur skizzenhaft berichten die vier Evangelisten, die biblischen Autoren, vom Leben Jesu, nur einer von ihnen erzählt die idyllische Weihnachtsgeschichte – aber mit aller Wucht und in voller Breite schildern sie die → Passion: das letzte Abendmahl mit den Jüngern (das schon im Schatten der nahenden Katastrophe steht), den Verrat des Judas, die schmähliche Verleugnung durch den wichtigsten Apostel Petrus, den Prozess vor den Hohepriestern und dann vor dem Gouverneur Pontius Pilatus, die Auspeitschung und Verhöhnung des Verurteilten durch römische Legionäre, die Hinrichtungsstätte Golgatha, wo Jesus neben zwei gewöhnlichen Verbrechern ans Kreuz geschlagen wird. Bis an die Grenze der Unerträglichkeit haben die größten Künstler den Körper des leidenden Erlösers dargestellt, mit Striemen von den Geißelhieben, die Nägel im Fleisch, die verrenkten Gliedmaßen. Und über alledem steht wie auf einer Tafel mit riesigen Buchstaben: Das ist Gott.

Isenheimer Altar: Seite 117

Denn exakt so ist es gemeint, wenn man das Christentum beim Wort nimmt. Nicht: Dieser Mensch ist von geradezu göttlicher Weisheit und Güte, er ist Gott besonders nah oder der bevollmächtigte Prophet Gottes. Sondern er ist Gott selbst. Gottes Sohn, Gott als Sohn ist nach christlicher Lehre kein bisschen weniger göttlich als Gottvater. In Bethlehem wurde er geboren und hat als hilfloses Kind in der Krippe gelegen: schon da ein Bild der Schwäche. Und in Jerusalem am Kreuz wurde er umgebracht. Am Anfang der Stall, am Ende der Galgen, wie Walter Jens die Geschichte zusammengefasst hat. Die Theologie, eine hochgradig anspruchsvolle und scharfsinnige Wissenschaft, hat jahrhundertelang in raffinierten Formeln zu ergründen versucht, was das alles eigentlich heißt. Sie hat eine „Zwei-Naturen-Lehre" ersonnen, die beschreiben soll, dass Christus „wahrer Mensch und wahrer Gott" in einer Person ist, dass dieser Jesus auf geheimnisvolle Weise zugleich ein Zimmermannssohn aus Nazareth und ein ewiger Teil der himmlischen Dreifaltigkeit von Vater, Sohn und Heiligem Geist ist. Aber im Grunde erklärt das alles nichts; es bleibt hochgradig gelehrtes Gestammel im Angesicht einer Sache, die entweder ein unerschöpfliches Mysterium ist oder die reine Absurdität. Und doch hat das Christentum zwei Jahrtausende von dieser unverständlichen Lehre nicht abgelassen: dass Gott als Mensch geboren und gestorben ist.

Jesus – Prophet oder Messias?: Seite 114

→ Jan Roß (1965), Journalist*

One of us
If God had a name what would it be?
And would you call it to His face?
If you were faced with Him in all His glory
What would you ask if you had just one question?

Bridge: And yeah, yeah God is great
Yeah, yeah God is good
Yeah, yeah, yeah, yeah, yeah

Chorus: What if God was one of us?
Just a slob like one of us
Just a stranger on the bus
Trying to make His way home

If God had a face what would it look like?
And would you want to see?
If seeing meant that you would have to believe
In things like Heaven and in Jesus and the Saints
And all the Prophets

Bridge: And yeah, yeah …
Chorus: What if God was one of us? ...

Tryin' to make His way home
Back up to Heaven all alone
Nobody callin' on the phone
'Cept for the Pope maybe in Rome

Bridge: And yeah, yeah …
Chorus: What if God was one of us? ...

Just tryin' to make His way home
Like a holy rolling stone
Back up to Heaven all alone
Just tryin' to make His way home

Nobody callin' on the phone
'Cept for the Pope maybe in Rome

→ Joan Osborne (1962), US-amerikanische Sängerin*
Text: Eric Bazilian (1953), US-amerikanischer Musiker und Songwriter; CD Relish (1995)*

slob = Durchschnittsmensch
stranger = Fremder

Moment mal!
Ist Jesus Christus auch ein Gottes*bild*?

'Cept for the Pope = außer der Papst

rolling stone, hier = Vagabund

Aufgaben

1 Sammeln Sie möglichst viele Aspekte Ihres Jesus-Christus-Bildes in einer Mindmap. Beurteilen Sie, ob das Schild an der Autobahn von gott.net dazu passt.

2 Erstellen Sie mithilfe des Textes von Roß ein Plakat mit dem Titel „Der untypische Gott".

3 Vergleichen Sie die Angaben von Roß mithilfe von Mk 14–15. Recherchieren Sie genau, wie die Aufschrift „INRI" auf dem Kreuz zu verstehen ist.

→ **Biblische Belegstellen reflektiert verwenden:** Seite 260

4 Interpretieren Sie den Song von Joan Osborne. Beziehen Sie nach Möglichkeit den dazugehörigen Videoclip mit ein.

→ **Filme analysieren:** Seite 255

Wie stehen Gott und Mensch in Beziehung?

Der deutsche Geigenbaumeister und Physikingenieur → Martin Schleske (1965), in Fachkreisen auch als „Stradivari des 21. Jahrhunderts" bezeichnet, vergleicht die Schöpfung des Menschen mit dem Bau einer Geige.*

Wären die Fasern des Holzes mathematisch definierte Linien, dann ließe sich die Wölbung konstruieren, es ließe sich eine Idealform machen. Sie wäre vor Beginn der Arbeit schon festgelegt. Der Faserverlauf des Holzes aber ist nicht perfekt. Darum ist der Werdegang der Geigenwölbung keine Konstruktion. Es ist ein Schöpfungsakt. Worin liegt der Unterschied? Eine Konstruktion ist ein Plan, den das Material erfüllen muss. Der Schöpfungsakt der Geige ist etwas anderes. Was einzig im Raum steht, ist die Frage, welche Möglichkeiten dem gegebenen Holz verheißen sind. Man achtet auf *das Gewordene* – was bringt es mit? Man sieht *das Werdende* – was kann sich entfalten? Gewachsene Holzfasern könnten einem starren Plan nicht gerecht werden. Darum ist ein Schöpfungswerk etwas anderes als eine Konstruktion. Eine Geige zu bauen, ist ein Schöpfungsakt, denn nicht das Holz wird hier dem Meister gerecht, sondern der Meister dem Holz.

Evolution: Seite 102/103

Ob man die Welt als Schöpfung oder *als Evolution* begreift, ist aus dem Blickwinkel des Künstlers dasselbe: Das Werk entwickelt sich. Verheißene Möglichkeiten entfalten sich. Das Sein steht unter der Schönheit und den Schmerzen des Werdens. Für unsere Lebensauffassung besteht jedoch ein gravierender Unterschied, ob wir die Welt als Schöpfung oder als Konstruktion verstehen. Nicht der Gedanke, dass diese Welt sich entwickelt hat (Evolution), raubt dem Glauben die Luft zum Atmen, sondern der Gedanke, sie sei eine göttliche Konstruktion.

Die Bibel zeigt mir mit Blick auf Gott viel eher das Herz eines Künstlers als das eines unerbittlichen Konstrukteurs. Wäre die Welt das Werk eines kosmisch konstruierenden Architekten, so stünde sie wohl unter dessen ständiger Unzufriedenheit. Er würde beklagen, dass Konstruktionsplan und Wirklichkeit einander nicht entsprechen. Im Werk des Künstlers aber ist eine andere Weisheit wirksam. Er weiß, dass ein Schöpfungakt zweierlei verlangt. Man muss Dinge *gestalten*, und man muss Dinge *zulassen*. Es ist die Weisheit, die erlaubt, dass Dinge sich entwickeln und entfalten. So spricht die Bibel von der Weisheit Gottes als einer Geisteskraft, die alles erforscht und das Leben ergründet (Spr 8, Ijob 28, Weish 7). Deshalb sollte es uns mit Blick auf die Welt vor allem darum gehen, *Stimmigkeit* mit der ihr innewohnenden Weisheit zu suchen und diese im eigenen Leben widerzuspiegeln.

Was wirst du tun, Gott, wenn ich sterbe?
Ich bin dein Krug (wenn ich zerscherbe?)
Ich bin dein Trank (wenn ich verderbe?)
Bin dein Gewand und dein Gewerbe,
mit mir verlierst du deinen Sinn.

Nach mir hast du kein Haus, darin
dich Worte, nah und warm, begrüßen.
Es fällt von deinen müden Füßen
die Samtsandale, die ich bin.

Dein großer Mantel lässt dich los.
Dein Blick, den ich mit meiner Wange
warm, wie mit einem Pfühl*, empfange,
wird kommen, wird mich suchen, lange –
und legt beim Sonnenuntergange
sich fremden Steinen in den Schoß.

Was wirst du tun, Gott? Ich bin bange.

→ Rainer Maria Rilke (1875–1926), Dichter

* Pfühl: altes Wort für Kissen

→ Eberhard Szejstecki, Kain und Abel, 2005.
Terracotta, bemalt, Höhe 41 cm

» 23 Alle sind schuldig geworden, und alle haben die Herrlichkeit Gottes verloren.
24 Sie verdanken es also allein seiner → Gnade, dass sie von Gott als gerecht angenommen werden.
Er schenkt es ihnen aufgrund der Erlösung, die sie durch ihre Zugehörigkeit zu Christus Jesus erfahren haben.
25 Durch dessen Blut, das am Kreuz vergossen wurde, hat Gott ihn als Zeichen der
endgültigen Versöhnung eingesetzt. Und durch den Glauben erhalten wir Anteil daran. So hat Gott
seine → Gerechtigkeit unter Beweis gestellt. Lange hat er die Verfehlungen ungestraft gelassen, die
früher begangen wurden.
26 Gott hat sie in Geduld ertragen.
Doch jetzt, zu diesem besonderen Zeitpunkt, will er beweisen, dass er wirklich gerecht ist.
Ja, er ist gerecht. Und er nimmt diejenigen als gerecht an, die aus dem Glauben an Jesus leben. «
(Röm 3,23–26)

↔ Freiheit von Sünde: Seite 34

Aufgaben

1 Arbeiten Sie heraus, wie Schleske das Verhältnis von Gott und Mensch bestimmt.

→ Texte analysieren: Seite 250

2 Benennen Sie, mit welchen Bildern Rilke Gott und den Menschen beschreibt.

3 Die Mythen in Gen 1–11 nennt man „Ur-Geschichten", weil sie keine historischen, sondern zeitlose Aussagen treffen. Analysieren Sie, was in Gen 4,1–16 (oder auch Gen 1, Gen 2, Gen 3, Gen 6–9, Gen 11) über das Wesen des Menschen deutlich wird.

→ Biblische Belegstellen reflektiert verwenden: Seite 260

4 Gestalten Sie die Gott-Mensch-Beziehung der verschiedenen Materialien dieser Doppelseite jeweils als Standbild.

Wie wirken sich Gottesbilder aus?

Schreien oder stumm bleiben? Gottesbilder, die krank machen und das Leben zerstören

Als Psychoanalytiker habe ich viel mit Menschen zu tun, die an kirchlich mitverursachten Neurotisierungen – sogenannten „ekklesiogenen Neurosen" – leiden. Ich möchte ein Beispiel anführen. Eine 51-jährige Frau (ich nenne sie Alice) kam zu mir in Behandlung. Sie litt an Depressionen, Selbsttötungsgedanken und vor allem an lähmenden Höllen- und Verworfenheitsängsten. Alice äußerte ihre tiefe Sehnsucht nach einem befreienden Gott so: „Wie finde ich einen gnädigen Gott? Einen liebenden Gott? Gott, so wie ich ihn meistens erlebe, nimmt er mir Freude, Mut, Hoffnung." In einer psycholanalytisch orientierten Psychotherapie gingen wir gemeinsam durch die Jahre ihrer Kindheit und Jugend. Vieles kam ihr dabei hoch, worüber sie kaum je gesprochen, was sie nicht mitteilen – mit jemandem teilen – konnte, womit sie alleingelassen war.

Himmel, Hölle und Gericht?: Seite 180/181

Das Gottesbild, welches Alice so sehr belastete, war ein „Drohgott", ein Sünden-Angst-Gott, ein sadistischer Gott. Im Namen dieses Gottes wurde sie besonders durch ihre bigotte [überfromme] und strenge Mutter, aber auch durch andere kirchliche Einflüsse und mehrere Jahre Klosterschule „kleingehalten". Dieser ihr Gott hatte an zwei Dingen höchstes Interesse: an der Sexualität, die „in die Hölle führt", und an der „Brechung ihres eigenen Willens", des Eigen-Sinnes. Von einem solchen Gott „niedergeschlagen" zu werden, erklärt vieles von ihrem „Niedergeschlagensein".

Hans Memling, Rechter Seitenflügel des Altars des Jüngsten Gerichts (Triptychon), Der Höllensturz (Detail), 1471/73

Ein Jahr nach Beendigung der Therapie, die einen erfreulichen Befreiungsprozess in Gang brachte, schrieb Alice: „Manchmal muss ich vor Freude weinen. Dann fällt der jahrelange Krampf ums ‚Gutsein', die Angst vor dem Leben und dem Tod, die Unredlichkeit mir und anderen gegenüber wie eine Kruste von mir ab. Und es ist herrlich zu leben und das Leben zu lieben."

Krankmachende Gottesbilder entstehen also immer dann, wenn Gott dazu benutzt wird, Herrschaft von Menschen über Menschen zu sichern und zu legitimieren. Solche Gottesbilder – nach alter prophetischer Tradition müsste man allerdings von Götzenbildern sprechen – haben immer infantilisierende [bevormundende], entmündigende, repressive, sadomasochistische, also neurotisierende Züge.

Viele Theologen und Kirchenmänner vergessen offensichtlich die grundlegende biblische Forderung, dass man sich weder von Gott noch vom Menschen ein fertiges Bild machen darf, weil jedes fertige Bild lebensfeindlich und ehrfurchtslos gegenüber den Entfaltungsmöglichkeiten ist. Natürlich brauchen wir Bilder und Modelle, aber es muss uns bewusst bleiben, dass all das Bildermachen nur Stückwerk sein kann, Hilfe oder Hindernis für das Erkennen und Lieben. Ein buddhistisches Sprichwort sagt dies treffend: „Wenn der Finger auf den Mond hinzeigt, betrachtet nur der Trottel den Finger."

Gegen den unheilvollen Angstgott und Verdummungsgott, der von Hof- und Herrschaftstheologen gebildet, vertreten und verteidigt wird, steht der jüdisch-christlich-prophetisch verstandene Gott des Exodus aus allen möglichen Unterdrückungsverhältnissen, Gott der Befreiung und Erlösung, der heute von vielen „Befreiungstheologen" verkündet – und von manchen „Mächten und Gewalten" bekämpft wird.

Für mich ist Gott Ausdruck menschlicher Hoffnung. Gott ist → Symbol der Befreiung und des Widerstandes gegen die himmelschreienden Unrechtsstrukturen, die weltweit oft auch kirchlich legitimiert werden. Gott ist Ausdruck der Sehnsucht nach Veränderung und Erneuerung und nur sein herrschaftlicher Missbrauch macht ihn zum Symbol angstvoller Unterwerfung und Verdummung.

Alfred Kirchmayr (1942), österreichischer Psychologe*

! **Moment mal!**
Hängen Gottesbilder allein von Kindheitserfahrungen ab?

Du bist ein Kind Gottes

„Abends wenn ich schlafen geh, vierzehn Englein um mich stehn ..." Dieses Abendlied für Kinder passt wunderbar in die vorweihnachtliche Zeit. Es wird in den Aufführungen von „Hänsel und Gretel" gesungen. Es stiehlt sich in so manches Kinderherz hinein und weckt in uns Erwachsenen das Verlangen nach kindlicher Geborgenheit unter Engelsflügeln. Es ist möglich, an den Beistand von Gottes Engeln im Leben zu glauben und so das Leben besser zu bewältigen. Als ich meine beiden Kinder verloren habe, bin ich irgendwann in meiner Not einfach hinter diesem Engel hergelaufen, von dem ich nicht mehr wusste, ob es ihn wirklich gibt. Ich habe mich erinnert, dass jeder Mensch, jedes Kind einen Engel Gottes hat, der ihm beisteht, sobald es auf die Welt kommt: Der Engel legt uns einen Schutzmantel um und sagt: Du bist ein Kind Gottes. Aus dem Weinen und Lachen der Kinder blickt Gott, der Heilige, selbst uns an. Dieses Vertrauen wird dann zu einem Schutz im Leben, aber eben kein Rundum-sorglos-Schutz.
Bei den vierzehn Englein sind eben auch die beiden letzten, die meine Kinder ins Paradies, ich sage lieber: in Gottes Schoß, geführt haben. Darauf vertraue ich einfach. Es macht mir das Leben erträglicher.

→ Bärbel Wartenberg-Potter (1943), Theologin*

↔ Wie kann man im Unglück noch an Gott glauben?: Seite 86/87

Die evangelische Zeitschrift chrismon fragte ihre Leserinnen und Leser nach „starken Sätzen". Unter den mehr als 4000 Einsendungen waren auch folgende:

„Nähme ich Flügel der Morgenröte und bliebe am äußersten Meer, so würde auch dort deine Hand mich führen und deine Rechte mich halten."
Das ist doch eine wahrlich starke Hoffnung! Egal, wo auch immer ich mich befinde (für den Psalmisten aus Psalm 139 mit seinem damaligen Weltbild ist das äußerste Mee gleichbedeutend mit dem Ende der Welt), bin ich in Gottes Hand. Wunderbar! Tröstlich und verlässlich!

Christiane Linden, Lüdenscheid

„Gott gibt die Nüsse, aber er bricht sie nicht auf."
Falls es manchmal knifflig wird, ich fast schon am Kapitulieren bin, gibt mir dieser Satz von Goethe den nötigen Ansporn und Ehrgeiz zurück, um nicht aufzugeben.

Andrea S., Nördlingen

„Gott, lege deine Hände auf meine Schultern ..."
Nach 30 Ehejahren stellte ich fest, das mein Mann ein Verhältnis mit einer Kollegin hat. Dieses Gebet und ein Handkreuz halfen mir, die Nächte zu überstehen, meinen Mann an die frische Luft zu setzen, das neue Haus zu verlassen und mit 52 Jahren nochmals woanders beruflich neu anzufangen. Dies alles ist schon viele Jahre her. Die Hände auf meinen Schultern spüre ich aber heute noch.

anonym

Aufgaben

1 Verfassen Sie einen fiktiven Dialog zwischen Alice aus dem Text Kirchmayrs mit ihrer Mutter nach ihrer erfolgreichen Therapie.

2 Entfalten Sie ausgehend von den Materialien der rechten Doppelseite, wie sich Gottesbilder positiv auf das Leben von Menschen auswirken können.

3 Erläutern Sie, worin die Stärke „starker Sätze" liegt. Beziehen Sie neben den Beispielen ein, welcher Satz – ob mit oder ohne Gottesbezug – für Sie selbst wichtig ist.

Wie redet die Bibel von Gott?

Trinität:
Seite 270 f.

→ Jonathan Schöps, Projekt „Undarstellbar“: Vater, Sohn und Heiliger Geist, 2013

Aufgabe

Eine Stellungnahme verfassen:
Seite 256

Jonathan Schöps schreibt zum Titel seiner Internetseite: „‚Undarstellbar‘ trifft das Paradox des Versuchs, Gott in Bilder zu fassen. Als wichtigste Grundlage für die Motive dient die Bibel.“ Nehmen Sie Stellung dazu, ob der abgebildete Entwurf diese Ziele geeignet umsetzt.

Wissen

- Zwei berühmte theologische Aussagen über Gott lauten: „Einen Gott, den es gibt, gibt es nicht" (→ Dietrich Bonhoeffer) und „Gott gibt es nur im Vokativ [= lat. Anredeform]" (Martin Buber). Erklären Sie beide Behauptungen mit Bezug auf → Rudolf Bultmann.
- Ein weit verbreitetes Fehlurteil lautet: „Der Gott des Alten Testaments ist ein strafender, der des Neuen Testaments ein barmherziger Gott." Widerlegen Sie diese Behauptung mithilfe geeigneter Bibelstellen.
- Nehmen Sie Stellung zu der Frage, ob Gott eine Person ist.
- Begründen Sie, warum viele Heimkinder der 1950er- und 1960er-Jahre als Erwachsene eine zerbrochene Gottesbeziehung haben, obwohl sie in kirchlichen Heimen erzogen wurden.
- Erklären Sie, wie man den Satz „Jesus Christus hat viele Gesichter" theologisch verstehen kann.

→ Biblische Belegstellen reflektiert verwenden: Seite 260

→ Eine Stellungnahme verfassen: Seite 256

Können

- Gehen Sie die Aufgabe, einen Beitrag zur Kunstausstellung zu gestalten (Seite 192), noch einmal vor dem Hintergrund des bearbeiteten Kapitels an.
- Das Kunstwerk auf der Kapiteleinstiegsseite (Seite 190) wurde 2005/2006 zum Thema „Gott sehen" in Wilhelmshaven ausgestellt. Erörtern Sie vor dem Hintergrund des biblischen → Bilderverbots die Frage, ob es sich dabei um ein Bild oder um Schrift handelt.
- Zeigen Sie die Vielfalt an biblischen Gottesbildern auf, indem Sie möglichst viele Beispiele zusammenstellen.
- Das Buch „Gottesvergiftung" des Psychoanalytikers Tilmann Moser (1976) beginnt mit dem Satz „Lieber Gott, ich möchte mit einem Fluch beginnen". Entwerfen Sie eine mögliche Fortsetzung, indem Sie Gottesbilder der Bibel einbeziehen (zum Beispiel Gen 6,5–7, Ps 139 (Seite 198), Mt 25,31–46, Mt 5,17–48).

→ Biblische Belegstellen reflektiert verwenden: Seite 260

Anwenden

- Nehmen Sie beobachtend an einem Gottesdienst teil. Halten Sie fest, in welchen Formen außerhalb der Predigt von Gott / vom dreieinigen Gott die Rede ist.
- Erstellen Sie eine digitale Präsentation zum Thema „Moderne Götzen".
- Der französische Regisseur Claude Lanzmann forderte mit der Formulierung „Der → Holocaust, die unmögliche Darstellung" in den 1980er-Jahren ein → „Bilderverbot" für das Gedenken an die → Shoah. Selbst drehte er einen mehrstündigen Dokumentarfilm, der ganz und gar aus Zeitzeugenbefragungen besteht. Nehmen Sie Stellung zu seinem Vorschlag.
- Legen Sie ein Portfolio „Gott in der Gegenwart" mit passenden Liedtexten, Kunstwerken, Gedichten usw. an und vergleichen Sie die Einlagen mit dem Gott der Bibel.

→ Eine Exkursion planen: Seite 261

→ Eine Präsentation vorbereiten und durchführen: Seite 257

→ Eine Stellungnahme verfassen: Seite 256

→ Ein Portfolio anlegen: Seite 258

11 Gibt es die *wahre* Religion?

Wenn Sie dieses Kapitel bearbeitet haben, können Sie ...

- gegenwärtige synkretistische Tendenzen begründet beurteilen.
- die trinitarische Gottesvorstellung mit den Gottesvorstellungen anderer Religionen kontrastieren.
- die Jesusbilder der abrahamitischen Religionen einander gegenüberstellen.
- einzelne Unterschiede und Gemeinsamkeiten in der Lehre und Organisation der evangelischen und katholischen Kirche nennen.
- mögliche Perspektiven für den ökumenischen Dialog erörtern.
- spezifisch christliche Beiträge zum Dialog der Religionen darstellen.
- exemplarisch aufzeigen, wie interreligiöse Verständigung gelingen kann und wo sie Grenzen hat.

Was können Sie schon?

- beschreiben, was es besonders macht, evangelisch oder katholisch zu sein
- wesentliche Merkmale der jüdischen, islamischen und buddhistischen Religion erläutern
- erklären, welche Bedeutung Jesus im Islam hat
- den Glauben und die religiöse Praxis der abrahamitischen Religionen in verschiedenen Punkten miteinander vergleichen
- an konkreten Beispielen aufzeigen, was man unter den Begriffen Ökumene und interreligiöser Dialog versteht
- beschreiben, was eine Kirche und was Christen evangelisch macht
- exemplarisch erläutern, welche Regeln für einen respektvollen Umgang der Religionen untereinander wichtig sind

Soll nicht jede/r glauben, was er/sie will?

Der Film „Life of Pi – Schiffbruch mit Tiger" basiert auf einem Roman des kanadischen Schriftstellers Yann Martel (1963). Im Zentrum der Handlung steht der Überlebenskampf des Jungen Pi auf hoher See. In der folgenden Rezension wird die religiöse Thematik des Films angesprochen:*

Pi wächst in einer hinduistisch geprägten Umgebung in Südindien als Sohn eines rationalistisch veranlagten Zoodirektors auf, der Religion mit Dunkelheit gleichsetzt. Seine Mutter erzählt dem Knaben fesselnde Geschichten aus der Welt der Hindu-Götter, die für ihn „Superhelden meiner Kindheit" sind. Pis früh erwachendes Interesse für religiöse Phänomene überrascht umso mehr, als seine Familie religiösen Fragen gleichgültig bis ablehnend gegenübersteht. Mit 14 Jahren lernt Pi das Christentum kennen. Der Junge ist fasziniert von der Idee der Liebe, die Jesus so viel Leid ertragen lässt. Zugleich hinterfragt Pi die für ihn unverständlichen Aspekte des christlichen Glaubens. Ebenfalls fasziniert ist er vom Islam, den er im muslimischen Viertel seiner Heimatstadt erkundet. Besonders scheint ihn die gemeinschaftliche Gebetszeremonie der Muslime in der Moschee anzusprechen. Pi entdeckt bei seinen Vergleichen der Glaubensinhalte von Hinduismus, Christentum und Islam viele Unterschiede und Gemeinsamkeiten. Bemerkenswert ist die Konsequenz, die er zieht: Getrieben von einem selbstbewussten Eklektizismus [Auswahl, Mischung unterschiedlicher Ideen] sucht er sich aus den drei Weltreligionen die ihm zusagenden Elemente heraus und schafft sich so eine Art individueller Superreligion. Er nimmt sich sogar die Freiheit, alle drei Religionen zu praktizieren. Die irritierten Repräsentanten der Weltreligionen in seiner Heimatstadt Pondicherry, aber auch seine verwirrten Eltern fordern den Freigeist auf, sich für eine Religion zu entscheiden ...

Dazu heißt es im Roman:
Der Pandit [sprach zu meinem Vater]: „Mr. Patel, Piscines Frömmigkeit ist bewundernswert. Da sind wir uns alle einig." Der Imam und der Priester nickten. „Aber er kann nicht Hindu, Christ und Moslem zugleich sein. Das ist unmöglich. Er muss sich entscheiden." „Ich finde nicht, dass es ein Verbrechen wäre", antwortete Vater, „aber sie haben wohl recht." Das Schweigen lastete schwer auf meinen Schultern. Mutter gab mir einen Stups. „Wie stehst du dazu?" „Bapu Ghandi sagt, alle Religionen sind wahr", plapperte ich los. „Ich will doch nur Gott lieben." Ich blickte zu Boden, rot im Gesicht. Meine Verlegenheit war ansteckend. Keiner sagte mehr etwas.

Aufgabe

Verfassen Sie ein Drehbuch für eine Fortsetzung des Gesprächs zwischen Pi und den Vertretern der Religionen. Lassen Sie andere Personen hinzukommen, die weitere Positionen (u. a. Ihre persönliche) vertreten.

Dazu ist es wichtig, ...

- einerseits gemeinsame Schnittmengen von Religionen (und Konfessionen) zu kennen und diese andererseits voneinander abzugrenzen.
- zu hinterfragen, welche Haltungen die Religionen zum jeweils anderen haben.
- einen interreligiösen Dialog von einer „Religionsvermischung" zu unterscheiden.
- eine eigene begründete Position zur Wahrheitsfrage und zur „Vermischung" religiöser Fragmente zu entwickeln.

Doppelt hält besser? – Interreligiöse Familien

Sowohl Laura als auch Beatrice sind ursprünglich Christinnen und mit jüdischen Männern verheiratet. Im Folgenden beschreiben sie ihr Familienleben:

Der Spagat zwischen den Religionen gelinge in ihrer Familie „bislang problemlos", berichtet Laura. „Wir sind ja nicht so religiös", sagt die 31-Jährige. Ihre Kinder seien es gewohnt, zu Hause die jüdischen Feiertage zu feiern und bei der Oma Weihnachten. Was Weihnachten bedeutet, wüssten ihre Kinder aber nicht wirklich. Als das Datum von Chanukka – dem jüdischen Lichterfest – auf Weihnachten gefallen ist, „haben wir eben Weihnukka gefeiert", berichtet Laura pragmatisch. Auch die Kinder von Beatrice können später offiziell zum Judentum übertreten, sofern sie dies wollen. „Wir überlassen den Kindern die Entscheidung, ob und welcher Religion sie sich letztlich zuwenden wollen", sagt die zweifache Mutter, die aus Bayern stammt. Mittlerweile geht sie locker mit dem Patchwork der Religionen um, auch wenn der Einstieg hart war. Im katholischen Heimatdorf kannte man keine Juden und wusste damit auch nicht recht etwas anzufangen. Inzwischen ist es aber selbstverständlich, dass es bei Besuchen Pute statt Schwein gibt. Ein sehr großes Thema sei allerdings die Beschneidung ihres Sohnes gewesen; die Familie war strikt dagegen. Sie selbst musste sich erst einmal in das Judentum „einarbeiten". Doch schon seit einigen Jahren schwingt sie zu den jüdischen Feiertagen in der Küche das Zepter und hat die Familie ihres Mannes zu Gast. Mit lieb gewonnenen christlichen Traditionen hat Beatrice aber nicht gebrochen: Auch im vergangenen Jahr standen wieder Weihnachtsplätzchen und ein Adventskranz auf dem Tisch. Bei der neunjährigen Tochter der Familie sorgt das alljährlich für Verwirrung – sie versteht nicht, warum man nur eine Kerze pro Woche anzündet und kein einziges Gebet dabei spricht.

Beschneidung: Seite 227

Rivka Kibel, Journalistin

Info – „Patchwork"-Religionen

Der Begriff der „Patchwork"-Religion beschreibt einen religiösen Weltzugang, bei dem unterschiedliche Traditionselemente, auch → Synkretismen genannt, in je persönlicher Mischung angeeignet werden. Einzelne religiöse Elemente und → Rituale werden aus ihren ursprünglichen Zusammenhängen „entwendet" und in lebenspraktischer Hinsicht aufgegriffen und ausprobiert. Man weicht somit der Beheimatung in einer einzigen Tradition – und damit einer Festlegung – aus. Mehr als ein Fünftel der Deutschen pflegen derzeit Soziologen zufolge eine „Patchwork"-Religiosität.

Aufgaben

1 Führen Sie ein Line-Up zur Frage „Gibt es die *wahre* Religion?" durch.

2 Erörtern Sie mögliche Vor- und Nachteile einer von Pi geschaffenen „Superreligion".

3 Vergleichen Sie die „Patchwork"-Religion Pis und deren Entstehung mit der von Lauras und Beatrice' Familien.

4 Nennen Sie unterschiedliche Gründe für die große Anzahl an deutschen „Patchwork"-Religiösen.

Wurde der Messias gekreuzigt?

→ Emmanuel Levy, Jude („Jesus the Jew"), 1942

Für mich gestorben?: Seite 120/121

Info – Jesus im Judentum

Was hat das Christentum dem Judentum zu verdanken?: Seite 84

Gott in Christus: Seite 202

Jesus und seine frühen Anhänger waren Juden. Somit liegt der Ursprung des Christentums im Judentum. Ohne Jesus gäbe es kein Christentum. Die Evangelisten umschreiben Jesus mit jüdischen Begriffen: als Rabbi (Schriftlehrer), als Sohn Davids oder als Propheten, der die Gottesherrschaft verkündet und Menschen heilt. Der Großteil des jüdischen Volkes hatte jedoch eine andere Vorstellung vom → Messias, als Jesus sie repräsentierte. Zwar nannten sie ihn „Maschiach" (hebräisch für Messias), doch verknüpften sie damit keine Erwartung an einen Heiland. Mit der Abgrenzung des Christentums vom Judentum um 100 n. Chr. veränderte sich der jüdische Blick auf Christus. Lediglich 15 von rund 15000 Seiten des Talmuds, nach der hebräischen Bibel Tanach das bedeutendste Schriftwerk des Judentums, widmen sich der Person Jesu. Der Talmud spricht von Jesus u. a. als „jener Mann". Das heutige Judentum sieht in Jesus nach wie vor nicht den göttlichen Erlöser. Aus jüdischer Sicht ist die Welt noch unerlöst.

Ablehnung

Der Schriftsteller und Islamwissenschaftler → Navid Kermani veröffentlichte 2009 in der „Neuen Züricher Zeitung" einen Essay über Guido Renis Altarbild „Kreuzigung". Das hatte zur Folge, dass ihm der Kulturpreis des Landes Hessen aberkannt wurde.

Kermani hatte bei Gelegenheit einer Bildbetrachtung scharf und polemisch seine Überzeugung formuliert, die christliche „Kreuzestheologie" sei für ihn Gotteslästerung und Götzenverehrung. Er hatte in diesem Zusammenhang auf den Koran verwiesen, demzufolge nicht Jesus, sondern „ein anderer" gekreuzigt worden sei. Die harte Sachfrage ist damit freigelegt, eine der härtesten Fragen im Gespräch von Juden, Christen und Muslimen. Für Juden ist es seit den Zeiten des Urchristentums unbegreiflich, das zu akzeptieren, was Christen ihnen zumuten. Sie sehen in der Kreuzigung Jesu bestenfalls ein historisches Ereignis, erklärbar aus der damaligen historischen Situation: Der Jude Jesus von Nazaret wird für seine rebellische, die religiöse und politische Ordnung gefährdende Botschaft nach römischem Recht wie ein Verbrecher hingerichtet. Einer der vielen jüdischen Märtyrer, die für ihren Glauben starben. Und Juden glauben an die Ankunft eines → Messias, der die Ordnung Gottes auf Erden durchsetzen wird. Aber an eines glauben sie nicht: dass ein Gekreuzigter der Messias sein könnte. Wie könnte man als Christ ignorieren, was an jüdischer Sensibilität nach wie vor existiert, wenn vom Kreuz Christi die Rede ist? Rabbi Nussbaum (Wiesbaden) hat in der Debatte um Kermani darauf noch einmal hingewiesen: „Ich habe – wie viele andere Juden auch – ein Problem mit dem Kreuz, sowohl theologisch-moralisch wie emotional. Ein Jude, der weiß, wie viel jüdisches Blut im Namen des Gekreuzigten vergossen wurde, kann schlecht positive Gefühle mit dem Kreuz verbinden!"

Historischer Jesus: Seite 266 f.

Christen haben sich freilich der Anfrage von Juden und Muslimen zu stellen, warum Gott demjenigen den bitteren Schandtod am Kreuz nicht ersparte, der ihm derart nahestand, dass seine Anhänger ihn geradezu als „Sohn" dieses Gottes bekennen konnten. Warum diese Art des Leidens und Sterbens – letztlich in Menschen- und Gottverlassenheit (Mk 15,34)? Insbesondere Muslimen ist unbegreiflich, wie Christen Gott dies zutrauen können. Sie haben es vom Koran her zunächst leichter, obwohl sie dann die Frage beantworten müssen, was es (für Gott) bedeutet, dass „ein anderer" an Jesu Stelle starb. Für Christen ist die Anfechtung angesichts des Kreuzestodes des Gottessohnes radikaler, unerbittlicher. Das sollte sie demütiger machen im Blick auf eine allzu triumphalistische Herausstellung des Kreuzes als Sieges-Zeichen Gottes. Christen glauben, dass Jesus der Gesalbte Gottes ist, gerade weil er nicht vom Kreuz herunterstieg, wozu ihn die Hohepriester und Schriftgelehrten nach Markus 15,29–32 aufgefordert hatten, vielmehr Gottesknecht blieb bis in die letzte menschliche Konsequenz hinein.

→ *Karl-Josef Kuschel (* 1948), Theologe*

Aufgaben

1 **a)** Analysieren und interpretieren Sie das Kunstwerk Emmanuel Levys. Berücksichtigen Sie dabei auch das Entstehungsdatum.
b) Stellen Sie einen Bezug zu den Ausführungen Kuschels her.

Bilder analysieren: Seite 251
Texte analysieren: Seite 250

2 Jesus war Jude: Gestalten Sie anhand Ihres Vorwissens eine Übersicht zum jüdischen Glauben bzw. zur religiösen Praxis.

3 Erläutern Sie die Rolle Jesu im Islam in einem weiteren Info-Kasten.

4 Recherchieren Sie den Originalbeitrag Kermanis und die weiteren Hintergründe der Aberkennung des Kulturpreises. Beziehen Sie in einem Brief an die Jury persönlich Stellung zu dieser Entscheidung.

Adressatenbezogene Texte verfassen: Seite 253
Eine Stellungnahme verfassen: Seite 256

An welchen Gott glauben Christen?

Besonders zu Weihnachten kann uns bewusst werden, an welchen Gott wir glauben. An einen Gott, der erfahren wollte, wie der Salzgeschmack auf unserer Zunge schmeckt, wenn uns alles verlassen hat, an einen Gott, der das Leiden auf sich genommen hat. An einen Gott, der die ganze menschliche Angst und Armut, das ganze Ausmaß menschlicher Not, die menschlichen Versuchungen und ihre Abgründe und schließlich den bitteren Tod auf sich genommen hat. Denn Gott ist Mensch geworden – mit allem, was zum Elend des Menschseins gehört. Darin liegt die Kernaussage des Weihnachtsfestes, wie sie der Evangelist Johannes unüberbietbar ausspricht: „Und das Wort ist Fleisch geworden und hat unter uns gewohnt." [Joh 1,14] Das Wunder der Weihnacht hat genau diese „Torheit" Gottes offenbar gemacht und wirklich werden lassen. Weihnachten verkündet einen im buchstäblichen Sinne ‚heruntergekommenen Gott': einen Gott, der nicht im Himmel bleibt, sich hinter den Mauern seiner Ewigkeit verschanzt und teilnahmslos auf die Leidensgeschichte der Menschen herunterblickt. Er ist vielmehr sichtbar und greifbar geworden in einem konkreten Menschen. Er ist begrenzt und hinfällig geworden wie wir. Er ist einer von uns geworden, nackt und verwundbar: aus Fleisch und Blut! „Das Tiefste am Christentum ist die Liebe Gottes zur Erde." (H. U. von Balthasar) Dass Gott in seinem Himmel reich ist, wissen andere Religionen auch, dass er aber zur Erde kommt und mit seinen Geschöpfen arm sein will, ist unerhört. Jesus Christus ist bei den Menschen nicht bloß kurz – wie so manche Götterfigur der antiken Welt – auf Besuch gekommen und hat nicht bloß auf unserer Erde eine menschliche „Schnupperlehre" absolviert, um danach so schnell wie möglich und endgültig wieder sein himmlischgöttliches „Handwerk" aufzunehmen. Das Weihnachtsevangelium redet entschieden von einem „eingefleischten", „heruntergekommenen" Gott. Dies ist eine ungeheuerliche Aussage.

→ *Kurt Koch (* 1950), Theologe*

Mit Muslimen über Jesus reden

Wir leben nicht mehr im Mittelalter und auch nicht mehr in der Reformationszeit. Hier und heute stehen wir nicht in einer theologisch-dogmatischen, sondern in einer modern-nachmodernen interreligiösen Gesprächssituation. In diesem Kontext sollte eigentlich jeden christlichen Theologen die Frage bedrängen: Wie kann ich einem Muslim oder Juden verständlich machen, warum Christen an diesen Jesus als den Messias, den Christus, die Offenbarung Gottes glauben? Vom Neuen Testament her muss im Dialog mit Muslimen von folgenden Grundaussagen ausgegangen werden:

↔ Kann Gott auch Mutter sein?: Seite 199

- **Der Vater** ist der eine und einzige Gott Abrahams, neben dem es keine anderen Götter gibt, der uns – müssen wir in heutiger Metaphorik sagen – „Vater" und „Mutter" in einem ist.
- **Der Sohn** ist niemand anders als der geschichtliche Mensch Jesus von Nazareth, der dieses einen Gottes Wort und Willen in Person offenbart: In ihm ist der eine wahre Gott wirklich offenbar, gegenwärtig, wirksam.

↔ Trinität: Seite 208, 270 f.

- **Der Geist** ist die heilige Ausstrahlung, Kraft und Macht Gottes und des zu ihm erhöhten Jesus Christus, die im Glaubenden und in der Glaubensgemeinschaft wirksam ist und alle zu Gottes Söhnen und Töchtern werden lässt.

Oder wie man bisweilen ganz elementar sagen kann: Nicht ein verborgenes rätselhaftes göttliches Dreieck im Himmel, sondern: Gott als der Vater **über** mir; Jesus als sein Sohn, unser Bruder, **neben** und mit mir; der Heilige Geist als Gottes Kraft und Macht **in** mir.

→ *Hans Küng (* 1928), Theologe*

Können wir gemeinsam beten?

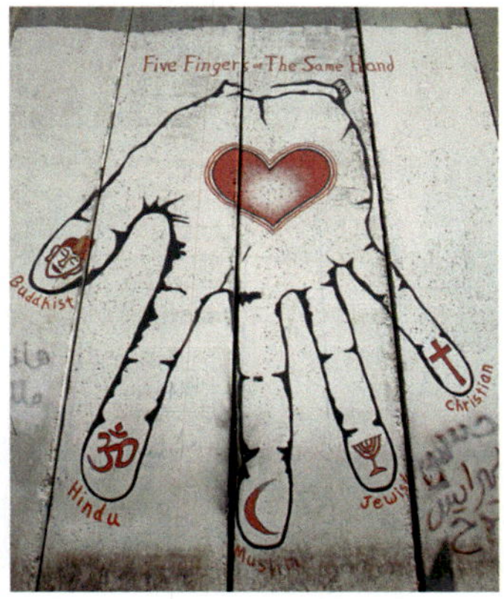

Gebet/Beten: Seite 25

Macht man sich klar, dass Juden, Christen und Muslime denselben einen Gott anbeten, ist die Frage, ob man zusammen beten darf, im Prinzip unschwer zu beantworten: Menschen unterschiedlicher Religion und besonders Gläubige der drei abrahamitischen Religionen sollen häufiger miteinander beten. Schwieriger ist die Frage zu beantworten, wie man zusammen beten kann. Wer als Christ schon an einem jüdischen Gottesdienst teilgenommen hat, weiß, dass man die allermeisten Gebete durchaus mitbeten kann, auch wenn man etwa den Begriff → „Tora“ für sich – wie manche Juden auch – mehr im Sinne eines „geistigen Gesetzes“ versteht. Umgekehrt dürfte es auch vielen Juden keine unüberwindlichen Schwierigkeiten bereiten, etwa das Vaterunser mitzubeten, da dieses in seinen wesentlichen Bestandteilen auf die hebräische Bibel zurückgeht. Ähnlich dürfte es wohl für Christen und Juden keine theologischen Schwierigkeiten bieten, gemeinsam mit Muslimen einige der schönen Gebete aus dem Koran zu sprechen. Hält doch der Koran daran fest, dass es derselbe Gott ist, der zu Abraham, den Propheten, Jesus und Mohammed gesprochen hat. Und wer als Christ schon einmal das beeindruckende gemeinsame Gebet der Muslime miterlebt hat, weiß, dass für ihn selbst eine Niederwerfung vor dem einen Gott Abrahams durchaus sinnvoll sein kann, auch wenn der Christ sich dabei nicht in gleicher Weise zum Propheten Muhammed bekennt. Innerhalb der drei prophetischen Religionen dürfte es immer wieder möglich sein, zu dem Einen und selben Gott auch durch ein gemeinsames Gebet zu sprechen. Allerdings müssen bei aller Gemeinsamkeit auch klar die Grenzen eines gemeinsamen Gebets gesehen werden: Wo immer in einer Religion ihr Spezifikum, das ihrem Glauben ganz und gar Eigentümliche und Besondere zum Ausdruck gebracht wird, da kann man von den Mitgliedern einer anderen Religion nicht erwarten, dass sie ein solches Gebet mitvollziehen. Aber ernsthaft kann man keinem Juden zumuten, sein Gebet zum Gott Israels mit dem Zusatz „durch Christus, unseren Herrn“ zu beschließen, und ernsthaft kann man ebensowenig von einem Muslim die trinitarische Formel „Ehre sei dem Vater und dem Sohn und dem Heiligen Geist“ erwarten. Umgekehrt aber wird man von keinem Christen erwarten können, dass er sich mit dem Juden glaubensmäßig zum Land Israel als territorialer Gottesverheißung auch für sich bekennt oder dass er dem Bekenntnis zu dem einen Gott noch das Bekenntnis zum Propheten Muhammed anschließt.

Trinität: Seite 270 f.

→ *Hans Küng (* 1928), Theologe*

Aufgaben

1 Formulieren Sie eine Antwort auf die Frage „An welchen Gott glauben Christen?“ unter Berücksichtigung dieser Doppelseite.

2 Nehmen Sie differenziert Stellung zu der im Lied „Gummibaum“ (Seite 114) vertretenen Position von Frau Meyer, wonach andere Religionen das Weihnachtsfest „nicht feiern dürfen“.

Eine Stellungnahme verfassen: Seite 256

3 Gestalten Sie – ausgehend von den Überlegungen Küngs – einen Gebetstext, der anlässlich eines Abiturgottesdienstes von Juden, Christen und Muslimen gemeinsam gebetet werden könnte.

Meditations- und Andachtstexte schreiben: Seite 259

4 Interpretieren Sie unter Rückgriff auf Ihre Erkenntnisse der Seiten 214–217 das Graffito in Bethlehem.

Bilder analysieren: Seite 251

Welche Christen sind wir?

Das Christentum kommt im Lauf seiner Geschichte in Dialekten vor. Es gibt den evangelischen, den katholischen, den orthodoxen, den freikirchlichen Dialekt dieses religiösen Entwurfs. Alle diese Dialekte haben eine Gemeinsamkeit: Der Grund ihres Selbstverständnisses ist Jesus Christus. In den Religionen, natürlich auch im Christentum, hat es immer zwei grundlegend unterschiedliche Versuche gegeben, sich selbst und sein Heil zu erwerben. Der eine Versuch ist die → Rechtfertigung des Menschen durch sich selbst, durch religiöse Werke, durch die Einhaltung religiöser Gesetze und Praktiken. Von diesem Versuch sagt der Apostel Paulus, dass er zum Scheitern verurteilt sei. Es ist der Kältetod der Beziehungslosigkeit. Der andere Weg ist der Verzicht auf jede Selbstrechtfertigung vor Gott. Das Eingeständnis der eigenen Bedürftigkeit und der Verzicht auf jede religiöse Autarkie vor Gott sind also nicht der Ausdruck menschlicher Geringfügigkeit. Es ist die → Freiheit von dem Versuch, Macher seiner selbst zu sein. Besonders der Protestantismus sagt in letzter Radikalität: Nichts, rein gar nichts, außer der → Gerechtigkeit, die vom Menschen verlangt wird, kann noch irgendeine Heilswichtigkeit beanspruchen. Es gibt keine religiös-substanziellen Materialien: kein Priestertum, ausgestattet mit einer speziellen Macht; keine Amtsgewalt, die speziell an das Geschlecht des Mannes gebunden ist; kein Amt mit dem Anspruch der Unfehlbarkeit. Das alte protestantische Misstrauen gegen die religiösen „Heilsmittel" – wie Wallfahrten, Fasten, heilige Orte, heilige Zeiten und geweihte Personen – und damit gegen die Sichtbarkeit, die Sinnlichkeit und Greifbarkeit von Religion stammt aus der Vermutung, diese „Werke" verleugneten das Prinzip der → Gnade. Der protestantische Dialekt des Christentums ist daher viel karger als der katholische.

Jede neue Religion, die Bestand haben will, muss den Schritt von der inneren zur äußeren Religiosität gehen. Ich nenne solche Inszenierungen und Vergegenständlichungen des Glaubens, die Sakramente, diese besonderen Heilszeichen der Kirche. Der Protestantismus kennt zwei Sakramente: die Taufe und das Abendmahl. Der Katholizismus führt sieben Sakramente an: Zu den zwei genannten ergänzt er die Firmung, die Beichte, die Priesterweihe, das Sakrament der Eheschließung und die Krankensalbung. Mit anderen Religionen teilt das Christentum große Formen der Aufführung des Glaubens, z. B. die Gliederung des Jahres in besondere Zeiten und die Aufführung der Geheimnisse des Glaubens an besonderen Festtagen. Der Glaube wird Figur in solchen Aufführungen, und damit wird er langfristig. Besonders die Landschaften des katholischen Glaubens sind bilder- und gestenreich. Der Protestantismus ist eher der Innerlichkeitsdialekt des Christentums. Man kennt dort die Verführungskraft der Formen und der Bilder. So ist die Geste des Bildersturms oder der Skepsis gegenüber Aufführungen und Bildern eher eine protestantische Begabung. Alle Religionen sind zwiespältige Gebilde. Sie können den Menschen zu tieferem Trost und zu größerer Freiheit führen. Sie können ebenso zu Instrumenten der Unterdrückung und der Gewalt werden, das gilt gleichermaßen für das Christentum. Auch in seinem Namen wurden Kriege geführt, Menschen verbrannt und Gewissen beschädigt. Drei Fragen sind für jeden religiösen Entwurf entscheidend. Die eine lautet: Wie sehr ist Religion an weltlicher Macht interessiert und mit ihr verbunden? Die zweite Frage heißt: Wie sehr ist ein religiöses System in der Lage, Vernunft und Aufklärung zuzulassen? Drittens ist zu fragen: Kann sich ein religiöser Entwurf seine eigene Endlichkeit eingestehen oder muss er immer einzigartig sein und über andere Religionen triumphieren? Nur Lebensentwürfe, in denen man die eigene Endlichkeit zugibt, sind humane und geschwisterliche Entwürfe.

→ Fulbert Steffensky (1933), Theologe*

↔ Augustinus, Gegen die Juden: Seite 81

Was mir an der evangelischen Kirche nicht gefällt ...

Glaubensentscheidung

Meine Probleme mit den Protestanten beginnen mit den vielen am Werktag geschlossenen Kirchentüren. Man gewinnt den Eindruck, Protestanten wüssten den Wert einer ganz unspektakulären öffentlichen Präsenz in Form geöffneter Kirchentüren nicht genügend zu schätzen. Den evangelischen Gottesdienst habe ich zuerst in der mehr als kargen württembergischen Variante kennengelernt. Doch inzwischen sind viele andere Erfahrungen mit evangelischen Gottesdiensten dazugekommen. Was mir dabei immer wieder auffällt und mich gleichzeitig befremdet, sind Unausgewogenheiten und auch Unsicherheiten in der Form. Da singt die Gemeinde wunderschöne Choräle, und es ist ein Organist am Werk: Aber der Pfarrer redet nicht nur mit seiner überlangen Predigt, sondern mehr noch mit launigen oder frommen Bemerkungen zur Begrüßung und zum Abschluss alles wieder tot. Die liturgischen Teile wirken da oft ortlos. Man ist stolz auf seine Weltläufigkeit, traut sich aber beispielsweise doch nicht, richtig zünftig und ausgelassen zu feiern. Man rühmt sich der „Freiheit eines Christenmenschen", versteht aber gleichzeitig im kirchlichen Verwaltungshandeln keinen Spaß. In der evangelischen Kirche des „allgemeinen Priestertums" beherrschen die Ordinierten das Feld, sei es im Religionsunterricht oder bei der Sonderseelsorge, in evangelischen Akademien oder im Gemeindealltag. Auch in der EKD-Synode bilden Pfarrerinnen und Pfarrer einen ansehnlichen Block. Pfarrer werden nicht geweiht, reden aber doch fast überall mit.

Zu meinen ersten beruflichen Erfahrungen mit dem Protestantismus gehörten die Kirchentage 1981 und 1983, die fast ganz von der Auseinandersetzung um den Nato-Doppelbeschluss geprägt waren. Ich selber war im Streit um die ethische Legitimität und politische Angemessenheit der Nachrüstung hin- und hergerissen. Aber der deutsche Katholizismus hat sich damals nicht in gleicher Massivität und Intensität der Friedensbewegung angeschlossen und sie theologisch unterfüttert, so wie das weite Teile des aktiven Protestantismus getan haben. Ähnliches ließe sich für die ökologische Bewegung der Achtzigerjahre zeigen. Mit allem Risiko der Verkürzung gesagt: Der Protestantismus ist besonders sensibel, damit aber auch besonders anfällig für gesellschaftliche und religiöse Trends. Als Katholik ist man davon abwechselnd fasziniert und geschockt, weil man die eigene Kirche als eine Institution erlebt, die in der Regel erst einmal abwartend und vorsichtig, wenn nicht gar ablehnend auf neue Trends reagiert und ihre jeweilige theologische und pastorale Avantgarde eher kritisch beäugt. Manche Protestanten schielen sehnsüchtig zur katholischen Kirche mit ihrer Lehre, ihrem Amt und ihrer robusten Spiritualität hinüber, und gleichzeitig stellen sie heraus, wie sehr sie dieser Kirche doch an geistiger Offenheit, intellektueller Wachheit und Respektierung christlicher → Freiheit überlegen sind.

Ulrich Ruh (1950), Theologe*

↔ Muss die Kirche moderner werden?: Seite 104

↔ Was verstehen Christen unter Freiheit?: Seite 34/35

Aufgaben

1 „Der protestantische Dialekt des Christentums ist daher viel karger als der katholische" (Z. 23 f.). Erläutern Sie diese These Steffenskys.

→ Texte analysieren: Seite 250

2 Geben Sie die wesentlichen Kritikpunkte Ulrich Ruhs wieder und prüfen Sie deren Berechtigung.

3 Interviewen Sie evangelische und katholische Christen in Ihrem Umfeld zu der Frage, was sie an ihrer jeweiligen Konfession schätzen, und erstellen Sie daraus eine Präsentation.

→ Eine Präsentation vorbereiten und durchführen: Seite 257

(Wie) Kann Ökumene gelingen?

Die Kongregation für Glaubenslehre der römisch-katholischen Kirche veröffentlichte am 5. September 2000 die Erklärung Dominus Jesus. In ihr geht es um zentrale Inhalte der katholischen Glaubenslehre. Der Rat der EKD nahm dazu Stellung.

Die Zeichen aus Rom stehen auf Stillstand. Mehr noch: Sie bedeuten die Verfestigung des traditionellen Selbstverständnisses der römisch-katholischen Kirche und einen Rückschlag für das ökumenische Miteinander in versöhnter Verschiedenheit. In den Passagen zur „Einzigkeit und Einheit der Kirche" werden Jesus Christus und die römisch-katholische Kirche, „die vom Nachfolger Petri und von den Bischöfen in Gemeinschaft mit ihm geleitet wird", so nah aneinandergerückt, dass die Aussagen insbesondere für die Kirchen der Reformation nicht akzeptabel sind. Die Kirchen der Reformation stehen für die Erklärung gewissermaßen auf der untersten Stufe der kirchlichen Rangordnung. Als „kirchliche Gemeinschaften, die den gültigen Episkopat und die ursprüngliche und vollständige Wirklichkeit des eucharistischen Mysteriums nicht bewahrt haben", sind sie – wie ausdrücklich gesagt wird – „nicht Kirchen im eigentlichen Sinn". Mit einer Deutlichkeit, die für Zweifel keinen Raum lässt, wird hier dem Prinzip eines Umgangs par cum pari, also von gleich zu gleich, eine Absage erteilt. Nach reformatorischer Überzeugung können auch Konzilien irren. In der römisch-katholischen Kirche ist hingegen die Authentizität und Irrtumslosigkeit des kirchlichen Lehramts selbst Gegenstand des Glaubens. Darum wäre es unangemessen und illusionär, vom römisch-katholischen Lehramt eine schlichte Abkehr von bisherigen Aussagen zu erwarten. Die Zukunft der Kirche wird eine ökumenische sein. Das entspricht der Verheißung Jesu Christi und den praktischen Notwendigkeiten von Zeugnis und Dienst der Kirche. Darin kann uns auch die Kongregation für die Glaubenslehre nicht irremachen. Die ökumenische Zukunft der Kirche bedeutet aber nicht die Auflösung und Nivellierung aller konfessionellen Profile, sondern die Überwindung ihres trennenden Charakters. Darum setzt sich die Evangelische Kirche in Deutschland für ein ökumenisches Modell ein, das durch den Gedanken der Kirchengemeinschaft und das Prinzip der Einheit in versöhnter Verschiedenheit bestimmt ist.

→ *Manfred Kock (* 1936), bis 2003 Präses der EKD*

Welches Ziel hat eigentlich die Ökumene?

Postkarte zum ökumenischen Kirchentag in München 2010

Diese Frage haben jüngst prominente Mitglieder der evangelischen und römisch-katholischen Kirche Deutschlands in den Mittelpunkt gerückt. In dem Aufruf „Ökumene jetzt" fordern sie, „die Ökumene weiter voranzutreiben" und „die organisatorische Einheit anzustreben". Doch was das konkret heißt, bleibt unklar. Sollte gemeint sein, die bestehenden christlichen Konfessionen sollten sich zu einer Kirche zusammenschließen, müsste man den Unterzeichnern von „Ökumene jetzt" entschieden widersprechen. Sicher war die Entstehung der Konfessionen meist mit Verletzungen verbunden, seelischen und körperlichen, aber Kirchenspaltungen sind nicht einfach als historische Betriebsunfälle abzutun. Vielmehr spiegelt die Vielfalt der Konfessionen auch die Vielfalt der Menschen, ihrer religiösen Bedürfnisse und theologischen Einsichten. Nikolaus Graf Zinzendorf (1700–1760) sah in den unterschiedlichen Kirchen eine von vielen „Erziehungsweisen" Gottes, Menschen Jesus näherzubringen. Schließlich hat jede Konfession nur einen Teil der christlichen Wahrheit be- und ergriffen. So ergänzen die Kirchen einander: Protestanten betonen die Verantwortung des Einzelnen vor Gott und Katholiken die Bedeutung der Kirche für das Heil. Das kann dazu führen, dass Protestanten vergessen, wie wichtig die Kirche für die Bewahrung und Weitergabe des Glaubens ist. Und im Katholizimus können dagegen eher der Einzelne und die → Freiheit unter die Räder kommen. Volkskirchen erleichtern den Zugang zum Glauben und werden dem Auf und Ab des Glaubens im Leben des Einzelnen gerecht, Freikirchen erinnern daran, dass Jesus zur Entscheidung ruft. Die ersteren stehen in der Gefahr, Unverbindlichkeit zu fördern, die letzteren, sich zu verengen. Zinzendorf ermunterte seine Mitchristen, „das Beste in allen Konfessionen zu entdecken". Besser könnte man Ökumene nicht beschreiben. Ja, die Kirchen sollten miteinander wetteifern, wie sie die christliche Wahrheit erkennen und leben. Die unterschiedlichen Zugänge zu ihr können gerade Außenstehende anziehen.
Abstoßend wirken Konfessionen erst dann, wenn sie dem Konfessionalismus erliegen und so tun, als seien sie allein im Besitz der Wahrheit und unfehlbar.

Jürgen Wandel (1952), Pfarrer und Journalist*

Was kann Kirche alles sein?: Seite 140/141

Staatskirche/ Volkskirche/ Freikirche: Seite 269 f.

! **Moment mal!**
Warum bleibt nicht einfach jede Konfession für sich?

Aufgaben

1 Analysieren und interpretieren Sie die dargestellte Karikatur. Ergänzen Sie Ihre Überlegungen nach der Lektüre der beiden Texte.

Bilder analysieren: Seite 251

2 Fassen Sie die zentralen Kritikpunkte Kocks in eigenen Worten zusammen.

3 a) Informieren Sie sich über die Initiative „Ökumene jetzt".
b) Beurteilen Sie, ob die Perspektive Jürgen Wandels ein Lösungsansatz für gelingende Ökumene sein kann.

Eine Internetrecherche durchführen: Seite 252

4 Verfassen Sie einen Bilddialog zu den auf der Postkarte abgebildeten Personen. Berücksichtigen Sie dabei den Anlass.

Wie begegnen wir einander?

Das Denkmodell „Exklusiv, Inklusiv, Plural"

Was ist mit den Begriffen „Exklusivismus, Inklusivismus und Pluralismus" gemeint? Warum sind diese drei Begriffe so beliebt geworden, um das Verhältnis zwischen den Religionen zu beschreiben? Die Beliebtheit der drei Begriffe beruht sicher darauf, dass es keine rein theologischen Begriffe sind, sondern dass sie auch als anthropologische bzw. ethische oder psychologische Kategorien genommen werden können, um die Grundhaltung dem Fremden gegenüber zu skizzieren. Schottet man sich lieber ab (exklusiv)? Möchte man das Fremde integrieren, ohne es dem „Eigenen" als gleichwertig zu sehen (inklusiv)? Oder möchte man an der prinzipiellen Gleichrangigkeit mehrerer Kulturen und Subkulturen als Basis der Begegnung festhalten (plural)? Es geht in diesem Denkmodell um die Beurteilung der Fähigkeit anderer Religionen, Heil und Transzendenz zu vermitteln – um deren möglichen Wahrheitsgehalt. Am klarsten wird die Unterscheidung der Begriffe durch nachfolgende Grafik.

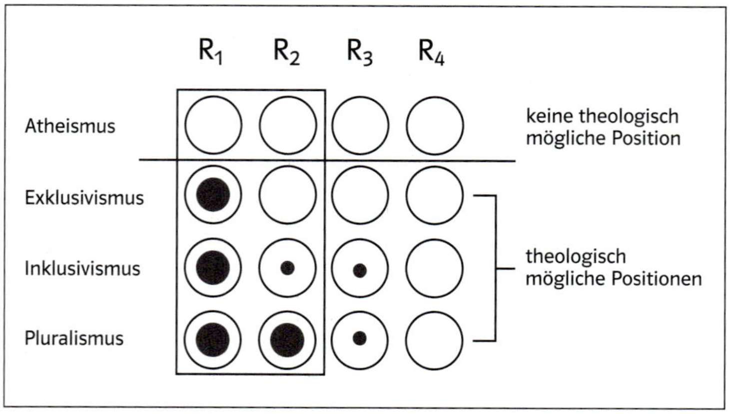

Die vier Buchstaben R1 bis R4 stehen für vier unterschiedliche Religionen. Die Außenkreise in der Grafik symbolisieren auch Religionen oder religiöse Traditionen. Die dunklen Innenflächen stehen für eine Eigenschaft, die diesen Religionen zugesprochen wird: „die Vermittlung heilshafter Transzendenzerkenntnis".

Atheismus: Seite 264

a. Bei der **atheistischen Position** ist klar, dass keine einzige Religion Heil vermitteln kann, weil es aus atheistischer Sicht keine transzendente Wirklichkeit gibt.
b. Beim → **Exklusivismus** kann „heilshafte Transzendenzerkenntnis" nur von einer Religion vermittelt werden. Für Christen bedeutet dies: „Allein die Christusoffenbarung ist das Nadelöhr, durch das der Weg zu Gott führt."
c. Beim → **Inklusivismus** wird das Heil zwar von mehreren Religionen vermittelt, aber nur von einer als Bester und Höchster, und das ist naturgemäß die eigene. Hier wird z. B. für das Christentum die qualitative Überlegenheit über die anderen Religionen geltend gemacht. Gott offenbart sich zwar in anderen Religionen, doch die Fülle der Wahrheit liegt allein in Christus. Das bedeutet nicht, dass andere Religionen von Gottes Heil ausgeschlossen sind (dies wäre exklusiv).
d. Beim → **Pluralismus** wird Heil durch unterschiedliche Religionen im gleichen Höchstmaß vermittelt. Sie sind gleichrangig, paritär. Dieses Modell geht davon aus, dass Gottes kreativer und versöhnender Geist in allen Religionen durchscheinen kann.

Harmjan Dam (1950), Theologe*

!
Moment mal!
Was haben theoretische Modelle und Regeln mit realen Begegnungen zu tun?

Mögliche Regeln für den interreligiösen Dialog

Gemeinsamkeiten (an-)erkennen – Unterschiede (an-)erkennen
Annahmen offenlegen und Bewertungen suspendieren
Definitionsmacht abgeben und Selbstdefinition des anderen respektieren
Verlangsamung/Zeit geben
Offenheit für neue Einsichten
Perspektivenwechsel einüben
Gleiches mit Gleichem messen
sich nicht gegenseitig in eine Verteidigungshaltung drängen
Bekenntnis zum eigenen Glauben, aber nicht „Bekehrung" des Gegenübers
...

Weder das soziale Gefüge noch das Zusammenleben von Menschen noch die politische Verfassung einer Gesellschaft sind ohne religiöse Bezüge zu begreifen, Kulturen schon gar nicht. Die menschliche Zivilisation ist durch Religionen geprägt. Deshalb ist friedliches Zusammenleben überhaupt nur möglich auf der Basis von Verständnis, Verständigung und Toleranz zwischen den Religionen. Es gibt deshalb ein Interesse am Dialog, selbst wenn die Religionen selbst dieses Interesse nicht hätten – und sie hatten es auch nicht immer. Fast ein Drittel der Menschheit sind Christen oder Muslime. Beide Religionen sind mit dem Judentum von ihren eigenen Quellen her stärker verbunden, als im Selbstverständnis der Gläubigen – wie in der Selbstdarstellung ihrer Religionen oft erkennbar ist. Wer einen Dialog mit und zwischen den Weltreligionen gewissenhaft betreiben will, muss wissen, worauf er sich einlässt. Dieser Dialog muss mehr sein als ein multikultureller Smalltalk, muss mehr sein auch als die Freude an Vielfalt – oft verbunden mit dem fröhlichen Missverständnis: Alles ist möglich, alles ist gleich, alles ist gleich gültig und folglich gleichgültig. Der Blick auf das Gemeinsame darf die Unterschiede nicht trüben. Dialog bedeutet nicht Bagatellisierung der Wahrheitsfrage. Es gibt gar keinen Dialog zwischen Religionen. Dialoge gibt es nur zwischen Menschen, sie müssen zum Dialog bereit und in der Lage sein. Sie müssen die Eigenständigkeit des jeweils Anderen wahren und der doppelten Versuchung zur Dramatisierung wie zur Banalisierung widerstehen.

Norbert Lammert (1948), Präsident des Deutschen Bundestages*

Tore der Weltreligionen, Lippepark Hamm

Aufgaben

1 a) Prüfen Sie die Chancen und Gefahren der einzelnen Modellvarianten (Seite 222). Ordnen Sie anschließend Ihre persönliche Position in das Modell ein.
b) Entwickeln Sie alternative Grafiken für die einzelnen Modellvarianten.

2 Analysieren Sie die Intention bzw. Funktion des Bauwerks im Lippepark. Gestalten Sie einen Info-Text für die Besucher.

→ **Adressatenbezogene Texte verfassen:** Seite 253

3 Erläutern Sie die dargestellten Regeln für einen interreligiösen Dialog. Formulieren Sie ggf. Fragen, streichen oder ergänzen Sie Regeln.

4 Skizzieren Sie an konkreten Beispielen, inwiefern nach Lammert der Dialog der Religionen zur „Dramatisierung" bzw. „Banalisierung" führen kann.

Wie stehen Christen zum Dialog?

Info – Religionsfreiheit und Toleranz

Religionsfreiheit ist ein Menschenrecht. Jeder Mensch hat die Freiheit, einer Religion anzugehören, ohne daran gehindert zu werden, oder ohne Religion zu leben. Die Verwirklichung von Religionsfreiheit erfordert die Toleranz aller Mitglieder einer Gesellschaft. „Toleranz" bedeutet im Wortsinn „Duldung". Das heißt nicht: Menschen mit unterschiedlichen Überzeugungen sollen sich gegenseitig nur ertragen, obwohl sie sich eigentlich verachten. Toleranz gründet vielmehr in der Achtung der → Menschenwürde und im Respekt vor anderen Glaubens- und Lebensweisen. Für den christlichen Glauben ist diese Toleranz in der „Toleranz Gottes" (→ Martin Luther) begründet. Denn er begegnet den Menschen, die nicht an ihn glauben, mit einer Achtung, die aus der Liebe zu ihnen stammt. Er begegnet ihnen werbend und vorsichtig, indem er ihnen die Freiheit gibt, sich von seinem Geist anrühren zu lassen. Wer an Jesus Christus glaubt, ahmt diese Toleranz Gottes nach.

Die Wahrheit, auf die wir Menschen uns im Leben und Sterben verlassen können, ist kein Besitz von Menschen, den man in Regeln und Gesetzen einfrieren und händeln kann. Sie begegnet uns vielmehr, indem wir uns von der Bibel erzählen lassen, wie Menschen in Israel Gott erfahren haben und wie Jesus Christus Menschen zum Glauben an Gott einlädt. Sie berührt Menschen mit dem Geist der Liebe, der sie frei macht, in diesem Geiste zu leben. Ein Gott, der sich in der Liebe offenbart, ist allen Menschen zugänglich. Deshalb darf man damit rechnen, dass auch Menschen anderer Religionen ihn in der Liebe erfahren können. Christinnen und Christen, die dem Gott der Liebe folgen, sind offen dafür, Erfahrungen der Wahrheit bei allen Menschen anzutreffen. Sie sind neugierig darauf, das in den Erzählungen und Traditionen anderer Religionen zu entdecken. Sie schätzen, was in den Religionen wertvoll für den eigenen Glauben ist und geben das den Menschen, mit denen sie in unserer pluralistischen Gesellschaft zusammenleben, auch zu verstehen. Die Erfahrung der Liebe Gottes ist der Grund für christliche Toleranz, aber auch das Kriterium für ihre Grenzen. Wo uns innerhalb und außerhalb der Kirchen intolerante Anschauungen begegnen, die Menschen wegen ihrer Religion diskriminieren oder gar Gewaltbereitschaft fördern, sind alle Religionen aufgerufen, solcher Intoleranz entschieden zu widerstehen.

Jörg Machel (1952), Pfarrer*

Wie wirkt Gott in uns?: Seite 200/201

Farbe bekennen

Ein ganz normaler Abend auf dem Hamburger Hauptbahnhof: ein Ort voller Selbstdarsteller, voll von Missionaren. Jugendliche, stilisiert als die große Gruppe der Antigesellschaft, gepierct, fantastisch bekleidet mit einer eigenen Sprache, eigenen Verhaltensformen und Parolen. Dann die Leute von der Heilsarmee in ihren Uniformen. Die Damen in Leder und die jungen Erfolgreichen mit Krawatte und Handy. Alle sagen, wer sie sind und wer sie sein wollen. Sie werben für ihre Idee. Solange Menschen etwas wollen, etwas lieben, Leidenschaften und Interessen haben, so lange stellen sie sich dar und führen sich auf. Farbe bekennen, sich zeigen, sich nicht verschweigen, ist ein Grundbedürfnis. Man wird der, als der man sich zeigt. Man befestigt seine Absichten, indem man sie vorzeigt. Wer glaubt, wirbt für seinen Glauben. Er will missionieren. Mission ist die gewaltlose und ressentimentlose Werbung für die Schönheit eines Lebenskonzeptes. Ich werbe für den Glauben, indem ich ihn lebe und indem ich ihn erkläre. Eine andere Werbung gibt es nicht. Wenn ich etwas liebe, wenn ich an etwas glaube, dann liegt es im Wesen dieser Liebe und dieses Glaubens, dass ich sie öffentlich zeige. Eine sich verbergende Liebe ist auf Dauer keine Liebe: Man gibt sich selbst ein Gesicht, man identifiziert sich und erfährt, wer man ist, indem man zeigt, wer man ist, zu welchen Texten und Traditionen man sich bekennt. Mission heißt nicht, darauf aus zu sein, dass alle anderen unseren Glaubensweg gehen. Es gibt andere Wege des Geistes als unsere eigenen. Das muss ich ohne Ressentiment zugeben können, obwohl die Einsicht, dass man nicht einzigartig ist, nicht ganz leicht ist. Wir also als Christen haben es nötig, dass wir öffentlich werden; dass dieses Christentum nicht in seinem Winkel bleibt. Die anderen Religionen haben es nötig, dass wir uns zeigen, denn sie werden sich selber deutlich und gewinnen Kontur an der fremden Kontur, wie wir Kontur gewinnen an der Wahrnehmung der anderen. Missionieren heißt zeigen, was man liebt und woran man glaubt.

→ *Fulbert Steffensky (* 1933), Theologe*

! **Moment mal!**
Sind religiöse Menschen eigentlich Selbstdarsteller?

Info – Mission

Unter Mission (lat. missio = Sendung, Auftrag) versteht man im religiösen Sinne die Verbreitung des Glaubens durch Predigt und soziale Dienste in der Welt. Dem biblischen Bericht zufolge gab Jesus seinen Jüngern unmittelbar nach seiner → Auferstehung den sogenannten Missionsauftrag (Mt 28,19–20). Paulus gilt als der erste christliche Missionar im klassischen Sinne, indem er Reisen durchführte, Menschen taufte und Gemeinden gründete. Mission ist zu einem Kennzeichen der Kirche geworden, die Missionare in alle Welt entsandte und auch noch immer schickt. Dabei ist die Mission der Kirchen in manchen Teilen mit einer Schuldgeschichte behaftet, in der es zu gewaltsamen Missionierungen Andersgläubiger kam. Grundsätzlich gehört zur christlichen Mission die Einladung zum Glauben und zur Gemeinschaft der Christen und Christinnen. Immer deutlicher wird aber heutzutage auch betont, dass Mission Einsatz für die Befreiung, die Wahrung der Menschenrechte und die Würde des Menschen einschließt.

Aufgaben

1 Erläutern Sie sich gegenseitig den Inhalt der beiden Texte mithilfe der Spickzettel-Methode. Stellen Sie insbesondere den jeweiligen Kontext des Begriffs „Liebe" heraus.

→ Texte analysieren: Seite 250

2 **a)** Interpretieren Sie die Karikatur. Vergleichen Sie Ihre Ergebnisse anschließend mit dem Missionsverständnis Steffenskys.
b) Formulieren Sie neue Sprechblasen für die Karikatur im Sinne Machels bzw. Steffenskys.

→ Bilder analysieren: Seite 251

3 „Wir also als Christen haben es nötig, dass wir öffentlich werden" (Z. 18 f.). – Gestalten Sie ein „Werbeplakat" für den christlichen Glauben.

→ Adressaten-bezogene Texte verfassen: Seite 253

Wie können wir uns gegenseitig respektieren?

Seit 2012 geht die Internationale Bachakademie Stuttgart mit ihrem Projekt TRIMUM der Frage nach, wie Musik unterschiedliche Religionen verbinden kann. In einem europaweit einmaligen Projekt suchen jüdische, christliche und muslimische Musiker, Komponisten, Theologen und Wissenschaftler gemeinsam nach einer eigenständigen „Musik des Trialogs". Im Folgenden finden sich Auszüge aus einem Interview mit TRIMUM-Musikern.

Ahmet Gül: Als Trimum vor drei Jahren begann, kam mir das sehr gelegen. Ich selbst hatte mir kurz zuvor überlegt, einen Chor mit Muslimen, Christen und Juden zu gründen. Aber TRIMUM geht noch einen Schritt weiter. Ich hatte damals nur daran gedacht, die muslimische, christliche und jüdische Musik in ihrer jeweils ursprünglichen Form zu praktizieren. Das wird auch bei TRIMUM getan: Jede Kultur und jede Religion soll so bleiben, wie sie ist. Aber zusätzlich wird auch etwas ganz Neues geschaffen, das die Religionen miteinander verbindet. Und wenn jemand sagt: Diesen Satz, diese Aussage kann ich so nicht singen, weil sie nicht mit meiner Religion vereinbar ist, dann wird nach künstlerischen Alternativen gesucht.

Tuba Işik: Ich glaube, das Entdecken und Darstellen von Querverbindungen ist etwas sehr TRIMUM-Spezifisches: Dass es eine ständige Wechselwirkung gibt zwischen der Auseinandersetzung mit dem Fremden und dem Eigenen. Das gilt nicht nur für die Musik, sondern auch für das wechselseitige Verständnis der Religionen. Ihr seid Musiker und begegnet euch in der Musik. Aber in dem Moment, wo ihr den Anspruch formuliert, dass wir „interreligiös" miteinander singen, müssen wir auch über die Inhalte reden. Und dieser Dialog bedeutet, dass ich meine eigene Position noch einmal neu schaffe. Indem ich den anderen mit seiner Tradition kennenlerne, beginne ich auch noch einmal bewusster, mich mit der eigenen auseinanderzusetzen.

Alon Wallach: Für mich als jüdischer Mensch im Ausland ist die Frage sehr wichtig: Wie kann ich in Kontakt kommen zu der Gesellschaft, in der ich lebe, aber gleichzeitig meine Identität bewahren? Es gibt dazu zwei extreme Modelle: Sich kulturell von der Mehrheitsgesellschaft abzugrenzen – oder sich völlig zu integrieren und seine Herkunft zu vergessen. TRIMUM bietet mir einen wunderbaren Mittelweg.

Auszug aus einem Lied des TRIMUM-Projekts

Es kommt ein Schiff geladen
Bis an sein höchsten Bord
Trägt Gottes Sohn voll Gnaden,
des Vaters ewigs Wort.

Es bringt uns die Gesetze,
dem Volke zum Geschenk
dass wir recht leben können,
des Schöpfers eingedenk.

Es schickt uns die Propheten
Es schickt uns den Quran.
Gesandt, um uns zu leiten
Auf unsrer Lebensbahn.

Wir sind nicht immer einig
Wie Er sich offenbart.
Drum lasst es uns erzählen,
Wie Er erfahrbar ward.

Wie würden Sie entscheiden?

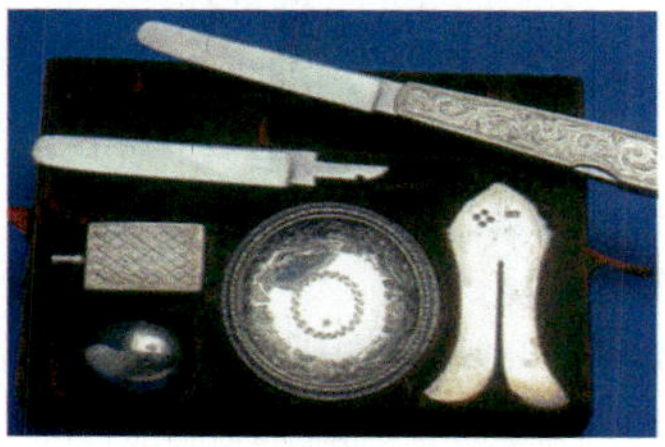

Religiöse Beschneidung = Körperverletzung?
Im Mai 2012 entscheidet das Landgericht Köln, dass die Beschneidung von minderjährigen Jungen aus nicht medizinischen Gründen strafbar ist. Dieses Urteil stößt insbesondere unter Juden und Muslimen auf einen breiten Protest, da diese mit der Beschneidung seit jeher ein religiöses → Ritual vollziehen.

Weihnachten im christlichen Kindergarten abschaffen?
Am 4. Dezember 2006 meldet der SWR, dass immer mehr christliche Kindergärten auf eine Weihnachtsfeier verzichten. Als Grund gibt man an, dass man dies andersgläubigen Kindern nicht zumuten könne. „Ein Verhalten, dass bei der evangelischen Landeskirche auf wenig Verständnis stößt." Angeführt wird der evangelische Kindergarten Stuttgart-Gablenberg. Nach Angabe der Kindergartenleitung sind derzeit von den 36 Kindern vier evangelisch, vier katholisch, dreizehn muslimisch und vier Kinder hinduistischen Glaubens. Die Leiterin verzichtet seit einigen Jahren auf eine Weihnachtsfeier, weil Weihnachten schwer zu vermitteln sei.

Gebet stört den Schulfrieden?
Ein 18 Jahre alter Muslim aus Berlin klagt, weil er an seiner Schule nicht demonstrativ gen Mekka beten darf. Nach mehrjährigem Streit muss das Bundesverwaltungsgericht in Leipzig über die Klage des Gymnasiasten entscheiden. Die Schule argumentiert, durch das öffentliche Ritualgebet werde der Schulfrieden gestört, weshalb der Schüler eine Einschränkung seiner Glaubensfreiheit hinnehmen müsse. Der Kläger pocht auf seine Religionsfreiheit.

Ritual: Seite 269

Aufgaben

1 Erläutern Sie ausgehend von den Interview-Aussagen die Motivationsgründe der Künstler, am TRIMUM-Projekt teilzunehmen.

Texte analysieren: Seite 250

2 Prüfen Sie auf der Basis Ihrer Vorkenntnisse, welche Textpassagen des Liedes von Angehörigen der einzelnen Religionen gemeinsam bzw. getrennt gesungen werden können.

3 Recherchieren Sie weitere interreligiöse Projekte (auch aus Ihrem örtlichen Umfeld) und stellen Sie diese mithilfe von Plakaten vor.

Eine Internetrecherche durchführen: Seite 252

4 Über die dargestellten Konflikte ist jeweils öffentlich berichtet worden.

a) Recherchieren Sie die einzelnen Positionen der Beschneidungsdebatte und führen Sie eine Pro-und Kontra-Diskussion durch.

b) Verfassen Sie zu einem der anderen Konfliktbeispiele einen Leserbrief. Erörtern Sie dabei auch mögliche „Lösungsvorschläge".

Adressatenbezogene Texte verfassen: Seite 253

Gibt es die *wahre* Religion?

Gotthold Ephraim Lessing: Auszüge aus der Ringparabel

Vor grauen Jahren lebte ein Mann im Osten, dem ein Ring von unschätzbarem Wert gehörte. Der Stein war ein Opal, der hundert schöne Farben spiegelte und die geheime Kraft besaß,

denjenigen Menschen gut und angenehm zu machen, der in dieser Zuversicht ihn trug. Wen wundert es, dass dieser Mann den Ring auf ewig in seiner Familie behalten wollte. Er gab den Ring von seinen Söhnen dem liebsten und befahl, dass dieser wiederum den Ring von seinen Söhnen dem vermache, der ihm der liebste sei, sodass stets nur der geliebteste der Fürst des Hauses werde.

So ging nun dieser Ring von Sohn zu Sohn und kam schließlich zu einem Vater von drei Söhnen, die ihm alle gleichermaßen lieb waren. Als er im Sterben lag, kam der gute Vater in Verlegenheit, denn jedem seiner drei Söhne hatte er den Ring irgendwann einmal versprochen und nun wollt er keinen von ihnen enttäuschen oder kränken. Da ließ er sich von einem Künstler zwei zusätzliche Ringe nach dem Muster des eigenen machen. Als dieser ihm nun die drei Ringe brachte, konnte selbst der Vater seinen Musterring nicht mehr von den beiden anderen unterscheiden. Froh rief er seine Söhne, gab jedem seinen Segen und seinen Ring – und starb.

Was noch folgt, versteht sich von selbst: Kaum war der Vater tot, so kam jeder mit seinem Ring und wollte der Fürst des Hauses werden. Man untersuchte, zankte und klagte. Der rechte Ring ließ sich nicht mehr ausmachen. Die drei Söhne verklagten einander und jeder schwor dem Richter, den Ring aus des Vaters Hand erhalten zu haben, was ja auch stimmte.

Der Richter sprach zu den drei Brüdern: „Der rechte Ring ist nicht zu erkennen. Doch halt! Hat der rechte Ring nicht die Wunderkraft, denjenigen Menschen gut und angenehm zu machen, der ihn trägt? Das muss entscheiden, denn die falschen Ringe werden das ja wohl nicht können. Das Beste ist, ihr nehmt die Sache, wie sie liegt. Hat jeder seinen Ring vom Vater, so glaube jeder sicher, es sei der echte. Also: Strebe jeder um die Wette, die Kraft des Ringes zu beweisen. Seid von Herzen gut, hilfsbereit und gerecht! Und wenn sich dann die Wunderkraft des echten Steins bei euren Kindeskindern zeigt, dann kommt in tausend Jahren wieder vor diesen Richterstuhl. Vielleicht sitzt dann ein weiserer Mann hier und kann ein Urteil sprechen: Ich kann es nicht!"

→ *Gotthold Ephraim Lessing (1729–1781), Dichter und Dramatiker*

Aufgaben

→ Texte analysieren: Seite 250

→ Adressatenbezogene Texte verfassen: Seite 253

1 Interpretieren Sie die Ringparabel im Hinblick auf die Frage „Gibt es die *wahre* Religion?".

2 Eine Stiftung zur Förderung des interreligiösen Dialogs schreibt einen Wettbewerb für Schüler aus: Unter dem Titel „Die Ringparabel heute?!" sollen kreative Auseinandersetzungen mit dem Text auf dessen Aktualitätsbezug aufmerksam machen. Gestalten Sie einen solchen Wettbewerbsbeitrag.

Wissen

- In einem Songtext heißt es: „God ist too big for just one religion …" – Nehmen Sie ausgehend von Ihren gewonnenen Erkenntnissen Stellung zu dieser Aussage.
- Führen Sie eine Pro-und Kontra-Diskussion zur Frage durch, ob man interreligiöse Schulgottesdienste gestalten sollte.
- Benennen Sie mögliche Themen, die im Rahmen eines interreligiösen Gesprächs in dem Bauwerk im Lippepark (Seite 223) besprochen werden können.

→ **Eine Stellungnahme verfassen: Seite 256**

→ **Einen Schulgottesdienst gestalten: Seite 262**

Können

- Gestalten Sie eine Fortführung des Gesprächs auf Seite 212, indem Sie das im Kapitel Erarbeitete mit einbeziehen. Stellen Sie sich gegenseitig Ihre Drehbücher vor und inszenieren Sie einzelne Varianten.
- Recherchieren Sie muslimische und christliche Reaktionen auf den Amtseid von Aygül Özkan. Ergänzen Sie eigene Argumente.
- Informieren Sie sich über die ursprüngliche Bedeutung des indischen Holifestes und beurteilen Sie anschließend den Trend, das Fest in immer mehr deutschen Städten als Event zu vermarkten.
- Teilen Sie die in der Grafik (Seite 210) dargestellten Begriffe innerhalb Ihres Religionskurses auf. Erläutern Sie die Ihnen zugeteilten Begriffe mit Bezug auf die Kapitelfrage. Ziehen Sie nach einer Präsentation im Plenum ein gemeinsames Fazit.
- Reflektieren Sie Ihre eigene religiöse Biografie bzw. „Wahrheitssuche" in einem Essay.

→ **Eine Internetrecherche durchführen: Seite 252**

→ **Eine Präsentation vorbereiten und durchführen: Seite 257**

→ **Adressatenbezogene Texte verfassen: Seite 253**

Anwenden

- Erstellen Sie eine Übersicht zur prozentualen Verteilung der Religionszugehörigkeiten und Konfessionen an Ihrer Schule/in Ihrem Wohnort.
- Entwickeln Sie ausgehend von Ihren Ergebnissen (s. o.) eine eigene interreligiöse/ökumenische Projektidee für Ihre Schule/Ihren Wohnort. Dokumentieren Sie den Prozess in einem Portfolio.
- Befragen Sie Angehörige unterschiedlicher Religionen zu Ihrem persönlichen Glauben. Vergleichen Sie die Aussagen mit Ihren eigenen Einstellungen.

→ **Ein Portfolio anlegen: Seite 258**

12 Wie wirklich ist die Wirklichkeit?

Wenn Sie dieses Kapitel bearbeitet haben, können Sie ...

- unterschiedliche Zugänge zu Wirklichkeit wahrnehmen.
- unterschiedliche Deutungen von Wirklichkeit miteinander vergleichen.
- Wirklichkeit als Gottes Schöpfung interpretieren.
- grundlegende religiöse Ausdrucksformen und religiöse Sprache in unterschiedlichen Kontexten wahrnehmen.
- die Bedeutung religiöser Ausdrucksformen und religiöser Sprache für die Wahrnehmung des Menschen und seiner Wirklichkeit erläutern.
- den Zusammenhang von Sprache, Wirklichkeit und Identität in Bibel- und Koranverständnis vergleichen.
- sich mit Konsequenzen unterschiedlicher Deutungen von Wirklichkeit auseinandersetzen.

Was können Sie schon?

- am Beispiel von Naturwissenschaft und Glaube darstellen, dass es unterschiedliche Zugänge zur Wirklichkeit gibt
- erklären, was (biblische) Mythen über Menschen und ihre Beziehungen sagen
- anhand biblischer Erzählungen belegen, dass Gottes Nähe Menschen verändert
- begründen, warum Kreuz und Auferstehung Jesu für Christen mit Erlösung und Hoffnung verbunden sind
- erklären, welche Kennzeichen und Funktionen Symbole und Zeichen haben
- erläutern, was ein Ritual ausmacht, dessen besondere Bedeutung für Religion und Kirche beschreiben sowie lebensfeindliche Rituale kritisch hinterfragen
- beschreiben, wie sich religiöse Symbole und Traditionen einerseits und Alltagsgegenstände und -gewohnheiten andererseits gegenseitig beeinflussen

Wer bin ich wirklich?

Was ist ein Avatar?
Den Begriff des Avatars haben weder der Regisseur James Cameron im Jahr 2009 noch die Entwickler von Computerspielen erfunden, auch nicht die Betreiber sozialer Netzwerke, diverser Internetforen oder von Apps, bei denen eine gewisse Anzahl korrekt gestellter Fragen zumindest für ein Krönchen auf dem blauen Kopf des ansonsten wenig individuellen Avatars sorgt.
Ganz ursprünglich kommt dieser Begriff aus dem Hinduismus und bedeutet so etwas wie das Herabsteigen und die Inkarnation einer Gottheit auf Erden.
Mit den Möglichkeiten virtueller Realitäten ist an die Stelle dieses Gottes der Mensch getreten und der Avatar bewegt sich als sein animierter Stellvertreter in der virtuellen Wirklichkeit. Dabei ist diese Grafikfigur meist individuell gestaltet, kann das Aussehen „ihres" Menschen widerspiegeln oder auch als eine ganz andere als die bekannte Person auftreten. Ein Avatar kann – durchaus im wahrsten Sinne des Wortes – Spielräume einer anderen Identität anbieten.

Aufgabe

Entwerfen Sie ein kurzes Rollenspiel für einen Abiturgottesdienst zum Thema „Wer bin ich wirklich?".
Nehmen Sie Ihre Auseinandersetzung mit der Idee des Avatars zum Ausgangspunkt Ihrer Überlegungen.

Dazu ist es wichtig, ...

- sich mit möglichen Gründen für die Faszination des sogenannten „digitalen Ichs" und der „virtuellen Realität" auseinanderzusetzen.
- herauszuarbeiten, dass es unterschiedliche Vorstellungen von „Wirklichkeit" gibt.
- zu entfalten, wie Wirklichkeit aus biblischer Perspektive verstanden werden kann und welches Gottes- und Menschenbild daraus resultiert.
- zu konkretisieren, wie (religiöse) Sprache Wirklichkeit schaffen und verändern kann.

Computerspiel und Immersion

Der Begriff Immersion (lat. immergere = verschmelzen, eintauchen) meint ursprünglich das vollständige Ein- und Untertauchen eines Objektes (oder Subjektes) in eine Flüssigkeit. In der neueren Medienwissenschaft wird der Begriff *immersion* vorwiegend für das *mentale* Eintauchen in virtuelle Welten verwendet. Als Voraussetzung einer mentalen Immersion gilt die Bereitschaft des Rezipienten bzw. Interaktanten, die Welt, die ihm das Medium vermittelt, vorübergehend als Referenzinstanz des eigenen Verhaltens anzunehmen. Die Fiktion wird dabei nicht als Gegensatz, sondern als ein Modell der Realität aufgefasst und während der Illusionsbildung so behandelt, als ob sie real wäre. In ähnlicher Weise gilt für die Welt des Spiels, dass sie keinen absoluten Gegensatz zur Wirklichkeit darstellt, sondern relational auf diese Wirklichkeit bezogen bleibt. Einerseits rekurieren Spiele in vielfältiger Form auf reale Erfahrungen; andererseits lassen sie ihrerseits Rückschlüsse auf die Wirklichkeit oder die ‚wahre' Persönlichkeit der Spieler zu. Die Annahme, dass sich die Spieler der Spiel-Welt gegenüber – solange sie spielen – so verhalten, als ob sie real wäre, wird dadurch verstärkt, dass viele Computerspiele als Simulationen lebensweltlicher Interaktion inszeniert werden. Die Ähnlichkeit, die es erlaubt, Rückschlüsse von der simulierten auf die reale Lebenswelt zu ziehen, besteht dabei nicht unbedingt in der realistischen Widerspiegelung der Realität, sondern in der Folgerichtigkeit der Handlungen oder Spielzüge, die hier wie dort zu vergleichbaren Ergebnissen führen. Die affektive und kognitive Beteiligung des Spielers am Aufbau einer diegetischen (= erzählenden) Welt, am Spielverlauf und am ‚Schicksal' der Spielfiguren ist zweifellos ein komplexes und kompliziertes psychologisches Phänomen. Richard Bartle hat eine Typologie der Spielfiguren entwickelt, die zugleich als Stufenmodell der Immersion fungiert. Gradmesser ist dabei das Ausmaß der Identifizierung von Spieler und Spielfigur: Den ersten Typ mit dem geringsten Immersionsgrad nennt Bartel *Player*. Er ist dadurch gekennzeichnet, dass der Spieler das von ihm im Spiel kontrollierte Objekt lediglich als eine „computergenerierte Konstruktion" begreift, ohne dass er sich mit der Figur identifiziert. Im Grunde liegt hier keine Immersion vor, denn die kritische Distanz wird nicht aufgegeben. Auf der zweiten Stufe wird der *Avatar* der virtuellen Welt als Stellvertreter angenommen; er funktioniert im Prinzip wie eine „Marionette", die der Spieler manipulieren kann, ohne sich deswegen mit ihr identifizieren zu müssen. Mitunter werden der Spielfigur vom Typus des Avatars zwar gewisse Eigenschaften zugeschrieben, der Gamer ist sich auf dieser Stufe der Immersion aber stets bewusst, dass der Avatar lediglich eine Funktion des Spiels und nicht ein eigener Charakter mit individuellen Persönlichkeitsmerkmalen ist. Ein solcher *Character* taucht erst auf der dritten Immersionsstufe auf. Hier begreift der Spieler seinen Stellvertreter als Repräsentation, als ‚virtuelles Abbild' seiner selbst. Folgerichtig kommt es auf dieser Stufe der Immersion zu einem relativ hohen Grad der Identifizierung des Spielers mit seiner Stellvertreter-Figur, aber nicht zur vollständigen mentalen Verschmelzung von Spieler und Spielfigur. Diese Verschmelzung erfolgt nur auf der vierten Stufe, wenn der Spieltyp der *Persona* verwirklicht wird: Dies ist die Stufe maximaler Identifikation, auf der der Spieler nicht mehr zwischen seinem realen und dem virtuellen Selbst unterscheidet und voll und ganz in der Spiel-Welt bzw. Spielfigur ‚aufgeht'.

Anja Kühn, Germanistin

↔ Meditation: Seite 99

↔ Wie frei ist mein Wille?: Seite 38/39

Aufgaben

1 Zeigen Sie die Bedeutung des Begriffes „Immersion" im Kontext virtueller (Spiele-)Welten auf.

2 Führen Sie ein Kugellagergespräch, in dem Sie aus eigener Erfahrung berichten, inwiefern Sie sich in Bartels Typologie der Spielfiguren widergespiegelt sehen.

3 Vergleichen Sie Immersion im Kontext immersiver Medien mit dem Gedanken der Baptistentaufe als Immersion.

Welche Wirklichkeit kann ich erkennen?

Platon, Das Höhlengleichnis

Der Philosoph Sokrates (469–399 v. Chr.) pflegte seine philosophischen Abhandlungen in Dialogen zu führen, aus denen sich beim Gesprächspartner Erkenntnisse entwickelten. Platon hat die berühmten Dialoge des Sokrates schriftlich festgehalten. In der „Politeia", einer Abhandlung über den idealen Staat, findet sich folgendes Gespräch:

Stelle dir nämlich Menschen vor in einer höhlenartigen Wohnung unter der Erde, die einen nach dem Lichte geöffneten und längs der ganzen Höhle hingehenden Eingang habe, Menschen, die von Jugend auf an Schenkeln und Hälsen eingeschmiedet sind, sodass sie dort unbeweglich sitzen bleiben und nur vorwärts schauen, aber links und rechts die Köpfe wegen der Fesselung nicht umzudrehen vermögen; das Licht für sie scheine von oben und von der Ferne von einem Feuer hinter ihnen; zwischen dem Feuer und den Gefesselten sei oben ein Querweg; längs diesem denke dir eine kleine Mauer erbaut, wie sie die Gaukler vor dem Publikum haben, über die sie ihre Wunder zeigen. So stelle dir nun weiter vor, längs dieser Mauer trügen Leute allerhand über diese hinausragende Gerätschaften, auch Menschenstatuen und Bilder von anderen lebenden Wesen aus Holz, Stein und allerlei sonstigem Stoffe, während, wie natürlich, einige der Vorübertragenden ihre Stimme hören lassen, andere schweigen. Ein wunderliches Gleichnis, sagte er, und wunderliche Gefangene! Leibhaftige Ebenbilder von uns!, sprach ich. Haben wohl solche Gefangene von ihren eigenen Personen und voneinander etwas anderes zu sehen bekommen als die Schatten, die von dem Feuer auf die ihrem Gesichte gegenüberstehende Wand fallen? Unmöglich, sagte er, wenn sie gezwungen wären, ihr ganzes Leben lang unbeweglich die Köpfe zu halten. Wenn sie nun miteinander reden könnten, würden sie nicht an der Gewohnheit festhalten, den vorüberwandernden Schattenbildern, die sie sahen, dieselben Benennungen zu geben? Notwendig. Weiter: Wenn der Kerker auch einen Widerhall von der gegenüberstehenden Wand darböte, sooft jemand der Vorübergehenden sich hören ließe, glaubst du wohl, sie würden den Laut etwas anderem zuschreiben als den vorüberschwebenden Schatten? Nein, bei Zeus, sagte er, ich glaube es nicht. Überhaupt also, fuhr ich fort, würden solche nichts für wahr gelten lassen als die Schatten jener Gebilde? Ja, ganz notwendig, sagte er. Betrachte nun, fuhr ich fort, wie es bei ihrer Lösung von ihren Banden und bei der Heilung von ihrem Irrwahne hergehen würde, wenn solche ihnen wirklich zuteilwürden: Wenn einer entfesselt und genötigt würde, plötzlich aufzustehen, den Hals umzudrehen, herumzugehen, in das Licht zu sehen, und wenn er bei allen diesen Handlungen Schmerzen empfände und wegen des Glanzgeflimmers vor seinen Augen nicht jene Dinge anschauen könnte, deren Schatten er vorhin zu sehen pflegte: Glaubst du nicht, dass er ganz in Verwirrung geraten und die Meinung haben würde, die vorhin geschauten Schattengestalten hätten mehr Realität als die, welche er jetzt gezeigt bekommt?

Platon (428/427–348/347 v. Chr.), Philosoph

! **Moment mal!**
Wer oder was sollte den Menschen in seiner Erkenntnisfähigkeit einschränken?

Das Hohelied der Liebe

„[1] Stellt euch vor: Ich kann die Sprache der Menschen sprechen und sogar die Sprache der Engel.
Wenn ich es ohne Liebe tue, klinge ich wie ein dröhnender Gong oder wie ein schepperndes Becken.
[2] Oder stellt euch vor: Ich kann reden wie ein Prophet, kenne alle Geheimnisse und habe jede Erkenntnis. Oder sogar: Ich habe einen Glauben – so fest, dass er Berge versetzen kann. Wenn ich dabei keine Liebe empfinde, bin ich nichts.
[3] Stellt euch vor: Ich verteile meinen ganzen Besitz. Oder ich bin sogar bereit, mich bei lebendigem Leib verbrennen zu lassen. Wenn ich es ohne Liebe tue, nützt mir das gar nichts.
[4] Die Liebe ist geduldig.
Gütig ist sie, die Liebe.
Die Liebe ereifert sich nicht.
Sie prahlt nicht und spielt sich nicht auf.
[5] Sie ist nicht taktlos.
Sie sucht nicht den eigenen Vorteil.
Sie ist nicht reizbar.
Sie trägt das Böse nicht nach.
[6] Sie freut sich nicht, wenn Unrecht geschieht.
Aber sie freut sich, wenn die Wahrheit siegt.
[7] Sie erträgt alles. Sie glaubt alles. Sie hofft alles.
Sie hält allem stand.
[8] Die Liebe hört niemals auf.
Prophetische Eingebungen werden aufhören.
Das Reden in fremden Sprachen wird verstummen.
Die Erkenntnis wird ein Ende finden.
[9] Denn was wir erkennen,
sind nur Bruchstücke,
und was wir als Propheten sagen,
sind nur Bruchstücke.
[10] Wenn aber das Endgültige kommt,
vergehen die Bruchstücke.
[11] Als ich ein Kind war,
redete ich wie ein Kind.
Ich urteilte wie ein Kind
und dachte wie ein Kind.
Als ich ein Mann geworden war,
legte ich alles Kindliche ab.
[12] Denn jetzt sehen wir nur ein rätselhaftes Spiegelbild.
Aber dann sehen wir von Angesicht zu Angesicht.
Jetzt erkenne ich nur Bruchstücke.
Aber dann werde ich vollständig erkennen,
so wie Gott mich schon jetzt vollständig kennt.
[13] Was bleibt, sind Glaube, Hoffnung, Liebe – diese drei.
Doch am größten von ihnen ist die Liebe.“
(1 Kor 13,1–13)

Wie wirkt Gott in uns?: Seite 200/201

! **Moment mal!**
Verändert die Liebe Gottes tatsächlich die Wirklichkeit?

Aufgaben

1. Grafisieren Sie die Situation, die Platon im Höhlengleichnis darstellt.
2. Erläutern Sie das bei Platon vermittelte Verständnis von Wirklichkeit und Erkenntnisfähigkeit des Menschen und formulieren Sie Konsequenzen.
3. Vergleichen Sie die Vorstellung von Wirklichkeit und Erkenntnis im Höhlengleichnis und im Auszug des Paulusbriefes.

Grafisieren: Seite 254
Texte analysieren: Seite 250

Ist alles nur Konstruktion?

Der Radikale Konstruktivismus

Dass wir die Wirklichkeit nicht finden, sondern erfinden, ist für viele Menschen schockierend. Und das Schockierende daran ist, dass wir – nach der Auffassung des Radikalen Konstruktivismus – von der wirklichen Wirklichkeit (wenn es die überhaupt gibt) immer nur wissen können, was sie nicht ist. [...] Etwas bildhafter wäre folgende Analogie: Ein Kapitän hat in einer stürmischen, dunklen Nacht eine Meeresenge zu durchfahren, die er nicht kennt, für die er keine Seekarte besitzt und die keine Navigationshilfen wie Leuchtfeuer usw. hat. Unter diesen Umständen sind nur zwei Dinge möglich: Entweder er fährt auf eine Klippe auf und verliert Schiff und Leben. Im letzten Augenblick seines Lebens wird ihm klar, dass die Wirklichkeit dieser Meeresenge nicht so war, dass sein Kurs nicht den Gegebenheiten dieser Meeresenge entsprach. Oder aber er erreicht das offene Meer, dann weiß er nur, dass sein Kurs passte, aber nicht mehr. Er weiß nicht, ob es nicht einfachere, kürzere Durchfahrten gegeben hätte als die, die er blind gewählt hat. Und er weiß auch nicht, wie die wirkliche Beschaffenheit der Meeresenge war.

Solange unsere Wirklichkeitskonstruktionen passen, leben wir ein erträgliches Leben. Wenn die Wirklichkeitsauffassungen zusammenbrechen, kann es zu jenen Zuständen kommen, für die sich die Psychiatrie zuständig betrachtet: Wahnsinn, Verzweiflung, Selbstmord und dergleichen mehr. Ich bilde mir nicht ein, dass ich den Menschen, denen ich helfen kann, die Wahrheit vermittle. Ich kann ihnen nur eine andere Konstruktion [der erlebten Wirklichkeit] vermitteln, die eventuell besser passt. Mehr nicht. Interessanterweise ist dieses Problem nicht nur ein menschliches. Einer meiner Leser hat mir ein entzückendes Beispiel mitgeteilt. Er schrieb mir, dass er einen Dobermann besitze, der die Nacht jeweils im Haus verbringt und dann am Morgen in den Garten hinausgelassen wird, wo er zu einem bestimmten Baum rennt, um sein Geschäft zu verrichten. In der Zwischenzeit bereitet sein Herrchen in der Küche eine Schüssel Milch vor, die der Hund trinkt, sobald er aus dem Garten zurückkommt. Dieses Ritual wiederholt sich jeden Morgen. Eines Morgens jedoch war keine Milch im Haus. Als der Hund in die Küche stürmte, stand er fassungslos vor der leeren Schüssel. Und was tat er dann? Er lief zurück in den Garten, hob wieder sein Bein – ohne Erfolg – und stürmte in die Küche zurück. Ich glaube, es ist nicht allzu anthropomorphisch gedacht, wenn wir annehmen, dass auch Tiere mit einem ganz bestimmten Bild von Wirklichkeit arbeiten und ebenso das Grauen des Zusammenbrechens einer solchen Wirklichkeit erleben können.

Wenn Sie den *Steppenwolf*, jenen berühmten Roman von Hermann Hesse, kennen, erinnern Sie sich vielleicht an die Szene im Magischen Theater. Der Steppenwolf ist ein am Leben verbitterter, älterer Mensch, der im Laufe des Romans von Pablo in eine ganz neue Welt eingeführt wird. Eines Nachts gerät er ins Magische Theater, wo ihm Pablo erklärt, dass dieses Theater aus vielen Logen bestehe und sich hinter jeder Logentür eine von ihm frei gewählte Wirklichkeit befinde. In der Loge, die der Steppenwolf daraufhin betritt, erklärt ihm ein Schachmeister:

„Die Wissenschaft hat insofern recht, als natürlich keine Vielheit ohne Führung, ohne eine gewisse Ordnung und Gruppierung zu bändigen ist. Unrecht dagegen hat sie darin, dass sie glaubt, es sei nur eine einmalige, bindende, lebenslängliche Ordnung der vielen Unter-Ichs möglich. Wir ergänzen daher die lückenhafte Seelenlehre der Wissenschaft durch den Begriff, den wir Aufbaukunst nennen. Wir zeigen demjenigen, der das Auseinanderfallen seines Ichs erlebt hat, dass er die Stücke jederzeit in beliebiger Ordnung neu zusammenstellen und dass er damit eine unendliche Mannigfaltigkeit des Lebensspiels erzielen kann. Wie der Dichter aus einer Handvoll Figuren ein Drama schafft, so bauen wir aus den Figuren unseres zerlegten Ichs immerzu neue Gruppen, mit neuen Spielen und Spannungen, mit ewig neuen Situationen." Dann strich er mit heiterer Gebärde über das Brett, warf alle Figuren sachte um, schob sie auf einen Haufen und baute nachdenklich, ein wählerischer Künstler, aus denselben Figuren ein ganz neues Spiel auf, mit ganz anderen Gruppierungen, Beziehungen und Verflechtungen. Das zweite Spiel war dem ersten verwandt: Es war dieselbe Welt, dasselbe Material, aus dem er es aufbaute. Aber die Tonart war verändert, das Tempo gewechselt, die Motive anders betont, die Situationen anders gestellt. Und so baute der kluge Aufbauer aus den Gestalten, deren jede ein Stück meiner selbst war, ein Spiel ums andere auf, alle einander von Ferne ähnlich, alle erkennbar als derselben Welt angehörig, derselben Herkunft verpflichtet, dennoch jedes völlig neu.

Es ist hochinteressant, dass Hermann Hesse schon in den dreißiger Jahren diesen Schachmeister einen Aufbaukünstler nennt; also jemand, der Welten, Wirklichkeiten konstruiert, wie wir heute sagen würden.

Für viele Menschen ist der Radikale Konstruktivismus unannehmbar, ja geradezu skandalös. Sie halten ihn für eine aufgewärmte Form des Nihilismus. Ich behaupte, wenn es Menschen gäbe, die wirklich zu der Einsicht durchbrächen, dass sie die Konstrukteure ihrer eigenen Wirklichkeit sind, würden sich diese Menschen durch drei besondere Eigenschaften auszeichnen. Sie wären erstens frei, denn wer weiß, dass er sich seine eigene Wirklichkeit schafft, kann sie jederzeit auch anders schaffen. Zweitens wäre dieser Mensch im tiefsten ethischen Sinn verantwortlich, denn wer tatsächlich begriffen hat, dass er der Konstrukteur der eigenen Wirklichkeit ist, dem steht das bequeme Ausweichen in Sachzwänge und in die Schuld der anderen nicht mehr offen. Und drittens wäre ein solcher Mensch im tiefsten Sinne konziliant [d. h. versöhnlich].

→ Paul Watzlawick (1921–2007), Psychotherapeut, Soziologe und Philosoph

Wie frei ist mein Wille?: Seite 38/39

Muss ich alles selbst verantworten?: Seite 40/41

! **Moment mal!** Gibt es *die* Wirklichkeit gar nicht?

Aufgaben

1 Benennen Sie die Kennzeichen des Radikalen Konstruktivismus.

2 Führen Sie ein Line-Up zu der These des Schachmeisters in Hesses Roman durch, dass der Mensch „die Stücke jederzeit in beliebiger Ordnung neu zusammenstellen" und „damit eine unendliche Mannigfaltigkeit des Lebensspiels erzielen" (Z. 56–58) könne.

3 Bewerten Sie die Metapher des Schachspiels, die Hesse verwendet.

4 Erörtern Sie die Konsequenzen, die Watzlawick aus der Position des Radikalen Konstruktivismus zieht.

Was bedeutet (m)ein Name?

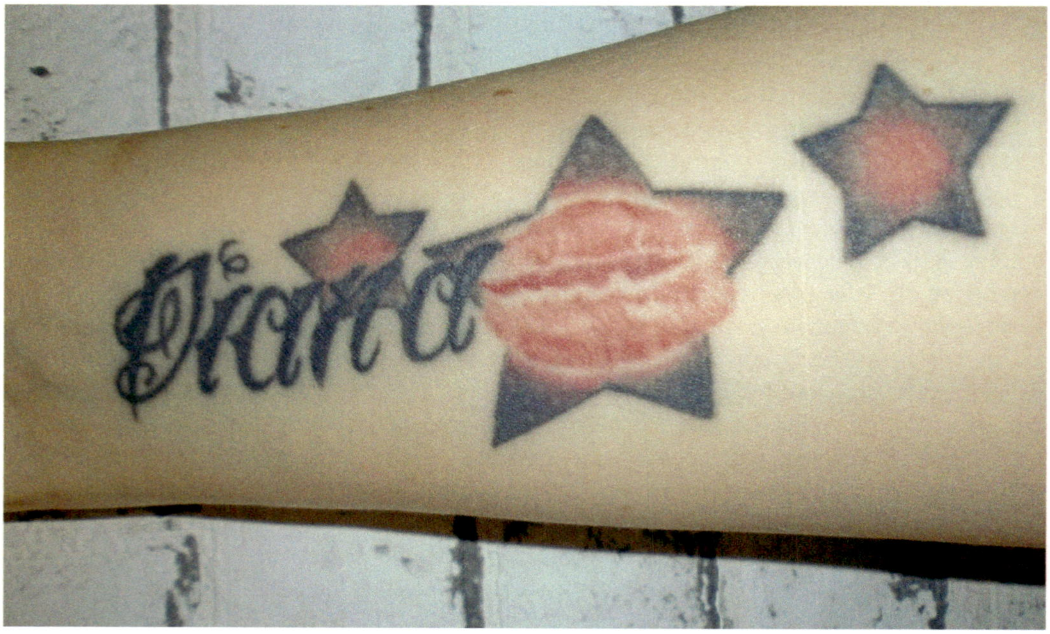

Der Name Gottes: Seite 194

Über die Angst der Menschen, keinen Namen zu haben

Lassen Sie mich anfangen mit einem Text, den ein 17-jähriger schwarzer Junge aus Harlem, einem Elendsviertel von New York, geschrieben hat:

Was bin ich

Ihr habt mich so erzogen, dass ich meine Brüder und Schwestern hasse und ihnen misstraue –
Was bin ich?
Ihr sprecht meinen Namen falsch aus und sagt, ich habe keine Selbstachtung –
Was bin ich?
Ihr setzt mir ein verrottetes Schulsystem vor und erwartet von mir, dass ich mit euch konkurriere –
Was bin ich?
Ihr sagt, ich habe keine Würde, und ihr nehmt mir meine Kultur weg –
Was bin ich?
Ihr nennt mich Boy, einen dreckigen, runtergekommenen Strichjungen –
Was bin ich?

Wie ist die Menschenwürde begründet?: Seite 62/63

Ich bin die Summe eurer → Sünden.
Ich bin die Leiche in eurem Keller.
Ich bin die unwillkommenen Schwiegersöhne und Schwiegertöchter und die unerwünschten Kinder.
Ich bin eure Vernichtung, aber vor allem bin ich, wie ihr so unverhohlen sagt, euer Nigger.

Ein Mensch nimmt sein Grundrecht wahr: Er fragt, wer er ist. Er fragt nach seinem Namen. Und ehe er diese Frage selber beantworten kann, findet er sich schon genannt. Sein

Name ist Nigger und Boy, Strichjunge und Unwillkommener. Leiche im Keller der anderen und ihre Vernichtung. Er ist der Würdelose und der, an dessen Namen man sich kaum erinnert: Ihr sprecht meinen Namen falsch aus! „Fürchte dich nicht, denn ich habe dich bei deinem Namen gerufen!", heißt es bei Jesaja (Jes 43,1). Dieser Junge aus Harlem wird mit furchterregenden Namen gerufen: Hasser, Heruntergekommener, Leiche, Vernichter der anderen, Nigger.
Ich erinnere mich an die Taufe eines Kindes, dessen Vater Vietnamese war. Die Eltern gaben dem Mädchen den Namen Hoa, das heißt Blume. Bevor dieses Kind schön, reich und aufgeblüht war, wurde es mit dem Namen der Schönheit genannt. Und in den Namen legten sie alle Zärtlichkeit und Hoffnung für dieses Kind. Sie riefen es mit diesem Namen ins Leben. Sie riefen es in die Anmut und in die Liebenswürdigkeit. Sie nannten es nicht erst schön, als es schön war und als es diesen Namen rechtfertigte. Sie riefen die Anmut und das Leben herbei, die noch nicht erschienen waren, und so bahnten sie ihnen einen Weg.
Die Namen, mit denen der Junge aus Harlem gerufen wird, beschwören seinen Tod. Nigger, Boy, Tod der anderen – so nennen sie ihn. Wie das kleine Kind ist er schon genannt, bevor er sich einen Namen gemacht hat. Doch sein Name ist ein Todesurteil, nicht das vorweggenommene Leben und das Tor zur Schönheit. Es ist nicht nur die Bosheit der Einzelnen, die [ihn] Nigger nennt, Würdelosen und Heruntergekommenen. Die Bosheit hat eine Struktur bekommen und eine Gestalt angenommen in unseren Gesellschaften. Wie unsere Kindergärten gebaut sind, das sagt unseren Kindern, wer sie sind, das gibt ihnen ihren Namen. Es sagt den Kindern z. B., dass Autos wichtiger sind als sie selber, wenn mehr Parkplätze eingerichtet als Spielplätze gebaut werden. Wie unsere Altersheime eingerichtet sind, das sagt alten Menschen, wer sie sind und was sie von sich selbst zu halten haben. Vielleicht sagt es ihnen, dass sie überflüssig, entbehrlich und wertlos sind. Wie die Arbeitsplätze für Menschen eingerichtet sind, das sagt ihnen acht Stunden am Tag, wer sie sind. Es sagt ihnen vielleicht, dass die Produkte wichtiger sind als sie selbst. Es sagt ihnen, dass die Profite wichtig sind, nicht aber sie selber.
Den ersten Glauben und die erste Hoffnung auf das Leben lernt der Mensch nicht in Sätzen; er lernt sie an der Sprache des Glaubens. Der Mensch lernt an der Art, wie die Welt für ihn eingerichtet ist und wie er behandelt wird, was man von der Hoffnung und dem Glauben halten soll. Er lernt, wer er ist, an der Art, wie man ihn behandelt. Oft kommen die großen Sätze der christlichen Tradition zu spät, die die Menschen Söhne und Töchter Gottes nennen, die ihnen sagen, dass sie zur → Freiheit berufen sind und dass ihnen Würde versprochen ist. Sie haben vielleicht schon zu lange gelernt, dass ihnen die Freiheit genommen ist und dass man den Zwängen nicht entkommt. Sie haben vielleicht schon lange gelernt, dass sie Nummern und Sklaven sind, und sie können das Versprechen der Freiheit kaum noch hören.

↔ Was verstehen Christen unter Freiheit?: Seite 34/35

→ Fulbert Steffensky (1933), Theologe*

Aufgaben

1 Nehmen Sie Stellung dazu, ob Sie sich den eigenen bzw. den Namen eines anderen Menschen eintätowieren lassen würden.

→ Eine Stellungnahme verfassen: Seite 256

2 Erklären Sie den Zusammenhang zwischen dem Namen und der Wirklichkeit, den Steffensky formuliert. Erläutern Sie in diesem Kontext das Zitat aus Jesaja 43,1.

→ Texte analysieren: Seite 250

3 Berichten Sie sich von Erfahrungen, die Sie selbst mit dem eigenen oder dem Namen anderer gemacht haben.

4 Untersuchen Sie arbeitsteilig die Bedeutung des Namens in Gen 2,4b–25; Gen 11,1–8; Gen 17,1–27; Gen 32,23–33 und Ex 3,1–15.

→ Biblische Belegstellen reflektiert verwenden: Seite 260

Schafft Sprache Wirklichkeit?

Liebe Gemeinde,
im Segen wird nichts als die Gegenwart Gottes zugesprochen. → Gnade und Frieden gehören zum Wesen Gottes. Hier geht es um Gott allein und nicht um „Gott und Dies und Das". Wer Gott sucht und Dies und Das, wird Gott auf gar keinen Fall finden. Wenn es um den Segen geht, gilt für mich: Weniger ist mehr! Weniger Rhabarbarorum der Geistlichkeit und mehr Angesicht Gottes. Sein Angesicht soll mir leuchten und nicht das Lichtlein des Geistlichen, dem gerade etwas durch den Kopf geht oder auch nicht. Hier will ich im Morgenglanz der Ewigkeit stehen und finde mich unter der lauwarmen Dusche kitschiger Poesie, gut gemeinter Wünsche und Ratschläge. Das steht mir vor Gott im Weg. Geht mir aus der Sonne, ihr sonetten Pfaffen oder wie man auf den Inseln sagt: Shut up!

Womit wir bei meiner persönlichen Geschichte vom Segen wären:
„Sie erschien nach einem Gottesdienst in der Sakristei, um mir in bewegten Worten für diesen Gottesdienst zu danken. Sie habe seit vielen Jahren keine Kirche mehr von innen gesehen, aber heute habe ihr die Verzweiflung bis zum Hals gestanden, sie habe ständig mit Selbstmordgedanken kämpfen müssen, und da sei sie einfach den Glocken gefolgt und habe die Kirche aufgesucht. Sie müsse ehrlich gestehen, dass sie sich zunächst gar nicht wohl gefühlt habe, alles sei ihr so fremd und ungewohnt gewesen. Auch von der Predigt habe sie leider wenig verstanden, sie sei wohl zu sehr mit sich selbst beschäftigt gewesen. Schon habe sich ihrer ein tiefes Enttäuschungsgefühl bemächtigt, aber da, ganz am Schluss, da habe sie mich mit erhobenen Händen am Altar stehen sehen, und da habe ich etwas gesagt, was sie wie ein Lichtblitz getroffen habe, und auf einmal sei ein ganz tiefer Friede in ihr eingekehrt, das Gefühl, dass ihr ja eigentlich doch nichts passieren könnte. Es sei ein Gefühl gewesen, wie sie es seit ihrer Kindheit nicht mehr erlebt habe, und sie möchte doch gern, dass ich ihr das aufschreibe, was ich da gesagt habe, es sei etwas mit einem leuchtenden Angesicht gewesen und vom Frieden, und sie habe an den Erzengel Michael denken müssen, als sie mich da so habe stehen sehen. Wenn ich ihr jetzt die wenigen Worte, die sie so tief getroffen haben, aufschreiben würde, dann könnte sie das sicher auswendig lernen und sie sei sicher, dass sie besser mit ihren Schwierigkeiten würde umgehen können, wenn sie sich diese Worte ins Gedächtnis riefe." (Christian Möller)

↔ Der Seele Raum geben: Seite 26

↔ Wie und wo vollzieht sich Religion?: Seite 24/25

Daher noch einmal zum Mitschreiben, liebe Gemeinde:

↔ Religiöse Sprache: Seite 23

Der HERR segne dich und behüte dich;
Der HERR lasse sein Angesicht leuchten über dir und sei dir gnädig;
Der HERR erhebe sein Angesicht auf dich und gebe dir Frieden. Amen.

Johannes Taig (1958), Pfarrer*

Info – Performative Sprechakte

Performative Sprechakte sind – im Gegensatz zu konstativen, also die Wirklichkeit beschreibenden Sprechakten – solche, bei denen durch die Form des Sprechens eine neue Wirklichkeit entsteht. Dabei drückt das performative Verb bereits aus, welche Sprechhandlung vollzogen wird; beispielsweise: „Ich verspreche", „Ich taufe dich", „Ich entschuldige". Das Aussprechen des Verbs ist bereits Teil der Handlung; in dem Moment, in dem es ausgesprochen wird und in dem bestimmte Bedingungen erfüllt sind (z. B. muss der Sprechakt aufrichtig sein, die Beteiligten wissen um den verpflichtenden Charakter des Gesprochenen, die den Sprechakt vollziehenden Personen müssen autorisiert sein), gelingt der performative Sprechakt und verändert die Wirklichkeit für die am Sprechakt Beteiligten.

Sich fallen lassen in den Segen

Was heißt gesegnet werden? Ein Freund von mir erlitt vor kurzem einen Herzinfarkt. Einer der Krankenpfleger, die ihn versorgten, ein junger Mann von erfrischender Respektlosigkeit, sagte zu dem Kranken: „Alter Graukopf, du machst jetzt gar nichts. Du denkst nicht, du bewegst dich nicht, du sorgst dich nicht." Der Freund sagte später: „Die Aufforderung des Pflegers empfand ich in diesem Moment der Gefahr wie einen großen Segen."
Warum hat der Kranke die Bemerkung des jungen Mannes wie einen Segen empfunden? Ich vermute, weil der Freund im Augenblick der Gefahr aufgefordert wurde, sich völlig aus der Hand zu geben. Er fühlte die Hände seiner Betreuer, er sah, wie sie an ihm handelten. Er aber sollte nur eins tun: sich loslassen in diese Hände; ihnen nicht widerstehen; auch nicht dadurch, dass er um sich selbst besorgt ist. Was hat dies mit dem Segen zu tun? Der Segen ist der Ort höchster Passivität. Es ist der Ort, an dem wir werden, weil wir angesehen werden vom Blick der Güte. Die Schönheit, die Kraft, die Lebensstärke und die Ganzheit garantieren wir uns nicht selbst. Wir haben sie im Blick, der auf uns ruht.
Der Segen ist der schönste Tanz der Hoffnung und des Glaubens, indem zwei Menschen von sich selber absehen, der Segnende und der Gesegnete. Der Gesegnete erlaubt sich den Sturz in das Versprechen der Geste und des Wortes. Er fragt nicht nach seinen eigenen Voraussetzungen für den Segen. Einmal will er nicht zweifeln, einmal will er nicht fragen. Ebenso sieht der Segnende von sich ab. Denn er steht nicht für das Versprechen, das er gibt. Das ist die Demut des Segnenden: Er spendet etwas, was er nicht hat, und seine eigene Blöße hält ihn nicht ab, aufs Ganze zu gehen und Gott als Versprechen zu geben. Fallen lässt sich also nicht nur der Gesegnete, fallen lässt sich auch der Segnende in die Sprache und in die Geste, die größer ist als ihr Herz.

→ *Fulbert Steffensky (* 1933), Theologe*

! **Moment mal!**
Was unterscheidet eigentlich Segen von Magie?

Aufgaben

1 Vergleichen Sie in Kleingruppen, ob Sie die Erfahrung der Gottesdienstbesucherin, von der die Predigt erzählt, nachempfinden können.

2 Erläutern Sie die Vorstellung von Segen als performativem Sprechakt. Stellen Sie in diesem Kontext den Zusammenhang von Sprache und Wirklichkeit dar.

3 Ordnen Sie die Bedeutung des Aaronitischen Segens (Num 6,22–27) in den Gesamtkontext der Mose-Geschichte ein. Erläutern Sie V. 27: „Denn ihr sollt meinen Namen auf die Israeliten legen, dass ich sie segne."

4 Grafisieren Sie die Beziehung von Gott und Mensch, wie Steffensky sie im Segen wahrnimmt.

→ Grafisieren: Seite 254

5 Erörtern Sie, ob und wenn ja, in welchem Kontext Sie den abgebildeten Kettenanhänger verschenken würden.

Ändert religiöse Erfahrung Wirklichkeit?

Ich bin Krabat

Der Waisenjunge Krabat gerät in die Macht der Mühle im Koselbruch am Schwarzen Wasser. Drei harte Lehrjahre dient er mit elf weiteren Mühlknappen in der Geheimen Bruderschaft dem dunklen Meister und lernt die Kunst der schwarzen Magie. Krabat bemerkt bald, dass er den dunklen Regeln in der Mühle entkommen muss, um sein Leben zu retten.

Was hat Ostern mit Zukunft zu tun?: Seite 178/179

Am Ostersamstag, bei Einbruch der Dunkelheit, schickte der Meister die Mühlknappen wieder aus, sich das Mal [ein mit Kohle an die Stirn gezeichnetes Pentagramm] zu holen. Beim Abzählen blieben Krabat und Lobosch als Letzte übrig, der Meister entließ sie mit seinem schwarzen Segen. Als sie zum Holzkreuz kamen, erklärte Krabat dem Jungen, weshalb sie hier draußen säßen, an dieser Stelle, und dass sie nun miteinander die Osternacht wachend am Feuer verbringen müssten. Lobosch hüllte sich fröstelnd in seine Decken, er meinte: Bloß gut, dass er nicht allein hier zu sitzen brauchte, sonst könnte es sein, dass er sterben würde vor Angst. Gegen Mitternacht setzte leichter Regen ein. Lobosch zog sich die Decke über den Kopf. „Tu das nicht!", sagte Krabat. „Dann wirst du die Glocken nicht hören können und den Gesang im Dorf." Wenig später vernahmen sie, wie in der Ferne die Osterglocken zu läuten anhoben, und sie hörten die Stimme der Kantorka von Schwarzkollm herüber: die Stimme der Kantorka und, im Wechsel mit ihr, die anderen Mädchen. „Klingt schön", sagte Lobosch nach einer Weile. „Um das zu hören, kann man sich ruhig nass regnen lassen." Die nächsten Stunden verbrachten sie schweigend. Lobosch hatte verstanden, dass Krabat nicht reden und nicht gestört sein wollte. Die Mädchen sangen, die Glocken läuteten. Dass es nach einer Weile wieder zu regnen aufhörte: Krabat merkte es nicht. Für ihn gab es weder Regen zu dieser Stunde noch Wind, weder Wärme noch Kälte, kein Licht und kein Dunkel: Für ihn gab es nur die Kantorka jetzt, ihre Stimme – und die Erinnerung daran, wie ihre Augen geleuchtet hatten im Schein der Osterkerze. Er richtete alle Kraft, die in seinem Herzen war, auf die Kantorka: bis er zu spüren glaubte, nun habe er sie erreicht – und da sprach er zu ihr. „Es bittet dich jemand, Kantorka, dass du ihn anhörst", sprach er. „Du kennst ihn nicht, er aber kennt dich seit Langem. Wenn du an diesem Morgen das Osterwasser geschöpft hast, dann richte es auf dem Heimweg ein, dass du hinter den anderen Mädchen zurückbleibst. Allein musst du gehen mit deinem Wasserkrug, weil der Jemand dich treffen will – und er mag nicht, dass es vor aller Augen geschieht, weil es nur dich etwas angeht und ihn und sonst niemanden auf der Welt. Dreimal beschwor er sie, stets mit den gleichen Worten. Dann graute der Morgen herauf, der Gesang und die Glocken verstummten. Nun wurde es Zeit, dass er Lobosch den Drudenfuß ziehen lehrte und dass sie sich mit dem Mal versahen, einer den anderen. Als dann die Mädchen verschwunden waren, sah er sie kommen. Allein kam sie, fest in ihr wollenes Tuch gehüllt. Da trat er hervor und ging auf sie zu. „Ich bin Krabat, ein Mühlknappe aus dem Koselbruch", sagte er. „Fürchte dich nicht vor mir." Die Kantorka blickte ihm ins Gesicht, ganz ruhig, als habe sie ihn erwartet. „Ich kenne dich", sagte sie, „denn ich habe von dir geträumt. Von dir und von einem Menschen, der Böses mit dir im Sinn hatte." Dann tauchte sie einen Zipfel des Umtuches in den Krug mit dem Osterwasser – und ohne ein Wort zu sagen, wischte sie Krabat den Drudenfuß [das Mal, das Pentagramm] von der Stirn: ganz sachte und ohne Eile, wie selbstverständlich. Da war es dem Burschen, als habe sie einen Makel von ihm genommen. Und Krabat war ihr unendlich dankbar: dass es sie gab und dass sie ihm gegenüberstand und ihn anblickte.

→ Otfried Preußler (1923–2013), Kinderbuchautor

Aufgaben

1 Beschreiben Sie, wie der Protagonist Krabat im Romanauszug Wirklichkeit wahrnimmt. Erläutern Sie, warum der Erzähler das Geschehen in der Osternacht verortet.

2 Interpretieren Sie die oben abgebildete Ummantelung für eine Osterkerze, indem Sie arbeitsteilig die (biblische) Bedeutung der unterschiedlichen → Symbole erarbeiten.

→ **Bilder analysieren:** Seite 251

3 Lesen Sie 1 Kor 15,35–49. Erläutern Sie den Zusammenhang von Schöpfung und Neuschöpfung in der Feier der Osternacht.

→ **Biblische Belegstellen reflektiert verwenden:** Seite 260

Ist Gottes Wort schön?

Die Basmala: Im Namen Allahs, des Allerbarmers, des Barmherzigen (Anrufungsformel am Anfang jeder Sure)

An welchen Gott glauben Christen?: Seite 216/217

Info – Gottes Wort im Koran

Das arabische Wort qur'an (Koran) bezeichnet das, was feierlich als Gottes Wort zu rezitieren ist. Es ist islamische Überzeugung, dass Gott selbst sich im Koran geoffenbart hat. Der Prophet Muhammad, von dem erzählt wird, er habe weder lesen noch schreiben können, sei von Gott wie durch ein Wunder ergriffen worden. Ihm sei der Inhalt des Buches, der Wille Gottes, wörtlich mitgeteilt worden, indem Muhammad die Worte abgelesen und rezitiert habe. Damit gilt der Koran als *direkte Offenbarung Gottes*, die sich immer wieder im Rezitieren ereignet und neu Wirklichkeit wird.

Im Judentum und Christentum gelten die Heiligen Schriften als Zeugnisse und Ausdruck der Offenbarung Gottes, die sich im *heilsgeschichtlichen Handeln* Gottes spiegelt; nicht als Offenbarung selbst. Das Äquivalent zum Koran wäre nach christlicher Überzeugung Jesus Christus als der geoffenbarte Gott.

Die Macht des Wortes

Der Glaube an die Wortkunst der Araber und die stilistische Unübertroffenheit des Koran, die Behauptung, niemand unter den sprachbegabten Arabern habe es vermocht, dem Koran etwas Besseres, Schöneres, Hinreißenderes entgegenzusetzen, gehört spätestens seit dem zehnten Jahrhundert zu den identitätstiftenden Elementen der muslimischen Glaubensgemeinde. Die Unnachahmlichkeit der koranischen Sprache wird als deutlicher Beweis dafür genommen, dass das, was die Individuen dieser Gemeinde verbindet und sie von Individuen anderer Gemeinden unterscheidet, ihre religiöse Überzeugung also, objektiv wahr und für alle Zeiten gültig ist. Dass der Glaubensbeweis des Islam ein sprachpoetischer ist, steht also in engem Zusammenhang mit dem überragenden Stellenwert, welcher der poetisch zum Vortrag gebrachten Sprache in der altarabischen Kultur zugeschrieben wird. Zur Logik des Wunderbeweises gehört nicht nur, dass die Araber den Koran aufgrund seiner stilistischen Vollkommenheit als göttliches Werk anerkannt haben, sondern auch, dass diese Araber das Dichtervolk schlechthin und gerade sie es waren, welche das Sprachwunder eingestehen mussten, dasjenige Volk also, das die Kunst der Beredsamkeit über alles schätzte und beherrschte und nur durch ein sprachliches Wunder überzeugt werden konnte.

„Aber das erste Staunen der Araber, das der Koran hervorrief, war ein sprachliches. Sie waren betört durch seine Sprache, durch deren Schönheit und Kunst. Diese Sprache war der Schlüssel, der die Tür öffnete, damit sie in die Welt des Koran eintraten und den Islam als Religion annahmen. Daher ist es unmöglich, auf irgendeiner Ebene zwischen dem Islam und der Sprache eine Trennung zu ziehen. Man kann sogar sagen, dass die frühen Muslime, die den ersten festen Kern der islamischen Mission bildeten, an den Koran primär als Text glaubten, dessen sprachlicher Ausdruck von ihnen Besitz ergriffen hatte: Sie glaubten an ihn, nicht weil er ihnen die Geheimnisse des Seins oder der menschlichen Existenz eröffnete oder ihnen eine neue Ordnung des Lebens brachte, sondern weil sie in ihm eine Schrift sahen, die nichts Bekanntem glich. Vermittels der Sprache veränderte sich ihr Wesen von innen, und die Sprache war es, die ihr Leben veränderte."

Geht man von den Berichten über die Reaktionen der Mekkaner auf Mohammeds Rezitationen aus, hat der Koran auf seine ersten Adressaten (und die nachfolgenden Generationen) in einer Weise ästhetisch gewirkt, wie es von keinem anderen Text der Weltliteratur bezeugt ist. Und selbst wenn man ihnen jegliche Authentizität [Echtheit] abspricht und sie als bloße Imagination einer späteren Zeit auffasst, ist es kulturgeschichtlich exzeptionell [außergewöhnlich], dass zumindest in dem Bild, das sich die späteren Muslime von der Entstehung ihrer Religion machten, der ästhetischen Rezeption der Offenbarung eine so herausragende Bedeutung zukommt. Von keinem anderen Text sind derartig viele und in der geschilderten Intensität extreme Zeugnisse seiner Rezeption bekannt. Von denen, die an seine Botschaft glaubten, soll der Klang des Koran für göttlich, von seinen Gegnern bloß für verzauberte Magie gehalten worden sein. Aber selbst diese zweite Einordnung, als Relativierung gemeint, deutet auf ein starkes Erleben. Gewirkt haben soll der Koran, ungeachtet der ideologischen Ausrichtung, der gesellschaftlichen Stellung oder der persönlichen Intention des Hörers.

→ *Navid Kermani (* 1967), Orientalist und Publizist*

Aufgaben

1 Informieren Sie sich über die Bedeutung der Kalligrafie im Islam.

2 Untersuchen Sie die Kalligrafie der Basmala auf die Darstellung Gottes hin.

3 Grafisieren Sie den Zusammenhang von Sprache, Wirklichkeit und Identität im Koranverständnis.

→ Eine Internet-recherche durchführen: Seite 252

→ Grafisieren: Seite 254

In welcher Wirklichkeit leben Sie?

Brauchen Menschen religiöse Orte?: Seite 26/27

Die innere Landschaft, die wir sind

Wir leben hier und jetzt, alles, was vorher war und an anderen Orten, ist Vergangenheit, zum größten Teil vergessen und als kleiner Rest noch zugänglich in ungeordneten Splittern der Erinnerung, die in rhapsodischer Zufälligkeit aufleuchten und wieder verlöschen. So sind wir gewohnt, über uns zu denken.

Doch aus der Sicht des eigenen Inneren verhält es sich ganz anders. Da sind wir nicht auf unsere Gegenwart beschränkt, sondern weit in die Vergangenheit hinein ausgebreitet. Das kommt durch unsere Gefühle, namentlich die tiefen, also diejenigen, die darüber bestimmen, wer wir sind und wie es ist, wir zu sein. Denn diese Gefühle kennen keine Zeit, sie kennen sie nicht, und sie anerkennen sie nicht. Es wäre natürlich falsch, wenn ich sagte: Ich bin immer noch der Junge auf den Stufen vor der Schule, der Junge mit der Mütze in der Hand, dessen Blick hinüberwandert zu der Mädchenschule, in der Hoffnung, Maria João zu sehen. Natürlich ist es falsch, inzwischen sind mehr als dreißig Jahre verflossen. Und doch ist es auch wahr. Das Herzklopfen vor schwierigen Aufgaben ist das Herzklopfen, wenn Senhor Lanções, der Mathematiklehrer, das Klassenzimmer betrat; in der Beklommenheit allen Autoritäten gegenüber schwingen die Machtworte meines gebeugten Vaters mit; und trifft mich der leuchtende Blicke einer Frau, so stockt mir der Atem wie jedes Mal, wenn sich, von Schulfenster zu Schulfenster, mein Blick mit demjenigen von Maria João zu kreuzen schien. Ich bin immer noch dort, an jenem entfernten Ort der Zeit, ich bin dort nie weggegangen, sondern lebe ausgebreitet in die Vergangenheit hinein oder aus ihr heraus. Sie ist Gegenwart, diese Vergangenheit, und nicht bloß in Form kurzer Episoden des aufblitzenden Erinnerns. Die tausend Veränderungen, welche die Zeit vorangetrieben haben – sie sind, gemessen an dieser zeitlosen Gegenwart des Fühlens, flüchtig und unwirklich wie ein Traum und auch trügerisch wie Traumbilder: Sie spiegeln mir vor, ich sei einer, der als Arzt, zu dem die Leute mit ihren Schmerzen und Sorgen kommen, eine märchenhafte Selbstgewissheit und Furchtlosigkeit besitzt. Und das bange Vertrauen in den Blicken der Hilfesuchenden zwingt mich, daran zu glauben, solange sie vor mir stehen. Doch kaum sind sie gegangen, möchte ich ihnen zurufen: Ich bin doch immer noch jener ängstliche Junge auf den Schulstufen, es ist völlig unerheblich, ja eigentlich eine Lüge, dass ich im weißen Kittel hinter dem gewaltigen Schreibtisch sitze und Ratschläge erteile, lasst euch nicht täuschen von dem, was wir in lächerlicher Oberflächlichkeit die Gegenwart nennen.

Und nicht nur in der Zeit sind wir ausgebreitet. Auch im Raum erstrecken wir uns weit über das hinaus, was sichtbar ist. Wir lassen etwas von uns zurück, wenn wir einen Ort verlassen, wir bleiben dort, obgleich wir wegfahren. Und es gibt Dinge an uns, die wir nur dadurch wiederfinden können, dass wir dorthin zurückkehren. Wir fahren an uns heran, reisen zu uns selbst, wenn uns das monotone Klopfen der Räder einem Ort entgegenträgt, wo wir eine Wegstrecke unseres Lebens zurückgelegt haben, wie kurz sie auch gewesen sein mag. Wenn wir den Fuß zum zweiten Male auf den Bahnsteig des fremden Bahnhofs setzen, die Stimmen aus den Lautsprechern hören, die unverwechselbaren Gerüche riechen, so sind wir nicht nur an einem fernen Ort angekommen, sondern auch in der Ferne des eigenen Inneren, in einem vielleicht ganz entlegenen Winkel unserer selbst, der, wenn wir anderswo sind, ganz im Dunkeln liegt und in der Unsichtbarkeit.

Es ist ein Fehler, ein unsinniger Gewaltakt, wenn wir uns auf das Hier und Jetzt konzentrieren in der Überzeugung, damit das Wesentliche zu erfassen. Worauf es ankäme, wäre, sich sicher und gelassen, mit dem angemessenen Humor und der angemessenen Melancholie, in der zeitlich und räumlich ausgebreiteten inneren Landschaft zu bewegen, die wir sind.

→ *Pascal Mercier (eigentlich Peter Bieri, * 1944), Philosoph und Schriftsteller*

Digitales Lottchen: Wer vertritt mich online, wenn ich mal kurz leben muss?

„Eigentlich müsste man immer online sein!", schwärmt die Werbeagentur Kolle Rebbe in ihrem neuesten Reklamefilmchen im Internet. Doch ach, ständig diese lästige analoge Welt! Urlaub, Geschäftstermine, Krankheit, Flitterwochen – dauernd gibt es etwas, was die virtuelle Welt in ihrer Entfaltung stört!

Mehr als überfällig, dass sich jemand der Sache annimmt und das digitale Ich von seinen nervigen Offline-Pausen befreit. „Socialsitter" tauften die Werber ihren Lösungsvorschlag, der die kurzfristige Abstinenz im Netz zwar nicht verhindern, aber zumindest kaschieren kann. Bei Facebook darf sich nun jeder User, der das Social Network für einige Zeit gezwungenermaßen nicht besuchen kann, eine kostenlose Vertretung im Netz auswählen. Aus einer Galerie an Kandidaten, die von der quirligen Studentin bis zur fröhlichen älteren Hausfrau jede Mitgliederschicht abdeckt, wählt er sich einen digitalen Doppelgänger, der sein Profil für die Zeit seines Fortbleibens betreuen soll. Wahlweise für einen Tag oder mehrere Wochen klickt dieser Social Sitter dann stellvertretend für den abkömmlichen Inhaber im sozialen Netzwerk umher, betätigt den „Gefällt mir"-Button oder lädt Videos auf der Profilseite hoch. Der eigentliche Besitzer indes kann beruhigt in den Urlaub starten: Das Facebook-Ich bleibt betreut, der digitale Lebenslauf lückenlos.

Nina Pauer, Zeit online

Aufgaben

1 Erläutern Sie die Metapher der „inneren Landschaft" im Auszug aus Merciers Roman „Nachtzug nach Lissabon".

2 Tauschen Sie sich über Ihre Einschätzungen der Idee des „Socialsitter" aus. Nutzen Sie dazu das Placemat-Verfahren.

3 Vergleichen Sie, was im Romanauszug bzw. in der Werbe-Idee jeweils unter „Identität", „Leben" und „Wirklichkeit" verstanden wird.

→ **Texte analysieren:** Seite 250

Wie wirklich ist die Wirklichkeit?

→ René Magritte, Hellsehen, 1936

Aufgaben

Adressaten-bezogene Texte verfassen: Seite 253

1 „Wie wirklich ist die Wirklichkeit?" – Verfassen Sie ausgehend von dieser Frage einen inneren Monolog des Malers auf dem Bild.

2 Erörtern Sie alternative Bildtitel.

Wissen

- Nennen Sie mögliche Gründe für die Faszination virtueller Welten.
- Zeigen Sie auf, welche Bedeutung des Namens biblische Erzählungen spiegeln.
- Erklären Sie, aus welchen Gründen der Segen ein zentrales Element des Gottesdienstes darstellt.

→ Biblische Belegstellen reflektiert verwenden: Seite 260

Können

- Das Zitat auf der Kapiteleinstiegsseite (Seite 230) stammt aus Frischs Roman „Mein Name sei Gantenbein". Recherchieren Sie den Inhalt des Romans. Überprüfen Sie, inwieweit dieses Zitat als Leitmotiv auch für weitere Werke Frischs gelten kann.
- Überprüfen Sie das Eingangszitat von Max Frisch auf sein Wirklichkeitsverständnis hin.
- Überarbeiten Sie Ihr Rollenspiel für den Abiturgottesdienst (Seite 232) zum Thema „Wer bin ich wirklich?".
- Vergleichen Sie Osterlieder aus dem Gesangbuch mit zeitgenössischen Liedern zu Ostern.
- Stellen Sie Vermutungen an, aus welchen Gründen Taufen bevorzugt in der Osternacht stattfinden.
- Stellen Sie den Inhalt des Jugendromans „Krabat" vor und erläutern Sie, inwiefern religiöse Motive und Sprache eine Rolle spielen.
- Erklären Sie den Zusammenhang zwischen Kalligrafie und → Bilderverbot im Islam.

↔ Was hat Ostern mit Zukunft zu tun?: Seite 178/179

→ Eine Präsentation vorbereiten und durchführen: Seite 257

Anwenden

- Formulieren Sie einen Schluss-Segen für den Abiturgottesdienst zum Thema „Wer bin ich wirklich?".
- Informieren Sie sich über die beliebtesten Jungen- und Mädchennamen des vergangenen Jahres sowie deren jeweilige Bedeutung.
- Gestalten Sie eine Osterkerze. Erläutern Sie die Wahl Ihrer Gestaltung in einem Galerie-Rundgang.
- Entwerfen Sie Kalligrafien zu einem Bibelvers Ihrer Wahl. Werten Sie diese im Anschluss in Kleingruppen aus.

→ Meditations- und Andachtstexte schreiben: Seite 259

→ Eine Internetrecherche durchführen: Seite 252

Methoden und Arbeitstechniken

Texte analysieren

Texte werden von Menschen in ganz bestimmten Situationen zu einem ganz bestimmten Zweck geschrieben. Um einen Text richtig zu verstehen, ist es hilfreich, sich klar zu machen, wer ihn wann wozu geschrieben hat.

So können Sie vorgehen:

1. Stellen Sie fest, um welche Art von Text es sich handelt: Ist es ein Brief, der einen bestimmten Empfänger vor Augen hat? Oder eine fiktive Erzählung, mit der der Verfasser etwas veranschaulichen will? Hat der Verfasser eine bestimmte Voreinstellung, die in seinen Text einfließt? Ist er zum Beispiel ein gläubiger Christ oder ein nicht gläubiger Journalist? Ist der Text vielleicht gar kein Sachtext, sondern ein poetischer Text, ein Gedicht etwa?
2. Recherchieren Sie (soweit möglich), von wem und wann der Text geschrieben wurde und was sein Verfasser vermutlich beabsichtigt.
3. Teilen Sie den Text in Sinnabschnitte ein, formulieren Sie für jeden Sinnabschnitt eine Zwischenüberschrift.
4. Fassen Sie die Kerngedanken des Textes wertungsfrei zusammen.
   a) Die schriftliche Textzusammenfassung beginnt mit einem Einleitungssatz. Berücksichtigen Sie dabei den Verfasser und den Titel des Textes. Überlegen Sie, welche weiteren Angaben zum Verständnis des Textes unter Umständen weiterführend sind, zum Beispiel das Datum der Erstveröffentlichung. In der Einleitung wird auch das Thema des Textes benannt.
   b) Die Textwiedergabe erfolgt im Präsens. Die Positionen des Autors werden im Konjunktiv wiedergegeben. Achten Sie auf eigenständige Formulierungen, lediglich Schlüsselwörter und zentrale Begriffe dürfen Sie aus dem Text übernehmen.
   c) Machen Sie die Argumentationsstruktur des Textes deutlich, indem Sie entsprechende Verben, wie zum Beispiel „die These aufstellen", „behaupten", „begründen" oder „schlussfolgern", verwenden.
   d) Formulieren Sie einen Schlusssatz, möglichst mit der Hauptthese des Autors.

Biblische Texte analysieren

Auch biblische Texte sind literarische Texte, deshalb gelten für sie die gleichen Methoden der Textanalyse wie für andere Texte auch. Zusätzlich sind bei biblischen Texten einige weitere Aspekte zu berücksichtigen:

1. Ein einzelnes biblisches Buch kann eine Vielzahl von Verfassern haben, weil die Inhalte immer wieder ergänzt und verändert wurden. Recherchieren Sie, welche Absicht der Verfasser damals vermutlich gehabt hat. Bei Evangelientexten geschieht dies durch einen synoptischen Vergleich.
2. Stellen Sie fest, um welche literarische Textsorte es sich handelt, zum Beispiel mythologische Erzählung, Gleichnis, Wundergeschichte, Vision, Brief, Hymnus, Traum, Prophezeiung, Ermahnung, Streitgespäch, prophetische Zeichenhandlung, Gerichtswort o. Ä.
3. Untersuchen Sie, in welchem Zusammenhang der Text oder Textabschnitt steht.
4. Beurteilen Sie, ob die Aussage des Textes zeitgebunden oder zeitlos ist. Beantworten Sie für sich die Frage: Was sagt der Text mir heute?

Bilder analysieren

„Der Sinn eines Werkes beruht auf der möglichen Mitarbeit des Betrachters. Es ist immer auf den mehr oder minder vorbereiteten Geist dessen angewiesen, der es ansieht und darüber nachdenkt." Dieses Zitat des katalanischen Künstlers Antoni Tapiès (Die Praxis der Kunst, St. Gallen, 1976, S. 34) macht deutlich, dass es *den* Bedeutungsgehalt eines Bildes nicht gibt. Gleichwohl lassen sich Kunstwerke (vereinfacht: Bilder) analysieren.

So können Sie vorgehen:

1. Wahrnehmung
   - Was sehe ich? Was nehme ich spontan wahr?
   - Wo bleibt mein Blick hängen? Was fällt mir besonders ins Auge?
   - Was löst das Bild in mir aus? (Gefühle, Stimmungen, Erinnerungen, Assoziationen)
   - Was finde ich seltsam? Was finde ich unverständlich?
   - Welche Wirkung hat das Bild auf andere? Ist das ähnlich? Wo ist die Wirkung anders als bei mir?
2. Beschreibung
   - Wer ist auf dem Bild dargestellt? Was ist auf dem Bild dargestellt?
   - Wie ist es dargestellt? (Format, Technik, Material, Stilrichtung)
   - Mit welchen bildnerischen Mitteln wird es dargestellt? (Farben, Lichtführung, Linienführung, Formen und Gliederungsprinzipien, Positionierung der Figuren, Kontraste, Zentrum)
3. Deutung
   - Was bedeutet es für die Aussage des Bildes, wenn der Maler/die Grafikerin diese oder jene Licht- oder Linienführung gewählt hat?
   - Was steht bei diesem Bild im Zentrum? Was oder wer steht am Rand?
   - Was könnten die „Leerstellen" im Bild bedeuten?
   - Worauf spielt das Bild an? Gibt es einen Bezug zu einem (biblischen) Text oder Thema?
   - Welche traditionelle Deutung wird bestätigt oder erfährt eine Veränderung?
   - Welche neuen Blickwinkel ergeben sich durch die Verwendung von Zusatzinformationen (Titel des Bildes, Biografie des Künstlers/der Künstlerin, zeitlicher Kontext der Entstehung, Rezeptionsgeschichte)?

Methoden für eine kreative, produktionsorientierte Auseinandersetzung dienen dazu, sich ein Bild selbst „anzuverwandeln".
Beispiele:

- Bildtitel suchen
- Bild in einen gemalten/skizzierten Kontext setzen
- Bild übermalen
- Bilder als Standbilder nachstellen
- Interview mit einer Figur des Bildes schreiben (z. B.: eine Schülergruppe stellt die Fragen, eine andere antwortet)
- (fiktives) Interview mit dem Künstler/der Künstlerin schreiben
- eine Biografie in Ich-Form schreiben zu einer Figur im Bild (Wer bin ich? Was habe ich erlebt? Was denke und fühle ich? Was zeigt das Bild? Wie ging es weiter?)
- eine Bildmeditation schreiben zu einem vorgegebenen Thema
- einen Text in Ich-Form schreiben, nachdem man sich selbst ins Bild gesetzt hat („Selbst im Bild")

Eine Internetrecherche durchführen

Bei der Internetrecherche geht es darum, Informationen zu einem bestimmten Thema, Problem oder zu einer Fragestellung durch das Medium Internet zu erhalten. Dadurch, dass es im Internet kaum einen Filter gibt, ist es besonders wichtig, treffende Suchbegriffe zu verwenden und verlässliche Quellen zu nutzen.

So können Sie vorgehen:

1. Nutzen Sie eine Suchmaschine (etwa Google oder Yahoo), die das Netz nach passenden Seiten durchsucht.
2. Verwenden Sie je nach Intention die richtigen Suchbegriffe. Wenn Sie sich einen Überblick über einen Themenbereich verschaffen wollen, verwenden Sie übergeordnete Suchbegriffe: Je allgemeiner Sie formulieren, desto mehr Seiten werden angezeigt, die potenziell weiterhelfen könnten. Wenn Sie sich zu einem speziellen Thema informieren wollen, nutzen Sie Fachbegriffe und kurze Zitate. Je spezieller sie formulieren, desto weniger Treffer erhalten Sie, allerdings sind diese zielführender.
3. Verwenden Sie bei Ihrer Suche Quellen, die verlässlich sind. Ein Blogbeitrag hat nicht den gleichen Stellenwert wie eine Seite der EKD.
4. Geben Sie bei der Zitation aus dem Internet unbedingt die Quellen an. Notwendig ist auch ein Datum, an dem Sie die Informationen entnommen haben, da sich die Inhalte von Seiten verändern können.
5. Seiten, die thematisch weiterhelfen können, sind
   a) http://www.ekd.de (Homepage der Evangelischen Kirche Deutschland mit allen Denkschriften und den aktuellen Entwicklungen der Kirche)
   b) https://www.dbg.de (Online-Bibel mit verschiedenen Suchfunktionen in der neuesten Lutherbibel und der Guten Nachricht)
   c) http://www.rpi-virtuell.net (überkonfessionelle Plattform mit vielen religionspädagogischen Inhalten)
   d) http://www.basisbibel.de (Online-Bibel mit vielen Worterklärungen)
   e) http://www.bibelwissenschaft.de/wibilex (bibelkundliches Nachschlagewerk)
6. Nutzen Sie Verlinkungen auf zielführenden Seiten. Wenn z. B. auf der Homepage der EKD (http://www.ekd.de) auf eine andere spezielle Unterseite zu den Denkschriften der EKD verwiesen wird, orientieren Sie sich zur weitergehenden Information auch an solchen Linklisten. Sie können Informationen zu denen von Ihnen gesuchten Themen vertiefen und klären helfen.
7. Versuchen Sie, etwas über die Glaubwürdigkeit der Internetseiten herauszufinden, indem Sie auch recherchieren, wer Herausgeber der Seite ist. Jede Website verfügt über ein Impressum, in dem dies ersichtlich ist. Vertrauen Sie den Aussagen des Internets (auch Wikipedia) nie blind. Es tummeln sich viele im World Wide Web, die zu bestimmten Themen wenig Ahnung haben und dennoch meinen, etwas dazu schreiben zu müssen.

Adressatenbezogene Texte verfassen

Adressatenbezogenes Schreiben setzt immer voraus, dass ein Ausgangsmaterial zuvor genau analysiert worden ist. Auf dieser Grundlage soll nun ein eigener Text entstehen. Adressatenbezogenes Schreiben erfolgt also als *zweiter* Arbeitsschritt. Ziel ist es, die Erkenntnisse in einer realistischen Situation anzuwenden und die eigene Position kenntlich zu machen. Dabei bedingen sich Inhalt und Form gegenseitig. Jede Textsorte hat eigene Regeln. Je nach Situation will sie eher informieren (Zeitungsartikel, Interview), poetisch deuten (Dialog, Gleichnis, Brief, Liedtext) oder eine Meinung öffentlich machen (Leserbrief, Kommentar, Rezension, Glosse, Essay).

So können Sie vorgehen:

1. Erschließen Sie das Ausgangsmaterial (→ Texte analysieren, → Bilder analysieren ...).
2. Fomulieren Sie stichwortartig, was Sie inhaltlich ausdrücken möchten (Sachverhalt, eigene Position, Argumente, Beispiele, Kerngedanke ...).
3. Machen Sie sich die wichtigsten Merkmale der vorgegebenen Textsorte klar.
4. Skizzieren Sie die Rolle und die Situation, aus der heraus Sie schreiben.
5. Notieren Sie, an wen sich Ihr Text richtet und mit welcher Absicht.
6. Entwerfen Sie je nach Textsorte eine Gliederung für Ihre Gestaltungsideen (Einleitung, Hauptteil, Schluss).
7. Setzen Sie im Fließtext die sprachlichen Mittel bewusst ein: Schreibhaltung, Sprachform, Stilmittel, Fachsprache, Zitate und Belege des Ausgangsmaterials ...).
8. Überprüfen Sie Ihren Text in dreifacher Hinsicht: inhaltlich, formal (Schritte 3–5) und im Blick auf sprachliche Richtigkeit.

Beispiele für Textsorten und ihre Merkmale:

Textsorte	Charakter	Kennzeichen
Kommentar	Meinungsbeitrag zu einem Thema von öffentlichem Interesse; namentliche(r), journalistische(r) Autor(in); will zur eigenen Meinungsbildung anregen	provokante Überschrift; knappe Skizze des Themas; kurze Sätze; eindeutige Positionierung; Ironie, Sarkasmus, Humor
Leserbrief	Reaktion auf einen konkreten (Zeitungs-)Beitrag, argumentierend; will zustimmen, ergänzen, widersprechen oder richtigstellen	Datum und Titel des Ursprungsartikels; deutliche Rolle (Experte? Betroffener? ...); „knackige" Argumentation; rhetorische Fragen, Appell
Dialog	(verschiedene) Ansichten mit wechselseitigem Bezug; will Personen charakterisieren oder Handlung entwickeln	wirkt echt, ist aber literarisch verdichtet (≠ „Gespräch"!); sprachlich anspruchsvoll; direkte Rede, aber indirekte Aussagen „zwischen den Zeilen"
Interview	sachliche oder personenbezogene Befragung; will Interessantes oder Neues präsentieren; geht strategisch mit dem Befragten um	kurze Einleitung mit Anlass; Fragen stets kürzer als Antworten; anfangs eher unproblematische, dann überraschende, provokante Fragen; Pointe, Ausblick

Grafisieren

Durch eine Grafisierung lassen sich komplexe und abstrakte Sachverhalte veranschaulichen. Im *Prozess der Entwicklung* einer Grafisierung reduziert man zum einen inhaltliche Aussagen, z. B. von Texten, auf wesentliche Aspekte, zum anderen ermöglicht eine Grafisierung, die Zusammenhänge der einzelnen inhaltlichen Aspekte auch visuell zu erkennen. Um diese anschaulich zu machen, lassen sich Begriffe, Farben, Symbole, Pfeile etc. verwenden. Die *Ergebnisse von Grafisierungen* eignen sich als Ausgangspunkt für die inhaltliche Auseinandersetzung mit einem Thema, Text oder Bildmaterial, aber auch als Zusammenfassung und zur Erinnerung bei der Vorbereitung auf Prüfungen.
Nach dem Stand der aktuellen Lernforschung behält der Mensch von dem, was er
- liest 10 %,
- hört 20 %,
- sieht 30 %,
- sieht und hört 50 %,
- sagt 70 %
- selbst ausführt 90 %.

Die Methode der Grafisierung verbindet diese unterschiedlichen Lernwege: Das, was man gelesen, gehört oder gesehen hat, wird im Erarbeiten der Grafisierung gedanklich und „mit der Hand" erneut nachvollzogen und veranschaulicht und im (sich anschließenden) Gespräch reflektiert.
Die Ergebnisse von Grafisierungen haben für viele einen stärkeren Erinnerungseffekt, als es beispielsweise Stichworte haben, die man in Spiegelstrichen untereinander sammelt. Das Ergebnis der Grafisierung spiegelt einen inhaltlichen Zusammenhang und eine Struktur.
Das leisten schriftliche Notizen nicht zwingend.

So können Sie vorgehen:
1. Lesen Sie die Texte, bedenken Sie das Thema, betrachten Sie das Bildmaterial, das Sie durch Ihre Grafisierung erarbeiten wollen, sorgfältig.
2. Markieren bzw. notieren Sie zentrale Begriffe und wesentliche Aspekte.
3. Ordnen Sie diese Begriffe und Aspekte so an, dass ihr inhaltlicher und struktureller Zusammenhang erkennbar wird.
4. Veranschaulichen Sie die komplexen Zusammenhänge durch entsprechende verbindende Elemente.

Zwei Beispiele zu → Wolfgang Huber, „Die Jesusbewegung und die Kirche" (Grafisierung von Hubers Kirchenverständnis):

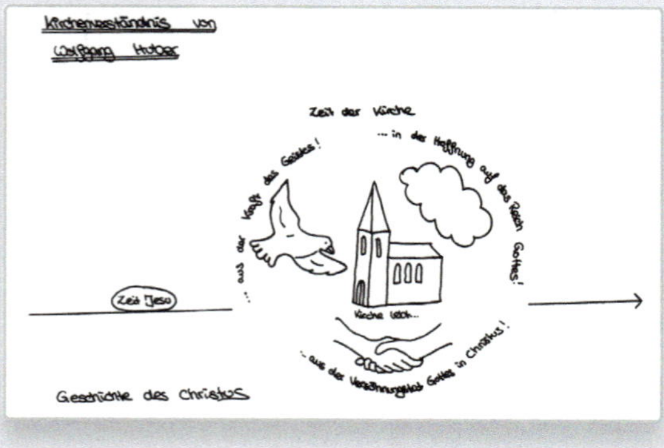

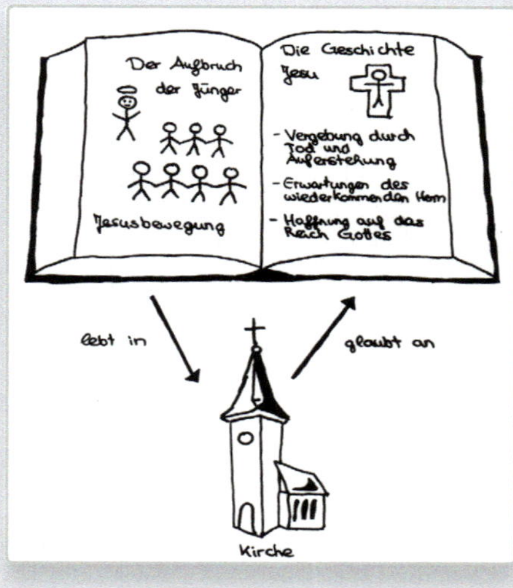

Filme analysieren

„Somit bietet der Film einen unvergleichlichen Schatz an Ausdrucksmitteln, um die verschiedenen Ebenen, in die der Mensch sich eingebunden sieht, darzustellen und um seine unumgängliche Berufung zum Schönen, zum Universalen und zum Absoluten hin auszudeuten" (Papst Johannes Paul II.).[1] Diese Aussage veranschaulicht die Bedeutung des Filmeinsatzes auch für den Religionsunterricht.

So können Sie vorgehen (jeweils in Auswahl):

1. Erschließung
   - Schauen Sie den Film je nach Untersuchungsinteresse bzw. -schwerpunkt ganz oder in ausgewählten Sequenzen.
   - Erstellen Sie ein Filmprotokoll zu einzelnen (Schlüssel-)Szenen (s. u.).
   - Agieren Sie als „Filmpate", indem Sie bei der Betrachtung des Films einen bestimmten Beobachtungsauftrag übernehmen und diesen protokollieren (siehe auch unten: Fragebogen).
2. Erarbeitung und Sicherung
   - Schildern Sie sich gegenseitig Ihre Ersteindrücke (z. B. in einem offenen Plenumsgespräch oder still, in Form des Placemat-Verfahrens).
   - Rekapitulieren Sie die wesentlichen Inhalte des Films/der Szene(n).
   - Erarbeiten Sie anhand eines Fragebogens zentrale Aspekte zu den Charakteren, zur Handlung, zu Werten und Aussagen, zur Machart des Films und zur Thematik.
   - Vergleichen Sie die literarische Vorlage (z. B. Bibeltext) mit ihrer filmischen Interpretation.
   - Setzen Sie sich kritisch mit dem Film/der filmischen Umsetzung auseinander: Führen Sie dazu z. B. eine Debatte, ein Streitgespräch oder eine Fishbowl-Diskussion durch.
3. Ausdruck: kreative Weiterarbeit
   - Verfassen Sie eine Filmkritik.
   - Kreieren Sie eine Werbung für den Film.
   - Verfassen Sie Briefe/Gedanken (z. B. aus der Perspektive einer beteiligten Figur).
   - Isolieren Sie zentrale Einzelbilder des Films, drucken Sie diese aus und kommentieren Sie die Bilder schriftlich.
   - Erstellen Sie einen Filmtrailer.
   - Verfassen Sie einen alternativen Schluss.

Beispiel für ein Filmprotokoll[2]:

Abschnitt/Sequenz	Dauer	Handlung/Inhalt	Bildgestaltung, Orte, Kulissen, Farben …	Musik/Geräusche
1.				
2.				
3.				

---

[1] Johannes Paul II.: Ansprache an die Teilnehmer der Internationalen Studientagung über den Film, 1999, in: http//www.vatican.va/holy_father/john_paul_ii/speeches/1999/december/documents/hf_jp-ii_spe_02121999_convego-cinema_ge.html.

[2] Feichtinger, Christian: Filmeinsatz im RU, S. 47. V&R 2014.

Eine Stellungnahme verfassen

Die Stellungnahme ist eine bestimmte Textform, in der man versucht, einen bestimmten Standpunkt zu einer Position oder einem Sachverhalt einzunehmen und diesen inhaltlich nachvollziehbar und argumentativ überzeugend darzulegen. Die Stellungnahme ist in Einleitung, Hauptteil und Schluss gegliedert: Die Einleitung führt zum Thema hin und zeigt das Problemfeld auf, der Hauptteil enthält eine argumentative Entfaltung des Themas und der Schluss zieht ein resümierendes Fazit, in dem der Standpunkt auf den Punkt gebracht wird.

So können Sie vorgehen:

1. Arbeiten Sie heraus, wozu Sie eine Stellungnahme verfassen: Setzen Sie sich mit einer bestimmten Position einer Person, mit einer Fragestellung oder mit einem Sachverhalt auseinander, zu dem Sie Stellung beziehen wollen.
2. Sammeln Sie Argumente, die bezüglich dieser Position, Fragestellung oder dieses Sachverhalts relevant sind, und notieren Sie sich diese.
3. Gewichten Sie die Argumente und finden Sie einen eigenen Standpunkt, den Sie diesbezüglich vertreten.
4. Ordnen Sie die Argumente sinnvoll an und verfassen Sie daraus einen Text. Achten Sie dabei auf die Struktur einer Stellungnahme: Einleitung/Mittelteil/Schluss.
   - In der **Einleitung** schildern Sie, wozu Sie Stellung beziehen werden und warum es notwendig ist, dies zu tun. Hier können Sie Bezüge zu aktuellen Fragestellungen bzw. Problemen herstellen und Ihren Beitrag dazu darstellen. Die Einleitung wird im Präsens und in einem sachlich-neutralen Sprachstil verfasst.
   - Im **Mittelteil** bringen Sie Ihre Argumente in sinnvoller Reihung (z. B. zunächst alle Pro-Argumente, dann alle Kontra-Argumente) vor und begründen diese im Hinblick auf das Thema, aber auch auf Ihre im Schluss folgende Stellungnahme. Sie können hier schon festlegen, ob Sie im Schlussteil ein Sach- und/oder Werturteil zur Fragestellung näher in den Blick nehmen möchten. Beim Sachurteil gewichten Sie die objektiv sachlichen Argumente mehr als moralische bzw. wertorientierte Argumente. Es muss für den Leser/die Leserin hier schon absehbar werden, zu welchen Schlüssen Sie im abschließenden Textteil kommen werden.
   - Im **Schluss** ziehen Sie ein logisches Fazit aus den vorher im Mittelteil vorgetragenen Argumenten. Es sollten hier keine neuen Facetten des Themas mehr entfaltet, sondern sinnvolle Resümees aus den im Mittelteil vorgestellten Argumenten gezogen werden. Hier spielt Ihre eigene Meinung eine große Rolle, weshalb dieser Teil in einem persönlichen Sprachstil gehalten werden kann.

Eine Präsentation vorbereiten und durchführen

Eine Präsentation ist eine strukturierte, mediengestützte und auf den jeweiligen Zuhörerkreis abgestimmte mündliche Darstellung von Sachzusammenhängen. Sie wird für die Vorstellung von Ergebnissen der Partner- oder Gruppenarbeit, Projektarbeit sowie der Hausaufgaben eingesetzt. Außerdem können mittels einer Präsentation neue thematische Aspekte aufgegriffen, weiterführende Hintergrundinformationen geliefert und somit Unterrichtsinhalte vertieft werden. Der zeitliche Rahmen sollte ca. 10–15 Minuten umfassen.

So können Sie vorgehen:

Vorplanung:

1. Recherchieren Sie ggf. Inhalte der Präsentation und anschauliche Materialien (wie Bilder, Grafiken, Diagramme, Karten, Hörbeispiele, Anschauungsmaterialien etc.).
2. Erarbeiten Sie die Schwerpunkte und Ziele Ihrer Präsentation.
3. Erstellen Sie anschließend eine Mindmap zum Zuhörerkreis, in der das Vorwissen, das Interesse, die Einstellung und Motivation zum Thema sowie deren Haltungen zu Medien, Arbeitstechniken und -formen kriteriengeleitet eingetragen werden.
4. Legen Sie nun fest, welche Inhalte, Materialien, Vorgehensweisen und Präsentations- sowie Visualisierungsformen für das Thema und die Zuhörer sinnvoll sind. Mögliche und die Präsentation unterstützende Medien können u. a. sein: Tafel, Whiteboard, Smartboard (Powerpointpräsentation), Overheadprojektor, Plakate, Flipchart etc.

Gestaltung der Präsentation:

1. Erarbeiten Sie einen klar gegliederten Aufbau (Einleitung, Hauptteil, Zusammenfassung/Fazit, Fragephase und Rückmeldung) und die mediale Gestaltung Ihrer Präsentation.
2. Wählen Sie eine angemessene Fachsprache und einen verständlichen Satzbau.
3. Bereiten Sie die den mündlichen Vortrag unterstützenden Hilfsmittel wie Karteikarten oder Stichwortmanuskripte vor.
4. Üben Sie die Präsentation und achten Sie dabei auf freies Sprechen, die stimmliche Artikulation, Sprechtempo, Mimik, unterstützende Körpersprache, die Positionierung zu den Zuhörern etc.
5. Planen Sie den Einbezug oder die Aktivierung der Zuhörer ein.
6. Bereiten Sie sich auf mögliche Fragen der Zuhörer vor.
7. Achten Sie bei der Vorbereitung der Präsentationsformen auf die Lesbarkeit der Schrift.
8. Üben Sie die Bedienung der Technik.
9. Erstellen Sie ggf. ein Ergebnis oder Thesenpapier für die Zuhörer vor.

Checkliste direkt vor der Präsentation:

1. Prüfen Sie, ob die technische Ausstattung funktioniert.
2. Achten Sie auf die Lichtverhältnisse im Raum.
3. Gestalten Sie den Raum so, dass die Präsentation im Blickfeld aller Zuhörer stattfindet.
4. Legen Sie die Thesenpapiere für die Zuhörer bereit.

Tipps für die Durchführung der Präsentation:

1. Sprechen Sie frei, langsam und in angemessener Lautstärke.
2. Formulieren Sie kurze Sätze.
3. Machen Sie Sprechpausen.
4. Halten Sie Blickkontakt mit den Zuhörern.
5. Räumen Sie den Zuhörern genug Zeit für die Betrachtung der Medien ein.
6. Vermeiden Sie Doppelungen: informierende Visualisierungsformen, wie z. B. Folien, müssen nur erläutert und nicht vorgelesen werden.
7. Halten Sie die Redezeit ein.

Ein Portfolio anlegen

Ein Portfolio ist eine individuelle Sammlung von gezielt ausgesuchten Dokumenten und deren jeweiligen Auswahlbegründungen zu einer zentralen Fragestellung. Ein Portfolio strukturiert und reflektiert den selbstständigen und eigenverantwortlichen Prozess der Auseinandersetzung mit einem bestimmten unterrichtlichen Thema und lässt den Erkenntnisgewinn sichtbar werden. Es kann ebenso den Weg zu einem „Endprodukt", wie z. B. eines Fotos, einer Collage oder einer Projektarbeit, begleiten und durch die Materialsuche und -auswahl und die schrittweise Reflexion optimieren. Generell dokumentiert ein Portfolio den Lernfortschritt und die erworbenen Kompetenzen der Erstellerin bzw. des Erstellers. Das Anlegen des Portfolios geschieht nach gemeinsam vereinbarten Zielvorgaben und Kriterien, die eine Orientierung für die Auswahl der Dokumente bieten. Ein Portfolio lässt sich auch digital erstellen.
Der Aufbau eines Portfolios kann folgendermaßen gegliedert sein:
- Titelblatt
- Inhaltsverzeichnis
- Einleitung
- Materialien
- Fazit
- Literaturverzeichnis

So können Sie vorgehen:
1. Formulieren Sie in Form eines Exposés die Zielsetzung Ihrer Portfolioarbeit.
2. Legen Sie zunächst eine umfassende Sammlung aus Bildern, Zeitungsartikeln, Liedern, Gedichten, Sachtexten etc. hinsichtlich der unterrichtlichen Leitfrage an. Greifen Sie dabei auch auf außerunterrichtliche Materialien und eigene Produktionen zurück.
3. Wählen Sie im Laufe der thematischen Auseinandersetzung die für Sie bedeutsamsten Dokumente aus der Materialsammlung aus.
4. Verfassen Sie einen Erklärungstext für die gewählten Materialien, in dem Sie begründen, inwiefern das Material Ihren Lernprozess beeinflusst hat.
5. Sammeln Sie auch alle Arbeiten, die Sie zu dem Thema angefertigt haben, wie z. B. Karikaturen, Briefe, Kommentare oder Gedichte.
6. Treffen Sie auch hierzu eine Auswahl und verfassen Sie erläuternde Texte.
7. Stellen Sie nun aus den Sammlungen Ihrer gewählten sowie Ihrer erarbeiteten Materialien Ihr Portfolio zusammen.
8. Vergleichen Sie die Zusammenstellung mit Ihrer Leitfrage aus dem Exposé.
9. Verfassen Sie eine Einleitung, in der der Arbeitsprozess und die Gestaltungsweise erläutert werden.
10. Formulieren Sie ein Fazit, in dem Sie den Lernprozess durch die Portfolioarbeit ehrlich reflektieren und evtl. neue Lernziele formulieren.
11. Präsentieren Sie Ihr Portfolio in angemessener Form, z. B. im Rahmen einer Ausstellung oder eines Themenabends.
12. Führen Sie mit der Lehrerin oder dem Lehrer ein Gespräch über Ihren im Portfolio dokumentierten Lernprozess.
13. Überarbeiten Sie ggf. Ihre Portfolioprodukte.

Meditations- und Andachtstexte schreiben

Was für Bilder gilt, gilt auch für literarische Texte sowie für Bibeltexte: Es gibt nicht *die eine* Interpretation. Deshalb spricht man von „Kommunikation des Evangeliums", wenn es in der Theologie um die Auslegung von Bibeltexten geht. Nach Wilfried Engemann kommt es in der Predigt darauf an, dass die Hörenden sich selbst als von Gott erwünschte, getröstete und ermutigte Menschen wahrnehmen können, die beim Hören ihr Leben in einen neuen und sie befreienden Kontext mit Gott stellen können.
Beim Verfassen von Predigten, Meditations- und Andachtstexten dürfen deshalb keine Informationen oder Belehrungen oder Appelle vorherrschend sein, sondern Formulierungen, die anderen Menschen eigene Gedanken ermöglichen und ihnen Anknüpfungsmöglichkeiten an ihre eigene Lebenswelt bieten. Bei Predigten und Andachtstexten sowie Bildmeditationen gilt es also, die Hörenden mit dem Bild oder Bibeltext/-vers in eine Kommunikation zu bringen.

So können Sie vorgehen:

1. Erstellen Sie eine Mindmap
   - Was fällt Ihnen spontan zum Text oder zum Bild ein?
   - Was finden Sie völlig unverständlich?
   - Was löst Zustimmung aus? Was ärgert Sie?
   - Was empfinden Sie? Mit welchen Gefühlen ist das Betrachten des Bildes oder das Lesen des Textes für Sie verbunden?
   - Was ist an dem Text oder dem Bild interessant?
   - Hat der Text oder das Bild etwas mit Ihrem Leben zu tun?
2. Schreiben Sie eine Rohfassung unter Beachtung folgender Tipps:
   - Achten Sie beim Schreiben auf kurze Sätze. Der Text ist umso besser, desto weniger Verschachtelungen (Nebensätzen) man beim Hören folgen muss.
   - Vermeiden Sie Imperative, Appelle und Aussagen, zu denen man sich nur mit Zustimmung oder Ablehnung verhalten kann.
   - Enden Sie nicht mit einer negativen Formulierung, ziehen Sie die Verneinung ggf. im Satz nach vorne.
   - Erklären Sie nichts, sondern erzählen und beschreiben Sie.
   - Benutzen Sie so wenig Substantiv-Formulierungen wie möglich. Für Bilder in den Köpfen der Hörenden sorgen Verben und Adjektive.
   - Schreiben Sie nichts darüber, was Gott will oder sagt oder gesagt hat. Wer weiß das schon? Erzählen Sie lieber Begebenheiten.
   - Vermeiden Sie religiöses „Geschwafel" und fassen Sie sich kurz.
3. Lesen Sie die Rohfassung Test-Hörerinnen und -Hörern vor.
4. Arbeiten Sie die Korrekturen, die sich aus den Kommentaren Ihrer Test-Hörerinnen und -Hörer ergeben, ein.

Biblische Belegstellen reflektiert verwenden

Die christliche Theologie ist grundlegend auf die Bibel bezogen. Wenn man zum Beispiel Grundzüge des christlichen Menschenbildes oder der christlichen Ethik darstellen möchte, ist es deshalb unerlässlich, Belege aus der Bibel zu nennen. Doch das ist oft heikel. Die Bibel ist keine wissenschaftliche Abhandlung, sondern eine Zusammenstellung verschiedener Textsorten verschiedener Autoren in verschiedenen historischen Kontexten. Bibeltexte kann man auf unzählige Arten lesen. Während in der katholischen Kirche das kirchliche Lehramt und der Papst die letzte Richtschnur sind, verstehen manche evangelikale Bewegungen die Texte wortwörtlich. Wer das ablehnt, muss von Fall zu Fall entscheiden, inwieweit ein Bibelvers oder Bibelabschnitt „typisch christlich" ist. Belegstellen sind also keine „Beweise".
Wer Bibelbelege anführt, muss sich zumindest bewusst machen, 1) **wer** 2) **was für einen** und 3) **in welchem Kontext entstandenen** Text als Beispiel 4) für **welche Aussage** annimmt. Außerdem ist es wichtig, grundlegende Bibeltexte zu kennen.

So können Sie vorgehen:

Bibelstellen als Beleg reflektieren

1. Machen Sie sich klar, wer die Textstelle als Beleg anführt oder akzeptiert: Eine berühmte Theologin? Die EKD? Oder haben Sie die Belegstelle selbst gefunden?
2. Bestimmen Sie, wenn möglich, die Textsorte, aus dem Ihr Beleg stammt (→ Mythos, Brief, Prophetie, Gleichnis ...).
3. Beziehen Sie, wenn Sie einen Einzelvers nennen, mit ein, in welchem Zusammenhang der Vers steht. Kommt der Text aus dem Neuen oder dem Alten Testament?
4. Reflektieren Sie, in welchem historischen Kontext der Belegtext entstanden ist. Prüfen Sie, ob sich die historischen Voraussetzungen inzwischen gewandelt haben (z. B. Tieropferpraxis, Rolle von Mann und Frau, Weltbild ...).
5. Schätzen Sie ein, wie (un-)strittig es ist, den Bibeltext im Sinne der Aussage zu interpretieren. Fragen Sie sich, ob weitere Bibelstellen diese Aussage stützen oder ihr widersprechen.

Bibelstellen als Beleg nennen

1. Skizzieren Sie den Zusammenhang, in dem Sie die Bibelstelle(n) einbringen.
2. Formulieren Sie behutsam. Machen Sie kenntlich, dass der Bibeltext kein Beleg **ist**, sondern von jemandem als Beleg aufgefasst wird oder werden kann.
3. Benennen Sie die Bibelstelle korrekt und so genau, wie es Ihnen möglich ist („ die erste biblische Schöpfungserzählung" > „der Schöpfungsauftrag in Gen 1" > „Gen 1,26–28").
4. Lernen Sie einige wichtige Bibelstellen, mit denen Sie im Unterricht intensiv arbeiten, wie Vokabeln auswendig (Ex 20,1–17 (Die Zehn Gebote), Ps 23 (Der gute Hirte), Mt 5–7 (Die Bergpredigt)).
5. Machen Sie durch eine kurze Erläuterung deutlich, warum Sie selbst eine Bibelstelle als Beleg verstehen.

Beispiel:

„In der Diskussion um die deutsche Flüchtlingspolitik erhebt die EKD ihre Stimme und fordert eine Besinnung auf christliche Wurzeln. Die Kirche begründet ihren diakonischen Auftrag mit der Bibel. Dabei kann sie sich etwa auf die christliche Nächstenliebe berufen, die Jesus in Mt 22,34–40, zusammen mit der Liebe zu Gott, als höchstes Gebot bezeichnet („Doppelgebot der Liebe"). Jesus greift auf das AT zurück (Lev 19,18). Daraus lässt sich nicht die aktuelle Flüchtlingspolitik ableiten. Zum Umgang mit Fremden kann die Kirche jedoch auch darauf verweisen, dass Gastfreundschaft im AT wie im NT selbstverständlich war."

Eine Exkursion planen

Außerschulische Lernorte im Rahmen einer Exkursion zu besuchen, eröffnet die Möglichkeit einer sogenannten *originalen Begegnung*. Diese Orte bieten eine neue, lebensnahe Perspektive auf das, was Sie im Unterricht (kennen-)gelernt haben.
Außerschulische Lernorte stehen immer in einem bestimmten Kontext: So hatte ihre Entstehung möglicherweise einen konkreten Anlass (wie ein Mahnmal oder eine Gedenkstätte); sie stehen in einer bestimmten Tradition und bringen eine Geschichte mit sich (wie beispielsweise unterschiedliche Begräbnisstätten); sie können für Menschen heilige Räume darstellen (eine Kirche, Moschee, Synagoge oder ein buddhistisches Zentrum); diese Orte können Ihnen selbst durch Ihre Biografie vertraut oder aber ganz fremd sein (wie eine Palliativstation oder ein Hospiz).
An den verschiedenen Lernorten werden Sie in den meisten Fällen auch auf andere Menschen treffen, die wiederum in einem jeweils individuellen Verhältnis zu diesen Orten stehen. So wird beispielsweise

- ein Historiker die „Aktion Stolpersteine" anders vermitteln als die Tochter einer Zeitzeugin, die Verfolgung und die Bedrohung der eigenen Existenz selbst erfahren musste.
- ein Imam besonderen Wert darauf legen, dass Sie beim Besuch der Moschee selbstverständlich Ihre Schuhe ausziehen, weil es sich für ihn um einen heiligen Ort handelt.
- jemand, der auf dem Friedhof das Grab eines Freundes besucht, ein Verhalten von Ihnen erwarten, das seine Trauer respektiert.

In all diesen Begegnungen ist grundsätzlich ein besonders sensibles Verhalten gefordert. Auch, um diese Sensibilität zu wecken und um mögliche emotionale Situationen bereits im Vorfeld zumindest zu durchdenken, ist es hilfreich und notwendig, eine Exkursion sorgfältig vorzubereiten.

So können Sie vorgehen:

1. Überlegen Sie gemeinsam, an welchem außerschulischen Lernort – der für Sie vor Ort erreichbar ist – Sie etwas zu Ihrem Thema erfahren können.
2. Sammeln Sie Informationen über den Lernort, den Sie für Ihre Gruppe ausgewählt haben.
3. Nehmen Sie Kontakt zu der (verantwortlichen) Einrichtung auf und erklären Sie, mit welchen Zielen Sie kommen möchten. Vereinbaren Sie gegebenenfalls einen Gesprächstermin im Vorfeld der eigentlichen Exkursion. Fragen Sie nach möglichen Verhaltensregeln, die für Ihre Gruppe vor Ort wichtig sind.
4. Bereiten Sie das eigentliche Gespräch am gewählten Lernort vor, indem Sie mögliche Fragen notieren. Beachten Sie, mit wem Sie dort sprechen werden und in welchem Verhältnis Ihre Gesprächspartner zu diesem Ort stehen.
5. Bedenken Sie im Vorfeld, in welcher Form und für welche Adressaten Sie die Ergebnisse Ihrer Exkursion sichern und präsentieren möchten.

Einen Schulgottesdienst gestalten

Schulgottesdienste liegen in der Verantwortung der Religionslehrerinnen und -lehrer. Sie werden fast immer unter Mitwirkung von Schülergruppen vorbereitet und durchgeführt. Wo es möglich ist, können auch Pastorinnen/Pastoren eingebunden werden. Schulgottesdienste können sowohl in einer Kirche als auch im Schulgebäude stattfinden. Nach evangelischem Verständnis ist für die Durchführung kein besonderer Kirchenraum erforderlich. Häufig hat ein solcher Gottesdienst einen bestimmten Anlass im Kirchenjahr (z. B. Weihnachten, Erntedankfest, Reformationstag) oder er dient der Feier eines besonderen Ereignisses im Schulleben (z. B. Einschulung, Entlassung).

So können Sie vorgehen:

1. Klären Sie den **(organisatorischen) Rahmen** des Gottesdienstes:
   - Was ist der Anlass? An wen richtet sich der Gottesdienst konkret? Soll der Gottesdienst konfessionell/ökumenisch/multireligiös ausgerichtet werden?
   - Wann und wo soll der Gottesdienst stattfinden? Was ist der zeitliche Rahmen?
   - Wer ist an der Planung/am Ablauf beteiligt? Wer übernimmt welche Aufgabe?
   - Wer muss informiert werden? Wann/wie soll geprobt werden? usw.
2. Legen Sie ein **Thema** für den Gottesdienst fest. (Dies kann auch ein zum Anlass passendes Zitat, ein → Symbol, ein Bibelvers o. Ä. sein, das/der gleichzeitig auf der Einladung/den Liederzetteln visualisiert wird.)
3. Setzen Sie sich persönlich und in der Gruppe mit dem gewählten Thema auseinander (z. B. Brainstorming, Schreibgespräch).
4. Differenzieren Sie, welche Aspekte des Themas Ihnen theologisch besonders wichtig sind bzw. für die Gottesdienstteilnehmer von Bedeutung sein könnten.
5. Sammeln Sie ausgehend von den gesetzten Schwerpunkten gemeinsam/in Gruppen **inhaltliche Gestaltungsideen** zu einzelnen Gottesdienstelementen (s. u.).
6. Achten Sie darauf: Weniger ist oft mehr! Es darf nicht zu einer bloßen Aneinanderreihung von Einzelelementen kommen, die zum Thema passen.

Der Aufbau jedes Gottesdienstes bedarf eines gewissen Spannungsbogens. Wichtige Elemente sind dafür der Wechsel von Worten, Handlungen, Symbolen, Gesten, Texten, Liedern/Musik.

Grundelemente eines Schulgottesdienstes:

- <u>Ankommen/Schwellengang:</u> meditative Musik im Hintergrund oder das Einsingen von Liedern erleichtern den Teilnehmern den Schwellengang in einen anderen Raum
- <u>Eröffnung:</u> in Form einer Begrüßung, einer Eröffnungshandlung und einem Gebet
- Lied
- <u>Hinführung zum Thema:</u> mit Worten (z. B. Umfragen, Erzählung, Schülerberichte), einer Handlung (z. B. Anspiel) oder Symbolen
- <u>Schrifttext/Botschaft:</u> Lesung eines Schrifttextes und Deutung des Schrifttextes (hier sind auch kreative Formen – z. B. Rollenspiele und Mitmach-Aktionen – denkbar)
- Lied
- <u>Gemeinschaft:</u> Möglichkeit durch Fürbittgebet, Vaterunser und Schlussgebet, die Gottesbegegnung und Begegnung untereinander zu bekräftigen und zu vertiefen
- <u>Abschluss/Übergang:</u> Entsendung, Ankündigung der Kollekte, Segen, Gedanken zum Schluss, ein Erinnerungssymbol zum Mitnehmen für den Alltag
- Lied

Abkürzungsverzeichnis biblischer Bücher

Altes Testament

Gen	Genesis (1 Mose = Das 1. Buch Mose)
Ex	Exodus (2 Mose = Das 2. Buch Mose)
Lev	Levitikus (3 Mose = Das 3. Buch Mose)
Num	Numeri (4 Mose = Das 4. Buch Mose)
Dtn	Deuteronomium (5 Mose = Das 5. Buch Mose)
Jos	Das Buch Josua
Ri	Das Buch der Richter
Rut	Das Buch Rut
1 Sam	Das 1. Buch Samuel
2 Sam	Das 2. Buch Samuel
1 Kön	Das 1. Buch der Könige
2 Kön	Das 2. Buch der Könige
1 Chr	Das 1. Buch der Chronik
2 Chr	Das 2. Buch der Chronik
Esra	Das Buch der Esra
Neh	Das Buch Nehemia
Tob	Das Buch Tobit (= Tobias)
Jdt	Das Buch Judit
Est	Das Buch Ester
1 Makk	Das 1. Buch der Makkabäer
2 Makk	Das 2. Buch der Makkabäer
Ijob	Das Buch Ijob (= Hiob)
Ps	Die Psalmen
Spr	Das Buch der Sprichwörter (= Die Sprüche Salomos)
Koh	Das Buch Kohelet (Pred = Der Prediger Salomo)
Hld	Das Hohelied (= Das Hohelied Salomos)
Weish	Das Buch der Weisheit (= Die Weisheit Salomos)
Sir	Das Buch Jesus Sirach
Jes	Das Buch Jesaja
Jer	Das Buch Jeremia
Klgl	Die Klagelieder des Jeremia
Bar	Das Buch Baruch
Ez	Das Buch Ezechiël (Hes = Das Buch Hesekiel)
Dan	Das Buch Daniel
Hos	Das Buch Hosea
Joel	Das Buch Joel
Am	Das Buch Amos
Obd	Das Buch Obadja
Jona	Das Buch Jona
Mi	Das Buch Micha
Nah	Das Buch Nahum
Hab	Das Buch Habakuk
Zef	Das Buch Zefania
Hag	Das Buch Haggai
Sach	Das Buch Sacharja
Mal	Das Buch Maleachi

Neues Testament

Mt	Matthäusevangelium
Mk	Markusevangelium
Lk	Lukasevangelium
Joh	Johannesevangelium
Apg	Apostelgeschichte
Röm	Römerbrief
1 Kor	1. Korintherbrief
2 Kor	2. Korintherbrief
Gal	Galaterbrief
Eph	Epheserbrief
Phil	Philipperbrief
Kol	Kolosserbrief
1 Thess	1. Thessalonicherbrief
2 Thess	2. Thessalonicherbrief
1 Tim	1. Timotheusbrief
2 Tim	2. Timotheusbrief
Tit	Titusbrief
Phlm	Philemonbrief
Hebr	Hebräerbrief
Jak	Jakobusbrief
1 Petr	1. Petrusbrief
2 Petr	2. Petrusbrief
1 Joh	1. Johannesbrief
2 Joh	2. Johannesbrief
3 Joh	3. Johannesbrief
Jud	Judasbrief
Offb	Offenbarung des Johannes

Fachbegriffe

Agnostizismus
nennt man den Nicht-Glauben an Gott. Ob Gott existiert oder nicht, wird von Agnostikern offen gelassen.

Apostolisches Glaubensbekenntnis
oder „Credo" (nach dem lateinischen ersten Wort) nennt man das von der Mehrheit der christlichen Kirchen anerkannte Glaubensbekenntnis, das in Gottesdiensten oder bei der Taufe gemeinsam gesprochen wird. Früher glaubte man, es ginge auf die Apostel selbst zurück; tatsächlich aber geht es auf ein älteres römisches Bekenntnis zurück, das frühestens im 4. Jahrhundert entstanden ist. Die heutige Form stammt aus dem 7. Jahrhundert. Es ist trinitarisch gegliedert (Ich glaube an Gott, ... Und an Jesus Christus, ... Ich glaube an den Heiligen Geist, ...). Es steht im Evangelischen Gesangbuch (EG 804).

Atheismus
ist die Auffassung, dass es keinen Gott gibt. Umgangssprachlich werden Agnostiker oft fälschlich als Atheisten bezeichnet.

Auferweckung / Auferstehung
ist die innere Überzeugung (der Glaube), dass tote Menschen wieder ein Leben (bei Gott) zurückerlangen können – und dass Jesus der erste Mensch war, dem das widerfuhr. Auferweckung betont gegenüber Auferstehung, dass es sich bei diesem Geschehen um einen passiven Akt handelt, den man nicht selbst herbeiführen kann. Oftmals ist dieser Glaube verbunden mit der Hoffnung, dass am Ende aller Zeiten allen Verstorbenen eine Auferstehung von den Toten zuteil wird.

Bilderverbot
„Du sollst dir kein Bildnis noch irgendein Gleichnis machen, weder von dem, was oben im Himmel, noch von dem, was unten auf Erden, noch von dem, was im Wasser unter der Erde ist" (Ex 20,4). Im Judentum und in der Evangelisch-reformierten Kirche ist das Bilderverbot ein eigenes Gebot (2. Gebot) und schlägt sich auch in der bildnerischen Gestaltung des jeweiligen Gottesdienstraumes nieder. In der Katholischen Kirche und den Evangelisch-lutherischen Kirchen wird das Gebot mit dem folgenden Vers zusammen als ein Verbot gelesen, keine Bildnisse anzubeten und zu verehren. So gesehen spricht das Bilderverbot nicht gegen die Herstellung von Bildnissen, auch nicht von Gottesbildnissen.

Dekalog
heißt wörtlich „Zehn-Wort" und bezeichnet die Zehn Gebote, die in Ex 20,2–17 und Dtn 5,6–18 überliefert sind. Die traditionelle Aufteilung der Gebote auf zwei Tafeln umfasst im Judentum Ex 20,2–7 (I–III) und Ex 20,8–17 (IV–X), im Christentum Ex 20,2–13 (I–V) und Ex 20,14–17 (VI–X).

deus absconditus
heißt wörtlich „verborgener Gott" und bezeichnet die Erfahrung, dass es für den gläubigen Menschen Zeiten gibt, in denen ihm Gottes Wirken bis hin zu Gottes Existenz verborgen bleibt.

deus revelatus
heißt wörtlich „offenbarer Gott". Für Christen wird Gott vor allem in Jesus Christus offenbar. Deus absconditus und deus revelatus gehören als Gegensatzpaar zusammen; im theologischen Denken sichern sie die letztendliche Unverfügbarkeit Gottes für das menschliche Denken und Handeln.

Ebenbild Gottes
„Und Gott schuf den Menschen zu seinem Bilde." Diese Aussage aus der ersten Schöpfungserzählung der Bibel (Gen 1,27) ist für das christliche Menschenbild wichtig: Der Mensch ist Gott nachgebildet oder ihm in gewisser Weise ähnlich. Gott gibt ihm daher von Anfang an eine ganz besondere Würde, die der Mensch nicht verlieren kann, auch nicht, wenn

er den Forderungen, entsprechend Gottes Geboten zu leben, nicht gerecht wird.

EKD-Denkschrift
In der Evangelischen Kirche in Deutschland (EKD) sind die derzeit zwanzig selbstständigen evangelischen Kirchen in Deutschland zusammengeschlossen. Das „Parlament" der EKD ist die ein Mal jährlich tagende EKD-Synode; zwischenzeitlich werden die Geschäfte vom sogenannten „Rat" geführt. Die Denkschriften werden von Fachgremien der EKD erarbeitet und vom Rat der EKD herausgegeben. Sie erscheinen seit 1962 und bieten Positionsbestimmungen der evangelischen Kirchen zu zentralen gesellschaftlichen und sozialethischen Fragen, zum Beispiel „‚Und unsern kranken Nachbarn auch!' Aktuelle Herausforderungen der Gesundheitspolitik" (2011), „Umkehr zum Leben. Nachhaltige Entwicklung im Zeichen des Klimawandels" (2009) oder „Unternehmerisches Handeln in evangelischer Perspektive" (2008). Neben „Denkschriften" gibt der Rat auch „Orientierungshilfen" heraus, die in der öffentlichen Wahrnehmung jedoch kaum unterschieden werden.

Entmythologisierung
Der Begriff ist eng mit dem Theologen → Rudolf Bultmann (1884–1976) verknüpft, der mit seinem Standardwerk „Die Geschichte der synoptischen Tradition" von 1921 die Absicht verfolgte, Gesetzmäßigkeiten der Überlieferung der Erzählungen von und über Jesus herauszufinden. Er kam zu dem Ergebnis, viele überlieferte Worte und Geschichten seien spätere, redaktionelle Zusätze und keine „Original-Zitate" oder historisch glaubwürdige „Berichte". Bultmanns Ausspruch, man könne nicht elektrisches Licht und Radioapparate benutzen und gleichzeitig an die Geister- und Wunderwelt des Neuen Testaments glauben, hat mit dafür gesorgt, dass seine neutestamentliche Forschung auch unter dem Begriff „Entmythologisierung" verhandelt wurde.
Heutzutage ist der literarische Charakter biblischer Texte weitgehend anerkannt; die entscheidenden Fragen der wissenschaftlichen Theologie kreisen deshalb nicht mehr darum, ob etwas „historisch stimmt" oder nicht. „Wort Gottes" ist die Bibel in dem Sinn, dass in ihr Deutungen des Lebens und der Geschichte im Lichte Gottes aufbewahrt sind, die wir uns als Glaubende zu eigen machen können. Die „Wahrheit" hängt also nicht mehr daran, ob ein Text historisch „echt" ist.

Ethik und Moral
Während Moral (von lateinisch *moralis* = Sitte, Gewohnheit) die beobachtbaren Handlungsmuster, Handlungsgewohnheiten oder Handlungsprinzipien beschreibt („man tut dies oder jenes (nicht)"), meint Ethik die Theorie des guten Handelns. Diese Reflexion setzt ein Bewusstwerden und Hinterfragen letzter Prinzipien, (Glaubens-)Überzeugungen und Grundwerten voraus, die unserem Tun zugrunde liegen. Es gibt eine Vielzahl von möglichen Einteilungen der Ethik, etwa nach ihren Anwendungsbereichen (Bioethik, Wirtschaftsethik ...), nach der Zahl der anvisierten Personen (Individualethik / Sozialethik) oder auch nach den zugrunde liegenden Werthaltungen (teleologische / deontologische Ethik).

Exklusivismus
ist ein Begriff aus der Theologie der Religionen. Damit ist die Auffassung gemeint, dass das Verhältnis der Religionen zueinander nicht plural zu denken sei, sondern dass eine Religion (die eigene) exklusiv die wahre ist und die anderen Religionen keinen Anteil an dieser einen wahren Religion haben können. Für Vertreter des Exklusivismus kann jeder interreligiöse Dialog und jeder Versuch einer interreligiösen Verständigung eigentlich nur in einem Austausch von Standpunkten bestehen.

Freiheit und Verantwortung
ist in christlicher Perspektive wie in der Demokratie ein Begriffspaar, das sich wechselseitig erklärt: Das Recht auf freie Entfaltung der Persönlichkeit, die Freiheit so oder so zu handeln, die Gott dem Menschen als seinem Geschöpf gegeben hat, ist keine absolute Freiheit, sondern mit Freiheit muss verantwortlich umgegangen werden. Sie wird begrenzt durch das gleiche Recht auf Freiheit, das allen Menschen zukommt und unter Umständen die eigene Freiheit einschränkt bzw.

durch den Schöpfungsauftrag Gen 1,28, der die Nutznießung der Schöpfung an ihre Bewahrung koppelt und generell das freie Handeln des Menschen an die Beachtung der Weisungen Gottes bindet.

Fundamentalismus
Eine geistige Haltung nennt man fundamentalistisch, wenn sie durch kompromissloses Festhalten an religiösen (oder ideologischen) Grundsätzen gekennzeichnet ist. Besonders bei fundamentalistischen Christen in den USA ist dies verbunden mit einer Ablehnung historischer oder sprachlicher Forschungsmethoden in Bezug auf die Bibel, die als irrtumsfreies und direkt von Gott inspiriertes Wort gilt. Die Erkenntnisse der modernen Naturwissenschaften werden als Angriff auf den Glauben empfunden und entsprechend bekämpft. Fundamentalismus gibt es in jeder Religion; er geht oft mit einem Mangel an (religiöser) Bildung einher und tritt vor allem in unsicheren Zeiten auf, in denen der Drang nach Selbstvergewisserung besonders hoch ist.

Gemeinschaft der Glaubenden
ist die deutsche Übersetzung von „communio sanctorum" aus der Confessio Augustana (CA), dem „Augsburger Bekenntnis" von 1530, in dem das lutherische Bekenntnis eine zusammenhängende schriftliche Fassung erhielt, in der allerdings auch „Irrlehren" benannt und „Verwerfungen" ausgesprochen wurden. Die CA definierte unter anderem den Kirchenbegriff neu, indem die Kirche nicht mehr als Ur-Sakrament bezeichnet wird, durch das der Gläubige mittels Zugehörigkeit das Heil erlangen kann; sondern in Artikel 7 hieß es nun, Kirche sei die „Versammlung aller Gläubigen, bei denen das Evangelium rein gepredigt und die heiligen Sakramente laut dem Evangelium gereicht werden" (EG 808). Zuweilen wird *communio sanctorum* auch mit „Gemeinschaft der Getauften" übersetzt.

Gerechtigkeit / Gerechtigkeit Gottes
Unter Gerechtigkeit versteht man, dass *alle* Menschen unabhängig von ihrer Rasse, ihrem Geschlecht und ihrer gesellschaftlichen Stellung *dieselben* Rechte haben. Oft wird der Begriff auch für das Verhältnis von Leistung und Lohn verwendet: Gerecht ist gleicher Lohn für gleiche Arbeit. Bezieht man in den Begriff die Chancen ein, die je nach Herkunft unterschiedlich sind, um eine bestimmte Leistung erbringen zu können, differenzieren sich die Vorstellungen von dem, was als „gerecht" angesehen wird, aus.
Im theologischen Sinn wird unter Gerechtigkeit Gottes keine Übertragung solcher menschlichen Gerechtigkeitsvorstellungen verstanden, die Heil und Erlösung an gute Werke und Verdienste koppeln würden. Leitend für das Verständnis von „Gerechtigkeit Gottes" war → Luthers Verständnis von Röm 3,22–24: Die Gerechtigkeit, die vor Gott gilt, resultiert aus dem Glauben an Jesus Christus und nicht aus Verdiensten jedweder Art. Gottes Gesetze kann niemand vollständig einhalten, deswegen ist *jeder* Mensch ein „Sünder" vor Gott. Deswegen kann man sich die Gerechtigkeit Gottes nicht selbst verdienen, sondern sie wird dem Glaubenden geschenkt.

Gnade
bedeutet, dass Gott den Menschen liebt und erlöst, obwohl er es eigentlich nicht verdient hat. Christinnen und Christen glauben, dass kein Mensch ohne → Sünde ist. Dass Gott den Menschen trotzdem annimmt, ist wie ein Geschenk und wird als Gnade bezeichnet. Er lässt damit „Gnade vor Recht ergehen" (→ Gerechtigkeit).

Historischer Jesus – verkündigter Christus
Der Mensch Jesus aus Nazareth in Galiläa hat gelebt und ist, wie andere Personen der Geschichte, historisch erforscht worden.
Die meisten Forscher halten die folgenden sieben Punkte für historisch gesichert: 1. Jesus ist in Nazareth aufgewachsen, 2. Jesus war Jude. 3. Jesus hat sich von Johannes taufen lassen. 4. Jesus hat Schüler um sich gesammelt. 5. Jesus ist im jüdischen Land umhergezogen und hat als Lehrer gewirkt. 6. Im Zentrum seiner Botschaft stand die Verkündigung des nahen Gottesreiches. 7. Jesus ist am Kreuz gestorben, und zwar in Jerusalem zwischen 26 und 36 n. Chr. am 14. oder 15. Nissan (am Freitag vor Pessah). Die Kreuzigung als

Todesstrafe wurde im Römischen Reich nur an Menschen vollstreckt, die keine römischen Bürgerrechte besaßen: in Rom selbst an Sklaven, in den römischen Provinzen an Menschen, die als Aufrührer galten. – Nahezu alles andere ist mehr oder weniger stark umstritten. Der Name Jesu lautet in Jesu Muttersprache Aramäisch Jeschua, die griechische Übertragung ist Jesus.
Christus ist dagegen kein Eigenname, sondern ein Würdetitel, der erst nach Jesu Tod von seinen Anhängerinnen und Anhängern für ihn verwendet wurde. Christus bedeutet „Gesalbter", hebräisch: → Messias. Das Judentum erwartet einen Messias, das Christentum sieht diesen Messias in Jesus gekommen und erwartet seine Wiederkehr. Dass Jesus der Christus ist, also ein gesalbter „König", lässt sich nicht historisch erforschen, sondern ist eine christliche Glaubensaussage. Wer dies wie die Evangelisten glaubt, will es auch anderen verkündigen, im NT haben wir es daher mit dem verkündigten Christus zu tun, nicht mit dem historischen Jesus, der durch diese Glaubensaussagen hindurch nur mittelbar fassbar ist.

Holocaust
→ Shoah

Inklusivismus
ist ein Begriff aus der Theologie der Religionen. Damit ist die Auffassung gemeint, dass das Verhältnis der Religionen zueinander nicht plural zu denken sei, sondern dass *eine* Religion die wahre ist und die anderen Religionen Anteile an dieser einen Wahrheit verkörpern können. Die Katholische Kirche vertritt seit dem Zweiten Vatikanischen Konzil (1962–1965) eine solche Position, wenn sie in der Erklärung „Nostra Aetate" schreibt, die Katholische Kirche betrachte „mit aufrichtigem Ernst" jene Handlungs- und Lebensweisen, jene Vorschriften und Lehren anderer Religionen, „die zwar in manchem von dem abweichen, was sie selber für wahr hält", die aber „nicht selten einen Strahl jener Wahrheit erkennen lassen, die alle Menschen erleuchtet". Diese Erklärung relativierte die zuvor vertretende Auffassung, außerhalb der (Katholischen) Kirche könne es kein Heil geben.

JHWH
steht für die hebräischen Konsonanten des Gottesnamens in Ex 3,14. Sie werden auch als Tetragramm bezeichnet. Früher gab man sie mit „Jahwe" wieder; heute orientieren sich Theologinnen und Theologen in der Regel an der jüdischen Gewohnheit, in (theologischen) Texten das Tetragramm als solches zu verwenden, weil man zum einen nicht genau weiß, welche Vokale zwischen den Konsonanten stehen, zum anderen weil man der Gewohnheit folgen möchte, den Gottesnamen nicht auszusprechen bzw. durch das Ausschreiben nicht andere dazu zu verleiten, ihn auszusprechen.

Menschenwürde
ist der Ausdruck dafür, dass jeder Mensch wertvoll ist und dieselben Rechte hat. Seine Eigenschaften spielen dabei keine Rolle. Kein Mensch kann seine Menschenwürde verlieren, auch wenn er sich nicht dieser Würde entsprechend verhält. Deshalb stehen auch allen Menschen die „Menschenrechte" zu, die die Menschenwürde in konkrete Rechte umsetzen. Das sehen in Europa fast alle Menschen so, Christinnen und Christen aber auf jeden Fall. Sie begründen die Menschenwürde mit dem biblischen Menschenbild, wonach der Mensch ein Geschöpf Gottes ist und nach seinem Bild geschaffen wurde (→ Ebenbild).

Messias
ist der hebräische Ausdruck, der im Lateinischen und Griechischen mit *christus/christos* und im Deutschen mit „Gesalbter" wiedergegeben werden kann. In Bezug auf Jesus hat sich „Christus" als Hoheitstitel verselbstständigt und macht durch seine sprachliche Wurzel deutlich, dass für Christen Jesus der im Judentum erwartete Messias ist, der als Gesalbter eine endzeitliche Königswürde innehat und (im übertragenen Sinn) das einstige davidische Königtum wiederherstellt (vgl. 2 Sam 7,12–13).

Monotheismus
bezeichnet im Gegensatz zu Polytheismus den Glauben an *einen* Gott. Monotheistische Religionen sind Judentum, Christentum und Islam.

Mythos – Logos
Beide Begriffe kommen aus dem Griechischen und bedeuten „Wort" oder „Rede". Während „Logos" benutzt wird, um Vernunft und Denken zu bezeichnen (unser Wort „Logik" entstammt dieser Wortwurzel), ist ein „Mythos" eine Erzählung, die etwas Grundsätzliches und Allgemeingültiges vermitteln will, beispielsweise darüber, wie man sich das Verhältnis zwischen Gott und Mensch vorstellen soll oder wie die Welt entstanden ist.

Passion
kommt aus dem Lateinischen und heißt wörtlich übersetzt „Leiden". Im deutschen Lehnwort schwingt auch „Leidenschaft" mit. Im christlichen Zusammenhang bezieht sich Passion auf das Leiden (und Sterben) Jesu Christi.

Pluralismus
ist ein Begriff aus der Theologie der Religionen. Damit ist die Auffassung gemeint, dass das Verhältnis der Religionen zueinander plural, also vielfältig und ohne besondere Wertungen in Bezug auf eine bestimmte Religion ist. Kritiker halten Vertretern einer pluralistischen Position entgegen, sie würden damit den Wahrheitsanspruch der eigenen Religion aufgeben. In der Tat ist ein objektiver Wahrheitsanspruch („Es ist wahr, dass …") mit einer pluralistischen Position unvereinbar, ein subjektiver hingegen schon („Für mich ist wahr …").

präsentische / futurische Eschatologie
Eschatologie (gesprochen: Es-chatologie) ist die Lehre von den letzten Dingen am Ende der Zeiten, das meint den Übergang zur Ewigkeit. Damit kann zum einen das Weltende gemeint sein, das man sich mit mehr oder weniger dramatischen Geschehnissen und Weltgerichtsszenarien ausgemalt hat (wie beispielsweise in den biblischen Büchern „Daniel" und „Offenbarung des Johannes"). Zum anderen spielen eschatologische Vorstellungen eine Rolle beim Übergang vom Leben zum Tod im ganz individuellen Leben der Menschen. Im Mittelalter (und auch noch in der heutigen katholischen Dogmatik bzw. im Volksglauben) gab und gibt es Vorstellungen von der Auferstehung aller Toten, die sich vor einem Endgericht verantworten müssen und deren Seelen dann, je nach Ausgang des Gerichtes in den Himmel, in die Hölle (ewige Strafe) oder in das Fegefeuer als Ort der Läuterung (zeitlich befristete Strafe) kommen. Viele Bilder der Kunstgeschichte haben eschatologische Motive verarbeitet, aber auch die musikalische Gattung des Requiems (katholisch: Totenmesse) befasst sich mit ihnen.
Präsentische Eschatologie meint die Vorstellung, dass die Wende der Zeit schon geschehen ist und die eschatologische Heilszeit bereits angebrochen ist; futurische Eschatologie meint die Vorstellung, dass die Zeitenwende noch bevorsteht. Insbesondere die Reich-Gottes-Botschaft Jesu zählt zur präsentischen Eschatologie.

Priestertum aller Gläubigen
In der Zeit der Reformation kritisierte → Martin Luther den Unterschied zwischen geweihten Priestern und nicht geweihten Laien. Er fand falsch, dass manche Menschen Gott wegen ihres Amtes näher stehen sollten als andere Christinnen und Christen. „Allgemeines Priestertum" bedeutet: Alle, die getauft sind, können die Frohe Botschaft verbreiten. Durch ihren Glauben an Jesus Christus sind sie vollständig mit Gott verbunden. Auch in den evangelischen Kirchen wird Pastorinnen und Pastoren ihr Amt in einem feierlichen Ritus übertragen (Ordination). Das zeigt, dass nicht einfach jeder ohne weitere Ausbildung als Pastorin oder Pastor arbeiten kann. Aber anders als in der Katholischen Kirche, in der nur unverheiratete Männer zum Priester geweiht werden können, werden evangelische Pfarrerinnen und Pfarrer überhaupt nicht geweiht und heißen deshalb auch nicht „Priester".

Rechtfertigung
bedeutet, dass Gott dem Menschen → Sünde und Schuld vergibt (→ Vergebung): Der Mensch ist „Gott recht" oder vor Gott gerecht, obgleich er das weder selbst verdient hat noch verdienen kann. → Martin Luther hat diesen letzten Aspekt sehr stark betont, indem er in seiner Übersetzung von Röm 3,28 das Wörtchen „allein" hinzugesetzt hat: „So halten

wir nun dafür (= so sind wir nun der Überzeugung), dass der Mensch gerecht wird ohne des Gesetzes Werke (→ Weisung), allein durch den Glauben." Die guten Werke waren für Luther nicht heilsnotwendig, wohl aber eine natürliche Folge des Glaubens. Rechtfertigung hat also in diesem Sinn nichts zu tun mit dem umgangssprachlichen Gebrauch des Wortes, das eher so etwas wie Selbstverteidigung meint.

Reinkarnation
bezeichnet die Vorstellung, dass der Mensch in einem anderen Körper wiedergeboren wird. Im Hinduismus herrscht der Glaube an einen naturgesetzlichen Kreislauf von Werden und Vergehen vor („Samsara"), der erst durch das Aufgehen der Seele im „Brahman", im Weltgeist, durchbrochen werden kann. Ob der Mensch erneut als Mensch, als göttliches Wesen oder gar als Tier wiedergeboren wird, hängt von seiner Lebensführung ab. Auch im Buddhismus ist es das religiöse Ziel des Gläubigen, den Kreislauf der Wiedergeburten zu durchbrechen und ins Nirwana einzugehen.

Religionskritik
Klassische religionskritische Konzepte entstanden ab dem 19. Jahrhundert. Ihnen liegt zumeist ein (relativ enger) funktionaler Religionsbegriff zugrunde: So kritisierte → Sigmund Freud (Religion als kollektive Zwangsneurose) die Funktion religiöser Rituale, die zwanghaften Charakter gewinnen können, Karl Marx (Religion als „Opium des Volkes") Religiosität als Möglichkeit, sich dem „Jenseits" zu widmen, statt sich um die Anforderungen des Diesseits zu kümmern, Ludwig Feuerbach (Religion als Projektion) kritisierte bzw. erfasste den projektiven Charakter mancher Glaubensgegenstände in ihrer Funktion, das vorhandene „kleine" Leben religiös überhöhen zu können. Religionskritische Konzepte bieten eine wichtige Chance, Religion und Religiosität von außen zu betrachten, um Fehlentwicklungen und Defizite wahrzunehmen.

Rituale
sind Handlungen, die sich wiederholen und dabei nach festen, oft unausgesprochenen Regeln ablaufen: vom Aufstehen am Morgen bis zum Feiern von Festen. Religion wäre ohne Rituale unmöglich: Der religiöse Sinn von Gottesdienst und Sakrament, von Gebet und Gesang, von Hochzeit und Beerdigung stellt sich nur in bestimmten Formen ein. Rituale haben immer eine positive und eine negative Seite: Einerseits schränken sie die Freiheit des Einzelnen ein, andererseits geben sie Sicherheit und lassen Gemeinschaft entstehen. Daher leben Rituale von einer Mischung aus Erneuerung und Tradition.

Säkularisierung
bezeichnet allgemein einen Prozess der „Verweltlichung". „Säkular" ist das Gegenteil von „religiös geprägt". Politisch zeigt sich Säkularisierung in der Trennung von Kirche und Staat und in der prozentual geringeren Kirchenzugehörigkeit von Menschen gegenüber früheren Zeiten. Ob damit auch eine geringere religiöse Bindung zusammenhängt, ist umstritten, weil von vielen Menschen Kirchenzugehörigkeit und persönlicher Glaube oder persönliche Religiosität nicht mehr zusammenhängend gedacht werden.

Shoah
leitet sich aus dem Hebräischen ab und bedeutet so viel wie „größte Katastrophe". Er bezeichnet die Entrechtung und systematische Ermordung vieler Millionen Juden durch das nationalsozialistische Gewaltregime und seiner Helferinnen und Helfer. Der Begriff hat seit etlichen Jahren den früher gebrauchten Begriff „Holocaust" abgelöst, weil dieses aus dem Griechischen stammende Wort auch „ganzes Brandopfer" bedeuten kann. Als „Opfer", schon gar nicht als „Brandopfer", kann man aber den Tod von Millionen Juden nicht bezeichnen.

Staatskirche / Volkskirche / Freikirche
Kirchen können im Verhältnis zum Staat unterschiedliche Organisationsformen einnehmen: In England und Skandinavien (und im Vatikanstaat) ist das Staatsoberhaupt zugleich kirchliches Oberhaupt (Staatskirche). Freikirchen legen großen Wert auf ihre Unabhängigkeit vom Staat, sie verzichten zum Beispiel auf den staatlichen Kirchensteuereinzug und organisieren sich komplett frei von staatlichen

Strukturen. Zu den Freikirchen gehören beispielsweise die baptistischen Gemeinden. Zu den Volkskirchen zählen die großen christlichen Kirchen: die Katholische Kirche und die 20 evangelischen Landeskirchen innerhalb Deutschlands, die in der EKD als „Dachverband" zusammengeschlossen sind.

Sünde
und Schuld werden oft zusammen und synonym gebraucht. Beide Begriffe haben in religiösen Kontexten eine menschlich-göttliche Dimension, die von der Übertretung einzelner Gebote bis zu einem grundsätzlichen Fehlverhalten reicht, das gar nicht vermeidbar ist. → Luther hat dafür das Wort geprägt, der Mensch sei „Sünder und Gerechter zugleich", um Gottes Vergebungsbereitschaft mitzudenken. Theologisch wird als Sünde oft die allgemeine Getrenntheit des Menschen von Gott in nach-paradiesischen Zeiten als Folge des „Sündenfalls" bezeichnet – obgleich das Wort „Sünde" in der Paradiesgeschichte in Gen 1 gar nicht vorkommt.

Symbole / Zeichen
Das Besondere an Symbolen und Zeichen ist, dass sie auf etwas anderes hinweisen, also eine Bedeutung über sich selbst hinaus haben. Welche Bedeutung das im Einzelnen ist, hängt davon ab, wie ein Mensch das Symbol oder Zeichen auffasst oder benutzt. Nur manchmal ist die Bedeutung durch Vereinbarung auch festgelegt, zum Beispiel bei den Elementsymbolen in der Chemie oder bei Verkehrszeichen. Im Prinzip kann jedes Ding zu einem Symbol oder Zeichen werden. Deshalb ist es wichtig, über die Bedeutung zu sprechen, die ein Ding hat, das einem zum Symbol / Zeichen für etwas geworden ist. Oft ähneln sich die Bedeutungen von Symbolen, weil sie gemeinsam empfunden und benutzt werden: Eine weiße Taube beispielsweise steht für den Frieden, ein Regenbogen für einen guten Neuanfang (seit den 1970er-Jahren auch als Symbol für homosexuelle Lebensweisen). In der Religion sind Symbole besonders wichtig, weil man (den Glauben an) Gott nicht ebenso klar in Worte fassen kann wie die Erkenntnis von Tatsachen.

Synkretismus
bedeutet Vermischung verschiedener Religionen. Im Grunde enthält jede Religion synkretistische Elemente, wenn etwa durch Mission oder Veränderung der Machtverhältnisse eine vorgängige Religion „besiegt" wurde. So hängt zum Beispiel der Termin des Weihnachtsfestes mit der Wintersonnenwende am 25.12. und dem dort gefeierten unbesiegbaren Sonnengott „sol invictus" zusammen. Die → Staatskirche unter Kaiser Aurelian setzte diesem Fest 274 n. Chr. das Weihnachtsfest entgegen: die Geburt der „wahren Sonne", des „Lichts der Welt".

Synoptischer Vergleich
ist eine Methode, bei der die Texte der drei ersten Evangelien Matthäus, Markus und Lukas nebeneinander gestellt und genau miteinander verglichen werden (Synopse = Zusammen-Schau). Mithilfe dieser Methode wurde die → Zwei-Quellen-Theorie aufgestellt, mit der man erklären kann, weshalb es bestimmte wörtliche Übereinstimmungen bzw. Abweichungen zwischen den drei Evangelien gibt.

Theodizee
bedeutet „Rechtfertigung / Verteidigung Gottes". Für gewöhnlich geht man davon aus, dass Gott gütig und allmächtig ist. Dann aber ist unerklärlich, warum er das Leid und das Böse in der Welt nicht verhindert. Es gibt verschiedene Theodizeen, also Erklärungsversuche, die Gott in Schutz nehmen: „Das Übel hat einen tieferen Sinn und dient dem Guten" oder „Wenn Gott will, dass der Mensch frei entscheiden kann, muss er ihn auch Böses tun lassen". Leiderfahrungen können zu einer stärkeren Hinwendung zu Gott führen, sie können allerdings auch Glaubenszweifel auslösen.

Trinität
Die trinitarische Rede von Gott im → Apostolischen Glaubensbekenntnis wie das Kreuzzeichen der Katholiken („Im Namen des Vaters [Stirn] und des Sohnes [Bauch] und des Heiligen Geistes [von der linken zur rechten Brust]") geben einen Aspekt des christlichen Gottesbildes wieder, das in Judentum und Islam oft als Glaube an drei Götter

missverstanden wird, aber zu den ältesten „Alleinstellungsmerkmalen" des Christentums gehört. Die Trinitätslehre wurde 325 auf dem Konzil von Niccäa und 381 auf dem Konzil von Konstantinopel nach jahrhundertelangen Streitigkeiten endgültig formuliert. Sie besagt, dass von Gott nur dann angemessen gesprochen wird, wenn sein schöpferisches Handeln (Vater), sein versöhnendes Handeln (Sohn) und sein verwandelndes und bewegendes Handeln (Heiliger Geist) zugleich im Blick sind. Die Trinitätslehre fordert nicht zum Glauben an drei „göttliche Gegebenheiten" auf, sondern sie will das Geheimnis Gottes wahren und ihn – auch sprachlich – vor Vereinnahmung schützen.

Vergebung
ist ein freiwilliger Akt, der aus Barmherzigkeit und → Gnade motiviert ist und daher gewährt wird und nicht einforderbar ist. Vergebung bedeutet, dass ein Fehlverhalten für das zukünftige Miteinander nachgesehen, das heißt als Schuld nicht angerechnet wird. Man unterscheidet zwischen zwischenmenschlicher Vergebung und göttlicher Vergebung. Weil wir als fehlbare Geschöpfe Gott immer etwas schuldig bleiben, sind wir auf Gottes Vergebung angewiesen. Im religiösen Leben gibt es vielfältige → Rituale, die dem Versöhnungshandeln zwischen Gott und Mensch eine Form geben. Im Judentum ist das Jom Kippur, der Versöhnungstag, der auch die Forderung einschließt, sich mit dem Mitmenschen zu versöhnen. Das Christentum hat die individuelle oder kollektive Beichte als Form entwickelt, um Schuldbekenntnis und Vergebung zu ritualisieren. Der Vergebung geht die Bitte um Vergebung und in aller Regel auch die Reue voraus.

Weisung / Tora
Tora ist ein hebräisches Wort und heißt übersetzt „Lehre" oder „Weisung". „Tora" wird in Bezug auf das AT für Einzelbestimmungen, für das fünfte Buch Mose und für die fünf Bücher Mose insgesamt gebraucht. Im nachbiblischen Judentum wurde „Tora" zu einem umfassenden Inbegriff für alle Arten von Weisungen, das heißt für die gesamte Hebräische Bibel (schriftliche Tora) *und* für die gesammelten Auslegungen (mündliche Tora). Meistens meint man mit „Tora" die fünf Bücher Mose. Tora ist mit dem Wort „Gesetz", das sich als Begriff für die Weisungen des AT auch im NT findet, unzureichend wiedergegeben, weil der Assoziationshintergrund des Wortes „Gesetz" eher die Einschränkung betont als den weisenden Charakter, den die Gebote für ein gutes Leben und ein gutes Miteinanderleben haben.

Zwei-Quellen-Theorie
Die heute in der neutestamentlichen Forschung allgemein anerkannte Theorie erklärt die Textbefunde der Evangelien so, dass die Evangelisten Matthäus und Lukas zwei Quellen hatten: einmal das Markusevangelium (der gesamte Markus-Stoff findet sich auch bei Matthäus und Lukas) und zum anderen eine Quelle „Q", die aus einer Sammlung von Jesus-Sprüchen (Logien) bestand. Die Logienquelle Q ist eine rein hypothetische Größe, es existieren von ihr keine Handschriften, unter Umständen war es sogar eine mündliche Quelle und gar keine schriftliche Quelle. Der Inhalt von Q ist im Prinzip durch die Gemeinsamkeiten zwischen Matthäus und Lukas rekonstruierbar. Typische Q-Stoffe sind die Aussprüche Jesu, wie sie in der matthäischen Bergpredigt bzw. der lukanischen Feldrede überliefert sind.

Personen

Ali **Al-Nasani**, geb. 1965 in Bonn, ist Diplomübersetzer und Afrikanologe. Er arbeitet als Referent und Journalist im Bereich Menschenrechte und leitet das Büro der Heinrich-Böll-Stiftung in Kambodscha.

Hannah **Arendt** (1906–1975) studierte in Marburg und Heidelberg Philosophie. 1933 musste sie emigrieren und war in den USA als Hochschullehrerin und Publizistin tätig. 1961 war sie für die „New York Times" Beobachterin des Prozesses gegen den Nazi-Verbrecher Adolf Eichmann in Jerusalem. In ihren philosophischen und politischen Werken setzte sie sich intensiv mit der Entstehung totalitärer Herrschaft auseinander.

Martin **Assig**, geb. 1959, studierte von 1979 bis 1985 an der Hochschule der Künste in Berlin. Er lebt und arbeitet als freischaffender Künstler in Berlin. Kunstwerke von Assig sind unter anderem im Museum of Modern Art in New York zu sehen.

Augustinus (354–430) war ein wichtiger Philosoph und Theologe an der Schwelle zwischen Antike und Mittelalter, der die griechische Philosophie mit ihrem logischen Denken und die (neue) christliche Theologie verbunden hat. Er trägt neben Hieronymus, Ambrosius von Mailand und Papst Gregor dem Großen in der römisch-katholischen Kirche den Titel „Kirchenlehrer".

Ernst **Barlach** (1870–1938) war ein deutscher Bildhauer, Schriftsteller und Zeichner. Sein Werk wurde im Nationalsozialismus als „entartet" abqualifiziert. Berühmtheit erlangte seine Bronze-Plastik „Der Schwebende" (Güstrow, Zweitguss in Köln).

Karl **Barth** (1886–1968) war ein evangelisch-reformierter Schweizer Pfarrer und Theologe, der maßgeblichen Anteil an der Entstehung und der theologischen Profilierung der Bekennenden Kirche während des Nationalsozialismus hatte. 1921 erhielt er eine Professur an der Universität Göttingen, später wechselte er nach Münster und Bonn. Nach Repressalien durch die Nationalsozialisten konnte er seine Tätigkeit 1935 an der Universität Basel fortsetzen, der er bis zu seinem Ruhestand treu blieb.

Max **Beckmann** (1884–1950) war ein deutscher Maler und Grafiker. Sein Stil ist vom Expressionismus beeinflusst. Er schuf viele Selbstporträts, ein großer Teil seines Werkes, das im Nationalsozialismus als „entartet" galt, befasst sich mit biblischen Themen.

Joseph **Beuys** (1921–1986) gilt als einer der bedeutendsten Künstler des 20. Jahrhunderts. Sein Werk enthält vielfache Anknüpfungspunkte an den Katholizismus, in dem er als Kind in Kleve am Niederrhein aufgewachsen ist. Typisch für seinen Kunstbegriff ist die „soziale Plastik": Kunst sollte provozieren und das soziale Miteinander der Menschen verändern.

Dietrich **Bonhoeffer** (1906–1945) ist einer der bedeutendsten deutschen Theologen. Er gehörte der Bekennenden Kirche und dem politischen Widerstand gegen Hitler an und wurde nach zweijähriger Haft kurz vor Ende des Krieges im Konzentrationslager Flossenbürg umgebracht.

Hans Christian **Brandy**, geb. 1958, ist promovierter Theologe und seit 2010 einer der sechs Landessuperintendenten in der Evangelisch-lutherischen Landeskirche Hannovers.

Rudolf **Bultmann** (1884–1976) war Professor für Neues Testament in Marburg. Er gilt als Begründer der historisch-kritischen Methode zur Erforschung des Neuen Testaments.

Alfred **Buß**, geb. 1947, war von 2004 bis 2012 Präses der Ev. Kirche von Westfalen, ein Amt, das dem des Bischofs/der Bischöfin in anderen Landeskirchen entspricht. Er ist Sprecher in der Sendung „Das Wort zum Sonntag".

Hermann **Buß**, geb.1951, studierte Kunstpädagogik und arbeitet als freischaffender Künstler in Ostfriesland. Er ist einem gegenständlichen Stil verpflichtet und hat zahlreiche Altar- und Wandbilder für Kirchen, vor allem im Raum der Evangelisch-lutherischen Landeskirche Hannovers, geschaffen.

Ernest **Callenbach** (1929–2012) war ein US-amerikanischer Schriftsteller und Journalist. Er lehrte darüber hinaus Filmgeschichte und Filmtheorie an der University of California in Berkeley. Berühmt wurde er 1975 mit seinem Roman „Ökotopia", in dem er ein ökologisches und sozialverträgliches Gesellschaftsmodell entwarf.

Katharina **Ceming**, geb. 1970, studierte Katholische Theologie, Philosophie und Germanistik. Sie ist Professorin an der Universität Augsburg; ihre Forschungsschwerpunkte sind religiöse Weisheitslehren und Mystik.

Lucas **Cranach der Ältere** (um 1472–1553) war einer der bedeutendsten deutschen Maler und Grafiker der Renaissance. Er lebte und arbeitete als Hofmaler in Wittenberg/Sachsen. Cranach gilt als Maler der Reformation, weil er die Botschaft → Martin Luthers in zahlreichen Gemälden verbildlichte.

Richard **Dawkins**, geb. 1941, ist ein britischer Zoologe, Evolutionsbiologe und Autor populärwissenschaftlicher Bücher. Von 1995 bis 2008 war er Professor an der University of Oxford. Er gilt als Vertreter des „Neuen Atheismus" und bezeichnet sich selbst als „militanten Atheisten". Die Titel seiner Bücher („Gipfel des Unwahrscheinlichen", „Der Gotteswahn", „Die Schöpfungslüge") lassen vermuten, dass er kein Interesse an einer Differenzierung zwischen Erzählungen und Glaubenszeugnissen auf der einen und wissenschaftlichen Hypothesenbildungen auf der anderen Seite zu haben scheint.

Eugen **Drewermann**, geb. 1940, ist ein katholischer Theologe und Psychotherapeut. Wegen seiner Lehre wurde er von der katholischen Kirche mit Berufsverbot belegt. Im Jahr 2005 trat er aus der katholischen Kirche aus.

Jürgen **Ebach**, geb. 1945, war bis zu seinem Ruhestand Professor für Auslegung und Theologie des Alten Testaments sowie biblische Hermeneutik an der Evangelisch-Theologischen Fakultät der Ruhr-Universität Bochum. Er gehört zum Herausgeberkreis der „Bibel in gerechter Sprache".

Klaus **Eulenberger**, geb. 1946, ist evangelischer Pfarrer. Er arbeitete als Gemeindepastor und in der Ausbildung. Seit 1975 ist er auch für den Norddeutschen Rundfunks (Morgenandachten „Glaubenssachen") tätig. Er wurde 2003 mit dem Predigtpreis des Verlags für die Deutsche Wirtschaft ausgezeichnet.

Ulrich **Fischer**, geb. 1949, ist Theologe und ehemaliger Landesbischof der Evangelischen Landeskirche in Baden.

Lea **Fleischmann**, geb. 1947, lebt seit 1979 in Jerusalem. Sie wurde bekannt durch ihr 1980 erschienenes Buch „Dies ist nicht mein Land. Eine Jüdin verlässt die Bundesrepublik". Sie ist als Schriftstellerin und Journalistin tätig.

Magdalene **Frettlöh**, geb. 1959, ist eine deutsche, evangelische Theologin und Professorin für Systematische Theologie an der Universität Bern.

Sigmund **Freud** (1856–1939) forschte und praktizierte als Arzt in Wien und gilt als Begründer der modernen Psychoanalyse. 1938 gelang ihm in letzter Minute die Flucht vor den Nationalsozialisten nach London. Freuds zentrale Erkenntnis besteht darin, dass die Handlungen des Menschen oft mehr durch das Unbewusste seiner Psyche bestimmt werden als durch bewusste Entscheidungen.

Christian **Frevel**, geb. 1962, ist ein katholischer Theologe. Er ist Professor für Altes Testament an der Ruhr-Universität Bochum.

Christian **Führer** (1943–2014) war ein deutscher evangelisch-lutherischer Pfarrer. Er war als

Gemeindepfarrer in Leipzig Mitorganisator der Friedensgebete, aus denen die Montagsdemonstrationen 1989 in Leipzig hervorgingen, die schließlich zur Friedlichen Revolution und zur politischen Wende in der ehemaligen DDR führten.

Joachim **Gauck**, geb. 1940, ist seit 2012 Bundespräsident der Bundesrepublik Deutschland. Ursprünglich ist er evangelischer Pastor. Nach der Wende leitete er die „Gauck-Behörde", die die Stasi-Unterlagen verwaltete.

Al **Gore**, eigentlich: Albert A. Gore, geb. 1948, ist ein US-amerikanischer Politiker. Von 1993 bis 2001 war er Vizepräsident der Vereinigten Staaten. Sein Engagement gilt dem Umweltschutz, insbesondere dem Klimawandel. 2007 erhielt er den Friedensnobelpreis.

Wilhelm **Gräb**, geb. 1948, ist Professor für Praktische Theologie an der Humboldt-Universität in Berlin.

George **Grosz** (1893–1959) war ein deutsch-amerikanischer Maler, Grafiker und Karikaturist. Er wurde als Georg Groß in Berlin geboren, nahm als Freiwilliger am Ersten Weltkrieg teil. Die Kriegserfahrungen waren für ihn so traumatisierend, dass er bereits 1915 als dienstuntauglich entlassen wurde und fortan ein vehementer Kriegsgegner war. 1916 änderte er seinen deutschen Namen in einen englischen, um ein Zeichen gegen die patriotische, deutsche Kriegsbegeisterung im Deutschen Kaiserreich zu setzen. Grosz' Zeichnungen, Grafiken und Gemälde sind zum Teil äußerst provokativ, sie haben ihm etliche Prozesse wegen Beleidigung der Reichswehr und wegen Gotteslästerung eingetragen. 1933 emigrierte er in die Vereinigten Staaten von Amerika.

Matthias **Grünewald** (ca. 1475–ca. 1530) ist ein bedeutender Maler der Renaissance-Zeit. Ein Großteil seines Werkes ist entsprechend den kirchlichen Auftraggebern seiner Zeit biblischen Themen gewidmet.

Tilmann **Haberer**, geb. 1955, ist evangelischer Pfarrer, freiberuflicher Journalist und Autor.

Hubertus **Halbfas**, geb. 1932, ist katholischer Theologe und war bis zu seinem Ruhestand Professor für Religionspädagogik an der Pädagogischen Hochschule in Reutlingen.

Knut **Hamsun** (1859–1952) war ein norwegischer Schriftsteller. 1920 erhielt er den Literaturnobelpreis. Sehr problematisch ist seine hymnische Verehrung des Deutschtums, gerade auch während der Zeit des Nationalsozialismus und sogar während der deutschen Besatzung Norwegens. Er schrieb einen glorifizierenden Nachruf auf Hitlers Tod und blieb bis zu seinem Lebensende uneinsichtig.

Wilfried **Härle**, geb. 1941, hatte Professuren für Systematische Theologie in Marburg und Heidelberg inne. Er war bis 2005 Mitglied der Enquete-Kommission des Deutschen Bundestages „Ethik und Recht der modernen Medizin" und bis 2010 Vorsitzender der Kammer für Öffentliche Verantwortung der EKD.

Gero **Hellmuth**, geb. 1940, studierte an der Staatlichen Akademie der Bildenden Künste in Karlsruhe sowie Kunstwissenschaft und Philosophie in Freiburg, Karlsruhe und Stuttgart. Er lebt als freischaffender Künstler in Singen.

Wolfgang **Huber**, geb. 1942, war von 1980 bis 1984 Professor für Sozialethik an der Universität Marburg, danach bis 1994 Professor für Systematische Theologie mit Schwerpunkt Ethik in Heidelberg. Bis 2009 war er Ratsvorsitzender der EKD und bis 2014 Mitglied des deutschen Ethikrates.

Claudia **Janssen**, geb. 1966, ist Studienleiterin im Studienzentrum der EKD für Genderfragen in Kirche und Theologie in Hannover und seit 2010 außerplanmäßige Professorin für Neues Testament an der Philipps-Universität Marburg.

Hans **Joas**, geb. 1948, ist ein deutscher Soziologe und Sozialphilosoph. Er war bis zu seinem Ruhestand Leiter des Max-Weber-Kollegs für kultur- und sozialwissenschaftliche Studien an der Universität Erfurt und Professor an der University of Chicago.

Hans **Jonas** (1903–1993) wurde in Deutschland geboren und musste 1933 emigrieren. Über Stationen in London und Jerusalem kam er in die USA und lehrte dort von 1955 bis 1976 als Professor für Philosophie an der New School for Social Research in New York City. Sein Hauptwerk trägt den Titel „Das Prinzip Verantwortung". Es erschien 1979 und bezieht sich unter anderem auf das 1954–1959 erschienene Hauptwerk von Ernst Bloch („Das Prinzip Hoffnung").

Daniel **Josefsohn**, geb. 1961, ist ein in Berlin lebender und arbeitender deutscher Fotograf. 2014 schrieb er unter dem Titel „Am Leben" gemeinsam mit seiner Lebensgefährtin Karin Müller im Magazin der Wochenzeitung „Die Zeit" einen wöchentlichen Bild-Text-Beitrag über sein Leben vor und nach seinem Schlaganfall 2012. Aus dieser Serie, für die Josefsohn und Müller mit dem deutschen LeadAward für die beste Reportagefotografie ausgezeichnet wurden, stammt auch das auf Seite 57 abgedruckte Foto.

Hans-Christian **Kammler**, geb. 1965, ist evangelischer Pfarrer und außerplanmäßiger Professor für Neues Testament an der Universität Tübingen.

Martin **Kämpchen**, geb. 1948, studierte Germanistik, indische Philosophie und Religionswissenschaft. Er lebt als freischaffender Schriftsteller, Übersetzer und Journalist in Indien. Sein Interesse gilt dem interreligiösen Dialog zwischen Hinduismus und Christentum.

Immanuel **Kant** (1724–1804) ist ein bedeutender Philosoph der Aufklärung. 1781 veröffentlichte er die „Kritik der reinen Vernunft", in der er den „Ausgang des Menschen aus seiner selbst verschuldeten Unmündigkeit" forderte.

Margot **Käßmann**, geb. 1958, ist evangelische Theologin. Sie war von 1999 bis 2010 Bischöfin der Evangelisch-lutherischen Landeskirche Hannovers und 2009/2010 Ratsvorsitzende der EKD. Am Neujahrstag 2010 hielt sie in der Frauenkirche Dresden eine Predigt, in der sie für friedliche Konfliktlösungen eintrat und mit ihren Satz „Nichts ist gut in Afghanistan" eine Kontroverse auslöste.

Othmar **Keel**, geb. 1937, ist ein katholischer Theologe, Bibel- und Religionswissenschaftler sowie Ägyptologe. Bis 2002 war er Professor für Theologie in Freiburg/Schweiz. Sein Hauptforschungsinteresse galt dem Alten Orient.

Navid **Kermani**, geb. 1967, ist ein deutscher Orientalist und Publizist. Er ist Mitglied der Deutschen Akademie für Sprache und Dichtung. Für sein akademisches und literarisches Werk erhielt Kermani zahlreiche Auszeichnungen, unter anderem die Buber-Rosenzweig-Medaille und den Hannah-Arendt-Preis. Er lebt als freier Schriftsteller in Köln.

Kurt **Koch**, geb. 1950, ist ein Schweizer katholischer Theologe, Kurienkardinal der römisch-katholischen Kirche und ehemaliger Bischof von Basel. Er ist päpstlicher Rat für den Interreligiösen Dialog.

Manfred **Kock**, geb. 1936, ist ein deutscher evangelischer Theologe. Er war von 1997 bis 2003 Ratsvorsitzender der Evangelischen Kirche in Deutschland (EKD). Sein Nachfolger wurde → Wolfgang Huber.

Mouhanad **Khorchide**, geb. 1971 in Beirut, ist ein österreichischer Soziologe, Islamwissenschaftler und Religionspädagoge. Seit 2010 bildet er als Professor für Islamische Religionspädagogik an der Westfälischen Wilhelms-Universität in Münster künftige Lehrkräfte für islamischen Religionsunterricht aus.

Ulrich **Körtner**, geb. 1957, ist ein deutsch-österreichischer evangelischer Theologe. Seit 1992 ist er Professor für Systematische Theologie an der Evangelisch-Theologischen Fakultät der Universität Wien. Sein Forschungsschwerpunkt ist die Medizinethik.

Ursula **Krechel**, geb. 1947, ist eine deutsche Schriftstellerin. Sie hat Lyrik veröffentlicht, aber auch Prosa, Theaterstücke und Hörspiele. Ihr 2012 erschienener Roman „Landgericht" erhielt den Deutschen Buchpreis. Krechel ist Mitglied der Deutschen Akademie für Sprache und Dichtung.

Hetty **Krist**, geb. 1942 in Den Haag, ist eine deutsch-niederländische Künstlerin, die durch ihre Zeichnungen, Radierungen und Lithografien international bekannt ist. Sie ist Dozentin für figürliches Zeichnen und Kunstgeschichte in Frankfurt am Main und Darmstadt und lebt und arbeitet in Frankfurt am Main.

Hans **Küng**, geb. 1928 in der Schweiz, ist ein katholischer Theologe. Bis 1996 war er Theologie-Professor an der Universität Tübingen. Seine Kritik am Dogma der päpstlichen Unfehlbarkeit führte 1979 zum Entzug seiner kirchlichen Lehrbefugnis. Bis März 2013 war er Präsident der von ihm mit gegründeten „Stiftung Weltethos".

Reiner **Kunze**, geb. 1933, ist ein deutscher Schriftsteller und Übersetzer aus dem Tschechischen und Slowakischen. Schon während seines Studiums zeichneten sich erhebliche politische Differenzen mit dem DDR-Regime ab. Als 1976 sein Prosaband „Die wunderbaren Jahre" in der Bundesrepublik erschien, wurde Kunze aus dem DDR-Schriftstellerverband ausgeschlossen. Um einer drohenden mehrjährigen Haftstrafe zu entgehen, übersiedelte er in den Westen Deutschlands.

Karl-Josef **Kuschel**, geb. 1948, ist Professor für Theologie der Kultur und des interrreligiösen Dialogs an der Fakultät für Katholische Theologie der Universität Tübingen. Sein Forschungsinteresse gilt besonders dem interreligiösen Dialog und den Spuren des Religiösen in der Literatur.

Christian **Lehnert**, geb. 1969, ist Dichter und Theologe. Seit Mai 2012 ist er Leiter des Liturgiewissenschaftlichen Institutes der Vereinigten Evangelisch-Lutherischen Kirche Deutschlands an der Universität Leipzig. Für Hans Werner Henzes Konzertoper Phaedra, die 2007 an der Berliner Staatsoper Unter den Linden uraufgeführt wurde, schrieb er das Libretto. 2012 erhielt er den Hölty-Preis für Lyrik.

Gottfried Wilhelm **Leibniz** (1646–1716) war ein deutscher Philosoph und Universalgelehrter der frühen Aufklärung.

Gotthold Ephraim **Lessing** (1729–1781) war ein bedeutender Dichter der deutschen Aufklärung. Er steht mit seiner „Ringparabel" aus dem Drama „Nathan der Weise" für Toleranz und das Aufgeben exklusiver Wahrheitsansprüche.

Emmanuel **Levy** (1900–1986) war ein britischer Maler. Er studierte in Paris und an der Manchester School of Art, wo er später am Department für Architektur seinen Abschluss erwarb. Neben seiner Tätigkeit als freiberuflicher Künstler, als Dozent und Lehrer, arbeitete er auch für die Manchester Evening News. 2014/2015 ehrte ihn das Jüdische Museum Manchester mit einer großen Retrospektive.

Martin **Luther** (1483–1546) war der theologische Urheber der Reformation, in deren Folge es zur Bildung evangelisch-lutherischer Kirchen kam. Luther gehörte zum Augustiner-Eremiten-Orden und wirkte in Wittenberg als Theologieprofessor. Beim Studium des Briefes des Paulus an die Gemeinde in Rom entdeckte er für sich ein neues Verständnis von Gottes → Gerechtigkeit, in der Gottes → Gnade eine zentrale Rolle einnahm. Seine Predigten und Schriften, seine Bibelübersetzung und seine Lieder, die von Lukas Cranach unterstützte Bebilderung der Frohen Botschaft sowie das Wohlwollen seines Landesherrn Friedrichs des Weisen verhalfen der Reformation in Deutschland zu einem umfassenden Durchbruch.

Manfred **Lütz**, geb. 1954, studierte Medizin, Philosophie und katholische Theologie in Bonn und Rom. Er ist Facharzt für Nervenheilkunde, Psychiatrie und Psychotherapie und leitet eine psychiatrische Klinik. Zahlreiche Veröffentlichungen widmen sich der Kritik an einem Lebensstil und einer Medizin, in der Gesundheit in die Nähe religiöser Heilsversprechen rückt.

René **Magritte** (1898–1967) war ein belgischer Maler und ist ein bedeutender Vertreter des Surrealismus.

Kurt **Marti**, geb. 1921, ist ein evangelisch-reformierter Schweizer Pfarrer und Dichter. Seit 1983 lebt er als freier Schriftsteller in Bern.

Pascal **Mercier**, geb. 1944, ist ein Schweizer Philosoph und Schriftsteller. Der Name ist ein Pseudonym, unter dem er als Schriftsteller tätig ist. Sein philosophisches Werk erscheint unter seinem wirklichen Namen Peter Bieri.

Paul **Metzger**, geb. 1973, ist evangelischer Pfarrer und Dozent für Neues Testament und Bibeldidaktik an der Universität Koblenz-Landau.

Michelangelo Buonarroti (1475–1564), oft nur Michelangelo genannt, war einer der bedeutendsten Künstler der italienischen Hochrenaissance. Er war Bildhauer, Maler, Architekt und Dichter. Berühmt sind seine überlebensgroße David-Skulptur (Akademie der Künste in Florenz), die Darstellung des Mose im Grabmonument für Papst Julius II. (San Pietro in Vincoli in Rom) und die Ausmalung der Sixtinischen Kapelle im Vatikan in Rom.

Tilmann **Moser**, geb. 1938, ist ein deutscher Psychoanalytiker, der in religionspädagogischen Kreisen durch sein 1976 erschienenes Buch „Gottesvergiftung" bekannt wurde, in welchem er die in seiner Lehranalyse bearbeitete Kindheit in einem engen pietistischen Milieu thematisierte. Seine Forschungsschwerpunkte auf psychoanalytischem Gebiet lagen in der Körpertherapie, dem Umgang mit Straffälligen und der generationsübergreifenden Traumatisierung von Opfern des Nationalsozialismus.

Josef Felix **Müller**, geb. 1955, ist ein Schweizer Bildhauer, Grafiker und Maler. Sein Werk umfasst Holzskulpturen, Malerei, Holzschnitte, Radierungen und Lithografien. Müller lebt und arbeitet seit 1975 in St. Gallen.

Joan **Osborne**, geb. 1962, ist eine amerikanische Sängerin und Songwriterin. „One of Us", einer ihrer größten Hits, stammt aus dem Jahr 1995.

Peter von der **Osten-Sacken**, geb. 1940, war von 1973 bis zu seinem Ruhestand Professor für Neues Testament und Christlich-Jüdische Studien an der Humboldt-Universität in Berlin. Dort leitete er das Institut Kirche und Judentum. Von der Osten-Sacken ist Träger der Buber-Rosenzweig-Medaille.

Heinz **Plank**, geb. 1945, ist ein deutscher Maler, Zeichner und Grafiker. Er studierte an der Hochschule für Grafik und Buchkunst Leipzig.

Heribert **Prantl**, geb. 1953, ist ein deutscher Jurist, Journalist und Autor. Er leitet das Ressort für Innenpolitik bei der Süddeutschen Zeitung in München.

Otfried **Preußler** (1923–2013) war einer der berühmtesten deutschen Kinderbuchautoren. Seine 32 Bücher wurden in zahlreiche Sprachen übersetzt und hatten Millionen-Auflagen.

Alois **Prinz**, geb. 1958, ist Journalist und Schriftsteller. Sein Schwerpunkt liegt auf Biografien für Jugendliche. Seine Bücher wurden mehrfach ausgezeichnet. 2001 erhielt er den Evangelischen Buchpreis für seine Biografie über Hannah Arendt und 2004 den Deutschen Jugendliteraturpreis für seine Biografie über Ulrike Meinhof.

Hans-Richard **Reuter**, geb. 1947, ist Professor für Theologische Ethik und angrenzende Sozialwissenschaften an der Evangelisch-theologischen Fakultät der Universität Münster.

Rainer Maria **Rilke** (1875–1926) wurde in Prag geboren und war ein deutschsprachiger Dichter und Essayist.

Michael **Rosenberger**, geb. 1962, ist ein österreichischer, katholischer Priester und Theologe. Er ist Professor für Moraltheologie an der Katholisch-theologischen Privatuniversität in Linz.

Jan **Roß**, geb. 1965, ist Journalist und Autor. 2012 erschien sein Buch „Die Verteidigung des Menschen. Warum Gott gebraucht wird". Roß vertritt darin die These, dass wir auf eine intolerante „Kultur des religiösen Analphabetismus" zusteuern und verteidigt die Religion als einen elementaren Grundbaustein für humanitäres Handeln.

Gerhard **Roth**, geb. 1942, ist Professor für Verhaltensphysiologie an der Universität Bremen. Er studierte Musikwissenschaft, Germanistik und Philosophie, anschließend Biologie mit dem Schwerpunkt Zoologie.

SAID, geb. 1947, ist der Künstlername eines deutsch-persischen Schriftstellers, der seit 1965 in Deutschland lebt. SAID wurde mehrfach für sein schriftstellerisches Werk, aber auch für sein Engagement für politisch Verfolgte ausgezeichnet. Von 2000 bis 2002 war er Präsident des PEN-Zentrums Deutschland. 2007 erschien „Psalmen" – lyrische Dichtung, die sich an biblischen und altorientalischen Vorbildern orientiert.

Jean-Paul **Sartre** (1905–1980) war ein französischer Schriftsteller, Philosoph und Publizist. Er gilt als einer der Hauptvertreter des französischen Existenzialismus.

Martin **Schleske**, geb. 1965, ist Geigenbaumeister und Dipl.-Physiker mit Schwerpunkt Akustik. Seine Instrumente werden von international konzertierenden Solisten und Konzertmeistern renommierter Orchester gespielt.

Johann Michael **Schmidt**, geb. 1934, ist evangelischer Theologe und war bis zu seinem Ruhestand Professor für Biblische Theologie an der Universität zu Köln.

Jonathan **Schöps**, geb. 1989, studiert an der Bauhaus-Universität Weimar und arbeitet freiberuflich als Grafikdesigner. Im Rahmen seiner Bachelor-Arbeit begann er mit der Arbeit an „Undarstellbar – Visuelle Gedanken zu Gott". Das Projekt wurde 2014 mit dem Herder-Förderpreis ausgezeichnet.

Johannes **Schreiter**, geb. 1930, ist ein bedeutender zeitgenössischer Maler, Grafiker und Glasbildner. Bis 1987 war er Professor an der Staatlichen Hochschule für Bildende Künste in Frankfurt am Main. Er schuf zahlreiche Glasfenster in evangelischen wie katholischen Kirchen, so in Augsburg, Dortmund, Frankfurt am Main, Goslar, Göttingen, Heidelberg, Osnabrück, Kiel, Lüneburg, Stralsund, Stuttgart und Ulm. Schreiter lebt und arbeitet in Langen/Hessen.

Siegfried **Schulz** (1927–2000) war ein deutscher Theologe und Professor für Neues Testament an der Universität Zürich. Sein Forschungsschwerpunkt war das Urchristentum.

Alice **Schwarzer**, geb. 1942, ist Feministin, Journalistin und Publizistin. Sie hat die deutsche Emanzipationsbewegung in ihren Anfängen wesentlich geprägt, unter anderem durch die Herausgabe der Zeitschrift „Emma".

Hilal **Sezgin**, geb. 1970, ist eine türkisch-deutsche Schriftstellerin und Journalistin. Ihre Themenschwerpunkte sind Tierethik und Frauenrechte im Islam.

Marc **Siebenhüner**, geb. 1989, hat Bildende Kunst und Evangelische Theologie in Berlin studiert. Derzeit arbeitet er in Berlin als Meisterschüler bei Professor Held an der Universität der Künste Berlin.

Peter **Singer**, geb. 1946, ist ein australischer Philosoph und Vertreter einer utilitaristischen Ethik. Er war von 1977 bis 1999 Professor für Philosophie an der Monash University in Melbourne, Australien, danach Professor für Bioethik am Center for Human Values der Princeton University/USA.

Thomas **Söding**, geb. 1956, ist katholischer Theologe und lehrt seit 2008 an der Ruhr-Universität Neues Testament. Söding ist Mitglied zahlreicher wissenschaftlicher und kirchlicher Gremien, darunter der Internationalen Theologenkommission im Vatikan.

Dorothee **Sölle** (1929–2003) war eine deutsche Theologin. Sie war von 1975 bis 1987 Professorin für Evangelische Theologie am Union Theological Seminary in New York. Gemeinsam mit → Fulbert Steffensky gehörte sie 1968 zu den Initiatoren des Politischen Nachtgebets in der Antoniterkirche in Köln. Neben ihrer wissenschaftlichen Arbeit veröffentlichte sie auch Lyrik.

Robert **Spaemann**, geb. 1927, ist ein deutscher Philosoph. Er studierte Philosophie, Geschichte, Katholische Theologie und Romanistik an den Universitäten Münster, München, Fribourg (Schweiz) und Paris. Er war zuletzt Professor für Philosophie an der Universität München.

Fulbert **Steffensky**, geb. 1933, studierte Katholische und Evangelische Theologie und trat 1955 in den Benediktinerorden ein. 1969 konvertierte er zum Protestantismus und heiratete die evangelische Theologin → Dorothee Sölle. Bis zu seinem Ruhestand war er Professor für Religionspädagogik am Fachbereich Erziehungswissenschaft an der Universität Hamburg.

Regula **Strobel**, geb. 1956 ist eine Schweizer Feministin und Theologin. Sie war bis 2010 Leiterin der Fachstelle für Familie und Gleichstellung im Kanton Aargau. Seither führt sie mit ihrem Mann ein Hotel.

Eberhard **Szejstecki**, geb. 1958, studierte Design in Münster und Bildhauerei in Bremen. Er lebt als freischaffender Künstler in Bremen.

Muna **Tatari**, geb. 1971 in Hamburg, ist wissenschaftliche Mitarbeiterin für Islamische Theologie an der Universität Paderborn. Sie studierte Arabisch an der Universität Amman und Islamwissenschaften an der Universität Hamburg.

Christiane **Tietz**, geb. 1967 ist eine evangelische Theologin und Professorin für Systematische Theologie an der Universität Zürich.

Paul **Tillich** (1886–1965) war ein deutsch-amerikanischer Theologe und Religionsphilosoph. 1933 wurde er aus politischen Gründen – er gehörte den „Religiösen Sozialisten" an – aus dem Staatsdienst entlassen und emigrierte in die USA. Er war Professor für Theologie an der Harvard University und der University of Chicago.

Ilija **Trojanow**, geb. 1965, ist ein deutscher Schriftsteller, Übersetzer und Verleger bulgarischer Abstammung. 2006 gewann er mit seinem Roman „Der Weltensammler" den Preis der Leipziger Buchmesse.

David Foster **Wallace** (1962–2008) war ein amerikanischer Schriftsteller. Bekannt wurde er 2006 mit seinem Roman „Unendlicher Spaß". Er litt an Alkoholsucht und schweren Depressionen und verlor sein Leben durch Suizid.

Bärbel **Wartenberg-Potter**, geb. 1943, ist eine deutsche Theologin. Sie hat sich in der ökumenischen Bewegung und im Kampf gegen die Apartheid engagiert. Von 1980 bis 1985 war sie Direktorin der Abteilung „Frau in Kirche und Gesellschaft" des Ökumenischen Rates der Kirchen (ÖRK) in Genf. Von 2001 an bis zu ihrem Ruhestand 2008 war sie Bischöfin der Nordelbischen Evangelisch-Lutherischen Kirche für den Sprengel Holstein Lübeck.

Paul **Watzlawick** (1921–2007) war ein österreichisch-amerikanischer Kommunikationswissenschaftler, Psychotherapeut, Soziologe, Philosoph und Autor. Berühmt wurde sein Satz „Man kann nicht nicht kommunizieren".

Claus **Westermann** (1909–2000) war Professor für Alttestamentliche Theologie an der Universität Heidelberg.

Elie **Wiesel**, geb. 1928, ist ein amerikanischer Schriftsteller und Publizist. Er wurde in Rumänien geboren. Nach der Besetzung durch die Deutschen wurde er 1944 mit seiner Familie nach Auschwitz deportiert. Nach dem Zweiten Weltkrieg studierte Wiesel an der Sorbonne in Paris und war für französische und israelische Zeitungen tätig. 1958 erschien sein erster autobiografischer Roman „Der Vergessene", in dem er seine Traumatisierungen während der → Shoah literarisch verarbeitete. 1963 übersiedelte er endgültig in die USA, 1986 erhielt er den Friedensnobelpreis.

Erich **Zenger** (1939–2010) war ein katholischer Priester und Professor für Alttestamentliche Wissenschaft an der Universität Münster. Er hat sein wissenschaftliches Leben der Erforschung der Psalmen und dem jüdisch-christlichen Dialog gewidmet. 2009 erhielt er die Buber-Rosenzweig-Medaille.

Jörg **Zink**, geb. 1922, ist evangelischer Pfarrer, Theologe und Publizist. Er veröffentlichte viele religiöse Sachbücher, war Sprecher des „Wort zum Sonntag", wirkte bei Evangelischen Kirchentagen mit und erhielt 2004 den Predigtpreis des Verlags für die Deutsche Wirtschaft.

Operatoren

Anforderungsbereich I

Operatoren	Definitionen
• nennen • benennen	ausgewählte Elemente, Aspekte, Merkmale, Begriffe, Personen etc. unkommentiert aufzählen
• skizzieren	einen bekannten oder erkannten Sachverhalt oder Gedankengang in seinen Grundzügen ausdrücken
• formulieren • darstellen	den Gedankengang oder die Hauptaussage eines Textes mit eigenen Worten darlegen
• wiedergeben	einen bekannten oder erkannten Sachverhalt oder den Inhalt eines Textes unter Verwendung der Fachsprache mit eigenen Worten ausdrücken
• beschreiben	die Merkmale eines Bildes oder anderen Materials mit Worten in Einzelheiten schildern
• herausarbeiten	aus Aussagen eines wenig komplexen Textes, einen Sachverhalt oder eine Position ermitteln und darstellen
• erarbeiten	den Argumentationsgang eines Textes, den Aufbau eines Bildes usw. herausarbeiten und strukturiert darstellen
• zusammenfassen	die Kernaussagen eines Textes komprimiert und strukturiert darlegen

Anforderungsbereich II

Operatoren	Definitionen
• einordnen • zuordnen • anwenden	einen bekannten oder erkannten Sachverhalt in einen neuen oder anderen Zusammenhang stellen oder die Position eines Verfassers bezüglich einer bestimmten Religion, Konfession, Denkrichtung etc. unter Verweis auf Textstellen und in Verbindung mit Vorwissen bestimmen
• belegen • nachweisen	Behauptungen durch Textstellen oder bekannte Sachverhalte fundieren
• konkretisieren	Beispiele für einen Sachverhalt finden und ihn verdeutlichen
• erläutern • erklären • entfalten	einen Sachverhalt, eine These etc. ggf. mit zusätzlichen Informationen und Beispielen nachvollziehbar veranschaulichen
• herausarbeiten	aus Aussagen eines komplexeren Textes, einen Sachverhalt oder eine Position ermitteln und darstellen
• vergleichen	nach vorgegebenen oder selbst gewählten Gesichtspunkten Gemeinsamkeiten, Ähnlichkeiten und Unterschiede ermitteln und darstellen
• analysieren • untersuchen	unter gezielter Fragestellung Elemente, Strukturmerkmale und Zusammenhänge systematisch erschließen und darstellen
• in Beziehung setzen	Zusammenhänge unter vorgegebenen oder selbst gewählten Gesichtspunkten begründet herstellen
• befragen	eine Position aus einer anderen Perspektive beleuchten

Anforderungsbereich III

Operatoren	Definitionen
• begründen	eigene Aussagen durch Argumente stützen und nachvollziehbare Zusammenhänge herstellen
• sich auseinandersetzen mit	ein begründetes eigenes Urteil zu einer Position oder einem dargestellten Sachverhalt entwickeln
• beurteilen • bewerten • Stellung nehmen • einen begründeten Standpunkt einnehmen • die eigene Überzeugung argumentativ vorstellen	zu einem Sachverhalt unter Verwendung von Fachwissen und Fachmethoden sich begründet positionieren (Sach- bzw. Werturteil)
• erörtern	die Vielschichtigkeit eines Beurteilungsproblems erkennen und darstellen, dazu Thesen erfassen bzw. aufstellen, Argumente formulieren und dabei eine begründete Schlussfolgerung erarbeiten (dialektische Erörterung)
• prüfen • überprüfen	eine Meinung, Aussage, These, Argumentation nachvollziehen, kritisch hinterfragen und auf der Grundlage erworbener Fachkenntnisse begründet beurteilen
• interpretieren	einen Text oder ein anderes Material (Bild, Karikatur, Tondokument, Film etc.) sachgemäß analysieren und auf der Basis methodisch reflektierten Deutens zu einer schlüssigen Gesamtauslegung gelangen
• gestalten • entwerfen	sich kreativ (z. B. fiktives Gespräch oder Visualisierung) mit einer Fragestellung auseinandersetzen
• Stellung nehmen aus der Sicht von … • eine Erwiderung formulieren aus der Sicht von …	eine unbekannte Position, Argumentation oder Theorie aus der Sicht einer bekannten Position kritisieren oder infrage stellen und ein begründetes Urteil abgeben
• Konsequenzen aufzeigen • Perspektiven entwickeln	aus einer Position Schlussfolgerungen ziehen

Textquellenverzeichnis

13 Über die Anfänge des Suchens nach Gott in der Menschheitsgeschichte, leicht verändert nach: Wilfried Härle, Warum Gott? Für Menschen, die mehr wissen wollen. Evangelische Verlagsanstalt, Leipzig 2013, S. 20; **15** Die Dimension der Tiefe, aus: Paul Tillich, Die verlorene Dimension. Not und Hoffnung unserer Zeit. Hamburg 1962, S. 8 ff.; **16** Eine Frage der Definition: Was ist Religion?, aus: Ulrich Schnabel, Die Vermessung des Glaubens. Forscher ergründen, wie der Glaube entsteht und warum er Berge versetzt. Pantheon Verlag München 2008, S. 76 f.; **17** Der funktionale Religionsbegriff / Der substanzielle Religionsbegriff, http://www.ekd.de/EKD-Texte/ekd_texte93_3.html; **18** Hans Joas, Braucht der Mensch Religion? Über Erfahrungen der Selbsttranszendenz. Herder Freiburg 2004, S. 17 ff.; **19** aus: Knut Hamsun, Mysterien. München 25, S. 58; **20** Burkhard Weitz, Chrismon 3/2013, S. 70; **21** Ein persönliches Zeugnis, aus: André Comte-Sponville: Woran glaubt ein Atheist? aus dem Französischen von Brigitte Große, Copyright der deutschsprachigen Ausgabe © 2008, 2009 Diogenes Verlag AG Zürich; **22** Interview aus: www.religionsphilosophischer-salon.de/keys/fundamental-vernunftig, 5. August 2013; **23** http://ww.kirchentag 2013.de/presse/dokumente/dateien/VBAB_013_2128.pdf; **23** Heil machen – eine Morgenandacht, http://www.predigtpreis.de/predigtdatenbank/predigt/article/morgenandacht-ueber-heil-machen.html; **24** Der Gottesdienst, aus: Hanna und Siegfried Kasparick, Der Gottesdienst. In: Glauben verstehen. Ein evangelischer Glaubenskurs in 50 Kapiteln. Wichern-Verlag, Berlin 2012. S. 81 f.; **25** Gebet, aus: Andere Zeiten e.V. Der andere Advent 2013/14. Hamburg 2013, S. 27, 12.2013; **25** Beten, zitiert nach: Andere Zeiten e.V. Freude. Schätze aus 20 Jahren „Der Andere Advent". Hamburg 2014; **26** Der Seele Raum geben, aus: Fulbert Steffensky, Schwarzbrot-Spiritualität, Radius-Verlag, Stuttgart 2005, S. 32 ff.; **27** Bettina Naumann, in: Heilige Orte und heilige Kirchen? Kirchenräume und Kirchenjahr, Ev. Verlagsanstalt Leipzig 2013, S. 69; **33** Was ist Freiheit?, aus: Wolfgang Huber, Von der Freiheit. Perspektiven für eine solidarische Welt. Verlag C.H. Beck. München 2012, S. 98 f.; **34** Paul Metzger, Glückliche Freiheit. Philosophische und theologische Skizzen zur Freiheit. In: Entwurf 3/2013. Friedrich Verlag, S. 6; **35** „Freiheit, die ich meine", aus: Joachim Gauck, Winter im Sommer – Frühling im Herbst. Siedler Verlag. 2009. S. 336 ff.; **36** Psalm, Paul Celan, in: ders.: Die Niemandsrose (1963), hier zitiert nach: Langenhorst, Gedichte zur Bibel, München 2001, S. 152; **36** Ebenbilder, Ursula Krechel, in: dies.: Verwundbar wie in den besten Zeiten, Hermann Luchterhand Verlag, Darmstadt/Neuwied 1979; **37** Woran kann der Sinn des Daseins oder eines menschlichen Lebens bemessen werden, Wilfried Härle, Texte zum Schwerpunktthema „Was ist der Mensch?" Einführungsreferat, http://www.ekd.de/synode2002/referat_haerle.html; **38** Wichtig ist die Unterscheidung zwischen Handlungsfreiheit und Willensfreiheit, Gerhard Roth, http://www.theeuropean.de/gerhard-roth/2610-die-freiheit-des-willens, 13.01.2011; **39** Wenn philosophisch ambitionierte Hirnforscher den freien Willen in Laboratorien experimentell widerlegen, Stephan Grätzel, http://www.theeuropean.de/stephan/graetzel/5130-der-freie-Wille-im-computertomographen, 14.01.2011; **40** aus: Jean-Paul Sartre, Ist der Existentialismus ein Humanismus? In: Jean Paul Sartre. Drei Essays. © Rowohlt Verlag, Frankfurt a.M./Berlin/Wien 1977, S. 11 ff. (gekürzt); **41** aus: Rechtfertigung und Freiheit. 500 Jahre Reformation 2017, Ein Grundlagentext des Rates der Evangelischen Kirche in Deutschland (EKD), Gütersloher Verlagshaus 2014; **42** Sprechend und handelnd schalten wir uns in die Welt der Menschen ein …, zitiert nach: Ruth Hagengruber (Hrsg.), Klassische Philosophische Texte von Frauen, dtv, München 1998, S. 204-208; **42 f.** Ähnlich wie Hannah Arendt …, aus: Alois Prinz. Mehr als du denkst. Zehn Menschen, die ihre Bestimmung fanden. Gabriel Stuttgart/Wien 2009. S. 175 ff.; **44** aus: Aus Glauben handeln – Ethik. Ein evangelischer Glaubenskurs in 51 Kapiteln. Wichern-Verlag, Berlin 2013, S. 9 f.; **45** Interview aus: http://chrismon.evangelisch.de/artikel/2014/die-sanfte-stimme-des-islam-20735?page=2; **46** Zitat Abraham J. Heschel, aus: Abraham J. Heschel. Der Sabbat. Seine Bedeutung für den heutigen Menschen. Neukirchner Verlag, Neukirchen-Vluyn 1990, S. 9 f.; **46** Am Schabbat ist die Sorge machtlos, aus: Fleischmann, Lea, Schabbat. Das Judentum für Nichtjuden verständlich gemacht. Rasch und Röhring Verlag. Hamburg 1994, S. 158 ff.; **47** Proklamation, aus: Andere Zeiten e.V., Sonntags. Erfindung der Freiheit. Andere Zeiten e.V., Hamburg 2011, S. 109; **53** Ein Gott des Friedens, aus: Peter von der Osten-Sacken: Anstöße aus der Schrift. Arbeiten für Pfarrer und Gemeinden, Neukirchen: Neukirchener Verlag 1981, S. 84-86 (in Auszügen, Rechtschreibung angepasst); **54** Info – Psalm 85, aus: Frank-Lothar Hossfeld und Erich Zenger: Psalmen 51-100. HThK AT, Freiburg im Breisgau: Herder 2000, S. 523-534 (stark gekürzt und z. T. sprachlich vereinfacht); **54** Was ist ein gerechter Frieden?, aus: Hans-Richard Reuter: Was ist ein gerechter Frieden? Die Sicht der christlichen Ethik, in: Jean-Daniel Strub/Stefan Grotefeld (Hg.): Der gerechte Friede zwischen Pazifismus und gerechtem Krieg. Paradigmen der Friedensethik im Diskurs, Stuttgart 2007, S. 175-190, hier: 178; **55** Großes Kino, Originaltext nach einer Predigt von Pfarrer Michael Pues vom 20.11.2011 in der Schloßkirche Bonn, stark gekürzt und sprachlich leicht verändert; **56** Vom Frieden her denken, Der Spiegel 33/2014, S. 22-24 (gekürzt); **57** Ein Sommer in Moshav Herut, http://www.zeit.de/zeit-magazin/leben/2014-05/fs-josefsohn?slide=4 (DIE ZEIT, Rechte bei Daniel Josefsohn); **58** Der überflüssige Mensch, aus: Ilija Trojanow, Der überflüssige Mensch, St. Pölten, Salzburg und Wien 2013, S. 7, 38, 40, 82; **59** Armut ist eine globale Herausforderung, Text: Diakonie / Ulrike Baumgärtner und Justine Schuchardt, Gespräch vom 22.05.2014, http://www.diakonie.de/interview-armut-ist-eine-globale-herausforderung-14716.html, gekürzt; **60** FIFA. For the game. For the world. http://de.fifa.com/mm/document/footballdevelopment/education/55/95/17/fifa_brandbroschuere_23x23_d_13328.pdf; **60** Albtraum Stadionbau, https://www.amnesty.de/journal/2014/februar/albtraum-stadionbau; **61** „Das Wort zum Sonntag" (12.10.2013): Menschenwürde ist unteilbar, Alfred Buß, Das Wort zum Sonntag 12.10.2013; **62** Auszug aus der Rede „Über die Würde des Menschen", aus: Giovanni Pico della Mirandola, Rede über die Würde des Menschen / Oratio de hominis dignitate, hg. und übersetzt von Gerd von der Gönna, Stuttgart 1997, S. 9; **62** Das soziale Menschsein …, aus: Johannes Fischer (u. a.): Grundkurs Ethik.

Grundbegriffe philosophischer und theologischer Ethik, Stuttgart 22007, S. 395; **63** Nun sage ich: der Mensch, und überhaupt jedes vernünftige Wesen, existiert als Zweck an sich selbst, aus: Grundlegung zur Metaphysik der Sitten, BA64-67, zitiert nach: Wilhelm Weischedel (Hg.), Darmstadt 1956, Sonderausgabe WBG 1998, Band IV, S. 59-61; **65** Brauchen wir eine geschlechtergerechte Sprache?, aus: zeitzeichen 9/2014, S. 15-16 (gekürzt); **66** Wie nachhaltige Banken funktionieren, Gastbeitrag in wiwo green vom 25.2.2014, gekürzt, http://green.wiwo.de/geldanlage-wie-nachhaltige-banken-funktionieren-2/; **67** Freiwilligendienst im Ausland, www.asf-ev.de/de/friedensdienste/freiwilligendienst.html; **67** Reisen in fremde Welten, http://www.asf-ev.de/de/einblicke/freiwilligen-portraets/freiwillige-201213/reisen-in-fremde-welten.html; **72** In einem Internetforum entwickelt sich folgendes „Gespräch", Textquelle (leicht verändert/ergänzt): http://www.cosmiq.de/qa/show/3586356/Wieso-sollte-ich-Gott-oder-Jesus-Loben/; **74** Interview mit Robert Spaemann, http://www.dominik-klenk.de/wo-war-gott-in-japan-interview-mit-robert-spaemann-195; **75** Womit hab ich das verdient?, http://www.predigtpreis.de/predigtdatenbank/predigt/article/predigt-ueber-hiob-91-681015-1827-2932-35.html (stark gekürzt und leicht verändert); **76** Fragment von Epikur, aus: Epikur, Von der Überwindung der Furcht, Zürich 1949, S. 80; **76** Brief an Menoikeus, aus: Epikur, Philosophie der Freude. Briefe, Hauptlehrsätze, Spruchsammlung, Fragmente, übertragen und mit einem Nachwort versehen v. Paul Laskowsky, 14. Aufl. Berlin 2013, S. 54 f.; **77** Gottfried Wilhelm Leibniz, Studien zur Theodizee, Über die Güte Gottes, die Freiheit des Menschen und den Ursprung des Übels, zitiert nach: Walter Sparn, Leiden – Erfahrung und Denken. Materialien zum Theodizeeproblem, München 1980, S. 33; **78** Der Prozess Jesu, aus: Das Christentum, erschlossen und kommentiert von Hubertus Halbfas, Düsseldorf 2004, S. 105 f.; **79** „Ihr habt den Teufel zum Vater" (Joh 8,44), aus: Siegfried Schulz, Das Evangelium nach Johannes, NTD Bd. 4, Göttingen 15. Aufl. 1983, S. 137 f.; **80** Das „Judensau"-Relief an der Wittenberger Stadtkirche, aus: Martin Steinhäuser, Antijudaismus bei Martin Luther – Erkundung einer Grenze der Toleranz. Eine Unterrichtssequenz für die Jahrgangsstufe 9/10, in: Reformation. Impulse für kirchengeschichtliches Lernen im Religionsunterricht, hg. von Roland Biewald und Bärbel Husmann, Leipzig 2014, EVA, S. 58 f. (dort auch Literaturnachweise); **81** Augustinus, Gegen die Juden, aus: Das Christentum, erschlossen und kommentiert von Hubertus Halbfas, Düsseldorf 2004, S. 111 f.; **82** Dorothee Sölle, aus: dies.: Leiden, Freiburg 2003, S. 164; **82** Elie Wiesel, aus: ders.: „Der Mitleidende", aus: Die hundert Namen Gottes. Tore zum letzten Geheimnis. Hrsg. von Rudolf Walter. Herder 1985, S. 71-73; **83** Hans Jonas, aus: ders.: Der Gottesbegriff nach Auschwitz – eine jüdische Stimme. Suhrkamp 1987; **84** Der Gott der Juden und der Christen, aus: Evangelischer Erwachsenenkatechismus. Suchen – glauben – leben, im Auftrag der Kirchenleitung der VELKD herausgegeben von Andreas Brummer u. a., Gütersloh, 8. neu bearbeitete und ergänzte Auflage 2010, S. 121-122; **85** Der Rheinische Synodalbeschluss von 1980, aus: Johann Michael Schmidt, in: Evangelisch am Rhein. Werden und Wesen einer Landeskirche, Düsseldorf 2007, S. 189 f.; **86** Hans Christian Brandy, Vom Leiden des Menschen und vom Leiden Gottes, in: Kerygma und Dogma, 51.Jg; 2005 Heft 4, S. 290-307; zitiert aus S. 298 f.; **87** Eduard Kopp, Ist Gott allmächtig?, in: Religion für Einsteiger. 90 Fragen, die es in sich haben, hg. v. E. Kopp u.a., Frankfurt/M. 2010, S. 149 f.; **92** Auszug aus der Rede von Philipp Möller, http://www.giordano-bruno-stiftung.de/videoarchiv/philipp-moeller-bei-disputberlin-video; **93** Info – Giordano-Bruno-Stiftung, http://www.giordano-bruno-stiftung.de/leitbild 28.10.2014; **94** Sigmund Freud, Die Zukunft einer Illusion, Frankfurt 1974, S. 128 f.; **95** Tilman Moser, Von der Gottesvergiftung zu einem erträglichen Gott. Psychoanalytische Überlegungen zur Religion, Stuttgart, 2003, S. 11-13; **96** Religion – biologisch erfolgreich, Michael Blume, homo relisiosus, in: Gehirn und Geist, Nr. 4, 2009, S. 40 f.; **97** Die Gotteshypothese, aus: Richard Dawkins, Der Gotteswahn, Berlin, 6. Aufl. 2009, S. 46, 106; **98** Wohnt Gott im Gehirn?, aus: Helmut A. Müller, zitiert in: Rüdiger Vaas, Michael Blume: Gott, Gene und Gehirn. Warum Glaube nützt. Die Evolution der Religiosität. 3. Auflage Stuttgart 2012, S. 208 f.; **99** Wie überzeugend sind religiöse Überzeugungen?, aus: Rüdiger Vaas, Michael Blume: Gott, Gene und Gehirn. Warum Glaube nützt. Die Evolution der Religiosität. 3. Auflage Stuttgart 2012, S. 207-213; **100** Helmut Aßmann, Glauben leben. Leben lernen. Eine Anleitung zum geistlichen Leben, Hannover 2012, S. 174-178; **102** Die Welt ist von Gott geschaffen, aus: Ulrich Kühn, Was Christen glauben. Das Glaubensbekenntnis erklärt, Leipzig 2. Auflage 2004, S. 77-79; **103** Mit welchem Recht sprechen wir noch von „Schöpfung"?, aus: Eugen Drewermann, … und es geschah so. Die moderne Biologie und die Frage nach Gott. Glauben in Freiheit, Bd. 3, Religion und Naturwissenschaft, 2. Teil: Biologie und Theologie, Walter Verlag. Zürich und Düsseldorf 1999, S. 627, S. 629; **104** Interview mit Margot Käßmann, in: Der Spiegel 30/2013, S. 44-46; **105** „Die Kirche muss einiges nachholen", Interview aus: http://www.landeskirche-hannovers.de/evlka-de/presse-und-medien/frontnews/2014/08/29, Printausgabe: Evangelische Zeitung vom 31.8.2014, Ausgabe 35K, Rubrik: Glaube und Leben, S. 6; **106** Gott. Eine kleine Geschichte des Größten, aus: Manfred Lütz, Gott. Eine kleine Geschichte des Größten, München, 2009, S. XIII, S. 30, 32, 256, 257; **107** Unsere Vorstellungen von Gott werden immer zu klein sein, aus: Jörg Zink, Die Urkraft des Heiligen, Christlicher Glaube im 21. Jahrhundert, Stuttgart: Kreuz Verlag 2008, S. 344-351; **108** David Foster Wallace, Das hier ist Wasser/This is Water, Köln 2012, S. 12 f.; **113** Aber wenn einer nicht mehr zum Vater zu kommen braucht …, aus: Franz Rosenzweig. Die Schrift. Aufsätze, Übertragungen und Briefe, Jüdischer Verlag Athenäum 1984, S. 215-220 (gekürzt und Rechtschreibung angepasst) © 1976 Europäische Verlagsanstalt; **114** Gummibaum, Textausschnitt aus „Gummibaum" von der CD „Schenken" (2008), © Oliver Gies, Popquartett MAYBEBOP (www.maybebop.de); **115** Davon Jesaja sagt, aus: Jürgen Ebach, Schriftstücke. Biblische Miniaturen, Gütersloh: Gütersloher Verlagshaus 2011, S. 164-168 (gekürzt); **119** Das Hauptportal auf der Nordseite des Eichstätter Doms, aus: Claudia Grund: Der Dom zu Eichstätt, hg. vom Domkapitel Eichstätt, Kunstverlag Josef Fink Lindenberg 2007, S. 7; **120** Für dich. Für mich. © Klaus Bröhenhorst, Hildesheim; **122** Kreuz. Feministisch-theologische Kritik. Wille Gottes. Solidarität Gottes, aus: Regula Strobel, Artikel Kreuz, in: Wörterbuch der Feministischen Theologie, hg. von Elisabeth Gössmann u. a., Gütersloh: Gütersloher Verlagshaus, 2. überarbeitete Auflage 2002, S. 347-349 (gekürzt); **124** Zur Frage nach der Auferweckung der Toten (1 Kor 15), aus: Christian Lehnert: Korinthische Brocken. Ein Essay über Paulus. Frankfurt: Suhrkamp 2013, S. 234-242 in Auszügen (Rechtschreibung angepasst); **124 f.** Alles vergeblich oder alles beglaubigt?, aus: Klaus Eulenberger: Alles vergeblich oder alles beglaubigt? Deutungen der Passion. Auszug aus dem Manuskript der Sendung „Glaubenssachen" vom Karfreitag, 18.04.2014 in NDR Kultur. Rechte beim Autor; **125** Ostern, aus: Reiner Kunze: Gedichte. Frankfurt am Main, 2001, S. 218; **125** aus: Dorothee Sölle, fliegen lernen. Gedichte, Berlin 1994; **126** „Ich will nicht, dass Gott ihnen verzeiht" (Elie Wiesel), Magdalene Frettlöh, in: Mitteldeutsche Kirchenzeitung vom 22.4.2010; **132** © Pastor Sieghard Wilm; **133** Auszüge aus: Gemeinsames Wort der Kirchen zu den Herausforderungen durch Migration und Flucht, 1997, http://www.katholisch.de/media/weltkirche_medien_1/weltkirche_dokumente/DBK_612_Gemeinsames_Wort_der_Kirchen_Migration_Flucht_1997.pdf; **133** Info – Kirchenasyl, http://www.lippische-landeskirche.de/daten/kirchenasyl%281%29.pdf; **134** jesus, aus: Kurt Marti, Namenszug mit Mond. Gedichte, Werkausgabe Bd. 5, Zürich 1996, S. 227 ff.; **135** Als „Grundgesetz des Reiches Gottes" wird die Bergpredigt manchmal bezeichnet, Tilmann Haberer, in: Sonntagsblatt, glaubenskurs.net; **135** In den Gleichnissen spricht Jesus über Gottes Welt, Crüsemann, Marlene / Janssen, Claudia / Metternich, Ulrike (Hg.): Gott ist anders. Gleichnisse neu gelesen auf der Basis der Auslegung von Luise Schottroff / Marlene Crüsemann …, Gütersloh 2014; **135** In allen Evangelien wird berichtet, Jesus habe Wunder gewirkt. Aus: Peter Kliemann, Glauben ist menschlich. Argumente für die Torheit vom gekreuzigten Gott. 15. Auflage. Stuttgart 2011, S. 111-113; **136** Gottes Reich und die Kirche, aus: Dorothee Sölle, Gott denken. Einführung in die Theologie, München 2002, S. 179-181; **137** Positionspapier der Ökumenischen Initiative „Reich Gottes – jetzt!", www.reich-gottes-jetzt.de/positionspapier_rgj; **137** Jesus hat das Reich Gottes verkündigt, und gekommen ist die Kirche. Ulrich Heckel, in: http://www.ev-akademie-boll.de/fileadmin/res/otg/640709-Heckel.pdf; **138** Es wird heute eher zu viel als zu wenig über Kirche geredet. Aus: Karl Barth, Dogmatik im Grundriss, Zürich 1998 (Erstauflage 1947), S. 165-167; **139** Take me to church, Text: Andrew John Hozier-Byrne © Sony / ATV Music Publishing (UK) Limited, Sony / ATV Music Publishing (Germany) GmbH, Berlin; **139** Mein Kirchen-Credo, aus: Harald Pawlowski (Hg.), Mein Credo Band 2. Persönliche Glaubensbekenntnisse, Kommentare und Informationen, Oberursel 2000, S. 53; **140** Grundformen kirchlichen Lebens, aus: EEK, Artikel Kirche, Gütersloh 2010, S. 609-611; **141** Was ist Kirche?, www.sueddeutsche.de/politik/oekumene-was-kirche-war-ist-und-sein-kann-1.941173; **142** Auszug aus der Mailänder Vereinbarung von Konstantin, zitiert nach: Christian Hillgruber (Hg.), Das Christentum und der Staat. Annäherungen an eine komplexe Beziehung und ihre Geschichte, 1. Auflage 2014, S. 5; **142 f.** Auszug aus Luthers Schrift „Von weltlicher Obrigkeit", zitiert aus: Stefan Grotefeld / Matthias Neugebauer / Jean-Daniel Strub / Johannes Fischer (Hrsg.), Quellentexte theologischer Ethik. Von der Alten Kirche bis zur Gegenwart, Stuttgart 2006, S. 121 f.; **143** Auszug aus der Barmer theologischen Erklärung, http://www.ekd.de/download/barmen75_aktualisiert_02_2009.pdf; **143** Auszug aus den Reflexionen zu den Leipziger Friedensgebeten, http://www.nikolaikirche-leipzig.de/friedensgebete-mainmenu-134; **144 f.** Brief an Karl Barth, aus: Christian Gremmels/Wolfgang Huber (Hg.), Dietrich Bonhoeffer Auswahl Band 2. Gegenwart und Zukunft der Kirche 1933-1935, Gütersloh 2006, S. 18-21; **145** Über Nachfolge zu reden ist schwer …, http://www.ekd.de/vortraege/2006/060915_huber_berlin.html; **146 f.** Wolfgang Huber, Der christliche Glaube. Eine evangelische Orientierung, Gütersloh 2008, S. 146-148; **147** Stefan Bonner/Anne Weiss, Heilige Scheiße. Wären wir ohne Religion wirklich besser dran? Köln 2011, S. 169-170; **152** Gegen das eigene Gewissen handeln?, Elisabeth Raether: Die Gewissenhafte. In: ZEIT-Magazin Nr. 44 (24.10.2013); **153** Die Vergegenständlichung des Embryos, aus: Wolfgang Huber: Ethik. Die Grundfragen unseres Lebens. Von der Geburt bis zum Tod. München 2013. S. 39 f., 41 f.; **154 f.** 1971: Zum ersten Mal reden Frauen, aus: Frauen gegen den § 218. 18 Protokolle, aufgezeichnet von Alice Schwarzer. Frankfurt am Main 1971. Auszüge aus dem Nachwort von Alice Schwarzer. S. 133 f., 136 f., 139; **155** Emanzipation und Solidarität, aus: Robert Spaemann: Am Ende der Debatte um § 218 StGB. In: Grenzen. Zur ethischen Dimension des Handelns. 2. Aufl. Stuttgart 2002. S. 353; **157** Würde. Groß vom Menschen denken, aus: Wilfried Härle: Würde. Groß vom Menschen denken. München 2010. S. 17 ff.; **158 f.** Bestimmung zur Selbstbestimmung; Wilfried Härle: Würde. Groß vom Menschen denken. München 2010. S. 73., 76 f., 92 f.; **159** Info – Inklusion, www.aktion-mensch.de/themen-informieren-und-diskutieren/was-ist-inklusion.html; **160** Zitat Norman Cousins, zitiert nach: http://bildung-und-mensch.de/ernaehrung/beruehmte-vegetarier.html; **161** Die verantwortungsethische Betrachtung, aus: Wolfgang Huber: Ethik. Die Grundfragen unseres Lebens. Von der Geburt bis zum Tod. München 2013. S. 46 f.; **161** Eine utilitaristische Perspektive; aus: Peter Singer: Praktische Ethik. Stuttgart. S. 196 f., 203 f.; **163** Ich bin Leben, das leben will …: Albert Schweitzer, Kultur und Ethik (1923), München 1996, S. 327 ff.; **163** Ein menschliches Wesen ist noch keine Person, aus: Peter Singer: Praktische Ethik. Stuttgart. S. 203 f.; **164** Tiere sind Geschöpfe mit einer ihnen eigenen, unveräußerlichen Würde, aus: Michael Rosenberger: Mäßigung der Lust auf Fleisch. In: zeitzeichen 6/2014. S. 8-11 (Auszüge); **164** Keine Checkliste für den Wert eines Lebens, aus: Hilal Sezgin: Artgerecht ist nur die Freiheit. Eine Ethik für Tiere oder Warum wir umdenken müssen. 2. Aufl. München 2014. S. 104 ff.; **164** Nackt-Demo gegen Massentierhaltung, http://www.sueddeutsche.de/muenchen/2.220/protestaktion-am-tollwood-fuer-tiere-nackt-im-kaefig-1.1843739; **166** Jiva – göttliche Seele, aus: Martin Kämpchen: Der Hinduismus angesichts der Weltprobleme. Schutz des Friedens und der Umwelt. In: Heinz Althaus (Hg.): Christentum, Islam und Hinduismus vor den großen Weltproblemen. Altenberge 1988. S. 97 f.; **166 f.** Ahimsa, aus: Katharina Ceming: Buddhismus. Eine Einführung. Neuausgabe. Frankfurt / M. 2012. S. 69., 70 f., 73 f.; **167** Beziehung und Verantwortung, aus: Muna Tatari: Mensch und Schöpfung im Spiegel des Qur'an. In: Christoph Dahling-Sander,

Bärbel Husmann und Heike Scheiwe (Hgg.): So fremd – so nah. Dialog zwischen Christentum und Islam. Hannover/Loccum 2005. S. 36 f., 36; **167** Gottebenbildlichkeit in jüdischer Tradition: W. Gunther Plaut (Hg.): Die Tora. In jüdischer Auslegung. Autorisierte Übersetzung und Bearbeitung von Annette Böckler. Band I, Bereschit Genesis, Gütersloh ^{2}2004, S. 75; **168** Wann beginnt das Leben? www.bpb.de/gesellschaft/umwelt/bioethik; **172** Irgendwann in einem traurigen September, aus: Al Gore: Wir haben die Wahl. Ein Plan zur Lösung der Klimakrise. München 2009, S. 13; **173** Mensch, Computer, Deute-Engel, in: Zeitzeichen 11 (2012). S. 43-46 [Auszug]; **174 f.** Ernest Callenbach: Ökotopia. Notizen und Reportagen von William Weston aus dem Jahre 1999. 2. Aufl. Berlin 1992. S. 18, 20 f., 24 f., 40 f., 60 (Auszüge); **176 f.** Zeitenwende, aus: Claus Petersen: Die Botschaft Jesu vom Reich Gottes. Aufbruch zum Neubeginn. Freiburg 2005. S. 43–46; **178 f.** Der Trost des Evangeliums angesichts des Todes, Dr. Hans-Christian Kammler, in: Kerygma und Dogma 61 (2015), S. 48–69; **180 f.** Dies irae, Die Sequenz der Totenmesse. Dr. Nikolas Gihr. Dritte und vierte Auflage. Freiburg i. Br. 1923, S. 7, 9, 11; **181** Die langen Löffel, aus: Willi Hoffsümmer: Kurzgeschichten 1. 255 Kurzgeschichten für Gottesdienst, Schule und Gruppe. Mainz 1984. S. 140; **182 f.** Schrei nach Gerechtigkeit, aus: Thomas Söding: Schrei nach Gerechtigkeit. Warum im Judentum die Apokalyptik entstand und wie sich diese im Christentum veränderte. In: zeitzeichen 11/2012. S. 30 ff.; **184 f.** Zukunft als radikal Neues, aus: Ulrich H. J. Körtner: Zukunft als radikal Neues. Theologie und Kirche müssen sich stärker mit der Apokalyptik auseinandersetzen. In: zeitzeichen 11/2012. S. 33 ff.; **186 f.** Monika und Udo Tworuschka: Religionen der Gegenwart. Münster 2011, S. 211 f., 217, 122, 130 f.; **192** Exzentrisch bis provokativ [...] die Kartäuser entsagten sogar der Kommunikation, http://www.kirchenbote-sg.ch/?topic_id=1044&m=1044&g=1025; **192** Einige der Kunstschaffenden wurden gebeten ..., Messmer, Dorothee (Hg.): Gott sehen. Zürich 2005; **193** aus: Ziebertz, Hans-Georg (u. a.): Religiöse Signaturen heute. Ein religionspädagogischer Beitrag zur empirischen Jugendforschung. Gütersloh 2003, S. 337 (hier alphabetisch geordnet); **194** Die Besonderheit der biblischen Texte liegt darin ..., aus: Jörg Lauster: Religion als Lebensdeutung. Theologische Hermeneutik heute. Darmstadt 2005, S. 49; **195** herr, aus: Said: Psalmen. München 32010, S. 7; **195** Die Hoffnung der Menschen ..., aus: Fulbert Steffensky: Der Schatz im Acker. Gespräche mit der Bibel. Stuttgart 2010, S. 125; **196** Zitat Xenophanes, zitiert nach Bernd Schröder: Religionsunterrichtliche Bilddidaktik zwischen Bilderverbot und Mediengesellschaft. In: ders. (Hg., u. a.): Du sollst dir kein Bildnis machen. Berlin 2013, S. 68; **196** Viele Zeitgenossen haben ein naives Gottesbild ..., aus: Hans Kessler: Evolution und Schöpfung in neuer Sicht. Kevelaer 32010, S. 124, 128; **197** Welchen Sinn hat es, von Gott zu reden?, aus: Rudolf Bultmann: Welchen Sinn hat es, von Gott zu reden? (1925). Zitiert nach: Härle, Wilfried (Hg.): Grundtexte der neueren evangelischen Theologie. Leipzig 22012, S. 130; **198** Ich glaube an Gott, den Vater, den Allmächtigen, den Schöpfer des Himmels und der Erde. Aus: Martin Luther: Der Kleine Katechismus, zweites Hauptstück, erster Artikel, nach: http://www.velkd.de/98.php#Der_Kleine_Katechismus; **199** Kann Gott auch Mutter sein?, aus: Othmar Keel, Gott weiblich. Eine verborgene Seite des biblischen Gottes.Gütersloh 2008, S. 8, 1. Auflage 2008, Lizenzausgabe für das Gütersloher Verlagshaus, Gütersloh, in der Verlagsgruppe Random House GmbH, München © Projekt BIBEL+ORIENT MUSEUM, Freiburg, CH 2008, www.bible-orient-museum.ch; **201** Das Personsein des dreieinigen Gottes, aus: Didaktischer Leitfaden zur Einführung in das Thema von Helmut Strack, Theologischer Ausschuss der Union Evangelischer Kirchen in der EKD, Thesen aus http://www.uek-online.de/download/didaktischer_leitfaden_mit_gott_reden.pdf; **201** Die Urkraft des Heiligen, aus: Jörg Zink, Die Urkraft des Heiligen. Christlicher Glaube im 21. Jahrhundert. Stuttgart: Kreuz Verlag 2008, S. 345-347; **202** Jan Roß: Die Verteidigung des Menschen. Warum Gott gebraucht wird. Sonderausgabe für die Bundeszentrale für politische Bildung. Bonn 2012, S. 93 f., 96-98; **203** One of us, Text: Eric M.Bazilian © Human Boy Music / Dub Notes, Edition Intro Meisel GmbH, Berlin; **204** Was wirst du tun, Gott, wenn ich sterbe?, Aus: Rainer Maria Rilke. Gedichte, Auswahl und Nachwort von Dietrich Bode, Stuttgart 1997, S. 47; **205** Martin Schleske: Der Klang. Vom unerhörten Sinn des Lebens, München 42011, S. 97-99 (Auszüge); **206** Alfred Kirchmayr, Schreien oder stumm bleiben? Gottesbilder, die krank machen und das Leben zerstören. In: Sonderheft „Gottesbilder" der Zeitung „Publik Forum", 1993, S. 3–5 (in Auszügen); **207** Du bist ein Kind Gottes, Bärbel Wartenberg-Potter (Bischöfin i. R.): Die Engel der toten Kinder. Predigt zum Welttag für die Verstorbenen Kinder. 8. Dezember 2013 in Schleswig, http://www.baerbel-wartenberg-potter.de/resources/Die_Engel_der_toten_Kinder.pdf; **207** Starke Sätze aus: Margot Käßmann (Hg.): Starke Sätze. Frankfurt am Main 2013, S. 15, S. 111, S. 122; **212** Pi wächst in einer hinduistisch geprägten Umgebung ..., aus einer Arbeitshilfe zum Film: http://www.emz-sachsen.de/Vorschau/DV_467/dv467.pdf/ Rezension (stark gekürzt); **212** Romanauszug, aus: Yann Martel, Schiffbruch mit Tiger, Fischer Taschenbuch 2004, S. 93; **213** Doppelt hält besser? – Interreligiöse Familien, http://www.juedische-allgemeine.de/article/view/id/15077 (gekürzt); **214** Info – Jesus Im Judentum, nach: Breckel, Margit: Dilemma im Dezember – wie Christen, Juden und Muslime Weihnachten erleben. In: RAAbits Religion. 5. Ergänzungslieferung. Stuttgart: Dr. Josef Raabe Verlags-GmbH 2006. II / D, Beitrag 3, M2 (S. 6);
215 Ablehnung, in: Religion betrifft uns, 1-2014: das Kreuz zwischen Leid, Skandal und Trost. S. 19. Bergmoser + Höller;
216 Besonders zu Weihnachten kann uns bewusst werden, an welchen Gott wir glauben, leicht geändert nach: Kurt Koch, Bereitet den Weg des Herrn, Freiburg 1992; **216** Vom Neuen Testament her ..., aus: Hans Küng: Der Islam: Geschichte, Gegenwart, Zukunft, Piper 2006, S. 616 f.; **217** Können wir gemeinsam beten?, aus: Hans Küng: Der Islam: Geschichte, Gegenwart, Zukunft, Piper 2006, S. 759 f.; **218** Petra Lutz/Klaus Vogel: Kraftwerk Religion: Über Gott und die Menschen, Wallstein Verlag 2010, S. 89 ff.; **219** Was mir an der evangelischen Kirche nicht gefällt ..., in: ZeitZeichen 5/2003, S. 25 f.; **220** EKD Pressemitteilung zur Erklärung „Dominus Jesus", in: pro 3/2000, S. 5, www.ekd.de/presse/949.html; **221** Welches Ziel hat eigentlich die Ökumene?, in: Zeitzeichen, Oktober 2012, S. 45; **222** Das Denkmodell „Exklusiv, Inklusiv, Plural", Harmjan Dam (Hg.): Anderes entdecken – Eigenes vergewissern. Bausteine für

einen pluralitätsfähigen Religionsunterricht, Braunschweig 2008; **223** Wer einen Dialog mit und zwischen den Weltreligionen ..., Norbert Lammert, in: http://kreuz-und-quer.de/2013/01/14/religion-und-dialog/; **224** aus: Sibylle Sterzik/Wolf Krötke (Hrsg.), Aus Glauben handeln – Ethik, Wichern Verlag 2013, S. 87 f.; **225** Farbe bekennen, http://chrismon.evangelisch.de/das-wort/farbe-bekennen-18905; **226** Auszug aus Interview mit Trimum-Musikern, http://www.schraege-musik.de/index.php?option=com_content&task=view&id=290&Itemid=93; **226** Auszug aus Lied: www.trimum.de/start/archiv/2013/rueckblick-002/frohe-weihnachten-und-ein-gutes-neues-Jahr/13473; **227** Beispiel 2 nach: http://www.ekir.de/lutherkonvent/Archiv/2006_Weihnachten.html; **227** Beispiel 3 zitiert nach: BRU Ausgabe 57/2012, S. 10 (Mischen (im)possible – Interreligiöses Lernen); **228** Gotthold Ephraim Lessing: Auszüge aus der Ringparabel, nach: Barbara Kindermann, Nathan der Weise, Berlin 2003. Hier zitiert nach: Schlensog/Lange: Weltethos in der Schule (Ordner); **230** Zitat Max Frisch, aus: ders.: Mein Name sei Gantenbein. Suhrkamp Taschenbuch Berlin 1975. S. 45; **233** Computerspiel und Immersion, aus: Anja Kühn: Computerspiel und Immersion. Eckpunkte eines Verständnisrahmens. In: Jahrbuch immersiver Medien 2011. S. 50-62, 53-56 (Auszüge); **234** Platon: Das Höhlengleichnis, zitiert nach: Christofer Frey: Einführung in die Philosophie. Für Studierende der Philosophie. Waltrop 1999. S. 68 ff.; **236 f.** Der Radikale Konstruktivismus, aus: Paul Watzlawick: Wenn du mich wirklich liebtest, würdest du gern Knoblauch essen. Über das Glück und die Konstruktion der Wirklichkeit. Hg. v. Heidi Bohnet und Klaus Stadler. 10. Aufl. München und Zürich 2013. S. 32-38 (Auszüge); **238 f.** Über die Angst der Menschen, keinen Namen zu haben, aus: Fulbert Steffensky: Der Name – Schlüssel zur Freiheit. Über die Angst der Menschen, keinen Namen zu haben. In: Pastoraltheologie. Monatsschrift für Wissenschaft und Praxis in Kirche und Gesellschaft 81 (1992). S. 210-223, 210 f.; **240** Sie erschien nach einem Gottesdienst in der Sakristei ..., www.kanzelgruss.de/index.php?seite=predigt&id=2570; **241** Sich fallen lassen in den Segen, aus: Fulbert Steffensky: Schwarzbrot-Spiritualität. Neuausgabe. Stuttgart 2006, S. 178 ff.; **242** Ich bin Krabat, aus: Otfried Preußler: Krabat. 8. Aufl. München 2012. S. 265-272 [Auszüge]; **245** Die Macht des Wortes, aus: Navid Kermani: Gott ist schön. Das ästhetische Erleben des Koran. 2. Aufl. München 2003. S. 19 f., 23, 69, 72 f.; **246** Die innere Landschaft, die wir sind, aus: Pascal Mercier: Nachtzug nach Lissabon. 25. Aufl. München 2006. S. 284 ff. (Auszüge); **247** Digitales Lottchen, http://www.zeit.de/2011/46/Social-Sitter; **262** Grundelemente eines Schulgottesdienstes, http://schulpastoral.drs.de/praxisfelder/religioese-feiern.html

Die Bibelstellen des Alten Testaments wurden nach der Gute Nachricht Bibel wiedergegeben. Altes und Neues Testament. © 2000 Deutsche Bibelgesellschaft, Stuttgart
Gen 2,7 (Seite 200) wurde nach der Lutherbibel (revidierte Fassung von 1984) wiedergegeben. Bibeltext in der revidierten Fassung von 1984. Herausgegeben von der Evangelischen Kirche in Deutschland. © 2006 Deutsche Bibelgesellschaft, Stuttgart
Die Bibelstellen des Neuen Testaments wurden nach der BasisBibel wiedergegeben, BasisBibel. Neues Testament und Psalmen © 2012 Deutsche Bibelgesellschaft, Stuttgart. www.basisbibel.de

Liedquellenverzeichnis
73 Lobe den Herren, den mächtigen König der Ehren (EG 316), Evangelisches Gesangbuch, Verlagsgemeinschaft Gütersloher Verlagshaus, Luther-Verlag GmbH, Neukirchener Verlag 1996, 2004; **118** Maria durch ein Dornwald ging – ein Adventsliedlied, (Neues) Gotteslob Nr. 224. Text und Melodie: August von Haxthausen 1850; **121** Er ist erstanden, Halleluja, Text: Ulrich S. Leupold © Lutherischer Weltbund, Genf, Melodie: Bernard Kyamanywa, Rechte beim Urheber; **199** Unser Vater, Titel: Bist zu uns wie ein Vater, Text: Christoph Zehendner © 1994 Auf den Punkt / Hit'n Run Publishing, Siegen

Bildquellennachweis
Umschlag Fotolia.com (Ansebach), New York; **12** Fotolia.com (jd-photodesign), New York; **13** akg-images (Erich Lessing), Berlin; **14.1** Hundertwasser, 224 DER GROSSE WEG, 1955 © 2015 Hundertwasser Archiv, Wien; **14.2** Picture-Alliance (dpa), Frankfurt; **15** Fotolia.com (Dmytro Tolokonov), New York; **16** iStockphoto, Calgary, Alberta; **19** Heidemann, Imke, Braunschweig; **20** akg-images, Berlin; **21** toonpool.com, Berlin; **24** Imago (epd), Berlin; **25** iStockphoto (digital_eye), Calgary, Alberta; **27** Böger, Henning, Braunschweig; **28** Imago, Berlin; **30** Rostami-Rabet, Boris, Hamburg; **32** iStockphoto (mbbirdy), Calgary, Alberta; **33** ZDF/3sat Titus A.Gust; **35** Verlagsgruppe Random House GmbH, München; **36** akg-images (Rabatti - Domingie), Berlin; **38** Das Haynes-Experiment, aus: Unbewusste Entscheidungen im Gehirn (Nature Neuroscience, 13. April 2008) © John-Dylan Haynes; **39** © Fritz Kahn, Detail aus Lehrtafel „Der Mensch als Industriepalast" (1926), www.fritz-kahn.com; **42.1** Ullstein Bild GmbH, Berlin; **42.2** laif (SZ Photo/Brigitte Friedrich), Köln; **44** akg-images, Berlin; **45** Imago (epd), Berlin; **47** Kirchenamt der EKD, Hannover; **48.1** iStockphoto (dogayusufdokdok), Calgary, Alberta; **48.2** iStockphoto (selimaksan), Calgary, Alberta; **48.3** Fotolia.com (patrick), New York; **48.4** Fotolia.com (shirophoto), New York; **50** Reuters (Arthur Tsang JIR/LCY), Frankfurt; **52** iStockphoto (EdStock), Calgary, Alberta; **55** Artothek (H. Maertens/Stiftung Museum Kunstpalast), Weilheim;

57.1 Josefsohn, Daniel, Berlin; **57.2** Ökumenische FriedensDekade e. V., Stuttgart; **58** Picture-Alliance (dpa/Julian Stratenschulte), Frankfurt; **59.1** Brot für die Welt, Berlin; **59.2** EFAS - Evangelischer Fachverband für Arbeit und soziale Integration e. V., Stuttgart http://initiative-pro-arbeit.de/index.php/download; **60.2** laif (Polaris/Piero Oliosi), Köln; **60.3** Amnesty International, Berlin; **62** Fotolia.com (nicknick_ko), New York; **63** Thinkstock (iStockphoto), München; **67.1** ASF Aktion Sühnezeichen Friedensdienste e. V., Berlin; **68** Staatsgalerie Stuttgart © Foto: Staatsgalerie Stuttgart. © VG Bild-Kunst, Bonn 2015 [Jospeh Beuys: Friedenshase, 1982]; **72** dreamstime.com (Glenda Powers |), Brentwood, TN; **74** Picture-Alliance (dpa/EPA/Kimimasa Mayama), Frankfurt; **75** Gero Hellmuth, www.gero-hellmuth.de, Singen [Hiob, Überwindung, 1996, Eisenrelief]; **76** Fotolia.com (Sam Spiro), New York; **77** akg-images, Berlin; **78** CC-BY-SA-3.0 (DKrieger), siehe *3; **80.1** akg-images (Schütze/Rodemann), Berlin; **80.2** aus: Johann Wolfius: Lectionem memorabilium et reconditorum centarii XVI,2 Bd., Lauingen 1600; **81** Guelcker, Wolfgang, www.guelcker.de, ..; **81.1** Getty Images (Hulton Fine Art Collection), München; **81.2** Diözesanmuseum Bamberg, Bamberg; **82.1** Picture-Alliance (dpa/Rolf Rick), Frankfurt; **82.2** Picture-Alliance (EPA/JUSTIN LANE), Frankfurt; **83** Ullstein Bild GmbH (B. Friedrich), Berlin; **84** Fotolia.com (draghicich), New York; **86** iStockphoto (Claudiad), Calgary, Alberta; **87** Picture-Alliance (dpa/Ingo Wagner), Frankfurt; **88.1** shutterstock.com (Felix Mizioznikov), New York, NY; **88.2** Picture-Alliance (BSIP/GODONG), Frankfurt; **90** Tilly, Jacques, Düsseldorf; **93** Tilly, Jacques, Düsseldorf; **94** Philosophie Magazin Nr.1/2013; **95** Picture-Alliance (Arco Images G), Frankfurt; **97** Thinkstock (iStock/windcatcher), München; **98.1**; **98.2**; **98.3**; **98.4** Picture Press, Tim Wehrmann, Hamburg; **99** iStockphoto (Neustockimages), Calgary, Alberta; **100** Thinkstock (istock/TomasSereda), München; **101** Haitzinger, Horst, München; **102** Thinkstock (istock/mycola), München; **103** Thinkstock (istock/OlgaYakovenko), München; **104** Wikimedia Deutschland (evangelisch.de), Berlin; **105** Picture-Alliance (Eventpress Stauffenberg), Frankfurt; **106** Verlagsgruppe Droemer Knaur, München; **108** Thinkstock (Purestock), München; **110** BPK (Joseph Martin), Berlin; **112** Evangelische Gemeinde (Annette Scholl), Köln; **113** Picture-Alliance (dpa), Frankfurt; **116** BPK (Gemäldegalerie, SMB, Kaiser Friedrich-Museums-Verein/Jörg P. Anders), Berlin; **117** akg-images (Erich Lessing), Berlin; **118.2** epd-bild (Norbert Neetz), Frankfurt; **119** Imago (Lindenthaler), Berlin; **121** akg-images, Berlin; **125** iStockphoto (HowardOates), Calgary, Alberta; **126** iStockphoto (ooyoo), Calgary, Alberta; **127** akg-images, Berlin © Estate of George Grosz, Princeton, N.J./VG Bild-Kunst, Bonn 2015 [Georg Grosz: Kain oder Hitler in der Hölle]; **128** akg-images (Cameraphoto), Berlin; **130** Plaßmann, Thomas, Essen; **132** Picture-Alliance (dpa/Axel Heimken), Frankfurt; **134** Getty Images, München; **136** Ondruch, Michael, Frankfurt; **138** © Sieger Köder, Pfingsten; **139** Getty Images, München; **140.1** v. Bodelschwinghsche Stiftungen Bethel, Bielefeld; **140.2** Werner Krüper/Bahnhofsmission; **140.3** Picture-Alliance (dpa/David Ebener), Frankfurt; **140.4** Kirchenkreis Essen, Essen; **140.5** Picture-Alliance (dpa/Norbert Försterling), Frankfurt; **140.6** Imago (EPD), Berlin; **140.7** Fotolia.com (LElik83), New York; **141** Plaßmann, Thomas, Essen; **142.1** BPK (Scala), Berlin; **142.2** Fotolia.com (Axel Jahns), New York; **142.3** akg-images (Domingie Rabatti), Berlin; **143.1** Theologische Erklärung zur gegenwärtigen Lage in der Deutschen Evangelischen Kirche ("Barmer Theologische Erklärung"), 31. Mai 1934, Landeskirchliches Archiv der Evangelischen Kirche von Westfalen, Bestand 5.1, Nr. 708, Fasz. 2.; **143.2** Picture-Alliance (AP Photo/Eckehard Schulz), Frankfurt; **144.1**; **144.2** Moritz Stetter, Bonhoeffer © 2010, Gütersloher Verlagshaus, Gütersloh, in der Verlagsgruppe Random House GmbH; **148** © Deutscher Evangelischer Kirchentag; **150.1** Fotolia.com (Composer), New York; **152** iStockphoto (Linda Epstein), Calgary, Alberta; **153** iStockphoto (Henrik5000), Calgary, Alberta; **154** Ullstein Bild GmbH (Sylent Press), Berlin; **156** Museum am Dom, Würzburg; **160** Marc Siebenhüner, www.marcsiebehuener.de, Berlin [die Suche. 2013. Acryl auf Aludibond. 180 cm x180 cm]; **162** Rennen, Daniel, Aachen; **164.1** Fotolia.com (Only Fabrizio), New York; **164.2** Fotolia.com (Mikkel Bigandt), New York; **164.3** Thinkstock (Fuse/Ralph A. Clevenger), München; **164.4** Fotolia.com (Chrispo), New York; **164.5** Thinkstock (iStock/acceptfoto), München; **164.6** iStockphoto (FotoSpeedy), Calgary, Alberta; **165** Picture-Alliance (dpa/Felix Hoerhager), Frankfurt; **168** Aktion Mensch, Bonn; **170.1** Fotolia.com (photobeginner), New York; **170.2** Fotolia.com (MamabaB), New York; **170.3** Fotolia.com (fmalot), New York; **170.4** Fotolia.com (freshidea), New York; **170.5** Fotolia.com (Butch), New York; **172** © Johannes Hedinger, Torsten Meyer 2011; **174** Thinkstock (iStock/flyflyis), München; **176** Picture-Alliance (dpa), Frankfurt; **179** Peters, Beate, Rehburg-Loccum; **180** Dies Irae, Copyright © Kurt Wenner, 1988; **184** Deutscher Caritasverband e.V., Freiburg; **186** shutterstock.com (tschitscherin), New York, NY; **188** shutterstock.com (Viacheslav Lopatin), New York, NY; **190.1** iStockphoto (worldwideweberdesign), Calgary, Alberta; **193** Huber, Prof. Dr. Oswald, Marly; **194** akg-images (Roland and Sabrina Michaud), Berlin; **195** Fotolia.com (malifuoco), New York; **196** Hermann, Buß, www.hermannbuss.info, Norden [Überfahrt I, 155 x 145 cm]; **197** POLOczek, André (www.polo-cartoon.de), Wuppertal; **198** gott.net; **200** Corbis (P Deliss/Godong), Berlin; **203.1** gott.net; **204** Martin Schleske, www.schleske.de, Stockdorf; **206** akg-images, Berlin; **207** Sailer, Manfred, Füssen; **207** Margot Käßmann (Hg.): Starke Sätze, edition chrismon; **208** Jonathan Schöps, www.jonathanschoeps.com, Zwickau [Vater, Sohn und Heiliger Geist, 2013]; **212** FOTOFINDER.COM (RHYTHM AND HUES/Kobal Collection), Berlin; **213** Thinkstock (iStock), München; **216** Leibold, Karl-Heinz, Hattingen; **217** VISUM Foto GmbH (Godong/Panos Pictures/Philippe Lissac), Hamburg; **218** KNA-Bild GmbH (Günter Vahlkampf), Bonn; **219** Fotolia.com, New York; **220** nelcartoons.de, Erfurt; **221** Kreativbüro Simone Sass, Bovenau; **223** Thorsten Hübner, Stadt Hamm; **224** Mester, Gerhard, Wiesbaden; **226** © Holger Schneider (Bachakademie), Stuttgart; **227.1** Picture-Alliance (United Archiv), Frankfurt; **227.2** KNA-Bild GmbH (Wolfgang Radtke), Bonn; **227.3** Picture-Alliance (dpa/Peter Endig), Frankfurt; **228** Gregor Merten/Carmen Dietrich www.engel-der-kulturen.de; **230** Fotolia LLC, New York; **234** iStockphoto (yenwen), Calgary, Alberta; **236.1** iStockphoto (Enjoylife2), Calgary, Alberta; **236.2** iStockphoto (zoranm), Calgary, Alberta; **237** iStockphoto (tuchkovo), Calgary, Alberta; **238** Rabe, Kirsten, Rehburg-Loccum; **241** Mohr, Claudia, www.

herrlichkeiten.com, Mannheim; **244** shutterstock.com (Bocman1973), New York, NY; **247** Kolle Rebbe GmbH, Hamburg; **248** culture-images, fai, Köln © VG Bild-Kunst, Bonn 2015 [Rene Magritte: Hellsehen, 1936]; **264.1; 264.2** Husmann, Dr. Bärbel, …; **272.1** Ullstein Bild GmbH, Berlin; **272.2** Getty Images (Hulton Fine Art Collection), München; **272.3** Imago (teutopress), Berlin; **273** Picture-Alliance (AP Photo/Eckehard Schulz), Frankfurt; **274** laif (SZ Photo/ Brigittte Friedrich), Köln; **275.1** Thinkstock (iStockphoto), München; **275.2** Wikimedia Deutschland (evangelisch.de), Berlin; **276.1; 276.2** akg-images, Berlin; **276.3** Getty Images (Wire Image/Noam Galai), München; **278** Picture-Alliance (dpa/Rolf Rick), Frankfurt; **279** Picture-Alliance (EPA/JUSTIN LANE), Frankfurt

1. Auflage

1 5 4 3 2 1 | 19 18 17 16 15

Alle Drucke dieser Auflage sind unverändert und können im Unterricht nebeneinander verwendet werden.
Die letzte Zahl bezeichnet das Jahr des Druckes.

Programmbereich Klett-Auer

Redaktion: Julia Scherer
Herstellung: Dominik Staudacher

Autorinnen und Autoren: Imke Heidemann, Braunschweig; Tim Hofmann, Gütersloh; Matthias Hülsmann, Walsrode; Bärbel Husmann, Seevetal-Meckelfeld; Rainer Merkel, Göttingen; Kirsten Rabe, Rehburg-Loccum; Rebekka Tannen, Aurich

Gestaltung: AAA, Frank Wildermuth, Stuttgart
Illustrationen: Yaroslaw Schwarzstein, Hannover
Satz: Fotosatz Buck, Kumhausen/Hachelstuhl
Reproduktion: Schwabenrepro, Stuttgart
Druck: Firmengruppe APPL, aprinta druck, Wemding

Printed in Germany
ISBN 978-3-12-006791-7

9 783120 067917